一流本科专业一流本科课程建设系列教材

非营利组织财务管理

莫冬燕　编

机械工业出版社

本书基于非营利组织的"非营利性"本质特征，对其财务管理中的核心内容进行链条式的分析与解释，从理论层面规范非营利组织财务管理的基本内容和流程体系，通过典型案例全面剖析非营利组织财务管理涉及的经典内容，力求做到理论与实际紧密结合。

本书具有一定的理论性和较强的应用性，可作为会计学、财务管理、资产评估、审计学、公共事业管理、行政管理、劳动与社会保障、城市管理等专业（方向）的本科生和研究生的教材或参考书，也可作为非营利组织财务管理知识培训和非营利组织实际工作者自学的辅导用书。

图书在版编目（CIP）数据

非营利组织财务管理/莫冬燕编. —北京：机械
工业出版社，2023.7
一流本科专业一流本科课程建设系列教材
ISBN 978－7－111－73487－1

Ⅰ. ①非… Ⅱ. ①莫… Ⅲ. ①非营利组织-财务
管理-高等学校-教材 Ⅳ. ①F235

中国国家版本馆 CIP 数据核字（2023）第 125192 号

机械工业出版社（北京市百万庄大街22号 邮政编码100037）
策划编辑：常爱艳 责任编辑：常爱艳 马新娟
责任校对：肖 琳 张 薇 封面设计：鞠 杨
责任印制：李 昂
河北鹏盛贤印刷有限公司印刷
2024 年 1 月第 1 版第 1 次印刷
184mm×260mm·18.75 印张·453 千字
标准书号：ISBN 978－7－111－73487－1
定价：59.80 元

电话服务	网络服务
客服电话：010－88361066	机 工 官 网：www.cmpbook.com
010－88379833	机 工 官 博：weibo.com/cmp1952
010－68326294	金 书 网：www.golden-book.com
封底无防伪标均为盗版	机工教育服务网：www.cmpedu.com

党的二十大报告提出，教育、科技、人才是全面建设社会主义现代化国家的基础性、战略性支撑。教育是国之大计、党之大计；要落实立德树人根本任务，培养德智体美劳全面发展的社会主义建设者和接班人。报告明确提出要加强教材建设和管理，教材建设首次出现在党代会的报告之中。

长期以来，非营利组织中的财务管理问题受到忽视，非营利组织的财务管理水平远远落后于非营利组织自身的发展，诸多非营利组织因财务问题延缓了发展进程，甚至难以为继。非营利组织财务管理研究的勃兴，要求非营利组织财务管理学科体系与时俱进，而目前国内外关于非营利组织财务管理还没有形成一整套学科体系，大多数书籍均将非营利组织财务管理作为非营利组织管理学的一章或一节粗略进行分析和讲解，导致非营利组织财务管理依旧没有形成完整体系。本书的编写就是建立在"弥补非营利组织财务管理的体系空白"这一想法的基础之上的。

非营利组织财务管理涵盖非营利组织在运作过程中涉及的所有资金管理业务，包括资金来源管理、资金支出管理、资金管理涉及的财务会计报告、外部监督、内部控制、审计与信息化管理等。在现实的工作中，急需成熟的理论来指导、完备的经验来参照，以实现财务管理的目标。细化非营利组织财务管理知识，对于推动我国非营利组织的健康协调发展有着重要的指导价值。

本书包括十三章内容。第一章和第二章重点探讨非营利组织的发展及其财务管理的基础概念和内容；第三至六章涉及预算管理、筹资管理、投资管理和运营管理等内容；第七至十二章探讨财务会计报告、财务会计报告分析与利用、财务绩效评估、外部监督、内部控制、审计等内容；第十三章重点说明非营利组织财务管理信息系统的建立、运用、保障等内容。本书如此设置章节的目的是让读者对非营利组织财务管理有一个全面系统的认识，掌握财务管理的关键技术和方法，为实务工作提供理论指导和实践操作指南。

本书具有四个方面的特色与创新：

1）强调理论与实践的紧密结合。本书设置了相应案例进行理论范畴的应用拓展，以强化读者对理论知识的理解，使财务管理的技术、方法不再是单纯的理论说明，而是理论联系实际，让读者能更清楚地理解、掌握理论知识并在实际工作中熟练应用。

2）多学科知识的紧密融合。区别于一般性财务管理的有关内容，本书综合运用管理学、经济学、社会学、政治学等学科的知识，尽可能体现财务管理与公共管理的特色，从非营利组织的角度探寻财务管理，开阔读者的眼界，加深读者对非营利组织财务管理内涵和属性的理解。

3）将时效性与前瞻性紧密结合。本书部分章节所涉及的具体问题与完善措施均是目前非营利组织工作开展中所面临的实际情况，对于未来非营利组织的发展具有提示和预警作用；本书注重尝试内容体系创新，严格区别于营利组织的财务管理，并且密切关注国内外的相关研究成果，挖掘精华成果，具有时效性与前瞻性的创新特色。

4）注重思政元素与拓展材料的融入。通过的案例引导读者结合思政元素对非营利组织财务管理问题进行深入思考与探讨。

在本书编写过程中，参考了大量的国内外资料，在此向各位作者表示诚挚的谢意。

由于水平有限，书中难免有不成熟和值得商榷之处，真诚地希望广大读者提出宝贵意见，以便今后进一步修订和完善。

莫冬燕

2023 年 11 月

第一章

非营利组织缘起与发展

学习目标

通过对本章的学习，了解非营利组织的产生背景、发展历程和基本概念；了解国内外学者对非营利组织的不同观点，理解在不同文化社会背景下非营利组织的定义；熟悉我国非营利组织发展中存在的问题和自身的不足之处。

引导案例

利用国际援助，推动脱贫致富

金寨县地处于鄂、豫、皖三省结合处，总面积为 3 814 平方公里，现辖 23 个乡镇，1 个开发区，是安徽省面积最大、山库区人口最多的县。"八山半水半分田，一分道路和庄园"正是全县的地理特征。由于特殊的县情和历史，此地交通不便、信息闭塞、人们赖以生存的耕地少、土地生产力和劳动生产率低、商品经济不发达，这就使金寨经济发展落后，人民生活非常贫困，收入水平难以维持简单再生产和基本生活需求。

自 1983 年被国务院列为全国重点扶贫的贫困县之后，中国国际经济技术交流中心和中国国际民间组织合作促进会对金寨县摆脱贫困、开发山区经济给予了很大帮助。1990 年至 1995 年，金寨县得到了德国米泽瑞组织、澳门天主教福利会援助资金 2 551 043 元，地方配套资金 1 899 500 元，安排了 6 个项目。其中，发展生产型项目 4 个：面冲乡的茶叶项目、燕子河乡的妇女抽纱项目、汤家汇的缫丝厂项目、花石乡的牛羊养殖项目，投入资金共计 3 146 373.5 元，外援资金占 1 777 873.5 元，地方配套资金占 1 368 500 元；卫生公共事业项目 2 个：面冲乡的饮水项目、长岭乡的卫生院项目，投入资金 1 304 169.9 元，外援资金占 773 169.9 元，地方配套投入资金占 531 000 元。

在援助项目带动下，全县已形成了茶叶生产和牛羊养殖两大支柱产业，产值效益已经占到全县开发性农业的半壁江山。全县缫丝厂已经发展到 6 家，从业妇女 1 400 人，平均月收入 300 元左右；燕子河地区抽纱妇女增加到 4 100 人，年产值近 650 万元，大大提高了妇女的经济收入和社会地位。面冲茶叶协会女会员霍前凤采用了大棚培植茶叶新技术，茶叶年亩产值在 15 000 元以上，成了全县有名的致富带头人。公益事业项目的实施，也对金寨县的精神文明建设起到了促进和示范作用，村民们纷纷以带头人为榜样、努力奋斗，参与到了脱贫致富的行列。

金寨县的成功是非营利组织与国际组织合作成功的一个典型例子。那么，什么是非营利组织？它们是如何运营的？我国的非营利组织与西方的非营利组织有何不同？在信息交流高度发达的今天，我国非营利组织应该克服怎样的困境，如何才能创造出千千万万个成功的"金寨县"？

（资料来源：佚名. 非营利组织管理案例 3 篇［EB/OL］.［2022 - 06 - 01］. https：// www. doc88. com/p - 13147385884880. html.）

第一节　非营利组织的演变

▶ 一、西方非营利组织的演变

西方近代社会的发展与各种形式的结社、社团活动紧密联系在一起。欧洲各国在其近代化的过程中涌现出许多具有公共性质和公共职能的非营利组织，一些国家还以立法的形式规范社团的运营并保障社团的权利。从历史进程来看，西方非营利组织的演变主要分为三个阶段。

第一阶段是从 17 世纪到 19 世纪初，这个阶段是非营利组织的雏形期。在西方，早期出现的非营利组织通常有以下两种倾向：

1）与权力斗争相关。随着 16 世纪—17 世纪圈地运动的扩展，资产阶级和自由产业工人队伍逐渐形成，资产阶级新贵族寻求独立自主的经济自由和个人自主空间，他们要求结盟，反对专制统治。在那个时期，失去土地的农民和产业工人对受到剥削压迫十分不满，频频掀起社会运动，并逐渐建立起各种自发的组织。这些与政治权益相关的非营利组织雏形也是资本主义价值取向的反映。

2）慈善和民间公益的发展。随着近代资本主义的产生和发展，在英、法、美等主要资本主义国家先后出现了一批开展慈善救济等社会公益活动的非营利组织。英国在 1601 年颁布了慈善法，鼓励开展慈善救济等社会公益活动的非营利组织的发展；美国的社区建设甚至早于国家建设，每个社区有自己的文化准则和运行机制，并能有效解决大家关心的问题。17 世纪初期，英国向美国大规模移民，北美继续采用了英国的《慈善法》，所以可以说美国的公益事业和思想是与殖民开发同步发展的。

早期的非营利组织是国家主导的社会秩序衰落，资产阶级寻求独立自主的经济自由、向国家分权的产物。随着资产阶级革命的开展，资本主义作为一种基本的生产方式和社会经济制度逐渐走向成熟，由此创造了非营利组织产生的经济基础和制度土壤。另外，在理念渊源上，基督教超越国家而构成双重中心的权力结构很早就在西方社会里种下了权力分立、有限国家的理念，因此宗教慈善也是西方慈善精神与公益传统的基础。

第二个阶段是 19 世纪初到 20 世纪中后期，这个阶段是非营利组织的兴起期。到了 19 世纪，伴随着资本主义制度的最终确立，资本主义社会生产力迅猛发展，进入"垄断资本主义"时期。与此同时，资本主义自身包含的一系列根本制度缺陷带来了许多严重的社会问题和社会矛盾，推动社会变革的工人组织不断出现，比如 1881 年英国工人成立的民主联盟、1883 年俄国工人成立的劳动解放社、1886 年美国工人成立的劳动者联盟等。资产阶级政府为了缓解社会矛盾和冲突，不得不允许各种民间慈善的存在，鼓励并保护民间慈善和救济活动。

伴随着科技的发展，一批致力于社会公益事业的非营利组织出现在环境、科学、教育、卫生等领域：1946 年联合国人权委员会成立[⊖]，1948 年国际自然保护联盟成立，1961 年世界自然保护基金会成立等。这些组织在经济、社会、科技、教育、卫生、保健、环保、慈善等众多领域发挥着作用，且影响力逐渐增强，使得非营利组织已经成为各国，乃至国际舞台上的一支重要力量。

第三个阶段是从 20 世纪 70 年代到现在，这个阶段是非营利组织的成熟期。在成熟期，非营利组织得到了空前的发展并逐步走向成熟。在七八十年代，西方的非营利组织致力于通过组织和动员发展中国家的当地资源去培育当地的自助活动，它们在发展中国家的活动优先考虑和逐步转向消除贫困事业。20 世纪 80 年代以来，这些组织不仅要解决各种社会总量的症状，还试图解决产生问题的根源，希望创造一种制度环境，把尽可能多的人动员起来，为争取更好的明天而奋斗。如此庞大的非营利组织，其影响力也日益强劲，尤其在诸如动物权利、全球效应、种族歧视等公共议题方面，发挥着举足轻重的作用。在一些发达国家，非营利组织的活动范围不仅包括积极参与社区建设、地区自治、公共政策的制定和执行等区域性公共事务，还积极参与国际决策，解决各种全球性问题。因此，这些国家的非营利组织在全球化时代的国际治理中扮演着越来越重要的角色。

▶▶ 二、我国非营利组织的演变

我国非营利组织有着悠久的历史和漫长的发展过程。近代以前，我国非营利组织大部分遵循以慈善救济为主、以结社活动为辅的模式，为我国非营利组织的发展奠定了一定的思想基础和组织基础。从历史进程来看，我国非营利组织的发展主要经过了四大阶段。

从 20 世纪初至 1949 年新中国成立为第一阶段。在该阶段，由于我国正处在特殊的历史时期，社会上出现了大量的非营利组织，主要包括三类：①各种"会馆"和"行会"，这些"会馆"和"行会"是指由早期工商业者或传统的手工业者等组成的维护群体利益和行业秩序的民间非营利组织；②各种"互助会""慈善堂""育婴堂"等互助与慈善组织，例如由归国华侨代表发起，并得到海外华侨领袖及国内政界、学界和社会名流联名赞同而创建的华侨联合会；③政治性组织和"会党"，政治性组织一般都具有很强的政治色彩，例如学联、工会、妇联，以及在抗战期间兴起的各种战地服务组织、救国会等。会党是我国近代一直蒙着一层神秘面纱的组织，如哥老会、洪帮、青帮等。这些组织后来背离了其创办宗旨，成为一些人牟取私利的组织。

从中华人民共和国成立至改革开放前为第二阶段。这一阶段既是我国非营利组织发展的奠基时期，也是我国非营利组织发展的起步阶段。中华人民共和国成立后，国家对民间一些组织进行了清理和整顿。内务部 1950 年制定并颁布了新中国第一个关于公民结社的行政法规《社会团体登记暂行办法》，1951 年颁布了《社会团体登记暂行办法施行细则》。根据该细则，一部分政治倾向明显的社团，如中国民主同盟、九三学社等被确立为中国共产党领导下的民主党派，而另一大批带有强烈封建色彩的组织则被取缔，同时政府还规定了社会团体的登记管理办法及相应的一些原则。经过清理和整顿，这一时期我国民间组织和各种社会团体数量大幅减少，发展速度放缓。据相关资料统计，1965 年全国性社团只有

⊖　2006 年该组织更名为联合国人权理事会。

将近 100 个，而地方性社团也只有 6000 多个。而且，这些社会团体大部分缺乏独立性。

从改革开放到 1998 年为第三阶段。这一阶段属于我国非营利组织复兴与结构调整阶段，从 1980 年起，非营利组织再次步入发展高潮。1989 年，全国性社团增加到 1 600 多个。尤其是进入 20 世纪 90 年代，经济体制的转轨和政府职能的转变为非营利组织的发展提供了较为宽广的空间。1998 年年底，全国性社团为 1 800 多个，地方性社团为 16.56 万个。这一时期社团的结构也发生了明显的变化。基金会、商会以及民办学校、医疗机构等实体性服务机构发展起来。例如中国宋庆龄基金会（1982 年）、中国妇女发展基金会（1988 年）、中国青少年发展基金会（1989 年）、中华环境保护基金会（1993 年）、中华慈善总会（1994 年）等非营利组织都是在这一时期成立的。

从 1998 年至今为第四阶段。这一阶段是非营利组织的多元化和正规化发展阶段。在这一阶段，国家修订了《社会团体登记管理条例》，并颁布了《中华人民共和国公益事业捐赠法》《基金会管理条例》等一系列法律和法规，为我国非营利组织管理的法制化奠定了法律基础。随着市场经济的发展与政府管制的松动，公民结社需求高涨，大量非营利组织在该时期涌现，我国社会的民间力量发展异常繁荣。与之前的几个阶段相比，非营利组织涉及的领域更加多元化，中国佛教协会（2002 年）、中国野生植物保护协会（2003年）、萨马兰奇体育发展基金会（2012 年）、鲁迅文化基金会（2012 年）、北京首善儿童肿瘤基金会（2014 年）、中国助残志愿者协会（2015 年）、中国扶贫志愿服务促进会（2016 年）等涉及各个领域的非营利组织纷纷成立。这些非营利组织在社会的经济、科技、教育、卫生、文化、环保、慈善等多个领域发挥了重要作用，促进了社会发展。截至 2020 年年底，全国登记在册的社会组织数量已达 89.4 万个，公募基金会 2 136 个，非公募基金会 6 296 个，民政部登记的社会团体 374 771 个、基金会 8 432 个、民办非企业单位510 959 个，我国非营利组织迎来了发展的春天。

▶▶ 三、中西方非营利组织的区别与联系

（一）中西方非营利组织的区别

1. 非营利组织概念的区别

西方国家主要从法律和学术两个层面对非营利组织进行了定义。

在法律层面上，西方国家主要从是否免税、是否为公众利益服务、是否营利、资金来源等方面对非营利组织进行界定。例如，联合国根据资金来源，将非营利组织定义为"如果组织一半以下收入来自以市场价格出售的商品和服务，则该组织就是非营利组织"；日本的定义为"不以营利为目的，必须将各种收入用于公益事业，收入不能分给成员的组织"；英国定义为"为公众利益服务，组织雇用的人员不计报酬，其资金来自不同的组织，管理者不计报酬，盈余不分给会员的组织"；美国以是否满足免税条件来认定非营利组织。

在学术层面，学者们认为，非营利组织是介于政府和私营公司之间的社会组织，非营利组织更多地表现为承担社会责任，可以开发新的社会服务方法，以满足人民的需求，具有持续更新社会价值观以及信仰和规范的活力，洞察社会的道德取向、预测社会的趋势，并且完成公共使命。非营利组织不以营利为目的，主要提供公共产品和服务，税收和法律对非营利组织组织的定义有特殊规定。并且非营利组织具有组织的特征和形式，例如非营

利、自治、志愿服务和公益福利，可以将其分为教育、医疗、社会福利、文化休闲、职业团体、住宅开发、国际事务、公民倡议、环境保护、慈善、宗教、其他等类型。

我国非营利组织通常是指除营利组织和政府机构以外的所有社会组织，包括依法合法注册和授权或由政府组织委托进行公共事务管理的组织。这些组织包括社团、商会、基金会、协会、联合会以及私营非营利组织，例如学校、研究机构、医院和福利院。我国的非营利组织主要分为两类，一类是非营利性的组织，另一类是民间非营利组织。

其中，非营利性的组织通常被称为公共机构，由国家机构领导，包括两类：①科学、教育、文学、广播、电视、信息服务、卫生、体育等公益性机构；②气象、水利、地质、环境保护、计划生育、扶贫、慈善救助等公益性机构。

民间非营利组织主要是指按照国家法律、行政法规登记的社会团体，例如基金会、民办非企业单位、寺庙、教堂等，主要目标是满足广大人民群众的物质文化需求，实现特定的社会使命。

2. 会计核算的区别

我国非营利组织与西方非营利组织在会计方面有多处区别。

（1）会计主体不同　西方非营利组织的会计主体主要是基金，即一组有特定用途、要求专款专用并进行专项核算和报告的财务资源。而在我国，各类基金的使用虽然通过设立不同账户加以分类，但并非独立的会计主体，只是作为政府单位主体核算的不同内容。

（2）会计核算基础不同　西方非营利组织会计采用权责发生制，以权力和责任的发生来决定收入和费用的归属期间，而我国非营利组织会计一般采用收付实现制，以款项是否已经收到或付出作为计算标准，确定组织本期的收益和费用。收付实现制虽然简单直观，但是却隐含着核算不准确、费用分配不合理等问题，无法反映单位或组织真实的收支情况，会计信息的使用者往往无法通过财务会计报告获得有用的决策信息。

（3）会计要素不同　在西方非营利组织的会计核算中，会计要素为资产、负债、基金余额、收入和支出。我国非营利组织中会计要素包括资产、负债、净资产、收入和费用。净资产科目反映资产减去负债之后的余额，由于不是根据基金单独核算，因此无法体现出非营利组织本身所拥有资源的具体情况。

3. 政府管理的区别

西方国家对其社团的管理一般实行注册制、登记管理制，只要符合政府规定的关于组织资产、会员数量、发展规模等一系列标准，就可以到相应的政府部门注册，经审查即获得合法地位，此后非营利组织的一系列活动由本组织自行负责，出现问题则视情况提交司法部门解决。西方国家中社团的成立指标一般包括组织资产、会员数量及构成、固定办公机构、明确的组织章程、具体的行为法人等。

与之相比，我国的非营利组织的成立在标准上除了也需要考虑上述几项标准外，还包括必须有一个政府部门作为本组织的"业务主管单位"，二者之间是业务指导、负责的关系。在民政部门颁布并实施的《社会团体登记管理条例》中，明确规定了民政部门与业务主管部门对于非营利组织的双重领导：一方面，民政部负责社团的登记工作；另一方面，业务主管单位，即政府部门负责对社团日常活动进行指导、监督。

4. 经费来源的区别

西方国家非营利组织的经费来源非常多样化，其中营业收入比例往往较高。较高的营业收入，再加上一定比例的政府捐赠、个人捐赠，是西方国家非营利组织具有更强的生存和抵御风险能力的原因。而我国的非营利组织对政府拨款的依赖性较极强，致使其收入结构不太合理，社会融资能力有待增强。同时，由于政府对非营利组织从事经营活动有所限制，我国非营利组织的营业性收入比例占比很低，而且目前接受个人和企业捐赠的渠道也极其有限，种种因素导致我国非营利组织的经费来源比较单一。

（二）中西方非营利组织的联系

尽管我国与西方的非营利组织有上述多种区别，但是根据国内外学者对非营利组织的研究，中西方非营利组织在重要方面是紧密联系的，它们都有以下四个相同的重要特征。

（1）不以营利为目的　无论是在我国还是在西方国家，非营利组织都不具有谋利宗旨或动机，不能通过以营利为目的的经营活动来获得利益，这是它们与普通企业的最大区别。非营利组织不具有利润分配机制，但它可以开展经营活动，其经营所取得的收益不能返还给所有者和管理经营者，而是投入到体现和反映组织宗旨的社会公益活动中去，其财产以及运作财产的收益不归属于任何个人，而是归属于社会。

（2）不隶属于政府　不隶属于政府是非营利组织区别于政府部门的本质特征，这一点在我国和西方国家都有所体现。非营利组织不能像政府一样通过征税等手段获取资金，以支持自身的运作。在我国特殊的社会结构和制度背景下，政府对非营利组织的管理监督力度会比西方国家更大一些，当然西方国家的政府监管力度也有逐渐增强的趋势。实际上，虽然非营利组织的一部分收入要依赖于政府的财政拨款，并且日常业务的运行也要在政府的严格管控之下，但是它们还是不隶属于政府的，它们是与政府组织、市场营利组织并列存在的，具有独立的法人资格和责任能力。

（3）志愿服务公益　中西方的非营利组织都以公共利益为目标取向，以共同价值观为思想基础，通过有组织的活动参与公共事务管理，提供公共产品和服务。参加非营利组织的成员都是自愿的，而非强制的，组织成员都具有强烈的使命感和奉献精神，通常以志愿服务的形式接受社会的检验。

（4）互相合作促进　当今社会是交流的社会，随着全球化进程的不断推进，我国非营利组织与西方国家非营利组织的合作交流越来越密切。我国的一些项目也会在西方国家开展，一些西方国家的非营利组织也对我国的项目有一定程度的资助与合作研究，并且双方互相参与项目的力度越来越大。我国也加入了一些有影响力的地区性或国际性的非营利组织并成为其会员，例如世界贸易组织（WTO）、世界粮食计划署（WFP）、世界卫生组织（WHO）、国际儿童组织、绿色和平组织、国际红十字会、国际法协会等。这是促进我国非营利组织主动参与国际事务、进行国际合作从而扩大影响力的重要举措。我国非营利组织与西方国家非营利组织的合作，代表我国在世界海外救援、医疗卫生、抗震救灾等各个领域扮演着越来越重要的角色，也让国际社会看到了我国非营利组织的强大力量。

第二节　非营利组织的内涵、性质与分类

一、非营利组织的内涵

（一）非营利组织定义

非营利组织（Non – Profit Organizations，NPO）在 1967 年美国的税法中首次提出，最初是指免税机构，是除政府和企业之外的、不以营利为目的的组织总称。根据美国会计协会（American Accounting Association，AAA）在"非营利组织会计实务委员会报告"（*Report of Committee On Accounting Practice Of Non – for – profit Organization*）中对"非营利"的定义，一个非营利组织应同时具备以下四个条件：①无营利的动机；②无个人或个别拥有组织的权益股份或所有权；③组织的权益或所有权不得任意出售或交换；④通常都不能以任何方式给予资金捐助者或赞助人财务上的受益。

目前，西方学者对非营利组织概念的界定由美国约翰·霍普金斯大学（The Johns Hopkins University）非营利组织比较研究中心的莱斯特·萨拉蒙教授（Lester M. Salamon）与海尔姆特·安海尔（Helmut. nheier）在 1997 年提出。两位学者提出了"五特征说"用以界定非营利组织，即认为具备以下五种特征的组织，都可以归类为非营利组织：

1）组织性。此类机构需要经过合法注册，并具有明确的章程、制度和固定的组织形式及组成人员。

2）非政府性。这类组织必须在制度上和政府机构相分离，具有民间性的特点。

3）非营利性。该组织不以营利为目的，受到法律和道德的双重约束，不得在组织成员间进行剩余利润的分配，股东或组织成员对物质资产具有公开使用权，但没有对资产利益索取的权利。

4）自治性。该组织能够自我管理，具有相对独立的人事任免权以及决策和执行能力；

5）自愿性。成员自愿加入该组织，其为组织服务的行为，包括一定程度的时间、精力和资金的付出与捐献均出于自愿。

非营利组织的概念原本是西方产物，目前我国对它的内涵、外延以及概念的解释力还没有达成共识。根据国外对非营利组织的定义和清华大学 NGO 研究所所长王名先生编著的《非营利组织管理概论》一书，结合我国实际情况，从以下四个方面全面界定我国的非营利组织：

（1）基本属性　非营利组织是指在政府部门和以营利为目的的企业（即市场部门）之外的、以非营利为目的、从事公益事业的一切志愿团体、社会组织或民间协会。非营利组织的基本属性包括：①组织性，即有一定的组织机构，是根据国家法律注册的独立法人；②民间性，即不是政府及其附属机构，也不隶属于政府或受其支配；③非营利性，即不以营利为目的，不进行利润分配；④自治性，即非营利组织有不受外部控制的内部管理程序，能够进行自我管理；⑤自愿性，即成员的参加和资源的集中不是强制性的，而是自愿的；⑥公益性，即组织服务于某些公益目的并为社会公众奉献。

（2）活动领域　非营利组织的活动涉及社会生活的各个领域，其中包括环境保护、扶

贫发展、权益保护、社区服务、经济中介、慈善救济、维护和平、学术交流、文化娱乐、教育评估、艺术鉴赏等。

（3）分类 非营利组织可以分为会员制组织和非会员制组织，前者主要包括互益型组织与公益型组织，后者则包括运作型组织和实体型社会服务机构。

（4）地位 把非营利组织叫作第三部门是相对于作为第一部门的国家体系和作为第二部门的市场体系而言的。但实际上，非营利组织无论作为整体还是个体，在规模、构成、能量上都难以与政府、企业相抗衡，因此在它们之间还难以形成真正平等的相互关系，这一点在我国表现得尤为突出。

（二）相关概念辨析

1. 民间组织

民间组织概念突出了人民社会组织的民间性。作为人民社会主体的民间组织，指的是有着共同利益追求的公民自愿组成的非营利性社团。它有以下四个显著的特点：①非政府性，即它们是以民间的形式出现的，不代表政府或国家的立场；②非营利性，即它们不把获取利润当作生存的主要目的，而通常把提供公益和公共服务当作其主要目标；③相对独立性，即它们拥有自己的组织机制和管理机制，有独立的经济来源，无论在政治、管理，还是财政上，它们都在一定程度上独立于政府；④自愿性，即参加人民社会组织的成员都不是强迫的，而完全是自愿的。民间组织的这些特征，使它们明显地区别于政府机关和企业组织。此外，民间组织还具有非政党性和非宗教性的特征，即不以取得政权为主要目标，也不从事传教活动，因而政党组织和宗教组织不属于民间组织。

2. 志愿者组织和辅助性活动

英国组织学学者大卫·比利斯（David Billis）、美国学者拉夫·克雷默（Ralph M. Kramer）等人把非营利组织叫作志愿者组织（Volunteer Organization）或志愿部门（Voluntary Sector），强调组织的运作与管理主要依靠志愿者们在时间、精力和资金方面的投入；加拿大著名管理学者埃里奥特·杰奎斯（Elliott Jaques）对非营利组织的表述为辅助性活动（Auxiliary Function），从非营利组织的社会地位和主要功能的视角，强调其在当代西方社会生活中发挥的作用，是对政府管理与市场活动的补充。相对于政府部门和企业部门，其运营行为具有辅助性作用。

3. 非政府组织

被称为"美国良心"的美国学者诺曼·卡曾斯（Norman Cousins）、英国著名公共管理学者克里斯托弗·胡德（Christopher Hood）等人则称非营利组织为非政府组织（Non - Governmental Organization，NGO），从政治学的角度来描述就是以促进经济社会发展为主要任务的民间组织，NGO 的概念通常被用于定义发展中国家的该类机构。但在我国的语境中，这一概念可能产生两种正好相反的歧义。一是认为只有那些重要的、正式的民间组织，才属于非政府组织的范畴，因为非政府组织这一概念最初被引入我国，与《联合国宪章》中涉及的国家间非政府组织在联合国的地位与作用相关，国家间的非政府组织往往是十分正规的，并经过政府的正式批准，而大量存在于社会中的非正式组织有可能被许多人排除在非政府组织视野之外；二是把非政府组织的非政府性理解成与政府没有关系，甚至理解为与政府对立。

4. 慈善组织、免税组织和中介组织

澳大利亚学者乔瑟夫·布特勒（Joseph Leonard Butler）、英国学者约翰·威尔森（John Wilson）、阿诺德·古林（Arnold Gurin）、范·蒂尔（Van Thiel）等人把非营利组织称为慈善组织（Charity Organization）。他们侧重从资金来源的角度强调这些组织的运营主要依靠私人慈善性捐款；杰瑞米·肯德尔（Jeremy Kendall）和马丁·纳普（Martin Knapp）对非营利组织的定义是免税组织（Duty-Free Organization），从政策层面界定非营利组织，强调国家税法应给予这些组织免税待遇，并按照相关政策法规提供某些特殊的资金和技术支持；海德利·罗德尼（Hedley Rodney）称非营利组织为中介组织（Intermediary Organization），从经济学视角强调非营利组织的中介纽带作用：非营利组织是政府、单位和个人之间以及单位与单位、个人与个人之间的非行政联结纽带，非营利组织组成了介于国家、地区和文化之间的特殊桥梁。

5. 第三部门

美国学者西奥多·莱维特（Theodore Levitt）提出第三部门的概念。第三部门是一个较为宽泛的说法，属于社会学和经济学名词，既是非营利组织（NPO）的同义表述，也是非政府组织（NGO）、志愿性社会机构（Voluntary Sector）的同义表述，通常第三部门泛指能够自我管理的、私人的或民间的、非营利的职业组织，这类组织不分配利润给股东或董事，而是在政府机关之外关心公共福利，追求公益目标，因此对其有特殊的相关法律和政策规定。

从这个概念的内涵来看，第三部门实际上即非营利组织，这一说法强调的是该部门相对于第一部门的政府、第二部门的企业（在西方国家主要是私人企业）的独立性。也就是说，那些相对于政府和企业独立运营开展活动的，以服务公众为宗旨、不以营利为目的，其所得不为任何个人牟取私利的机构，都可以称为第三部门。第三部门的提法，实际上是把非营利组织看作与政府机构和市场相平行的组织形态，其前提条件有两个：西方国家公私领域充分发育、二者界限清晰划分，即有限的政府职能和较为完善的市场机制。在这两个条件下把非营利组织作为制度空间中解决公共事务的第三种形态。

6. 群众团体或人民团体

群众团体或人民团体是我国现存体制下特定的政治概念，它主要是指中国共产党直接领导下的工会、青年团、妇女联合会，以及其他少数特殊的团体，例如中国残疾人联合会、中国文学艺术界联合会、中国科学技术协会等。这些组织的主要特征是具有很强的政治和行政色彩，同行政机关一样，有相应的行政级别，其领导机关与各级政府机构同设，由国家给予正式的编制，并且通常承担一定的行政管理职能。其实，从其职能和性质来看，它们更像是政府组织，而不是非政府组织。群众团体或人民团体的概念，有时也宽泛地指所有非政府的社会组织，但由于约定俗成的原因，它的特殊含义已经深入人心。

▶▶ 二、非营利组织的性质

非营利组织的性质主要包括非营利性、非政府性、合规性和公益性。

1. 非营利性

非营利性是非营利组织的显著特征，也是非营利组织与企业区别的根本属性。非营利组织的非营利性可以概括为以下三个方面：

（1）非营利组织不以营利为目的　企业虽千差万别，但是其本质都是以营利为目的，其宗旨也是通过营利来实现自身的利益，而非营利组织则不同，它并不是想通过营利来达到扩大组织生产或者规模的目的，而是通过其活动来实现整个社会的公共利益。

（2）非营利组织不能将剩余收入（利润）进行分配（分红）　非营利组织可以开展一定形式的经营性活动，这些活动可能会产生超出经营成本的剩余收入，对于企业而言，这些剩余收入完全可以在投资者之间进行分配，但是非营利组织不能将任何剩余收入在成员之间进行分配，只能用于该组织开展的其他活动或者组织自身的发展。

（3）非营利组织不得采用任何形式将组织的资产转变为私人财产　企业的资产属于企业的所有者，产权界定十分明确。非营利组织的资产从严格意义上来讲不属于组织，也不属于捐赠者，而是一种"公益或互益资产"，由社会掌握。因此，非营利组织其实是作为受托人来行使公益资产的所有权。如果非营利组织发生解散或者破产的情况，那么其剩余资产不能像企业那样在成员之间进行分配，而是转交给政府或其他非营利组织。

2. 非政府性

非政府性是非营利组织的基本特征，也是非营利组织与政府相区别的根本属性。相对于企业来说，非营利组织与政府有一个共同属性，就是它们都隶属于社会的公共部门；而非营利组织与政府又有不同之处，非营利组织是非政府的社会组织，不是政府机构及其附属。非营利组织的非政府性可以概括为以下三个方面：

（1）非营利组织是一种独立自主的自治组织　各级政府以及职能部门之间各有分工，但是不能实现完全的独立，否则就难以实现国家的战略目标与任务。而非营利组织则是相互独立的自治组织，它们既不是政府的一部分也不是企业的一部分，而是独立的社会组织，有自己独立的决策、行动能力。

（2）非营利组织是一种自下而上的民间组织　为了实现整个国家的意志以及作为国家政权的必要组织形式，政府权力的行使及组成原则都是自上而下的金字塔式的结构，而非营利组织则无法同政府一样自上而下地行使权力，它们通过横向的社会网络联系广大的社会公众，形成了自下而上的民间组织。

（3）非营利组织是一种竞争性的公共部门　政府作为公共部门，无论是社会资源的获取还是各种公共服务的提供，采取的都是垄断性的方式。而非营利组织则与其不同，它们采取竞争性的手段来获取资源和提供竞争性的公共物品。

3. 合规性

非营利组织作为与政府组织、市场营利组织并列的另一种组织形式，必须要遵守相关法律法规和规章制度，在法律和规章制度允许的范围内运营。非营利组织作为服务于社会全体的组织，接受来自社会的捐赠和政府的财政补贴及相关的税收优惠。因此在我国，非营利组织不管在财务还是日常运营上必须执行国家规定的管理制度，接受相关主管部门的监督，组织资产来源属于国家资助的，还应当接受审计机关的监督，确保任何单位和个人不得侵占、私分或挪用非营利组织的资产。

我国现有的对非营利组织的管理法规主要是"两条例、一办法"，即《社会团体登记管理条例》《民办非企业单位登记管理暂行条例》和《基金会管理办法》，这些管理法规对非营利组织的范围、运营等方面都进行了规定。另外，《中华人民共和国慈善法》《中华人民共和国税法》《社会组织评估管理办法》《基金会年度检查办法》《民间非营利组织会计制度》也从财务、税收、监督等方面对非营利组织进行了约束。

4. 公益性

非营利组织的志愿公益性可以概括为以下三个方面：

（1）志愿者和社会捐赠是非营利组织的重要组成部分　企业主要通过资本的方式获得社会资源，而政府则是通过税收的方式获得社会资源，对于非营利组织而言，志愿者和社会捐赠是其主要的社会资源。志愿者可以视为非营利组织社会资源的人格化，是指那些为追求公共利益而无偿参与公益性或互益性活动的人。社会捐赠可以视为非营利组织社会资源的货币化，是指人们为了非营利组织目标的达成而无偿提供的货币或物资。

（2）非营利组织的活动具有社会公开性和透明性　企业的经营活动往往具有内部性和一定的排他性，而政府出于安全或保密的考虑也不具有完全的公开性。非营利组织使用的是社会公共资源，向社会公众提供的是社会公共物品，因此其开展的各项活动应该具有公开性和透明性，并且要接受来自政府、社会等方面的监督。

（3）非营利组织为社会提供两种公共物品　非营利组织提供的公共物品主要有以下两种：①提供给整个社会不特定多数成员的"公益性公共物品"，社会大众是其受益者，但却无法界定，例如污染治理、植树绿化等；②提供给社会中某一部分特定成员的"互益性公共物品"，其受益者也是多数社会成员，但可以界定，例如会员福利。第二种类型也可以被称为"准公共物品"。

三、非营利组织的分类

由于各个国家社会制度和文化背景的差异，使得不同国家对非营利组织的概念存在一定差异，但总体而言，其整体外延都界定在政府与企业之外的制度空间，笼统地说，就是社会成员为实现某种非经济性目标而组建的各类社会组织都可以纳入非营利组织范畴。

在组织分类上，国际上通常采用两种分类法。第一种是联合国的国际标准行业分类（ISIC），它将非营利组织分成 3 个大类、15 个小类：①教育类，包括小学教育、中学教育、大学教育和成人教育；②医疗和社会工作类，包括医疗保健、兽医和社会工作；③其他社会和个人服务类，包括环境卫生、商会和行业协会、工会、娱乐组织、图书馆、博物馆及文化、体育和休闲组织等。第二种是莱斯特·萨拉蒙的活动领域分类法，即按照活动领域、范围、方式、受益对象等把非营利组织分为 12 大类、24 小类。

我国的非营利组织起步较晚，尚处于发展上升阶段，组织内部制度和外部政策环境还需要健全和完善。国际分类方法与我国基本国情和社会制度还有很多不相适应的地方。因此，必须从我国国情的现实需要出发，按照经济社会发展规律，对非营利组织做出客观公正的分类。

（一）按组织性质分类

（1）准非营利组织　准非营利组织，或称转型过程中的非营利组织，主要是指教育、医疗机构，包括幼儿园、中小学、普通高校、民办高校、公立医院和民办医院等。通常情况下，教育和医疗机构应属于非营利组织范畴。但伴随教育产业化和医院医药体制及内部分配机制的变革，其服务社会的公益属性日趋淡化，企业属性已成为左右其发展方向的主导基因，各种不合理收费带来的上学难、看病贵问题，引起了社会的广泛关注，也呼唤着学校和医院公益属性的回归。例如个别中小学的"办班补课"屡禁不止、个别公立医院药费多环节加价、个别重点高中"议价班"等，都给教育体制改革和医疗体制改革提出了新课题、新要求。

目前，教育体制改革和医疗体制改革正在逐步推进，改革的目标趋向正是教育和医疗机构公益性的主导地位。在完成这种改革之前，这些部门只能属于转型进程中的非营利组织，只有转型成功了，才能成为真正意义上的非营利组织。

（2）公益型非营利组织　公益型非营利组织主要是指从事公益服务和慈善事业的社会组织，包括各种慈善团体、教会组织、基金会、民间草根社团等。公益型非营利组织具有国际通用的非营利组织的基本特征。我国大量的民间草根社团和某些非营利组织虽然没有在相应机关登记注册，但它们所从事的活动、服务的对象、追求的目标，都完全符合自治性、非营利性、自愿性、组织性和非政府性特征。

（3）互益型非营利组织　互益型非营利组织主要是指满足组织成员之间的利益互补，以相互关爱、相互帮助，追求组织成员群体共同利益为活动目标的民间组织，包括爱心协会、病友会、同学会、同乡会、车友会、专业合作社和行业协会等。

（4）官民双重属性的非营利组织　此类非营利组织主要是指从事群众性社团活动、带有明显政府色彩的群团组织，包括共青团、工会、妇联、残联和有关事业单位等。这些组织除了具备非营利组织的一般属性之外，还带有明显的政府"胎记"，组织的活动通常都体现政府意图，自主性、自治性不足。在个别组织的内部机构和人事安排上，"官本位"现象突出。

（二）依据主要社会功能分类

（1）动员资源型　非营利组织为了能够生存和发展，必须动员各种社会资源，包括慈善捐赠和志愿服务。随着这种社会功能的日益发展和成熟，动员资源在少数非营利组织中会逐渐专业化，并出现部分以动员资源为核心功能的非营利组织，包括一些专业筹款、开展资助活动的基金会和社会团体，一些专业招募、培训和派遣志愿者的社会团体和民办非企业单位。这种类型的非营利组织可能数量很少，但专业化程度很高，有相当高的社会公信度和影响力，对各种类型的非营利组织形成强有力的资源支持，因而在公益认定、评估，以及社会监督和监管方面都应有很高的要求和相应的约束。

（2）公益服务型　非营利组织提供的公益服务遍及社会的各个方面，包括公益慈善、救灾救济、扶贫济困、环境保护、公共卫生、文化教育、科学研究、科技推广、农村和城市的社会发展及社区建设等，这些都是非营利组织开展公益服务较为集中的领域。随着这种社会功能的不断发展和成熟，公益服务在一些非营利组织中会逐渐专业化，出现一些以公益服务为核心功能的非营利组织，包括一些主要开展公益项目的基金会、社会团体和民办非企业单位，以及开展各种社区服务的基层组织等。这种类型的非营利组织数量巨大、分布广泛，但是单体规模可能不大。它们的共同特点是面对受益者的各种需求，致力于为公众提供各种形式的公益服务并谋求社会公益。它们与各级政府和相关各个领域的政府公共服务相辅相成，在很大程度上是政府公共服务的有益补充。

（3）社会协调型　在社会转型期，推动社会协调、参与社会治理成为一部分非营利组织的主要功能，这些非营利组织即为社会协调型非营利组织。随着这种主要功能的成熟与发展，各种形式的非营利组织逐渐成为公民表达意愿、维护权益、协调关系、化解矛盾、实现价值的最为广泛和直接的形式，这是我国非营利组织近年来在数量上急剧增加的重要原因之一。从机制上看，非营利组织主要有以社区为基础的横向协调型和以社群为基础的纵向协调型两种不同类型，前者是指各种社区群团组织，后者则包括各种形式的商会、行业协会、工会、联谊会、同学会、消费者协会等。这种类型的非营利组织一般采取会员制的社团形式，注重社会资本，在会员共同利益的基础上形成一定的互益空间并为会员提供服务，同时强调对所在社区或社群的代表性，积极参与社会公共事务。它们数量很大、种类繁杂，共同特点是具有较强的自我稳定性。

（4）政策倡导型　非营利组织不仅积极参与各级相关立法和公共政策的制定过程，以各种努力倡导和影响政策结果的公益性与普惠性，而且往往作为特定群体特别是弱势群体的代言人，表达其利益诉求和政策主张。随着这种社会功能的发展，政策倡导成为一些非营利组织的主要功能，一部分政策倡导型非营利组织成为专门从事相关政策研究并积极影响政策制定过程的思想库，另一部分成为积极参与社会博弈的弱势群体的代言人或者利益集团的代言人。这种类型的非营利组织数量虽然不多，但影响很大，它们的共同特点是有明确的政策主张，较多关注社会公正，并通过积极的倡导活动影响政策的制定和执行过程。

第三节　我国非营利组织的特点、功能与困境

一、我国非营利组织的特点

我国非营利组织从整体上看，是以满足公共需求、实现社会公益为目标，由自觉参与社会救助、社会服务等公益性活动的人员组成的民间组织，其功能作用是由组织自身的六大特征决定的。

（1）参与公共服务的自觉性、志愿性　参加社会公益服务不是别人强迫的，而是自己主动要求、自觉参与的，目前我国非营利组织及其成员都具备这一特点。比如蓝天救援队，是由一群积极主动的人员组成，志愿参与公共服务活动，涉及社会的各个领域。

（2）活动目的的非营利性　开展的各项公益活动，只以公共需求为取向，不以获取团体营利和个人报酬为目的，即便在活动过程中产生利润，也不能用于团体内部分配，只能用于回报社会。例如民政部发布的《2019 年度彩票公益金使用情况公告》显示，民政部2019 年彩票公益金预算额度为 386 900 万元，专项用于民政社会福利及相关公益事业。按照福利彩票"扶老、助残、救孤、济困"的发行宗旨，全部用于老年人福利、残疾人福利、儿童福利和社会公益等方面。

（3）覆盖领域的广泛性　在国内，非营利组织涉及经济社会生活的方方面面，在人民群众当中亲和力、渗透力和凝聚力都比较强。在国际上，由于我国不断加强对外开放的力

度，我国的非营利组织得到了很多与国外成熟的组织合作交流的机会，这使得我国非营利组织不断成熟，在国际舞台上发挥着举足轻重的作用。

（4）活动形式的灵活多样性　非营利组织的一切活动，针对各种社会问题，活动内容丰富多彩，活动形式不拘一格，能够为不同社会阶层提供多样性、多元化的服务。目前，我国的非营利组织涉及教育、卫生、安全、体育、艺术、环保、科技等社会多个领域。不同领域的非营利组织根据自己的宗旨会开展多种多样的精彩活动，针对不同的社会群体或社会问题为公众提供特色多样的服务。例如，中国社会福利基金会组织助力养老事业的"暖心工程"、帮助被拐儿童回家的"缘梦基金"、中国海洋发展基金会发起的"爱海公益行动"等。

（5）组织设立和运行的民间性　在我国，非营利组织虽然在双重管理制度之下成立运营，本质上还是独立于政府和企业之外的。非营利组织坚守组织宗旨，以完成社会使命为主要目标，在社会特定领域提供公共服务，对政府和市场的工作形成了一定程度的补充，弥补了政府管控和市场调节在某些方面的不足。

（6）公益性和时效性统一　非营利组织在开展活动的过程中，发挥了对他人和社会直接或间接有益的作用，在提倡社会互助、加强人文关怀、增进社会福利的同时，对突发事件和大型活动等提供及时有效的支持服务，既有长期目标任务，也有短期应急服务，体现了公益性和时效性的统一。

▶▶ 二、我国非营利组织的功能

非营利组织具有和企业、政府不同的社会功能。非营利组织作为一种辅助性衍生物，在政府和市场之外既发挥着不同于政府的社会事务管理功能，又履行着异于一般商业经营的社会服务义务，在教育、科技、文化、环境、医疗卫生、社会服务与救济等领域，发挥着政府和市场不能发挥的重要作用。

（一）动员社会经济和志愿服务资源功能

相对于企业和政府，动员社会资源是非营利组织的主要社会功能。为了生存和发展，非营利组织必须想方设法地动员各种社会资源，如通过各种慈善性、公益性的募款活动吸纳各种社会捐赠，从而动员社会的慈善捐赠资源。

另外，非营利组织通过积极发动志愿者参与到各种慈善公益活动中，帮助动员社会的志愿服务资源。非营利组织向社会表现出公益或共益的理念，有利于赢得社会的信任，促进社会的捐赠，从而用于各种社会公益活动。

据上海科技网统计，在2008年四川汶川地震中，活跃在抗震救灾一线的志愿者总人数达100多万人，这些志愿者在整个救灾工作中不仅起到物质援助、精神救助和服务帮助的作用，还是凝聚人心、鼓舞士气的力量，让受灾群众看到了希望，坚定了重建家园的信心。而且志愿者的切身行动也吸引和凝聚了社会各界的支持和资源，使"一方有难、八方支援"从道德理念层面转化为具体实践层面，在动员社会力量、整合社会资源等方面，发挥着无可替代的重要作用。

（二）政府或市场失灵的补充与完善功能

当政府和市场在某些方面都不足以满足群众对公共产品和公共服务的有效需求时，非营利组织作为政府以外的公共产品和公共服务的提供者，就有了对其补充与完善的功能。

非营利组织将其动员的社会资源，用于开展公益性社会服务。因为会涉及慈善、救济、环保、卫生、教育、科学研究等诸多领域，所以有利于拓展公共空间、增加和维护社会公共利益。非营利组织在服务的提供方式上具有很强的志愿性、竞争性和参与性，这些特点决定了它们能够应对各种社会问题，从而更好地维护并增加社会的公共利益。通过加入政府公共服务体系，非营利组织的服务形成了与政府公共服务之间协作互动以及共同发展的关系。这种类型非营利组织的共同特点是面对受益者的各种需求，努力为公众提供多样化的公益服务，在很大程度上是对政府公共服务的有益补充。

(三) 社会协调与治理功能

在社会转型期，非营利组织成为公民表达意愿、维护权益、协调关系、化解矛盾的窗口。因此推动社会协调以及参与社会治理对于非营利组织变得更为重要。目前也逐渐形成了两种类型：以社区为基础的横向协调型（例如各种社区群团组织）和以社群为基础的纵向协调型（例如行业协会、商会、工会、联谊会、消费者协会等）。

在社会协调并参与社会治理方面，非营利组织是表达和传达民意、实现民权和维护民生的重要制度安排。同时，非营利组织在人与社会、人与人、人与自然之间构建了连接纽带，有利于化解社会发展中的诸多矛盾，同时有利于实现社会成员的自身价值。非营利组织的社会协调和治理功能，反映了非营利组织所拥有的社会性或公民主体性。非营利组织不是追求利润最大化的经济体，也非统治公民的权力体，而是公民以自组织形式来表达意愿与诉求并且参与社会事务的路径。

(四) 政策倡导与影响

作为推动社会公益事业的主体，非营利组织在倡导立法与公共政策上起到积极的推进作用。政策倡导在一定程度上反映了非营利组织对社会公共决策过程的影响。非营利组织作为代言人，可以为弱势群体表达利益诉求，既影响到法制建设，又使立法和公共政策在执行过程中为更广大的社会群体谋求公正、公平。另外，非营利组织通过媒体和舆论对立法和公共政策的实施进行有效监督。非营利组织的公权力主要来源于提供公益服务、动员社会资源以及推动社会协调、参与社会治理。这促使政府重视非营利组织的呼声和要求，与非营利组织之间建立良好的伙伴关系，从而实现社会的共同目标。在社会环境发展的推动下，政策倡导逐渐演变为一些非营利组织的主要功能，一些非营利组织成了思想库，主要从事政策研究并积极影响政府决策过程；一些非营利组织对社会政治有影响；一些非营利组织成为弱势群体代言人。

(五) 传统美德的传承和发展功能

早在两千五百年前，《孟子·梁惠王上》中就提出"老吾老以及人之老，幼吾幼以及人之幼"。千百年来，在中华民族在自强不息的发展历程中，形成了勤劳勇敢、尊老爱幼、扶危济困、乐善好施的民族品格，非营利组织通过各类公益服务活动，有助于弘扬和发展优秀的传统文化，有助于人们特别是广大青少年继承发扬吃苦耐劳、自强不息、扶危济困、奉献友爱等民族传统美德。

（六）社会公德、职业道德的提升和强化功能

社会公德，是指人类在长期社会实践中逐渐形成的、要求每个社会公民在履行社会义务或涉及社会公众利益的活动中应当遵循的道德准则。在本质上是一个国家、一个民族或者一个群体在社会实践活动中积淀下来的道德文化观念和思想传统。社会公德根据人类共同生活的需要而形成，例如遵守公共秩序、讲文明、讲礼貌、诚实守信、救死扶伤等。它对维系社会公共生活和调整人与人之间的关系具有重要作用。社会公德作为一种无形的力量，约束着全体社会公民的行为。职业道德是社会公德的重要组成部分，同人们的职业活动紧密联系，是指符合职业特点要求的道德标准和道德操守，它既是对本职人员职业活动行为的要求，又是这一职业对社会所承担的道德责任与义务。

非营利组织因其活动的自发自觉和自愿特点，在从事公益服务活动中能够严格遵守社会公德和职业道德的约束，是遵守社会公德的模范，是履行职业道德的表率。非营利组织对弱势群体给予真诚的帮助，使受帮助的人感到社会的温暖、体验到人间真情、增强了克服困难的信心。志愿者在服务他人的过程中，也更加深刻地理解人与人之间友爱互助、合作共赢的乐趣，提高了道德水准和精神境界，增强了社会责任感。通过非营利组织的志愿服务活动，使社会公德和职业道德得到不断的提升和强化，并随着历史条件变化，赋予了适应时代要求的新内涵，体现了与时俱进的鲜明特色。

（七）推动和促进公平正义、社会和谐的功能

非营利组织在帮助老弱病残、扶助贫困人口、关注社会弱势群体方面的活动日益广泛，作用日益突出。例如，目前大部分成骨不全症（脆骨病）患者的家庭生活极其困苦，许多家庭无法负担病症患者骨折手术和矫正手术的费用，成骨不全症儿童在生活和学习中受到歧视和排斥。针对这一特殊人群，瓷娃娃关怀协会于 2007 年 5 月由成骨不全症患者自发成立，2008 年 11 月正式在北京注册。该协会是一个从事公益性、非营利性社会工作的民间组织，致力于促进社会和公众对于成骨不全症等罕见疾病患者的了解和尊重，消除对该群体的歧视，维护该群体在医疗、教育、就业等领域的平等权益，推动有利于成骨不全症等罕见疾病脆弱群体的社会保障相关政策出台。更难能可贵的是，瓷娃娃关怀协会开展针对贫困家庭脆骨病儿童的"一对一"（One Help One，OHO）救助项目，协会为贫困家庭找到爱心人士"结对子"，爱心人士每月按固定资助额度捐款，款项主要用于改善受助儿童的生活、教育环境，该项目的特点是长期性、小额性，捐助款由资助方直接发放给受助家庭，大大增加了透明度和可信度。

（八）多元文化的融合和提炼功能

在工业化、城市化、市场化、国际化加速推进的时代背景下，中外经济文化交流日益广泛深入，构成了文化多元、价值多元的开放型社会。在这样一个彰显主体意识、尊重个性自由选择的文化多元时代，道德标准也存在着模糊性，以至于产生了美丑不分、是非混淆等个别社会现象，人们越发感受到道德选择的困惑和迷茫。非营利组织以无私奉献的公益行动，树立了道德操守的标杆和准绳，它们依托博大精深的中华文化底蕴，把民族传统美德与外来的优秀人类文明成果结合起来，融会贯通、提炼升华，创新了很多道德建设的新理念、新形式、新方法、新实践，在社会主义核心价值观的基础上，塑造了民族精神品

牌，这是中国特色社会主义事业中一笔珍贵的历史遗产，值得我们呵护、传承和发扬光大。

三、我国非营利组织的困境

（一）非营利组织功能存在的问题

我国非营利组织功能不足，主要体现在以下三个方面：

（1）目标模糊影响运营效果　在长期计划体制下，社会活动形成了政治运动化、短期行为化和"刮风式"的传统模式，这种活动方式潜移默化地成为一些非营利组织效仿的行为模式。即使在今天，这种特殊的国情和环境仍然对非营利组织运行产生惯性影响，导致其缺乏长期的战略目标，注重短期效果和轰动效应。通过开展大型服务活动，营造声势、争取资源，成为许多非营利组织跟风扎堆的内在动因。这些现象容易使社会公众对非营利组织产生负面印象。

（2）缺乏经费资源制度保障　目前，随着非营利组织的快速发展和社会影响的不断扩大，政府和企业也日益重视与非营利组织的合作互动。但是由于缺乏相应的制度安排，对非营利组织的支持往往取决于政府和企业的重视程度，存在重使用轻支持、重付出轻资助的现象，使得非营利组织的可持续发展能力严重不足，开展公益服务受到很大制约。特别是非营利组织的日常管理、人员培训、项目运营缺乏必要的经费、场所等物资支持，使非营利组织服务水平、服务能力受到一定影响。总体上看，除了共青团、妇联等自上而下组建的非营利组织经费列入财政预算，其他很多非营利组织政府没有预算科目，即使在特定环境和特殊项目上给予支持，但与其需求相比这种扶持作用比较有限。

（3）依附于政府的权力　非营利组织依附于政府的权力，这在处于社会主义初级阶段的我国更为突出，主要表现在以下三个方面：

1）在资金来源上，完全依赖财政拨款，开展公益活动的经费主要靠政府支持，没有多元筹资渠道。

2）在开展公益项目上，活动计划的制订、活动内容的选择、活动区域的确定都接受政府指派和委托，缺乏自主决策，是政府意图的执行者。

3）在日常运行管理上，组织负责人的任免、内部机构设置、组织换届、项目运营等都要经过上级审批和监管，缺乏独立执行权。

其中，最典型的是自上而下形成体系的非营利组织，这些非营利组织完全由各级财政全额拨款，直接归各级党政机关领导，享受一定行政级别，带有很强的行政化色彩。而少数自下而上发展起来的非营利组织仍处于起步发展阶段，经验积累少，在自我定位、内部结构、运行机制、资源调配和人员使用等方面还很不成熟，也不得不依附于业务主管单位，依靠政府权威调配资源、开展业务。

总体来说，我国的非营利组织普遍存在着过分依赖政府的现象。非营利组织对政府的过分依赖，一方面助长了政府对非营利组织的直接干预，削弱了组织的自主性，严重束缚了非营利组织的活力，妨碍了非营利组织优势的发挥。另一方面，也导致了非营利组织与社会的远离，对社会实际需求知之甚少。这种现象不仅造成了社会资源的重复配置和社会财富的大量浪费，而且不能满足群众的需求，使非营利组织缺少自我发展的社会根基。这种对政府的过分依赖，还会使非营利组织养成发展的惰性，非但不能发挥其联系基层、监督政府的优势，反而浪费政府财政，成为政府的一大负担。

（二）非营利组织自身素质存在的问题

改革开放以来，我国非营利组织的数量有了大幅度增长，但大多发展尚不完善，一些关键素质仍然有所欠缺。我国非营利组织自身素质的欠缺具体表现在以下几个方面：

（1）治理结构不合理　我国的非营利组织普遍缺乏合理的治理结构，组织内部的决策机构、执行机构和监督机构的权责关系不清晰，未形成相互分权与制衡的关系。这就导致难以有效预防组织内部和个人腐败行为的发生，不能有效调动员工的积极性，不能随着环境的变化适时进行自我调节，组织的公共关系等社会资本不足，缺乏可持续发展的能力。

（2）人才缺乏　非营利组织在我国起步较晚，且主要成员是志愿者、兼职人员、退休人员或是下岗工人，虽然服务社会的责任感和使命感相同，但素质却参差不齐，缺乏相应的专业素养与技能。组织管理者的一些错误观念、资金缺乏、从业者自身的误区等，导致无法提供相应的培训，组织结构松散随意，对组织志愿者缺乏法律制度保障。因此，一方面使志愿者在工作的同时存有很多后顾之忧，不能全身心地投入到工作中；另一方面因为志愿者工作的随意性，使组织工作的连续性和持续性受到影响。

目前很多非营利组织资金有限和人员短缺的问题共存，在绩效管理方面也没有规范的绩效评价指标和标准。一些志愿者的工作虽然做得尽心尽力，但由于组织没有完善的绩效管理机制，在绩效评估方面也没有得到相应的肯定或奖励。长此以往，志愿者的积极性就会受到打击，影响活动的正常开展。组织对参与者缺乏激励措施，不仅仅是物质奖励，更应该有精神上的奖励。成员们参与非营利组织的活动就是在精神层面上的追求，一旦组织成员得不到最基本的精神鼓励，就会缺乏对组织的归属感、认同感，成员流失率也会上升。

（3）公信力不强　我国非营利组织在社会上的公信力目前还不够强，没有获得社会公众的广泛认可。我国许多非营利组织的运作是不公开的。虽然我国现行法规对非营利组织的自律、互律和他律有要求，但对违规者并没有明确相应的处罚措施。一些非营利组织缺乏责任和诚信，不同程度地损害了非营利组织的社会公信力，影响了它们在公众心中的形象。部分非营利组织的能力不足，限制了其自身的发展，难以对政府和社会做出有效的回应，制约了对社会公共事务管理的有效参与，增加了政府与非营利组织良性互动的难度。

（三）非营利组织监督机制存在的问题

与西方发达国家相比，目前我国非营利组织的监督机制不论是在理论构建上还是在实践层面上都面临着困难，具体来说，当前我国非营利组织监督机制主要存在以下三个方面的问题：

（1）政府监督不力　政府是唯一具有法律权威，可以强行对非营利组织进行监督的组织，因而政府在非营利组织的公共责任机制中负有不可推卸的责任。而目前我国政府对非营利组织的监督主要存在两个问题：①法律体系不健全，尽管我国政府正在积极建立有关非营利组织的较为完备的法律制度框架，但仍然存在法律层次不高、法律体系庞杂、法律操作性不强等现实问题；②监管体制不完善，我国政府对非营利组织进行管理实行的是双重管理体制，即政府对非营利组织的登记管理和注册管理，实行"登记管理机关"和"业务主管单位"双重审核、双重负责、双重监管的原则，形成宏观登记管理和微观业务管理双管齐下的严格体制，用以规范、监督和管理非营利组织。双重管理的体制必然会导致非营利组织的多头管理格局。

根据双重管理的规定，每个非营利组织都必须同时接受政府主管机关即民政部门和业务主管部门的双重领导，而且其日常业务活动主要受主管单位的领导。

（2）社会监督薄弱　我国非营利组织监督体制的构建，最终是要形成一个多元治理的格局。在这一格局中，政府发挥着重要作用，同时来自社会场域的监督主体也拥有非常重要的位置，并随着这一监督格局的完善最终成为主要的监督力量。与发达国家相比，我国非营利组织社会监督体系的差距主要表现在监督主体意识薄弱及缺位、监督渠道不畅、信息不透明等几个方面。

首先，监督意识包括监督者积极参与监督的意识和被监督者自觉接受监督的意识。目前，无论是作为监督者的公众、监督机构的监督人员，还是作为被监督者的组织内部人员，都缺乏必要的监督意识。

其次，非营利组织面对多样化的监督主体，其中捐助者和服务对象无疑是最重要的群体。捐助者监督面临的问题主要有以下四点：

1）动力不足和监督主体缺失。小额度捐助者缺乏监督的动力和信息，大额度捐助者往往忙于自己的商务无暇顾及，有的捐助以遗嘱的形式，在捐助者去世之后才会生效，缺失了监督主体。

2）受益者监督作用难以发挥。作为弱势群体，非营利组织的服务对象不仅在信息获取和处理、利益诉求和资源动员等方面存在能力缺陷，而且由于受益者所处的地位不对等，他们的监督作用难以有效发挥。

3）媒体、公众监督严重缺位。相对于西方国家来说，我国的媒体和舆论监督发展滞后。当然近几年媒体对促使非营利组织公共责任的实现也起到了一定的作用。

4）缺乏有效的信息公开渠道。信息公开是解决信息不对称、保障公众知情权的重要手段。目前我国大部分非营利组织在信息公开方面做得还不够，多数公众对各种组织的性质、服务范围等组织基本功能不甚了解。捐赠者与第三方受益人之间的联系缺乏，捐赠者、非营利组织与受益人之间信息不对称。这种情况会降低失信成本，使非营利组织在社会和公众心目中的信用度降低。

（3）组织内部监督不完善　组织内部监督不完善主要表现在缺乏民主决策机制、财务制度监督力度不足、缺乏民主选举机制、公众难以参与监督四个方面：

1）缺乏民主决策机制。虽然我国大部分非营利组织已经制定了成文的章程或规章制度，但是还是有部分非营利组织自我管理松弛，部分缺乏正式的决策机构。总体来说，部分非营利组织缺乏民主决策的机制和制度上的保证。

2）财务制度监督力度不足。我国非营利组织的财务制度尚不完善、不透明，财务管理的水平远远落后于非营利组织的发展。部分非营利组织财务状况，透明度不高，不利于出资人对其进行必要的监督。虽然非营利组织也有自己的内部审计机构，但大多流于形式，而外部审计的有效性又往往会打折扣，由此导致了对非营利组织财务管理的监督力度不足。

3）缺乏民主选举机制。从理论上讲，非营利组织应具有自治性，然而在现实操作过程中，关于组织领导和工作人员的遴选和更换，部分非营利组织在很大程度上还未能规范地进行内部独立、民主的选举。

4）公众难以参与监督。非营利组织的公共责任就是向公众负责，只有做到这一点，才能赢得公众的信任与支持。非营利组织利益关系的多样性决定其责任对象具有多样性，非营利组织必须承担起为其特定服务对象尽责效力、谋取利益、防止有限资源滥用的义务，承担起向社会交代自身运作情况并接受监督的义务。目前，我国非营利组织这部分工作还有待完善。

 引申思考

一个鸡蛋的暴走

一、一句话了解"一个鸡蛋的暴走"

"一个鸡蛋的暴走"是上海联劝公益基金会于 2011 年发起的品牌公益项目，旨在通过 12h50km 的徒步筹款，帮助 0～18 岁困境儿童健康快乐成长、平等发展。

"一个鸡蛋的暴走"坚持快乐自主有成效的公益理念，让参与者实现个人挑战和公益参与的双重价值，让公益组织提升传播与服务的专业能力，让困境儿童在完善的制度与社会关爱中真正受益。

"一个鸡蛋的暴走"是一个别具意义的筹款活动。参与者必须 3～5 人组成一队：在 12h 内完成徒步 50km 的挑战。一路上相互扶持和鼓励，克服种种困难，以创意的方式向熟人网络募集善款，突破筹款目标。

"一个鸡蛋的暴走"是一项具有挑战性的团队活动。至今已经帮助了 133 万名儿童。不过，目前我国仍有数百万因家庭监护缺失或监护不当而陷入困境的儿童，正面临生活环境恶劣、安全风险较高、教育与情感缺失导致心理问题等状况，需要大众的支持。

二、源起：民间的公益活力

"一个鸡蛋的暴走"是国内首个发起的公益徒步活动。它起源于联劝团队的一次春游打赌，"如果我成功挑战徒步 50 公里，你是否愿意为贫困山区的孩子们捐钱，让他们每天吃上一个鸡蛋？"这场赌局获得了意外热烈的回应，联劝公益通过微博等方式筹集到了近 9 万个鸡蛋，用于支持"一个鸡蛋"项目。但更重要的是，来自民间的公益活力开始通过自己的方式发声。

2011 年 10 月，联劝公益正式发起"一个鸡蛋的暴走"活动，并于 2012 年发展为平台型筹款活动，旨在帮助儿童减轻和摆脱困境，保障困境儿童的基本权利，让困境儿童健康快乐成长、平等发展。

"一个鸡蛋的暴走"由一次自发的公益行动，发展为一个万人参与的筹款活动，联劝公益有幸见证并参与了民间力量在公益领域的成长，不忘初心。

三、公益成果：133 万孩子的健康成长、平等发展

2011 年以来，先后有 63 580 名参与者为这项活动筹得约 8 245 万元人民币，截至 2021 年 12 月 31 日，"一个鸡蛋的暴走"累计支持了全国 31 个省市 842 个儿童领域公益项目，帮助 133 万名 0～18 岁儿童健康成长、平等发展，累计公益支出 7 360 万元。

四、收获：快乐地感受善的力量

1）这是一个考验运气、体力、人缘、善心、毅力、智慧的综合性自虐挑战，你能发现一个新的自己。

2）这里有和你一起挑战自我极限，相信公益，期待改变并付诸行动的队员朋友们。

3）这里有50km后众多真实的公益项目探访和体验，帮助你进阶成为理性的公益达人。

4）全家做公益，捐赠人参与项目评审、成为公益观察员、加入劝友会、探索集体捐赠……希望"一个鸡蛋的暴走"成为一个开端。

五、暴走影响力

"一个鸡蛋的暴走"已经获得了广泛的社会认可，曾被澎湃、界面、五星体育、都市频道、东方网、环球网、和讯网、文汇报、劳动报、新闻晨报、新民晚报、青年报、网易、新浪等多家媒体报道。网页新闻与微信传播累计600余篇，百度关键词294万余条。

"一个鸡蛋的暴走"曾获2013年责任中国公益行动奖、南方周末2013年度责任案例、2014年第三届中国公益慈善项目大赛铜奖、2014年首届中国青年志愿者服务项目大赛金奖、2015年中华慈善奖提名奖、2016年第六届中国公益节年度公益项目奖、2017年环球风尚·十大风尚榜样、上海先进社会组织、2018年第十届中华慈善奖、2019年凤凰网公益行动者联盟的"年度十大公益创意"等多个奖项。

六、"一个鸡蛋的暴走"大事记

2011年，联劝正式发起"一个鸡蛋的暴走"活动，为"一个鸡蛋"项目筹款。

2012年，"一个鸡蛋的暴走"发展为平台型筹款活动，为儿童营养健康、教育发展、安全保护、社会融合四个领域公益项目及机构筹款；同年，暴走开启"公众评审会"形式，让捐赠人与专家共同参与决策善款流向。

2013年，雅安地震，"一个鸡蛋的暴走"优先资助灾区儿童公益项目。

2014年，"一个鸡蛋的暴走"开发微信筹款工具爱扑满、线上筹款游戏，丰富参与渠道与筹款方式。

2015年，"一个鸡蛋的暴走"开创公益自筹队伍类别，鼓励公益机构为自己发声。

2016年，"一个鸡蛋的暴走"筹款破1 000万元；同年，"一个鸡蛋的暴走"举办资助成果展、项目分享会、联劝开放日及项目探访，让公众更深度参与公益。

2017年，"一个鸡蛋的暴走"筹款保持1 000万元；开创"公益观察员"制度，邀请捐赠人持续跟进项目一年。

2018年，"一个鸡蛋的暴走"公益项目荣获第十届中华慈善奖。

2019年，"一个鸡蛋的暴走"公益项目获凤凰网公益行动者联盟的年度十大公益创意荣誉。

2020年，以互联网为载体，首创"一个鸡蛋的暴走 KEEP Eggxercising"线上挑战赛。

七、关于主办

上海联劝公益基金会（以下简称"联劝公益"）是上海第一家民间发起的资助型公募基金会，成立于2009年，为5A级社会组织。联劝公益一直致力于让公众与公益产生共鸣与连接，通过创新活力的公益活动，让公众积极与持续地参与公益，共同回应包括儿童、养老、社区和公益行业等社会问题，并从中能收获个人的幸福与成长，成为美好社会＋1的力量。

（资料来源：上海联劝基金会官方网站。）

复习思考题

1. 什么是非营利组织？它主要有哪些性质？
2. 简述西方国家非营利组织的产生发展历程。
3. 简述中西方非营利组织的区别与联系。
4. 结合实例分析我国非营利组织的特点、功能与困境。

第二章

非营利组织财务管理概述

 学习目标 •

通过对本章的学习，熟悉非营利组织财务管理的基本内容，掌握非营利组织财务管理的目标、意义、原则、模式和体系；能够基本理解非营利组织财务管理与企业财务管理的区别与联系；熟悉非营利组织财务管理存在的问题和成因以及如何改进。

引导案例

上海屋里厢社区服务中心的财务管理之道

屋里厢社区服务中心前身是 NPI 公益组织发展中心（以下简称 NPI）市民中心托管项目。该项目起源于 2007 年年末上海市浦东新区三林世博家园市民中心委托管理的公开招投标。

三林世博家园市民中心（以下简称市民中心）于 2006 年落成。为了更好地体现 2010 年世博会"城市，让生活更美好"的主题，在专业化公益性的原则下，上海探索建立政府与社会组织合作的社区服务机制，形成社区服务提供的良性机制，提升居民的生活质量，促进和谐社区建设。在经过一段时间的运行之后，政府决定通过购买服务的方式引入专业化的社会组织管理三林世博家园。NPI 参与了竞标，并最终经过专家评审成为中标单位，正式接管了市民中心，也由此组建了市民中心托管项目团队。经过一段时间的筹备，在市民中心托管项目的基础上，NPI 发起成立了上海屋里厢社区服务中心，负责市民中心社区服务领域的工作。

在参与市民中心委托管理竞标的过程中，NPI 在整理撰写竞标文件时就对市民中心委托管理项目的财务管理进行了初步的构建和梳理，提出了资金管理模式的设想，为今后实际的运作奠定了良好的基础。正式签署托管协议后，围绕财务管理的原则和目标，项目团队进行了分阶段有重点的工作，首先是了解和梳理市民中心原有的财务状况。

市民中心于 2006 年 7 月正式建成并对外开放，整个市民中心建筑分为五层，近 13 000m²。其中第一层用于政府公共事务受理；文娱项目主要集中在二楼和三楼；四楼是政府相关条线的社区服务点；五楼是社区管理委员会的办公中心。根据委托管理协议，屋里厢社区服务中心接管了市民中心面积共 6 740m² 的二楼和三楼。在屋里厢社区服务中心正式进驻前，市民中心曾先后由上海锦辉文化传播有限公司以及三林世博家园社区管理委员会进行管理。前者是以经工商注册的商业机构，后者是政府的基层行政部门，是两个性质截然不同的管理主体。在运营之中，二者财务管理的目标和理念存在着很多差异，这也给市民中心财务管理的体系化和持续化造成了一定的影响。

在这样的背景下，屋里厢社区服务中心在被 NPI 托管之后，财务管理工作的第一步，就是对市民中心的原有财务状况进行了解与梳理，其中包括财务收支的内容和明细、财务制度及相关流程、财务人员的工作职责与专业素养等。进驻市民中心一个半月后，屋里厢社区服务中心在 NPI 财务管理制度的基础上，开始着手完善针对市民中心的财务管理制度。这套财务管理制度共包含 9 个章节 40 款细则，从财务管理的基本任务和方法、财务管理的基础工作、现金及银行存款管理、固定资产及无形资产管理、收入管理、成本费用管理、财务报告与财务分析等财务管理相关的各个方面，对日常财务工作进行了细致的规定。在这套财务管理制度的指导下，市民中心的收入支出和现金管理开始步入正轨。

首先，在收入支出管理中遵循专款专用的原则。从收入构成上看，屋里厢社区服务中心在市民中心的收入主要来源于 3 个方面：①政府以购买服务方式投入的托管费用；②营业收入；③基金会和企业的捐赠。在总体收入中，政府的托管费用约占 59%，营业收入约占 33%，基金会和企业的捐赠约占 8%。政府托管费用的支出项目主要包括屋里厢社区服务中心的团队费用、市民中心全年物业、水电、绿化养护、空调保养、网络维护、社区服务项目活动的开展费用等（其中物业水电等固定成本支出约占政府托管费用支出项目的 67%）；营业收入的支出项主要包括物业维修费用、员工费用、营业场所清洁用品及茶叶茶杯等费用（其中员工费用约占营业收入支出项目的 59%）；基金会和企业的捐赠支出主要为项目开展所需的各项投入。

其次，在收入支出管理中遵循诚信公开的原则。根据市民中心收入来源的不同，屋里厢社区服务中心采用了区分来源、独立做账的账务处理方式，并针对不同资源方进行定期的账务公开，向相关资助方提交相应的财务会计报告。为此，在托管项目开始半年后，屋里厢社区服务中心向政府委托方提交了中期财务会计报告；同时，根据三个不同的资助项目协议的不同要求，在项目执行中不同的时间节点，屋里厢社区服务中心向相关资助方提供了相应的财务数据和财务会计报告。这样的处理方式虽然烦琐，但是保证了机构运作的透明公开，有利于机构公信力的提升。

最后，在收入支出管理中遵循预算控制的原则。根据财务管理制度的要求，屋里厢社区服务中心针对市民中心的托管制订了全年度的财务预算。在这一财务预算框架体系内，以员工费用为例，依照托管前的执行惯例，每年的三大节庆都有相应的节日补贴，在夏季的第二个月有高温补贴等额外费用发生。因此在预算列表中就可以了解到不同月份的现金流动额度及原因，从而有效地控制资金计划。

财务管理是一个在现代企业管理中被广泛使用的术语。企业是利益驱动型的组织，以逐利为目标进行资源整合。企业进行财务管理，是为了实现利润的最大化以及财务状况的最优化。与此对应的，在社会服务领域，那些以使命为驱动力、专注于提供社会服务的非营利组织，在实际运作中，也需要借用企业的一些财务管理理念和财务管理手法，对机构的财力和物力资源加以合理有效的利用，以保证机构的服务活动顺利而持续展开。当然，与企业追求利润最大化的财务管理目标不同，非营利组织进行财务管理的目标主要为保证机构运行资金的安全和高效。也就是说，企业和社会组织都需要进行财务管理，只是道路不同而已。那么在实践中，非营利组织是如何进行财务管理的？非营利组织的财务管理有何特殊之处？本章将对非营利组织的财务管理进行介绍。

（资料来源：吕朝. 中国非营利组织管理案例集［M］. 上海浦东非营利组织发展中心，2009.）

第一节 非营利组织财务管理的目标与意义

▶ 一、非营利组织财务管理的内涵

财务管理是组织或企业管理经济活动并处理财务关系的一项经济管理工作，也是对资金进行规划控制的一项管理活动。有学者认为非营利组织财务管理是对组织的财务活动及其存在的各种财务关系进行决策、计划和控制的一项综合性经济管理工作。《中国民间非营利组织财务管理手册》认为，非营利组织财务管理就是利用资源的价值形式，对组织经营过程进行的一种管理，是一项综合性的管理工作。

总体而言，非营利组织的财务管理是指为了实现其设立的组织宗旨，对活动过程中所需要款项进行的筹集、运用和投资，以及对安排活动的主要计划、控制相关预算、分析评价等进行的全方面综合管理行为。

由于非营利组织的特性，其财务管理的主要内容就是对收入与支出的管理。广大人民群众希望非营利组织能够在现代社会生活中扮演好政府和企业之外的第三股力量的重要角色。非营利组织的财务管理时刻影响着其发展状况，是提高自身公信力的关键因素，也是形成公开透明的现代非营利组织体制的重要一环。非营利组织管理质量不断提高，才能从本质上保证非营利组织的健康、稳定、可持续发展，才能使我国非营利组织在社会经济生活中发挥重要的职能作用。

▶ 二、非营利组织财务管理的目标

非营利组织财务管理的基本目标是按照国家的方针、政策，根据自身资金运动的客观规律，利用价值形式和货币形式，对非营利组织的各项经济活动进行综合管理。具体来讲，非营利组织财务管理目标主要包括以下几点：

（一）合理安排资金

非营利组织的资金安排主要通过编制预算实现。正确编制预算、合理安排资金是非营利组织完成各项工作任务、实现组织计划的先决条件，也是非营利组织财务管理的主要目标。非营利组织的全部财务活动都要按规定编制预算，实行计划管理。预算既要积极合理，又要保证组织的资金供给，要分清轻重缓急和主次先后，使有限的资金发挥最大的价值。

（二）拓宽筹资渠道

非营利组织财务管理的主要目标之一是通过财务管理拓宽筹资渠道，保证组织长期发展。由于自身非营利性的特质，非营利组织很难只通过日常业务获得的收入资金维持组织的运作和发展，而政府的财政拨款又是有限的，因此很多组织都会存在资金不足的问题。为了保证业务活动的正常开展，非营利组织需要积极主动地向社会筹集资金。对投资者和捐赠者而言，财务状况是评判某个组织运营情况和风险的关键因素。只有高效透明的财务管理才能够获得公众的信任，使捐赠人更加信任组织。

（三）提高资金使用效益

非营利组织进行财务管理的目标之一是要根据价值形式对非营利组织经营活动进行综合管理的特点，促使各个环节讲求经济效益，充分发挥资金的使用效益。通过财务管理，非营利组织要增收节支，用尽可能少的劳动消耗和物资材料消耗，提供更多优质的社会服务。非营利组织还应进一步完善经济核算方法，规范经济活动，提高经济管理水平，从而创造更广泛的社会效益。

（四）提高社会公信力

公信力是非营利组织赢得组织声誉、维持免税地位和取得财政支持以及实现组织终极目标的必要前提。通过优质的财务管理，非营利组织可以提供高水平财务信息。高透明度的财务信息不仅能对捐赠人交代资金的使用情况，而且能增加组织的公信力，帮助组织树立良好的社会形象。同时，良好的公信力和组织形象还能为组织吸引到更多的捐赠人和志愿者，获得更多的资助和人力资源。

▶ 三、非营利组织财务管理的意义

作为非营利组织管理工作的重要组成部分，财务管理对于实现非营利组织的经营目标、提高管理效率、保证资产的安全性与完整性具有十分重要的意义。结合不同学者的观点和非营利组织的发展情况，本书将非营利组织财务管理的意义归纳为以下几点：

（一）有利于优化资源配置

非营利组织财务管理是实现资源优化配置的重要途径。规范的财务管理不仅有助于非营利组织提高内部管理效率、降低运营成本，还有助于树立良好的社会形象、提高资源合理有效配置。另外，在信息技术快速发展的今天，高质高效的财务管理有利于非营利组织充分利用各种资源，更加符合现代社会的发展需要，实现可持续发展。

（二）有利于减少道德风险

一般来说，非营利组织接受资源提供者的捐赠，向不特定的受益对象提供公益服务，其中存在着一种委托代理关系。在这种关系下，非营利组织的管理者可能会利用信息优势，采取机会主义行为以实现自身效用最大化，从而导致道德风险和相应的代理成本。其中，道德风险是指由于代理人采取机会主义行为而给委托人和组织带来的风险；代理成本是指由代理人的道德风险所引发的剩余损失以及委托人的监督支出等非生产性耗费。

非营利组织财务管理制度提供了一种制约机制，它们通过一系列的法律法规以及相关的运行程序，明确了代理人的财务权利、责任和义务，并利用一定的监督和惩罚措施来保证其遵守相关程序规定。而且，非营利组织财务管理制度具有刚性特征和强制执行力。这有助于提高非营利组织财务活动的规范化程度，有效地约束代理人的行为、降低代理成本。

（三）有利于防止腐败

财务状况的好坏，反映了非营利组织及其工作人员的工作规范和作风。规范而严格的财务管理将使组织的每一个运行环节都处于透明公开和可控的状态，配合公正、合理的奖惩制度，能够在制度层面有效地遏制腐败的滋生。同时，在运行过程中，非营利组织可能面临各种各样的困难和危机，财务上的危机可能直接影响非营利组织业务的正常开展，甚至危及组织的生存。通过健全的财务管理、财务预算和财务分析规划，可以保证组织发展必需的资金基础，预防和化解财务危机，谋求组织的可持续发展。

第二节　非营利组织财务管理的原则与模式

▶ 一、非营利组织财务管理的原则

非营利组织财务管理原则是指非营利组织开展经济活动、处理财务关系的准则。非营利组织财务管理工作应遵循以下几项原则：

（一）严格执行法规财务制度

在社会主义市场经济条件下，一切财务活动都必须在法律规定的范围内运行。非营利组织的财务管理要严格遵守国家相关法律法规和财务制度，牢固树立法律意识，规范非营利组织财务行为，使各项财务管理工作在法制轨道上运行。这是非营利组织财务管理所应遵循的最基本的原则。

（二）量入为出原则

坚持量入为出，加强成本控制是非营利组织财务管理工作必须长期坚持的原则。非营利组织在开展日常业务活动时，应以预算为依据，充分实现资源的有效配置。一方面，积极采取措施，有效地使用有限资金，反对和杜绝铺张浪费；另一方面，要大力提高资金使用效率，努力挖掘资金潜力，区分轻重缓急，不盲目投资，合理安排资金使用，使有限的资金发挥最大的效益，尽力办好可办之事。

（三）社会效益优先原则

坚持以社会效益为主，讲究经济效益。非营利组织以生产精神产品和从事社会公益活动为主，它的一切活动都必须把社会效益放在首位，通过提供公益产品和服务来增进社会福利，承担着一定的政府福利职能，具有社会公益性特征，且不以营利为目的。其运行的目的是保障国民经济和社会事业的发展，所以以社会效益为最高原则。非营利组织在追求社会效益的同时，也应注重财务管理的资金使用效率，要充分利用非营利组织现有的人力、物力、财力，以达到社会效益的最大化，更好地满足社会的需求。

（四）预算管理原则

非营利组织全部财务活动都应按规定编制预算，形成以预算管理为中心的经济管理信息系统，提高管理效果。正确编制组织预算，可以有计划地组织单位的财务活动，保证各项业务顺利进行。随着财务预算制度的改革和创新，非营利组织预算的编制，应更多地采用零基预算等科学的编制方法，按照当地财政对其预算编制的要求，完成组织预算的编制、批准及执行工作。

（五）利益兼顾原则

非营利组织在财务管理中，必须坚持国家、单位与个人三者利益兼顾的原则。作为相对独立的财务核算主体，非营利组织在讲究社会效益的同时，要自觉维护国家的利益、顾全大局，将国家利益放至首位。同时，在处理组织与职工之间的财务关系时，要坚持按劳分配原则，充分体现和认可职工的劳动权益。当三者利益发生冲突时，单位与个人的利益必须服从国家利益，个人利益必须服从集体利益。

（六）勤俭节约原则

勤俭节约是非营利组织财务管理必须长期遵循的基本原则。在一定时期之内，非营利组织的社会资金供给是有限度的，各类非营利组织能取得的活动经费与资金来源也是有限度的，但非营利组织的事业活动则非常广泛。所以，非营利组织财务管理必须坚持勤俭节约的方针，将勤俭节约措施落实到资金筹集、分配和使用的每一个环节，优化资源配置，调整支出结构，提高资金使用效率，防止因效益问题而造成的资金浪费，使有限的人力、物力、财力发挥更大的作用，提高非营利组织的事业成果。

▶ 二、非营利组织财务管理的模式

非营利组织的财务管理主要采取三种模式：预算管理模式、项目管理模式和代理管理模式，不同国家的非营利组织会采用不同的财务管理模式。

（1）预算管理模式　预算管理模式是我国主要采用的管理模式，主要包括预算编制、预算执行和决算。预算管理模式主要采用零基预算、滚动预算等方式来编制，涉及项目预算等内容，预算编制完成后需要经过国家法律规定的审批者审议批准后才能执行。

（2）项目管理模式　项目管理模式即通过项目承担单位将资金落实到项目上并完成项目。在英国，农业部将项目分为竞争性项目和非竞争性项目，由各非营利组织提出项目申请或进行项目竞争。各单位对竞争性项目投标时，所申请的项目经费一般包括项目直接费用、项目管理费用（一般为直接费用的30%）和必要的项目收益（一般为直接费用的15%）。然后，代理机构组织有关专家形成一个或多个评审委员会，对项目进行评审。对于非竞争性项目，评审委员会也要进行评审，然后由政府指定承办方。项目管理模式可以做到专款专用，并便于监督和控制。

（3）代理管理模式　代理管理模式是西方普遍采用的一种项目管理方式。在英国，代理机构是自收自支的非营利组织，有自己的业务和财务目标。在瑞典，代理机构专门代政府部门管理项目经费，相应的机构所需经费也由财政供应。英国、瑞典两国市场化运作的非营利组织在改革过程中，经历了从申请项目到竞争项目，从依靠政府到面向市场，从事业性到企业性、竞争性的三个根本性转变，最终加强了非营利组织的成本控制力度。

第三节　非营利组织财务管理体系

随着经济社会的不断发展，非营利组织的财务管理工作也日益复杂。不同于普通的企业和其他组织，非营利组织因其性质独特，应该使用特有的财务管理体系贯穿非营利组织财务管理全过程。结合现有研究和非营利组织发展情况，本书认为完整的非营利组织财务管理体系应当包括非营利组织财务管理的主体、客体、基础管理、报告与评估、监督与控制、信息化管理几个主要板块。

一、非营利组织财务管理的主体

非营利组织财务管理的主体可以分成三个层次：第一层次主要是政府财政部门，财政部门代表政府对非营利组织进行的管理来自组织以外，属于外部控制的范畴；第二层次是非营利组织的决策管理层；第三层次是其内部职能部门。第二层次和第三层次的管理来自组织内部，属于内部控制的范畴。

二、非营利组织财务管理的客体

非营利组织财务管理的客体是组织资金运动即资金及其流转。与其他的组织不同，非营利组织不以营利为目的，不追求利润最大化，其主要职责是实现社会效益的最大化。

同营利性组织一样，非营利组织也存在"两权分离"和"委托－代理"关系，非营利组织财务管理也是管理者履行其"受托责任"，对"受托财产"进行管理的过程。从管理者的角度看，非营利组织财务管理的主要客体是组织的财务活动，组织内部及与其他组织的财务关系。其中，非营利组织的财务活动主要包括资金的筹集和使用、组织的日常经营等；非营利组织的财务关系包括组织与出资者、组织与政府、组织与社会、组织内部以及组织与员工之间的财务关系。

三、非营利组织财务管理的基础管理

在非营利组织财务管理体系中，基础管理是最重要的部分，它通常被认为包括预算管理、筹资管理、投资管理和营运管理四个主要部分。

（一）预算管理

非营利组织预算管理是指非营利组织的理财主体或者其委托任命的管理人，为了正确设计预算和全面实现预算目标，借助于各种科学的理论和方法，对预算进行的编制、审批、执行、调整、监督过程实施计划、组织、控制、分析和评价等一系列活动。

预算管理负责预算的制订与执行，是财务管理制度的核心，同时也是非营利组织财务管理工作的核心。预算是控制组织管理和运作活动的依据，非营利组织根据组织发展规划及年度工作计划进行预算编制。预算的编制既要反映政府财政部门安排的拨款收支预算，又要反映组织其他来源的资金收支预算。非营利组织编制的预算经过组织理事会批准后，应分解落实到组织的各部门，成为非营利组织控制各部门经济活动的依据。非营利组织预算的确立一定要结合实际情况，若预算所确定的目标偏离实际，组织财务就无法达到确定的目标。

（二）筹资管理

筹资管理是指非营利组织根据其持续经营和业务活动的需要，通过筹资渠道，运用筹

资方式，有效地为组织筹集所需要的资金的财务管理行为。非营利组织筹资管理为组织的存在和发展提供可持续的资源，包括两个具体目标：①为保证组织的基本运作提供资源，这是非营利组织筹资管理的基本目标。非营利组织的设立、生存都需要资金支撑，满足组织的基本运作是非营利组织筹资需达到的第一个目标，也是实现组织社会使命的基础。②为可以持续且有效地开展业务活动提供资源。

（三）投资管理

投资管理是指非营利组织对其投资活动进行的管理工作。为使组织稳定和可持续发展，非营利组织也要进行投资活动，但其主要目的不在于获取投资收益，而是弥补营运成本，投资获取的收益也不用于分配，而是作为非营利组织继续发展和开拓项目的积累资金。非营利组织投资管理的四项原则：合法性，低风险性，投资回报的适度性，资金的增值性。根据这四个原则，在确定投资策略时，要考虑很多因素，诸如投资是否符合国家法律法规、投资目标、投资期、风险极限、要求的回报率、要求的流动性、支出的原则、须签订的契约、法规的限制等。

（四）营运管理

营运管理是指非营利组织对其怎样有效承担以使命为核心的社会责任、如何完善治理结构、如何运营日常项目的综合管理工作。营运管理既包括对组织的服务对象、服务内容、志愿者和日常业务的管理，也包括对组织内部各种资源的维护运用的管理。营运资金管理是非营利组织营运管理的重要内容，它包括日常资金管理和项目资金管理。

非营利组织日常资金管理是指及时对组织的流动资金及日常财务收支进行管理，以保证各项资金的合理运用以及收支平衡，主要指的是现金管理、银行存款管理、其他货币资金管理和存货管理四个方面。

非营利组织项目资金管理是指非营利组织为了实现其宗旨，通过项目申请的形式获取资金等社会资源，有效地组织、计划、控制项目资金的运作过程的一项综合性工作，主要包括项目资金的收入管理和项目资金的支出管理。

四、非营利组织财务管理的报告与评估

（一）非营利组织财务会计报告

非营利组织财务会计报告主要是用来反映非营利组织过去一年里的财务状况、业务活动情况以及现金流量的书面文件。非营利组织作为我国社会发展中不可缺少的一部分，其财务会计报告也发挥着非常重要的作用。

对于非营利组织自身来说，财务会计报告有助于帮助非营利组织的决策者更好地了解整个组织的财务状况以及各项事业的发展状况，以便于他们总结出整个组织在经济管理方面的经验教训，采取措施来改善整个组织的经济管理，以确定更好的发展方向。

对于政府来说，能够通过非营利组织发布的财务会计报告来更好地掌握整个组织的经济活动和相关的财务状况，同时也有利于相关部门监督和检查非营利组织的预算资金情况及其对相关的法律法规的遵守情况。

对于资金供给者来说，在现实情况下捐赠者没有条件去充分了解非营利组织的日常运

作及项目情况，只能通过非营利组织发布的财务会计报告了解相关的信息。另外，非营利组织的财务会计报告也是债权人了解该组织的偿债能力的重要途径，所以非营利组织的财务会计报告是促成它们与社会公众沟通的桥梁。

非营利组织应至少每年向社会公众公布财务会计报告，以反映组织的财务状况、业务活动情况以及现金流量的信息。不过，对于非营利组织的管理者来说，他们自由使用权利受到的限制和企业相比要更大一些，因而非营利组织财务会计报告的内容和重点也应当和企业有所区别。一般认为，非营利组织的财务会计报告至少应该提供以下几个方面的信息：

①政府资源分配决策有用的信息。

②对评价非营利组织提供产品或劳务能力有用的信息。

③对评估管理层业绩和经营管理责任有用的信息。

④关于经济资源、债务、净资产及其变动的信息。

⑤说明资源是否按照预算要求取得和使用的信息。

⑥提供关于非营利组织筹集资金活动以及满足其现金需求的信息。

⑦提供以服务成本、效率和成就来评价非营利组织业绩的信息。

为了提供上述信息，根据财政部发布的《民间非营利组织会计制度》，非营利组织应当编制财务会计报告。非营利组织财务会计报告由会计报表、会计报表附注和财务情况说明书构成，会计报表至少应当包括资产负债表、业务活动表和现金流量表。

（二）非营利组织绩效评估

绩效是指非营利组织作为一个整体，在管理和服务等行为中所取得的业绩、成就和影响等。运用绩效概念衡量非营利组织活动的效果，其外延不仅涉及组织的运营效率层面，还涉及运营成本、社会影响力、发展预期等多元目标的实现。非营利组织绩效评估是指运用科学的标准、方法和程序，通过对组织的管理效率、服务质量、公共责任、公众满意度等方面的评价和判断，对非营利组织在公共管理过程中的投入、产出以及最终结果所体现出来的绩效进行评定和认可的过程。

在当今非营利组织数量日益增多、形式日益多样化、社会影响力日渐增强的发展态势下，非营利组织自身的管理和可持续发展面临诸多不容回避的问题。政府、捐赠者和社会公众对非营利组织也提出了更高的要求，非营利组织引入"绩效评估"的呼声已日益高涨，针对非营利组织绩效的评估也逐渐步入了发展的正轨。

非营利组织十分需要借鉴和运用绩效评估的各种理论和方法，对组织的绩效，特别是财务绩效表现，进行科学、有效的测量和评价，以发现管理中存在的问题，并通过分析和解决这些问题来改善组织绩效，提高组织的管理能力和服务品质。非营利组织的绩效评估主要可以分为对非营利性、筹资能力、运营能力、发展能力四个方面的评估。

1. 非营利性

"非营利性"作为非营利组织区别于其他类型组织的主要特征，是非营利组织的本质所在，但是非营利组织应该重新认识自己的价值系统，摒弃把"非营利"与"非盈利"对立起来的做法。非营利组织"不以营利为目的"的含义是指该单位以服务于社会、团体的公益事业为目的，以社会使命作为组织的宗旨；同时从分配上来看，非营利活动过程中所得到的收入，不能作为利润分配给供资人。可见，对于非营利组织而言"非营利"并非不能盈利，关键在于盈利的去向。面对越来越大的资金压力，个别非营利组织通过各种渠道开展与其自身业务范围不符或与组织性质相违背的经营活动或违法活动，造成了很多不良影响。

一般各国为确保非营利组织能够遵守非营利准则，都有相应的监督、评估机制和适合本国国情的评估标准。从国外的评估标准看，非营利性评估的标准主要包括以下几个方面：①有一个好的治理结构，它是保证非营利组织非营利性的根本；②非营利组织的项目与活动必须与组织的目的一致；③非营利组织的有关信息必须进行准确的披露，财务必须透明，相关利益群体有权获得有关的信息与财务会计报告；④用于项目的资金至少应占全年经费支出的60%等。

我国于2004年3月8日公布的国令第400号《基金会管理条例》第二十九条也明确规定：公募基金会每年用于从事章程规定的公益事业支出，不得低于上一年总收入的70%；非公募基金会每年用于从事章程规定的公益事业支出，不得低于上一年基金余额的8%。基金会工作人员工资福利和行政办公支出不得超过当年总支出的10%。

2. 筹资能力

筹资能力是指非营利组织通过自身的努力，从政府获得拨款和自筹经费等渠道获取经费的能力。反映了非营利组织在一定的规模基础上，通过提高服务质量和水平、扩大服务的覆盖面，来努力争取更多经费的能力。非营利组织经费不足是一个相当普遍且非常严峻的问题。实际上，很多非营利组织主要依靠政府的财政拨款运转，但由于政府财政体制改革后行政开支的压缩，使一些非营利组织处在严重资金不足的状况下，无法开展正常的活动，其中有不少组织甚至处于名存实亡的"休眠状态"。因此，组织的筹资能力如何，直接决定了其是否能够解决生存的问题。

按收入来源划分，非营利组织的收入可以分为非自创收入与自创收入。非自创收入是指非营利组织接受的政府拨款和社会捐赠，这是非营利组织收入的重要来源。自创收入是指非营利组织通过提供产品或劳务而向消费者直接收取的收入以及通过投资而从受资方取得的收益。扩大自创收入并加强其管理，应当是我国非营利组织发展的方向。通过对非营利组织收入的数额大小、收入的来源构成和筹资费用率等方面的分析，可以较全面地反映组织的筹资能力。

3. 运营能力

运营能力是指按照投入与产出相比的评价原理，对非营利组织财务运行的效果、效率、效益等多种产出形式进行综合评价。运营能力既体现在组织的事业活动中，也体现在经营活动中。开展经营活动已经成为非营利组织解决财务瓶颈的主要手段之一。正如王名所言：要解决非营利组织经费不足的问题，需要从两个方面入手，一要广开财源，不断扩大信息来源，努力争取各种形式的资助，其中学会宣传自己和学会申请项目是最基本的手段；二要自力更生，在开展公益性活动的同时开展与自身业务相符并不以营利为目的的合法经营活动，努力做到自食其力。因此，非营利组织的经营活动，是否在符合组织非营利性的前提下，高效运作，是我们对非营利组织财务绩效评价的重要内容之一。

4. 发展能力

发展能力反映了非营利组织的发展潜力，通过对一系列相关指标的衡量，我们能判断出非营利事业发展的后劲是否充足。随着社会主义市场经济体制的逐步确立，非营利组织的发展与壮大已成为了必然的趋势，组织之间的竞争也越来越激烈，要想不被社会淘汰，就需要组织有长远的发展眼光，不断增强自身的竞争力。因此，全面考核和评价非营利组织的发展能力，就成了非营利组织财务绩效考核的重要内容之一。

五、非营利组织财务管理的监督与控制

近年来，我国非营利组织已经取得了巨大的发展，已经成为当今社会政治、经济、生活中的一股重要的力量。但总体而言，我国个别非营利组织中存在效率低下、损失浪费，甚至违法乱纪、以权谋私的现象。因此，加强对我国非营利组织财务的监督与控制已经成为解决这些问题的迫切需求，具体分为财务监督、财务控制、内部控制和审计四个方面。

1. 非营利组织财务监督

从财务角度看，非营利组织应依法履行筹集和使用公共资金、不断提高公共资金使用效率、保全公共财产、保护公共财物安全等责任。非营利组织财务监督总的目标是保障非营利组织的使命的完成，即要完成组织的目标。

非营利组织财务监督的具体内容包括建立和完善符合管理要求的财务管理机构依法，科学地规范非营利组织的财务收支行为，督促非营利组织建立行之有效的财务风险控制系统，强化风险管理，确保履行职能过程中各项业务活动的健康运行。

非营利组织通过财务监督能够堵塞漏洞、消除隐患，及时发现并纠正各种欺诈和舞弊行为，保护资产的安全完整，监督国家有关财务、财政管理的法律、法规和政策的贯彻执行，以及保证组织资源使用的经济性、有效性和高效率。

2. 非营利组织财务控制

财务控制主要是指财务监管部门及其工作人员以制度和预算为主要手段，规范和约束非营利组织及其内设机构的财务行为。对非营利组织实行财务控制可以保证国家法律法规、相关政策的贯彻执行，提高组织资金的使用效率，确保组织完成社会使命。

财务控制以消除隐患、防范风险、规范管理、提高效率为宗旨，一方面减少了个人目标与组织目标的冲突，另一方面减少了组织行为与社会公益需求的冲突。在非营利组织财务管理中，如果仅有财务预算，而对于组织的活动行为缺乏控制，则会出现财务失控现象。因此，财务控制作为一种连续性、系统性、综合性最强的控制，它在非营利组织经济控制系统中处于一种特殊的地位，起着保证、促进、监督和协调等重要作用，是完善财务管理体系的核心。

3. 非营利组织内部控制

非营利组织的内部控制是指组织内部为使各项业务活动互相联系、互相制约而设立的管理工作。在错综复杂的外部环境中，非营利组织为了完成自身的社会使命，需不断改善内部管理，规范组织的运行。

非营利组织的内部控制主要是对组织内部环境和日常业务活动的控制。加强非营利组织的内部控制，既可以规范非营利组织内部信息的真实性和完整性，又可以保证非营利组织各类资源利用的经济性和合理性，从而保证最大限度地完成组织目标和使命，是非营利组织管理工作中不可或缺的重要组成部分。

4. 非营利组织审计

审计是国家政治制度不可缺少的组成部分，从本质上看，是保障国家经济社会健康运行的"免疫系统"。非营利组织审计是经济社会"免疫系统"的重要组成部分、制度需求下的制度供给。非营利组织的审计既包括国家专职审计机构和政府特定的内部审计机构对非营利组织财务会计报告及其提供公共服务的质量进行的审计，也包括独立的注册会计师作为第三方对非营利组织财务会计报告进行的审计。

非营利组织审计具有防御功能、揭露功能和抵御功能。首先，非营利组织信息披露与审计能够及时发现苗头性、倾向性问题，及早感知风险，提前发出警报，起到预防功能；其次，它能够揭露损害捐赠者、受益人等利益相关者权益的违法违规行为，保证社会经济正常运行，起到揭露功能；最后，它能够对揭露的违法违规问题从微观到宏观、从个别到一般、从局部到全局、从苗头到趋势、从表象到里层，进行深层次分析、揭示和反映，从而抵御损害社会道德伦理和非营利行业公信力的行为，起到抵御功能。

由于非营利组织是由利益相关者组成的契约结合，政府、捐赠者、受益者和非营利组织自身等利益相关者都对非营利组织信息披露与审计提出了基于自身权利的需求，使其成为理论和现实的必然。

▶ 六、非营利组织财务管理的信息化管理

随着信息科技的不断发展，我国非营利组织的数量不断增加，各种项目的规模不断扩大，非营利组织的财务管理难度逐渐增高，因此非营利组织对财务管理信息化的需求就日渐强烈。对非营利组织而言，财务管理信息化可以提高其对资金管理、预算管理、过程控制的效率与质量，提高财务信息在组织内部的流通速度，便于非营利组织的整体统筹。

财务管理信息化依托于财务管理信息系统，其根据功能的不同可以细分为会计核算子系统、资金管理系统、预算管理系统、成本控制系统、信息披露系统等，其中最重要的就是信息披露系统。非营利组织信息披露管理系统主要包括非营利组织财务信息基本情况库、非营利组织非财务信息相关数据库、非营利组织基金数据库和非营利组织查询统计数据库。

目前，我国大部分地区虽已使用计算机和相关软件进行非营利组织业务处理，但尚未建立完善统一的非营利组织财务信息管理系统。从整体上看，当前非营利组织的财务信息化管理仍然存在一些问题，例如信息管理系统稳定性不高、非营利组织多元化使得各个系统相对独立、难以共享、高水平高质量的专业工作人员不足等。

非营利组织财务的信息化管理是一种发展的趋势，适应了信息时代的发展要求，会推动非营利组织的进一步发展，有利于非营利组织与国际组织的合作与接轨。面对非营利组织财务管理信息化现有的不足，相关部门应该从法规、机构、人员、流程、技术方法、保障体制等方面采取措施，加快非营利组织财务管理信息化的进程。

第四节　非营利组织与其他组织财务管理的区别与联系

非营利组织作为独立于政府和企业之外的组织机构，由于性质特殊，非营利组织的财务管理通常与其他组织有一定的区别与联系。掌握非营利组织与其他组织财务管理的区别与联系，有利于针对非营利组织进行合理的财务管理，提高财务管理效率。

一、非营利组织与其他组织财务管理的区别

（一）财务管理的目标不同

营利性组织最典型的就是企业，企业是以营利为最终目的，其出发点和归宿都是营利。因此，营利性组织的目标就围绕生存、发展、获利进行运营，主要目标为利润最大化、每股盈余最大化、股东财富最大化、企业价值最大化。其中，利润指标是衡量企业绩效标准的一个重要指标。为了获取更多利润，企业必须源源不断地为顾客提供更多、更好的产品和服务，以提高顾客的购买意愿，尽可能增加收入来源，同时尽可能降低生产和服务的成本，为投资者创造尽可能多的财富。

非营利组织财务管理的目标是获取并有效使用资金以最大限度地实现组织的社会使命。非营利组织是不以获取利润为目的，为社会公益服务的独立组织。非营利组织表现为各种社会团体、事业单位或者民办非企业单位等形式，在教育、文化、科学技术、医疗卫生、环境保护、权益保护、社区服务、扶贫发展及慈善救济等领域为社会公益提供服务。因此，非营利组织通常没有利润目标，而是为了满足社会及其成员各种社会性需要，完成某些社会使命。

日本学者川口清史认为，非营利组织是指不以获取利润为目的，从事商品生产、流通、提供服务的组织。尽管这些组织提供有偿服务，并收取合理的费用来弥补它们提供服务所消耗的成本，以维持组织的生存，但它们不以营利作为组织运营的最终目的。非营利组织即使有盈余也会用于有利于该组织宗旨完成运作或组织扩充方面的活动，而不会分配给组织的成员、管理人员，或者进入任何一个私人的账户。

（二）财务管理的内容不同

对于营利性组织而言，其财务管理活动的内容可以概括为四种：筹资、投资、营运和收益分配。在这四种主要活动中，筹资活动与投资活动是企业财务管理活动的主要内容，这是由利润最大化或股东财富最大化的企业财务管理目标所决定的。因为只有投资活动才能给企业带来财富的增加，而投资需要资金的支持，这要求企业进行必要的筹资活动。

企业在日常活动中对资金的运营也是财务管理的主要内容，它是其他三种活动的重要连接点。由于企业是由投资者出资建立的，企业通过投资获得的投资收益，最终要对股东进行相应的投资回报，即收益的分配。

由于非营利组织的财务管理目标是为了获取并有效使用资金，以最大限度地实现组织的社会使命，以及区别于营利性组织的财务特征，决定了非营利组织财务管理的主要内容是对收入和支出的管理。

非营利组织的收入主要包含民间捐赠、服务收费和政府补贴三类。民间捐赠大部分来

自个人、基金会和企业的捐款，这是非营利组织独特的收入来源，也是非营利组织与公共部门及私人营利机构相区别的标志之一。服务收费是非营利组织获得资金极其重要的来源，在发达国家，会费、收费活动和商业经营所形成的收入在非营利组织机构总的资金来源中的比例达到一半以上。除了民间捐赠和服务收费以外，政府补贴也是该组织收入的主要来源。政府除了给非营利组织以直接的资助外，还通过所得税豁免、私人和企业非营利捐款的减税等对非营利组织提供间接资助。

非营利组织的支出是指非营利组织为组织自身的生存发展和开展业务活动以实现其社会使命而发生的各种资金耗费。这里的支出与企业的投资不同，投资是为了获得经济上的利益，投资的最终目的必须从经济效益出发，而非营利组织支出所注重的是社会效益，即是否能够满足某些社会使命。

（三）组织的权益不同

对于企业而言，股东出资创办了企业，对于企业的资产，股东拥有所有权。股东以其出资比例为限承担相应的义务并享有相应的权利。在企业破产清算时，对于企业的破产财产，股东拥有剩余财产的求偿权。

对于非营利组织而言，由于其所有权形式特殊，资金来源大多为捐赠，资金的提供者对于组织的财产并不享有所有权，相应的就不存在可以明确界定并可以出售、转让、赎买的所有者权益。即使非营利组织解体，资财提供者即捐赠者也没有分享剩余资产的权利。这是因为非营利组织的成员不是按照法律要求而组成的，而是在自愿的基础上，捐赠出一定的资金或财产给该组织。在成员将资金或财产捐赠出后，捐赠者对该资产失去所有权，该资产的所有权就归非营利组织所有。因此，对于非营利组织而言，资产的权益属于组织本身所有，而不是归资产的提供者所有。

▶▶ 二、非营利组织与其他组织财务管理的联系

非营利组织置身于普遍联系的社会系统之中，并非孤立存在，它与政府、企业共同构成社会经济结构的三大部分。非营利组织本身作为社会生态系统的一个元素，其财务管理总在寻求一种成本最低、收益尽可能大的生存方式，这就要求非营利组织与其他组织保持紧密联系。

（一）互利互惠，合作共存

非营利组织为了维持自身的生存与发展，应该与社会上其他形态的组织达成互利互惠、合作共存的状态。其他组织形态的存在对非营利组织来说，并不仅仅意味着竞争，而是相互吸引和合作，是非营利组织本身社会使命的继承、保留和发展。社会上各种形态的组织，基于各自的核心竞争优势，为获取合作伙伴的互补性资产，共同维护竞争秩序，以扩大自身利用外部资源的边界、降低运营成本、拓展市场空间、满足客户及合作伙伴的需要、增强彼此的市场竞争地位与竞争能力，只有这样才能够获得双赢或者多赢的发展。

（二）产品服务相互需求

在产品领域，非营利组织与其他不同种组织都是整个社会系统中的元素，相互联系，彼此存在对各自产品和服务的相互需求。政府在提供公共产品的同时，也会存在对私人产

品的需求。非营利组织在消费公共产品和私人产品的同时必须提供公共产品满足对方的需求，企业须提供私人产品来换取对公共产品和准公共产品的消费。不同的组织之间都存在对双方产品的需求，而消费需求的满足又给对方带来市场从而创造收入。

（三）共同承担社会责任

非营利组织的主要目标和宗旨是其社会使命，但其社会使命的完成需要持续的资金来源。政府希望能够以较低的成本实现其部分社会责任，企业则希望树立良好的公众形象，因此都会成为非营利组织筹资的重要来源。

近年来，营利性组织逐渐开始认识到社会责任的重要性，其财务管理目标也进一步创新和发展。新时期的营利组织除了要实现自己的经济目标之外，会更多地关注社会及其他社会成员的利益，为全社会的发展承担起责任。营利性组织从事各类慈善活动，积极参与公益事业，是其履行社会责任的一种重要的表现形式。这对培育整个社会形成良好的慈善意识、推动我国非营利组织的发展壮大具有重要意义，也为非营利组织的筹资问题提供了突破口。

（四）接受监督和审计

非营利组织通过建立公平、透明的财务管理制度提升组织的公信力，吸引营利性组织的公益捐赠。因此根据我国《民间非营利组织会计制度》的规定，非营利组织也要像企业一样划分会计期间，编制财务报告，定期向社会公布相关财务信息。并且，非营利组织还要主动与营利性组织捐款人沟通交流，告知其捐款的使用和结果，加强资金监管、成本控制，并积极接受社会的监督和有关部门的审计。

第五节　非营利组织财务管理的现实问题及其成因

一、非营利组织财务管理存在的问题

1. 法律制度不完善，法律体系不健全

目前，我国在具体的非营利组织财务管理工作中，所依据的法律制度不够完善，并且很多法律制度存在严重的滞后性。当前非营利组织的财务管理主要参照行政事业单位财务管理制度，还没有一套完整的适合非营利组织发展的财务管理制度，特别是缺乏有针对性的非营利组织的会计指导理论及具体的财务管理办法。由于法律制度的不完善以及法律体系的不健全，组织内部的财务体系比较单一，不重视会计制度和财务制度的建设，并且很多具体的财务管理工作没有统一规范的标准。

2. 财务管理专业人才缺乏，经济管理理念滞后

我国非营利组织发展起步较晚，目前存在组织规模普遍不大、运行机制不完善、工作人员工资福利较低等问题，造成了非营利组织的专业人才不具有吸引力。同时，非营利组织的财务体系单一，人员招聘机制不完善，财务风险防范意识薄弱。

同时，在非营利组织的财务管理工作中，财务管理效果直接受到管理理念的影响。当前，社会环境以及市场经济变化日益加快，国外的财务管理水平得到了巨大的提高，但是

我国非营利组织的财务管理，没有紧跟时代步伐，没能很好地规范和引导非营利组织的财务健康发展。政府不仅是非营利组织的出资者，也是监督者，在监督非营利组织公共责任履行方面起着举足轻重的作用，建立完善的非营利组织财务监督机制非常有必要。

3. 财务透明度低

非营利组织不像企业组织尤其是上市公司那样需要定期发布财务会计报告，接受政府和社会审计的监督。很多非营利组织没有建立信息披露制度，无须公开财务会计报告，财务管理透明度较低，使得资源提供者无法获得组织运行的具体情况，严重影响了资源提供者的积极性，降低了其对组织的接受度与信任度。此外，由于透明度低，容易导致双方信息不对称，阻碍了非营利组织的健康持续发展。

4. 绩效评估无法进行

绩效评估通常以利润作为衡量指标，但非营利组织受其公益属性的引导，不以营利为目的，因此不存在利润指标，所以对其进行绩效评估显得比较困难。衡量非营利性组织业绩的主要标准是社会效益，而社会效益从某种程度上讲很难评定，目前也没有一套科学适用的评价指标来衡量非营利组织的绩效，造成个别非营利组织内部不注重资金使用效率的局面。

5. 收入与支出管理不合格

非营利组织的收支管理主要是指对资金收入、日常资金支出和项目资金支出等方面的管理。根据《民间非营利组织会计制度》的规定，民间非营利组织的收入主要是指为开展业务活动而获取的、能够导致本期净资产增加的非偿还性的资金，包括自创收入（捐赠收入和政府补助收入等）和非自创收入（销售商品或者提供服务而取得的收入等）。对于服务性的收入，由于很多组织并没有进行实地考察，出现收费过高或过低的现象。对于非营利组织的支出，按其用途可分为项目活动支出和行政办公支出，虽然我国针对诸如公募基金会的公益支出比例做了不得低于上年总收入70%的规定，但在实际工作中还是存在很大一部分基金会不达标的情况。

6. 投资活动缺少监督

非营利组织的投资活动往往在组织存在多余资金时进行，这样做不仅能避免资金闲置，也能使资金具有保值、增值的效果。由于投资活动势必会存在一定的风险，不仅要考虑收益多少，还要考虑与收益相对等的风险大小如何。目前，对于非营利组织来说，主要的投资方式是证券投资和基金投资。非营利组织进行投资活动的目的是为了弥补营运成本，而不是为了获取投资收益。其投资的资金成本为零，也没有企业资金增值的压力，更不用告知出资人这部分资金将会如何运作，这就导致管理者在做决策时缺少完善的投资决策机制。

▶▶ 二、非营利组织财务管理问题的成因

1. 财务管理制度缺失

非营利组织的财务管理工作需要依法依规进行，作为组织内部财务管理依据的规章制度至少应该包括会计制度、财务制度、内部控制制度等。会计制度规范非营利组织的会计

核算，正确反映非营利组织的资金运动；财务制度规范非营利组织资金的筹集和使用，保证资金使用效率与效果；内部控制制度则提高非营利组织管理水平和风险防范能力，促进组织可持续发展，维护社会公众利益的综合性制度。不难发现，政府对于企业的经营活动发布的法规制度比较多，例如企业会计准则、企业财务通则、企业内部控制基本规范、企业内部控制配套指引等。相比企业而言，政府层面对没有针对非营利组织的财务通则或规则，也没有出台相应的内部控制制度。

2. 理论研究不充分

众所周知，财务管理在企业中得到广泛而深入的运用得益于财务管理理论的研究。当前对于企业财务管理的研究非常深入，涉及企业资金运动的各方面，各种分析、预测、决策、评价的方法及模型层出不穷，各种财务管理的理论被提出并运用于实践，不同的理财观点碰撞出智慧的火花，让企业财务管理的理论体系更加完整，内容越来越丰富。而非营利组织在财务管理方面的研究却十分稀少，著作数量不多，且研究的深度和广度均不够，或者套用企业或行政事业单位的一些思路与方法，没有提高到理论层面去考量，对实践的指导意义不大。还有一些则引用外国非营利组织的财务管理理论与方法，但这些方法能否为我国所用，还需要时间和实践进行检验。

3. 缺乏有效监督

对非营利组织的监督不力，主要体现于外部监督和内部监督两方面。从外部监督看，政府有关部门并没有建立起能够对非营利组织的财务活动实施有效监督的机制。非营利组织的资金来源、支出与使用、资产投资、收益与处置等重大财务活动，政府有关部门应该监督什么，如何实施监督等均无详细具体的规定，造成各非营利组织资金使用无法做到规范。出资者在交出资金所有权的同时往往也交出了资金使用的监督权，因此并不会关心资金的应用途径和使用效率，也不会对组织的运作和管理情况给予更多的关注。新闻媒体的监督应该是一种有效的方式，但非营利组织中的财务活动，媒体不会知悉太多，也会造成监督的力度有限。从内部监督来看，因非营利组织内部规章制度不是很健全，对财务活动的监督难度很大，内部审计、内部牵制机制的建立不尽如人意，甚至有的非营利组织内部没有设置相应的监督机构。

4. 缺少成本效益意识且忽视成本费用控制

我国非营利组织行政法规就受赠财产支出进行了约束，强调受赠财产必须用于符合组织章程规定的宗旨和业务范围，必须根据与资源提供者约定的期限、方式和合法用途使用，但却并不强制要求核算和控制提供社会公益服务的成本费用。这使我国非营利组织普遍缺少成本费用核算和控制的动机，只注重实际任务的完成情况，缺乏成本效益观念。

5. 财务风险防范与预警机制薄弱

在市场经济体制的大背景下，任何组织在发展过程中，其各项目标的实现都要依赖于资金的支持与财务管理的配合，否则就会发生财务风险。非营利组织主要的财务风险包括：捐赠收入来源的不稳定性、腐败分子吞噬组织资金、投资决策机制不完善、财务风险应急机制缺乏等。目前我国非营利组织对财务风险的识别、正确估计与评价的能力不足。正确认识和客观分析非营利组织的财务风险，采取有效的财务风险防范与预警机制，对非营利组织的生存与发展具有深远意义。

▶▶ 三、非营利组织财务管理改进的建议

1. 健全财务管理制度

非营利组织财务管理建设一定要注意财务工作。首先，要建立有效的内部财务管理制度，制订规范化的财务工作程序，明确各种责、权、利关系，使财务工作的进行和问题的处理有章可循，有制度做保证；其次，明确岗位责任制及工作标准，完善会计人员准入制度；最后，为了保障财务管理制度的有效执行，非营利组织机构要建立内部控制和审计制度，加强内部管理监督，减少舞弊行为。

2. 加快财务管理工作与信息化的结合发展

积极建立内部信息服务平台。非营利组织机构的工作人员可以通过平台实时更新一些数据资料，包括当日的资金收入数目、支出数目、确切时间和操作人员等详细信息，确保每一条信息真实有效。在为内部工作人员提供信息资源的同时，为管理者的管理工作提供方便的管理途径。同时还可以建立外部信息服务平台，社会各界可以通过平台了解到组织的运营情况，包括资金是否运用得当、管理者是否有管理的能力和资格，了解组织的一些新的动向，为组织的发展提出自己的合理化建议。同时，非营利组织也可以通过对其他组织的信息平台的查阅，实现资源共享。

3. 加强各部门的监管力度

会计工作的良好进行是财务管理的根本基础，所以对组织的监督检查应该从会计人员的专业资格入手，保证人员的业务专业性，同时对财务部门的日常核算和管理要定期监督检查，对部门负责人执行会计规章制度情况进行检查。非营利组织按照要求定期公开经营情况，真实地反映每一项收入来源、时间和资金的去向，包括组织人员的福利待遇也应该公开透明，组织的年度财务会计报告可以供社会各界方便获取，群众有权利也有义务监督并促进非营利组织的发展。

4. 推进财务透明化与社会监督

非营利组织应不断提高其财务信息的透明度，接受社会监督。非营利组织要通过媒体、网站、向捐赠人邮寄等方式公布财务会计报告、业务开展情况等相关信息，主动接受社会监督。让捐赠人、赞助者、会员充分了解到他们捐助的资金、交纳的会费都能按他们的意愿使用。只有这样，才能不断提高非营利组织的知名度和良好的社会声誉，争取到更多的资金支持。

 引申思考

"慈善妈妈"为何成了诈骗犯

颇受大家关注的山东黄河孤儿院院长董玉阁诈骗钱财一案，在菏泽市牡丹区人民法院有一审判决结果：董玉阁因诈骗罪被判处有期徒刑 11 年，并处罚金 5 万元，其违法所得 33.48 万元被责令退赔。

董玉阁，一个曾被树为"慈善"典型的女性，结束了她的辉煌以及曾经有过的梦想，

成为一个遭到社会唾弃的罪人；黄河孤儿院，一个曾经在当地政府眼皮底下生存了7年，同时被称为山东最早的民办孤儿院，也从此关闭解体。

董玉阁和她创办的孤儿院是怎样由红红火火走向现在这个结局的？

（一）办孤儿院收养21名孤儿

董玉阁在1993年开始筹办孤儿院，从各处"搜寻"孤儿，为此她的婚姻也走向结束。为了孤儿院"名正言顺"，董玉阁四处奔走，刻制了鄄城县社会福利院的行政章和财务章。1994年，在未经民政主管部门批准的情况下，自行挂牌成立"鄄城县社会福利孤儿院"，大约1996年，董玉阁将孤儿院所用的公章及对外宣传用名均改为"山东黄河孤儿院"。

山东黄河孤儿院场地系租借鄄城县鄄一路的一处民宅，后被董玉阁买下。据孤儿院内部的一份统计资料显示，鄄城县"山东黄河孤儿院"累计收养的孤儿共有21人。这21个孤儿中，有的后来被董玉阁送给了要求领养的人家，董玉阁分别从要求领养方收取了3 800元至7 800元的费用；有的正在学校就读，其中一个名叫董瑞国的孤儿已经从菏泽医专毕业。到去年8月，也就是董玉阁案发前，黄河孤儿院收留的孤儿还有9名，他们都称她是"董妈妈"。

（二）举报人揭开孤儿院的面纱

董玉阁在创办孤儿院之初，她的事迹不断地出现在当地的媒体上，在当地普通人眼中，她也一直被认为是在做善事，是个大善人。直到去年8月，来自菏泽曹县的几户农民联合向菏泽牡丹区公安部门举报董玉阁犯了诈骗罪，董玉阁及其黄河孤儿院的面纱才被揭开。

这些举报者称：董玉阁打着给他们送养孤儿并包办一切手续的名义，收取他们3 800元至7 800元不等的领养费。但是，董玉阁既没有让他们领养到孤儿，也没有退款。显然，这些举报者是因为交纳的钱有可能"打水漂"才去举报的。

经办案人员及后来法院审理查明：1997年至2001年期间，董玉阁在明知自己无资格办理合法领养手续的情况下，以收取领养费、押金等为名义，收取了鄄城县以及附近地区共计83名申请人交纳的334 800元人民币，并开具了盖有"黄河孤儿院财务专用章"的收据，口头许诺1个月、3个月、6个月不等的时间给送养孤儿，但一个也没有办成，当部分被害人欲讨要交纳的领养费时，董玉阁以各种理由拒绝退还。董玉阁的行为明显违反了《中华人民共和国刑法》的有关条款。

但是，董玉阁一直不承认自己犯了诈骗罪，并当庭表示上诉。董玉阁认为，她所创办的黄河孤儿院是得到政府默认的。据她及她的代理律师辩护称，1990年—1992年，董玉阁刻制了鄄城县社会福利院的行政章和财务专用章，1996年，董玉阁又找到鄄城县政府办公室出信，在鄄城县公安局办理、刻制了山东省黄河孤儿院的行政章、财务专用章及钢印。山东省民政厅曾拨款10万元给孤儿院，鄄城县几任领导也多次携带慰问品到孤儿院视察。1998年7月，鄄城县人民政府还以主题为"关于转呈黄河孤儿院申请建院资金请示的批示"的红头文件给当时的菏泽地区行署，称："我县黄河孤儿院系董玉阁本人投资兴办的一福利性机构，现已具备一定规模，为满足社会需要，该院已征地13亩，自筹资金100万元，拟建一较为规范的孤儿院。现将其请示呈上，恳请上级给予扶持。"这个请示尽管没有得到答复，但以鄄城县政府的名义报呈，却是事实。这些事实都表明，尽管董玉阁的孤儿院没有经过民政主管部门的批准，但鄄城县政府实际上是持了承认的态度。

（资料来源：新华网。）

[思考] 当前我国非营利组织财务管理存在哪些问题？对于非营利组织财务状况的监督和控制是否存在不足？应该如何改进？

复习思考题

1. 什么是非营利组织财务管理？它的基本内容是什么？
2. 非营利组织财务管理的原则和模式是什么？
3. 简述非营利组织财务管理体系。
4. 非营利组织财务管理与其他组织的财务管理有何区别？
5. 结合实例分析非营利组织财务管理所面临的问题和成因，并提出相应的对策建议。

第三章

非营利组织预算管理

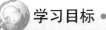 **学习目标**

通过对本章的学习，全面了解非营利组织预算管理的概念和意义；熟悉非营利组织预算管理的编制原则；理解非营利组织预算管理的预算体系和考核体系；清楚非营利组织预算管理的程序；全方位掌握非营利组织预算管理的基本方法；同时了解我国非营利组织预算管理的现状和现实问题。

 **引导案例**

上海市邻里中心及社会组织服务中心预算报告（节选）

一、项目背景

上海市莘庄工业区是上海市政府于 1995 年 8 月批准成立的市级工业区，位于整个上海地理位置的中心，总开发面积 17.88km²。闵行区人民政府授权上海市莘庄工业区管理委员会负责该地区的开发建设、社会事务、行政管理工作；上海市莘庄工业区经济技术发展有限公司负责投资开发的具体建设工作。在建设者和投资者的共同努力下，莘庄工业区已步入成熟发展期，形成了健康和谐的发展氛围，目前已成为外国投资者进驻上海及我国市场的首选地之一。

邻里中心作为在街镇和居民之间的片区层面上搭建的综合性公共空间，是链接各方力量参与社区治理的协作平台，是集聚政府、社会资源的服务枢纽，是培育互助力量、融洽邻里关系的和谐阵地，为打通服务群众"最后一公里"，补齐公共服务有效性、可及性不足的"短板"。根据市委市政府创新社会治理加强基层建设"1＋6"文件精神，和区委区政府推进邻里中心建设，以及工业区推进邻里中心建设实施方案的要求，设立邻里中心。

二、预算资金来源及使用情况

本项目由上海市莘庄工业区管理委员会下设园区自治办负责实施。2019 年度邻里中心及社会组织服务中心的经费主要用于日常工作开展以及公众活动的开展，属于经常性项目。

项目要解决的主要问题有：完善邻里中心及社会组织服务中心各项功能，发挥"社区共治自治的平台"及"社会组织综合服务平台"作用，更好地为老百姓服务。

2019 年度邻里中心及社会组织服务中心项目于 2019 年度安排预算资金 252.76 万元，截至 2019 年 12 月 31 日已使用资金 251.49 万元，预算执行率为 99.50%。2019 年预算资金使用情况见表 3-1。

表 3-1　2019 年预算资金使用情况

序号	明细项目名称	明细名称	预算数（万元）	执行数（万元）	执行率
1	邻里中心	日常经费——邻里节	19.00	18.74	98.62%
2		日常经费——邻里课堂	13.00	12.69	97.64%
3		日常经费——邻里中心运营指导	10.00	9.86	98.57%
4		日常经费——零星办公用品	4.10	3.91	95.28%
5		日常经费——申北路邻里中心试运营费	20.00	19.63	98.15%
6	社会组织服务中心	工作开展经费——公益活动	52.80	52.80	100%
7		工作开展经费——社服中心托管	13.00	13.00	100%
8		工作开展经费——社会组织参与社会治理	67.00	67.00	100%
9		工作开展经费——社会组织联合会	6.50	6.50	100%
10		工作开展经费——社会组织项目评估	19.00	19.00	100%
11		工作开展经费——日常经费	19.00	19.00	100%
12		工作开展经费——财务代记账	9.36	9.36	100%
		总计	252.76	251.49	99.50%

三、评价结论与绩效分析

绩效评价小组运用专家组论证的评价指标体系及评分标准，通过数据采集、访谈等方法，对 2019 年邻里中心及社会组织服务中心项目资金绩效进行客观评价，最终得分 87 分，总体评价为"良"。

项目决策指标总分 15 分，实际得分 13.5 分，得分率 90%。主要扣分点：A22 绩效目标明确性；标准分 3 分，实际得分 1.5 分。该项目的绩效目标不够细化，与年度任务内容的匹配度较低，未能体现项目的预计完成效果；对于质量目标的设定过于粗略，不利于把控项目投入产出比。按指标评分细则，该项目扣减 1.5 分。

项目管理指标总分 25 分，实际得分 25 分，得分率 100%。

项目绩效指标总分 60 分，实际得分 48.5 分，得分率 80.83%。

以上是来自上海市莘庄工业区"邻里中心及社会组织服务中心"的 2019 年预算支出绩效评价报告的一部分内容，这个报告向社会披露了该组织的预算支出及绩效评价情况，使大家清楚地看到了该项目对于资金来源及使用情况的预算管理。

作为担负起社会责任的第三部门，非营利组织在整个社会发展中的作用不容小觑，其存在对社会问题的解决以及社会稳定的维护有着重要的意义。对于非营利组织而言，如何有效地管理组织所拥有的资金，对组织的资金进行合理的预算管理，最大限度地发挥资金的社会效益，从而完成自身目标是一项十分重要的工作。与一般的企业相比，非营利组织的维系靠的是社会各界人士的爱心支持，加强预算管理、充分利用预算管理对助力组织运营有着十分重要的意义。

（资料来源：上海立信佳诚东审会计师事务所有限公司．上海市莘庄工业区管理委员会 2019 年邻里中心及社会组织服务中心经费项目预算支出绩效评估报告［R/OL］．［2022 - 06 - 01］．http：//xxgk．shmh．gov．cn/e Web/uploadfile/20201116105938304008．pdf．）

第一节　非营利组织预算管理内涵及体系

随着我国经济体制和政府体制改革的不断深入，非营利组织已进入了一个快速发展时期。与此同时，非营利组织之间的资源竞争也越发激烈。为能够保证组织内部的财务活动规范、资金使用效益最大化、提升自身的竞争力，非营利组织必须进行有效的预算管理。

一、非营利组织预算管理的内涵

（一）预算的内涵

预算是指政府机关、事业单位和社会团体等根据行政事业发展计划和任务编制对未来一定时期内收入和支出的计划。预算最基本的表达形式是"数字"。满篇"数字"的预算文本中，包含一系列的、深层次的事业发展宗旨、目标、方针、政策、规则、程序、规划等内容。这些具体内容构成了预算的内涵。

预算作为计划的一种，具有一般计划所具有的共同特性：探测未来，即是对尚未到来的"现实"的一种预先测算。当预先测算与实际存在差异时，通常被认为会造成两种风险：一是过高估计收入从而形成的"赤字"风险；二是过低估计收入从而抑制事业发展的风险。预算的这一基本性质要求预算人员不仅要加强估算能力和提高对风险防范的重视，而且要处理好各种平衡关系，利用"削峰填谷"的方法提高预算人员在资金使用上的创利能力。

对非营利组织来说，预算是各项事业发展计划在财务上的体现，也是政府分配资源方式的具体体现。它是政府财政部门与非营利组织之间的桥梁，也是对非营利组织进行财务控制所使用的主要手段之一。

非营利组织的预算除了具有一般预算的性质特点之外，需要更多地反映非营利组织事业发展的规律和理财思想与目标，比如：①反映非营利组织发展特点；②合乎法律法规要求；③体现非营利组织当年目标；④注重操作且易懂易行。这些特征是预算作为指导未来工作的行动方案，在保证非营利组织各项工作正常开展的同时，特别保障了中心工作的资金需求，促使单位当年事业发展计划的全面完成。单位各部门和人员通过预算的协调相互配合，为非营利组织早日成为市场经济背景下"自行决策、自主运行、自我发展、自我约束"的法人主体而共同努力。

（二）预算管理的内涵

预算主要解释"需要干些什么"的问题，管理主要解释"需要怎么去干"的问题。因此预算管理是决策与管理的结合。目前在西方经济发达国家，政府、企业以及非营利机构，普遍采用预算管理方法。预算管理涉及三种不同的范畴：企业预算管理、政府预算管理、非营利组织预算管理。

1. 企业预算管理

企业预算管理的含义可借鉴我国财政部《关于印发〈关于企业实行财务预算管理的指

导意见〉的通知》，该文件指出，企业的预算管理是指利用预算对企业内部各部门、各单位的各种财务及非财务资源进行分配、考核、控制，以便有效地组织和协调企业的生产经营活动，完成既定的经营目标。企业预算管理更注重效益优先和权责对等原则，重视对财务风险的控制。预算的形式多分为业务预算、资本预算、筹资预算等，主要是依据产品和市场的特点确定预算管理模式。

2. 政府预算管理

政府预算管理则是指国家预算编制及预算执行和监督全过程中各项制度、业务规范的总和，是为确保政府预算资金规范运行而进行一系列组织、调节、监督活动的总称，是财政管理的中心环节。政府预算管理的基本内容包括：政府预算的编制与审批、预算的执行、决算的编制与审批，以及建立健全政府预算的法规制度和预算管理的基础工作。因此，政府预算管理更注重预算管理的法制化、规范化以及公开性。

3. 非营利组织预算管理

非营利组织预算管理是指非营利组织的理财主体或者其委托任命的管理人，为了正确设计预算和全面实现预算目标，借助于各种科学的理论和方法，对预算的编制、审批、执行、调整、监督过程实施计划、组织、控制、分析和评价等一系列活动。

非营利组织预算管理具体规定了非营利组织筹集资金、支配使用资金的权利、范围和责任，使组织内部各方面在财务管理上有责有权。预算管理是财务管理的核心。非营利组织的预算是各项事业发展计划在财务上的体现，它能使非营利组织有限的资金得到合理配置和充分利用，使稀缺的资源产生最大效用。这对于充分发挥非营利组织及其内部各方面的积极性，更好地完成预算收支任务，从财力上保证和促进非营利组织事业的健康发展，有着极其重要的现实意义。

（三）非营利组织预算与其他组织预算的区别

对比社会结构中的三大部门，非营利组织在组织活动参与的目标、资源、相互关系、社会关系、公共服务和盈余分配等方面都区别于政府和企业，有自己独立的本质特征。以追求共同利益，满足社会需求为目标的我国实体公益型非营利组织，属于政府差额拨款的单位，在资源的取得上有着严重依赖于政府的脆弱性，所需资金大多数由政府拨款，预算的编制口径要符合政府要求。同时，这类组织有部分资金还需要自筹，在开拓筹资渠道上表现出和企业类似的特点。所以，非营利组织的预算与企业预算及政府预算有着千丝万缕的联系，既相互借鉴又有所区别。

1. 非营利组织预算与政府预算的区别

政府是行使国家权力、执行国家职能的国家行政机关，追求社会公平、建立福利国家是政府所追求的目标。在政府组织中仍然存在委托代理关系，社会公众是政府部门的唯一委托人，作为资金的提供者，他们以向政府缴纳税款的方式委托政府行使公共职能，管理国家，同时有权利监督政府行为。政府作为公众的代理人，接受社会公众提供的资金，拥有公众赋予的公共权力，为公共服务。

在政府部门中，社会公众拥有资金的所有权和资金使用的受益权，政府拥有对资金的控制权，所有权与受益权融为一体并与控制权分离，客观上决定了政府机关只能是服务部门，不能凌驾于社会公众之上。必须对资金合理安排和使用，追求社会的共同利益，不能追求自身利益。政府预算就是对政府所取得的税收收入的分配，是以政府为主体的财政分配关系，体现着政府活动的范围和方向。政府预算是政府职能的体现，体现着政府的财权和事权的统一。所以，政府预算更多的是一种宏观预算，是在公共服务框架内根据国家的发展重点对各个领域资金的合理安排，这些领域的资金自上而下层层分解和落实，其中有一部分资金会二次分配到作为实体公益型非营利组织的单位。

随着"小政府大社会"的公共改革的进行，我国非营利组织越来越多地承担了帮助政府为社会提供公共产品和服务的职能。和政府部门类似，这类实体公益型的非营利组织也存在着委托代理关系，但这种关系可能更为复杂。对非营利组织的预算来说，政府拨款是其主要的资金来源，而这些拨款追根溯源的最终来源还是来自于公共税收，同时还有一些其他渠道的资金来源，政府和那些资金的提供者拥有资金的所有权，非营利组织掌握资金的控制和使用权，但这些资金使用的受益者并不是非营利组织自身，而是需求公共产品的广大社会公众。

所有权、控制权和受益权的分离，决定了非营利组织预算有着更为复杂的特性。一方面要与政府的要求和公共的需求协调一致；另一方面又要体现组织自身的使命和任务，有助于组织的可持续健康发展。由于主要的资金来源于政府预算的转移支付，所以非营利组织预算的编制口径和科目要与政府的有关口径和科目相结合，同时又要体现出不同于政府行政机关的特殊性。

总之，"非营利性"的共同特性以及一部分相同的资金来源，使非营利组织预算和政府预算的口径和方法具有一定程度的相似性，非营利组织预算和政府预算都要置于公共预算的框架体系当中。而帮助承担政府职能、提高公共产品和服务效率的要求，以及不同于政府的委托权、控制权和受益权分离的委托代理关系，又使非营利组织预算应该比政府预算更强调资金的效率和效果，要有适合资金的预算特色。

2. 非营利组织预算与企业预算的区别

以营利为目的的企业组织与非营利组织有完全不同的特征。企业型组织内部存在的委托代理关系相对单纯，企业的资金来源于投资者的资金投入，投资者将资金委托为企业代为进行生产经营，企业接受投资者的委托，获得资金的代理使用权。因此最大限度地增加企业财富、为投资者提供丰厚的投资回报就会成为企业奋斗的最终目标。所有权和受益权统一，营利性、追求私人利益的满足是企业最大的特点。

与企业的特点对应，企业预算管理的根本落脚点也是要最大限度地物尽其用，取得最多的经济效益。从现状来看，营利性的特征使得企业考核目标的确定更为清晰、直观，以经济利益为中心的绩效考核指标体系更容易形成，预算管理的目标和任务更容易具体化，所以企业预算管理的研究远远走在了非营利组织预算管理的前列。企业的管理要以预算管理为中心，全面预算、责任预算等模式相结合，效益、效率和效果成为衡量企业管理水平的重要指标。每个企业都可以根据自己提供产品的特点、规模、市场定位等因素构建合适的绩效考核体系，将委托人和代理人的利益联系起来，既让委托人取得最大利益，又让代理人分享一部分经营成果，实现委托人和代理人双赢的局面，维持委托人和代理人的良好关系。

对比非营利组织预算和企业预算，企业的预算目标易于量化，效率和效果更容易被准确地衡量，所以预算可以更好地发挥指导和监督作用。非营利组织自身非营利性特征决定了它产出的效率和效果难以被准确衡量，预算目标的量化也存在难度，所以非营利组织的预算要比企业的预算复杂，预算管理的效果可能也不如企业明显。

同时，非营利组织的资金不像企业一样来自于其提供的产品和服务，非营利组织产品和服务的受益者往往不像企业的客户一样需要付费，在非营利组织的运营中也存在着很多无法准确估算的成本，所以非营利组织的收入和支出不像企业那样能够被清楚地估算，企业的预算方法不能完全适用于非营利组织的预算。但鉴于非营利组织预算管理落后的现实，企业预算的一些先进理念和方法对非营利组织预算仍然具有一定的借鉴和指导意义。

▶▶ 二、非营利组织预算管理的性质与目标

（一）非营利组织预算管理的性质

结合非营利组织的特点，本书认为非营利组织的预算管理的性质主要有指导性、动态性、综合性和约束性。

（1）指导性　为更好体现非营利组织的未来发展趋势，预算管理的各个环节都应具有指导性。预算编制必须根据组织内各项事业发展的未来需要与其自身具备的财力做好人、财、物的综合平衡，预算编制完成后，应坚决执行，发挥其指导性作用。一年的预算即将结束时，需要对本年的预算编制及预算分配执行情况进行分析和研究，为来年的预算编制及执行提供理论和实践经验，以增强下一年度预算管理的预见性。

（2）动态性　预算应有一定的稳定性，但还要根据具体环境特点使预算的设计符合组织的实际情况，实施动态管理。例如在采用固定预算方法的同时，在环境不稳定的情况下，可采用弹性预算的方法；由于未来经济活动的不确定性，可以将长期预算与短期预算相结合；为避免在预算执行过程中的短期行为，可采用滚动预算方式；还可在预算编制中划出一部分经费用于解决一些不可预测因素造成的困难和问题；若遇到事业计划有较大变动或有大型修缮工程项目时，预算也要做合理调节。这些内容从不同方面体现了预算管理的动态性。

（3）综合性　预算管理的综合性主要体现在预算管理的内容上。在实施过程中，凡是会影响目标实现的业务和事项，均应以货币等计量形式在预算中加以具体反映并进行管理。非营利组织要实施完整的预算管理，必须将预算起点、预算依据、预算编制过程与方法、预算组织与控制、预算考评等内容贯穿到每一个单位、部门或个人，利用预算管理，达到单位内部管理"纲举目张"的效果。

（4）约束性　在预算管理过程中，各个程序和环节应具有约束性，任何部门和个人都不能随意进行调整和更改。因此在实际中，要求通过提高预算管理的法律地位、增加预算指标分配和预算调整约束性、对预算财力的使用实施有效的监督等措施，增强预算管理的约束性，这是逐步提高预算管理效率和管理效益的关键条件。

（二）非营利组织预算管理的目标

预算管理目标反映了非营利组织在预算期内的主要奋斗目标，是资源所有者与管理者利益的集中体现。预算管理目标定得过高，会影响组织的发展后劲，挫伤管理者的积极

性；预算管理目标定得过低，不利于改善经营管理和提高效益。因此，为使非营利组织通过预算管理优化资源配置，改变过去经费靠拨款、预算管理无效益的传统观念和管理模式，非营利组织预算管理应达到以下目标：

1）确保各项事业计划对资金的需要，促进事业的发展。

2）增强非营利组织的预算管理职责，强化预算对收支活动管理的约束性，充分发挥资金使用效益。

3）利于国家宏观管理非营利组织，进一步明确各类法人单位与非营利组织之间的关系，促进我国非营利组织体制的改革。

目标说明何时需做、做到何种程度，而战略则是体现在实现目标的具体事项中，为资源分配分清主次、指明方向，是一个指向性很强的"保证重急、兼顾轻缓"的资源配置的总纲领。目标需求的多元性与资源供给的有限性使战略的讨论显得非常有意义。财务部门要正确领会组织的战略意图，将组织发展的战略目标、事业发展的分析预测，以及对职工的考核与奖惩等引入到预算管理体系中，贯彻到预算的编制及具体执行中去，并且通过对组织战略目标的具体落实与再量化，使预算管理更具有可接受性、可实现性和可检验性。

三、非营利组织预算管理的体系

构建非营利组织的预算管理体系，内容和模式可以有多种选择，基本预算管理体系如图 3-1 所示。

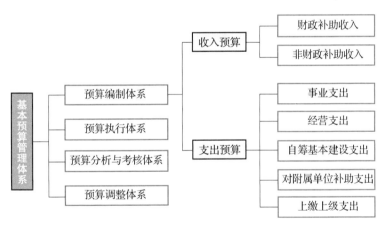

图 3-1　非营利组织基本预算管理体系

基本预算管理体系包括预算编制体系、预算执行体系、预算分析与考核体系以及预算调整体系。具体又划分为日常业务预算、专项业务预算和其他业务预算，其基本思路是从收入和支出两个角度进行预算编制。

（一）收入预算

收入预算是指非营利组织在年度内通过各种形式、各种渠道可能取得的用于各项事业以及其他活动的非偿还性资金的收入计划。因为收入预算汇集了预算年度内非营利组织可能提供的用于开展各项事业的全部资金收入，所以通过对收入预算各项指标的分析，可以明确非营利组织事业计划的财务保证水平以及提升非营利组织依法多渠道筹措经费的能力。

收入预算由财政补助收入和非财政补助收入两部分组成。财政补助收入是指非营利组织直接从财政部门取得的和通过主管部门从财政部门取得的各类事业经费，包括正常经费和专项资金。非财政补助收入包括上级补助收入、事业收入、经营收入、附属单位上缴收入和其他收入。上级补助收入是指非营利组织从主管部门和上级单位取得的非财政补助收入。事业收入是指非营利组织开展专项业务活动及其辅助活动取得的收入。经营收入是指非营利组织在专项业务活动及其辅助活动之外开展非独立核算经营活动取得的收入。附属单位上缴收入是指非营利组织附属独立核算的单位按照有关规定上缴的收入。其他收入是指上述规定以外的其他各项收入，例如投资收益、利息收入、捐赠收入等。

（二）支出预算

非营利组织的支出预算是指组织年度内用于各项事业活动及其他活动的支出计划。对支出预算各项指标的分析，可以明确非营利组织对有限资源的分配情况，掌握组织的发展方向和发展速度。依其支出的经济性质，支出预算一般可分为事业支出、经营支出、自筹基本建设支出、对附属单位补助支出和上缴上级支出。其中，事业支出和经营支出是非营利组织在运营过程中最常见的支出预算。

事业支出是指非营利组织开展专项业务活动及其辅助活动发生的支出，包括人员支出、日常公用支出、对个人和家庭的补助支出三部分。有的非营利组织按照自身情况又从日常公用支出中划分出专项公用支出或固定资产构建和大修理支出等内容。经营支出是指非营利组织在专项业务活动及其辅助活动之外开展非独立核算经营活动发生的支出。自筹基本建设支出是指非营利组织利用财政补助收入之外的资金安排基本建设发生的支出。对附属单位补助支出是指非营利组织用财政补助收入之外的收入对附属单位补助发生的支出。上缴上级支出是指非营利组织按照规定的定额或比例上缴主管部门管理费用的支出。

第二节　非营利组织预算编制

▶▶ 一、非营利组织预算编制的基本原则

非营利组织预算的编制是一项非常细致和复杂的工作，为了科学、合理地编制好预算，应当遵循以下原则：

（1）政策性原则　非营利组织尤其是公立非营利组织的各项事业发展计划是国民经济与社会发展总体规划的重要组成部分，预算管理是为完成事业发展计划而进行的。因此，非营利组织预算的编制必须以国家有关方针和政策以及各项财务制度为依据，根据事业发展规划的需要，合理安排和使用各项资金。

（2）公开性原则　非营利组织是不以营利为目的、为社会公益服务的组织。预算是非营利组织所要完成的公益工作任务和事业计划的货币表现，是非营利组织日常组织收入和控制支出的依据。因此，编制的预算必须以一定的方式向社会公布，以便接受监督。

（3）合理性原则　非营利组织预算的编制要统筹兼顾，正确处理好整体与局部的关系、事业需要与财力和支持的关系，做到科学、合理地安排各项资金，使有限的资金发挥最大的效益。在编制预算时，要保证重点、兼顾一般，要优先保证重点支出，同时也要妥

善安排好其他各项支出。

（4）可靠性原则　非营利组织预算的编制应当实事求是。预算收支的每一个数字指标必须运用科学的方法，依据充分确实的资料进行计算，不得随意假定、估计，更不能任意编造。预算的编制并不是天马行空的想象，必须要紧密贴合现实情况，根据真实有效的资料数据而得。

（5）完整性原则　非营利组织在编制预算时，预算的收支项目要完整，组织的全部收支内容都必须纳入预算范围之内，不得遗漏或隐匿，更不能编制预算外的预算。非营利组织编制的预算贯穿组织业务的全过程，因此预算编制要尽可能包括所有能包括的内容，提高预算的完整性。

（6）统一性原则　非营利组织在编制预算时，要按照国家和有关主管部门的统一要求、统一设置的预算表格和统一的口径、程序及计算依据进行编制。同时，要尽量与会计核算口径一致，以便及时考核预算执行情况。

▶▶ 二、非营利组织预算管理的基本程序

在市场经济体制下，非营利组织预算管理的程序，是为使预算主体更顺利地履行预算的各项法定环节，而由若干事项按逻辑关系、依时间顺序逐次展开构成的一个完整循环。

明确预算管理的程序，可以将大量、繁杂、例行的预算管理事项直接按程序办，而无须讨论。这使领导者既可以减轻事务缠身和日常决策负担，集中精力于例外的大事、急事；又可不必担心下属会"越轨"办事；下属人员按程序办事，也可减轻日常的请示汇报的负担。

非营利组织的预算管理程序主要包括预算前的调查和论证、预算编制和审批、预算执行和调整、预算检查和评价、预算监督。

非营利组织的预算管理程序如图3-2所示。

（1）预算前的调查和论证阶段　此阶段的管理工作要点是做好调查和论证工作，包括以下几个方面的内容：

1）确定预算起点。确定预算起点即解决由谁提出预算目标、提出什么样的预算目标、以什么为依据提出预算目标三个方面的问题。

2）确定收支标准等指标。收支标准是在制定预算时，依照有关规定或在科学测算的基础上对各项支出所确定的单位定额。

3）加强有关部门的协作。划分预算工作权限和职能，明确预算中涉及的各个部门的职责和分工。

（2）预算编制和审批阶段　此阶段的主要工作是适应部门预算的要求，对非营利组织的国家财政拨款和依法自筹的经费从申请、编制到审批、下达，执行《中华人民共和国预算法》（以下简称《预算法》）规定的"两上两下"的法定程序。

1）非营利组织根据本年事业发展计划，结合上年预算执行情况以及增减变动因素，提出本年度收支预算建议方案，经最高财务决策机构审议后上报主管部门。

2）主管部门（或通过财务部门）对各单位的预算建议数进行审核后，根据本年财政可供资金下达预算控制数，并核定财政补助指标。

3）非营利组织根据主管部门下达的预算控制数，按照预算编制原则，编报正式预算

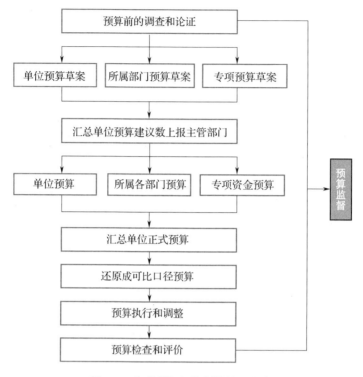

图 3-2　非营利组织的预算管理程序

上报主管部门。

4）财政部门或主管部门对单位报送的正式预算进行审核，审核合格后，在规定期限内予以批复，经过批复的预算即为非营利组织预算执行的依据。

（3）预算执行和调整阶段　此阶段的管理工作重点是监督和控制，主要包括两方面内容：

第一个方面是监督各项预算收入是否及时足额到位。在各项预算指标额度内，按规章制度安排各项支出。

第二个方面是监督预算调整是否履行了法定程序。预算发生调整的条件主要有两个：一个条件是事业任务发生了变化，另一个条件是环境（包括政治、政策）等发生变化。

预算调整必须在多方调查和科学论证且证据充足的前提下进行，必须按法定程序及权限行事。调整预算的方式有两种，包括追加或者降低预算指标和对预算科目予以调整。

（4）预算执行后的检查和评价阶段　此阶段管理工作的重点是检查和评价。检查的内容包括预算项目执行的具体部门或负责人提交的项目进展情况报告、预算管理单位提交的预算执行情况的决算报告、审计监督部门提供的预决算审计报告。

非营利组织可以通过举行权力机构或者监督机构的汇报会、听证会等，让财务预算理部门和项目执行部门的负责人到会接受讯问或质询，以此实现对预算执行后的评价。

（5）预算监督　预算监督工作贯穿预算管理程序。

▶▶ 三、非营利组织预算编制的基本方法

在预算的编制方面，非营利组织主要是采用基数法编制固定的年度预算。基数法也称

增量预算法，即在编制下年度预算时，主要以上一年度的实际预算收支为依据，在对影响下年度预算收支的各种因素进行分析的基础上，确定下年度预算收支的一种方法。在预算的执行方面，非营利组织主要采用法律规范控制法，通过国家各级政府制定的法律规范和本组织制定的规章制度对预算过程进行管理。随着预算管理的发展，在传统的增量预算法基础上，非营利组织的预算管理方法有了很大进步，具体包括以下几种。

（一）递补预算法

1. 递补预算法的概念

为了保证非营利组织预算的严肃性和有效性，预算在执行过程中原则上不予调整。但是，在实际工作中，由于事业计划发生重大变化取得了较大数量的新增财源，非营利组织可经上级部门批准视新增财源情况调整支出预算，以此作为递补预算法。

2. 递补预算法的操作方法

递补预算应包括递补收入预算和递补支出预算，并应坚持递补收入与递补支出相平衡的原则，递补预算必须经过单位最高决策机构审查批准，并报主管部门备案。预算收入除按稳健性原则预测外，还可列出"期望收入"，相应地安排递补支出预算。在预算执行过程中，根据单位递补收入预算的实现情况和单位财力的实际状况，按项目递补支出。一般说来，这些项目应当属于建设性支出。

递补预算的财务管理模式如下：首先，按照3~5年规划期内的综合平衡和本年度内财务收支平衡的原则，建立分年度平衡的综合财务预算；其次，将发展规划中已列出而预算经费中未正式列入支出的建设项目，按照轻重缓急排列，根据财务收支的实际情况，待有足够的收入弥补到这项预算时，再安排相应的支出项目依次递补支出。

3. 递补预算法的特点和适用范围

递补预算法既实事求是地考虑了目前的经济承受能力，又考虑了单位的整体发展。在小型非营利组织中可以灵活利用，但是在大型非营利组织中实施需要制度和程序的保证，灵活性较差。

（二）零基预算法

1. 零基预算法的概念

零基预算法（Zero-Base Budgeting，ZBB），全称为"以零为基础编制预算的方法"，是由美国德州仪器公司在20世纪60年代末提出来的一种财务管理形式，并率先在1977年美国卡特总统时期应用于政府预算之中。自80年代以来，这一技术在世界各国政府和企业的管理实践中获得广泛的应用，是一种对单位每一事业计划的预算费用都以零为基础重新加以分析计算的预算方法。

2. 零基预算法的操作方法

（1）确定基层预算单位 非营利组织的内部单位或下级单位，凡须实行预算管理的，均应明确其基层预算单位。一般而言，能够确定成本、费用、效益的经济责任单位，都可以确定为基层预算单位。

（2）收集分析数据资料 预算编制人员通过查阅以前年度的财务预决算报表以及会计

资料，了解编制各项收支预算所需的数据资料。

（3）要求各部门提交预算方案　各责任部门应该依据单位未来总体发展需要以及分解到各部门的任务，结合本部门的实际条件，对各自的收支项目进行详细讨论，对经费消耗与目标实现的相互关系进行充分论证，提出预算方案和资金使用理由。

（4）以零为起点编制审核预算　非营利组织对各预算方案，以零为起点，进行成本效益分析和考核，然后汇总各部门的预算方案，确定本单位的人员支出数额，统筹考虑公用支出、专项支出等具体项目的支出费用。

（5）预算资金的分配　预算人员根据各预算目标的优先次序和各部门、各事项、各工作对目标的贡献强度进行排序，按照预算期可动用的资金及其来源，在各项目间加以分配，先按人员和定额确定正常经费，再按照已确定的项目和活动的先后顺序安排预算资金。

3. 零基预算法的特点和适用范围

使用零基预算法避免了在编制收支预算时一般只注意上年度收支变化的情况，同时也迫使财务主管人员每年编制预算时从整体出发，重新考察非营利组织未来每一事业计划及其费用，有利于提高事业经费的使用效益。这一科学的管理思路在我国当前实施部门预算的背景下，对非营利组织的预算管理改革和实践具有重要意义。

零基预算法在编制预算时缺乏所需要的基础数据、缺乏对收入能力评估的科学方法、在专项经费追加预算的编制中存在专项经费追加预算频繁等特点，对零基预算法的科学性、准确性和权威性产生了一定的不利影响。

零基预算法的编制过程较为复杂，强调以零为起点进行预算编制，即使有些数据要借鉴以前年度的，也要对其进行修正并说明理由，工作量较大。同时，零基预算法在制定过程中，还需要预测服务水平与开支水平的关系、各项支出的情况等，这对预算人员的专业素质提出了更高的要求。因此，考虑到预算编制的工作量以及零基预算法所需要的职业技能，零基预算法的适用范围主要包括管理基础工作比较好的企业、政府机关、行政事业单位以及管理基础工作较好的非营利组织。

（三）滚动预算法

1. 滚动预算法的概念

滚动预算法也称连续预算法，其特点是预算执行一段时期后，根据这一时期的预算效果结合执行中发生的变化和出现的新情况等信息，对下一期间的预算进行修订，并自动向后延续一个时期，重新编制新一期的预算编制方法。

2. 滚动预算法的操作方法

非营利组织实施滚动预算法，有两种方式可供选择：一是以一年为预算期，按月进行调整（例如在 2020 年 1 月至 12 月的预算执行过程中，需要在 1 月末根据当月预算的执行情况，修订 2 至 12 月的预算，同时补充 2021 年 1 月份的预算；到 2 月末可根据当月预算的执行情况，修订 3 月至 2021 年 1 月的预算，同时补充 2021 年 2 月份的预算）；二是以多年为预算期，按年进行调整，这种方式是在零基预算法的基础上发展而来的，适用于中长期规划。考虑长期规划的时间较长、不确定因素较多，因此，实行多年期滚动预算法以

3 年为宜。

采用 3 年期滚动预算法编制的预算，不仅包括当年的执行预算，还应当包括以后 2 年的指导性预算，使当年的实际预算始终在多年预算的背景下运作，预算在执行过程中自动延伸。每年调整预算时，在调整当年预算的同时，对后 2 年预算进行预测、更新和改动。在该方法下，预算一般要编制 3 次，例如，2021 年的预算，2019 年第一次编制估测预算，2020 年第二次编制初步预算，2021 年编制详细预算，每年都要滚动编制今后 3 年的预算。滚动预算法编制程序如图 3-3 所示。

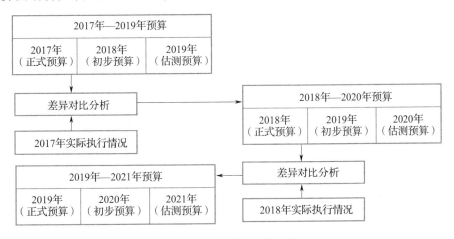

图 3-3　滚动预算法编制程序

3. 滚动预算法的特点和适用范围

滚动预算法采用的"长计划，短安排"的动态预算管理办法，可以弥补年度预算的缺陷，并能根据当前预算的执行情况，及时调整和修正，使预算更加切合实际，进而实现整体支出结构的优化。其中，当涉及单位发展的重大项目、中长期计划时，为支持中长期规划的如期实现，应采用多年期滚动预算法。

（四）绩效预算法

1. 绩效预算法的概念

绩效预算（Performance Budgeting）法是以预算项目的绩效为基础编制预算，通过支出计划与绩效之间的关系反映预期达到的效果。绩效预算法产生于 20 世纪 50 年代的美国，它最初是从企业界移植过来的。绩效预算的最大特点是强调"效"的地位，突出投入与产出的理财观念，建立起财政拨款与用款单位绩效考核挂钩的机制。

2. 绩效预算法的操作方法

（1）预算编制　非营利组织的总预算按行政部门、管理部门等层次分类。各层次因管理目标的不同在预算科目的选择上有所不同。编制绩效预算要参照单位往年（2～3 年）实际经费支出数额，既充分考虑以前年度的可比因素（剔除其中不合理的因素），又对预算年度新增的事业项目有充分的估计和评价。以各部门所承担并能完成的工作任务为基数与其经费挂钩，使预算与各部门的工作任务和工作目标捆绑在一起，促使各部门自觉地按预算的规范来支配自身的经济行为。

（2）预算执行　在绩效预算执行过程中，非营利组织的预算管理部门要随时把握各个部门每项经济活动的经济信息，并责成单位财务部门对各部门取得的业绩及时、准确、真实地进行记录分析，并及时反馈给有关考核部门。在非营利组织绩效预算的执行中，要建立一套自上而下、自下而上的严密的层层控制、层层反馈信息的反馈网络，以便一旦发现问题，就能迅速地采取有效措施，加以解决和调控，保证绩效预算在执行过程中有效起到控制作用，从而达到加强预算管理的目的。

（3）预算评价　实施绩效预算后，要建立经常性的检查制度及定期的评估制度，对所有实行绩效预算的部门和项目，按量化的指标检查和督导其工作任务的完成、经济目标的实现、经费预算的执行等情况。定期按具体层次分类，对既定的业绩考核标准进行评估，从而找出既定目标与实际工作情况之间的差距，据此评价各部门工作的业绩优劣。

对完成工作任务和经济指标好的单位，要按既定预算拨付经费；对未能完成既定任务的单位，则应采取必要的惩罚措施，例如在其预算经费中按一定比例削减其经费，以便控制其未来的绩效。对非营利组织预算的检查与评估的最终目的不但是评价绩效与成果，而且是保证达到预定的绩效和目标。

3. 绩效预算法的特点和适用范围

绩效预算法的优点不仅在于以预计经济效益的取得安排支出，而且在预算编制、执行及终了阶段一直注重以绩效作为衡量标准，对每个项目都进行科学的可行性论证和评价，对于监督和控制预算支出有积极作用。实行绩效预算分配符合公平性与效益性相结合的原则，能有效地鞭策经费使用部门提高工作效率，减少损失与浪费，是一种行之有效的且较为理想的预算管理方法。

但需要注意的是，由于绩效预算法产生于企业界，因此，非营利组织在具体应用时，不但要注重经济效果的衡量，还要注重社会效益的衡量。另外，由于非营利组织的预算投入与产出测算不是单纯以利润为指标，而是更多地考虑社会价值的大小，所以对绩效衡量指标的选择与企业等营利性组织有本质的区别。因此，绩效衡量指标及其标准的选择，是非营利组织在运用绩效预算法进行预算管理时，需要重点考虑的内容。

（五）弹性预算法

1. 弹性预算法的概念

弹性预算法是指在不能准确预测业务量的情况下，根据业务量、成本和利润之间的联动关系，按照预算期内可能的一系列业务量（例如生产量、销售量、工时等）水平编制的具有伸缩性的预算编制方法。

编制弹性预算，要选用一个最能代表生产经营活动水平的业务量计量单位。例如，以手工操作为主的车间，就应选用人工工时；制造单一产品或零件的部门，可以选用实物数量；修理部门可以选用直接修理工时等。

2. 弹性预算法的操作方法

1）选择和确定各种经营活动的计量单位消耗量、人工小时、机器工时等。

2）预测和确定可能达到的各种经营活动业务量。在确定经济活动业务量时，要与各业务部门共同协调，一般可按正常经营活动水平的 70% ~ 120% 确定，也可按过去历史资料中的最高业务量和最低业务量为上下限，然后再在其中划分若干等级，这样编制出的弹性预算实用性较强。

3）根据成本性态和业务量之间的依存关系，将单位的生产成本划分为变动成本和固定成本两个类别，并逐项确定各项费用与业务量之间的关系。

4）计算各种业务量水平下的预测数据，并用特定的方式进行明确表示，形成某一项目的弹性预算。

3. 弹性预算法的特点和适用范围

弹性预算法的特点包括两个方面：①弹性预算法在可预见的业务量范围内确定多个业务量水平的预算数，适应性强；②根据实际业务量能很快找到或计算出相应的费用预算，从而对实际执行数的事前控制、事后考核分析提供依据。

弹性预算法的优势在于其使用范围相对固定预算更加广泛、更有利于各项指标的调整，能够更好地发挥预算的控制作用。

弹性预算法多用于各种间接费用的预算，其主要用途是作为成本支出的工具。在计划期开始时，提供控制成本所需要的数据；在计划期结束后，用于评价和考核实际成本。

4. 弹性成本预算示例

在这里举一个简单的例子：服务对象以 1 000 人为基础，1 000 位顾客服务支出预算见表 3-2。

表 3-2　1 000 位顾客服务支出预算

支出因素	项目	金额（元）
可变成本	顾客服务设备	20 000
半可变成本	劳动力支出	325 000
固定成本	工资支出	80 000
	设备	10 000
	保险	6 000
	抵押支出	20 000
总支出		461 000

要制定弹性预算，必须确定不同业务量水平下按一种计算方法计算的可变成本和半可变成本的值。本例的预算是建立在对 1 000 位顾客服务约定之上的，这就意味着为顾客提供的设备平均成本为

$$设备平均成本 = 20\,000 \div 1\,000 = 20（元）$$

可得

$$顾客设备支出 = 20 \times 顾客人数$$

半可变成本中兼有可变成分和不可变的固定成分。要找出其中的固定成分，那么必须确定最低限度的服务所需的必要成本是多少。对于人工费来讲，组织在 1 000 位顾客的基础上规划了 325 000 元的费用。员工主管认为，即使组织只剩下 50 位顾客，也需要支付 40 000元的人工费用，剩下的 950 位顾客需要支付 285 000 元的劳动力支出，这意味着单位可变成本是

$$单位可变成本 = 285\,000 \div 950 = 295（元）$$

根据上面的计算可以知道任何水平的顾客服务所需要的半可变成本。在 50 位顾客 40 000 元人工费用的基础上，每增加一位顾客，就增加 295 元的人工费用。则有：

$$人工费用 = 40\,000 + 295 \times 顾客人数$$

另外，

$$总固定成本 = 工资支出 + 设备 + 保险 + 抵押支出$$
$$= 80\,000 + 10\,000 + 6\,000 + 20\,000 = 116\,000（元）$$

所以总成本可以用以下式子计算：

$$总成本 = 总固定成本 + 人工费用 + 顾客设备支出$$
$$= 116\,000 + 40\,000 + 295 \times 顾客人数 + 20 \times 顾客人数$$
$$= 156\,000 + 315 \times 顾客人数$$

用这个公式就可以计算出组织在任何服务水平上的支出预算了。举例来说，如果顾客达到 3 000 人，那么总成本就是

$$总成本 = 156\,000 + 315 \times 3\,000 = 1\,101\,000（元）$$

（六）项目预算法

1. 项目预算法的概念

项目预算法是指在单位投资所需要的资金确定的前提下，根据实际投资需要的资金额来计算需要筹集资金数额的方法。项目预算法将现有资源按比例分配于不同的项目，并将预算过程与评估过程紧密结合在一起，借以考核项目运作是否有效，检查组织是否实现其宗旨与目标。

2. 项目预算法的操作方法

（1）自上而下的项目预算方法　自上而下的项目预算方法主要依赖于中上层项目管理人员的经验和职业判断。这些经验和职业判断可能来自于历史数据或相关项目的现实数据。采用项目预算时，首先由项目的上层和中层管理人员对项目的总体费用、构成项目的子项目费用进行估计；其次将这些估计结果交给较低层次的管理人员，让这些管理人员对组成项目或子项目的任务的费用进行估计；然后将较低层次的管理人员的估计结果向更下一级人员传递，直到最底层。

这种方法应用到具体的编制过程中，当上层的管理人员根据他们的经验进行的费用估计分解到下层时，可能会出现下层人员认为上层的估计不足以完成相应任务的情况。这时，下层人员不一定会表达出自己的真实观点，不一定会和上层管理人员进行理智的讨论从而得出更为合理的预算分配方案。他们往往只能沉默地等待上层管理者自行发现问题并予以纠正，这会给项目带来诸多问题，有时甚至可能会导致项目的失败。

自上而下方法的优点主要是总体预算比较准确。由于在预算过程中，总是将既定的预算在一系列工作任务间分配，避免了某些任务获得了过多的预算而某些重要任务又被忽视的情况。

（2）自下而上的项目预算方法　自下而上的项目预算方法，要求运用项目预算表对项目的所有工作任务的时间和预算进行仔细考察。最初的预算是针对资源（团队成员的工作时间和原材料）进行的，然后才转化为所需要的经费。所有工作任务估算的总体汇总就形

成了项目总体费用的直接估计。项目经理在此基础上再加上适当的间接费用（如管理费用、不可预见费用等）以及项目要达到的利润目标，就形成了项目的总预算。

自下而上的预算方法要求全面考虑所有涉及的工作任务。与自上而下的项目预算方法一样，自下而上预算方法也要求项目有一个详尽的项目预算表。自下而上的项目预算方法也涉及一定的人员博弈问题。例如，当基层估算人员认为上层管理人员会以一定比例削减预算时，他们就会过高估计自己的资源需求。这样会使得高层管理人员认为下层的估算含有水分，需要加以削减，从而陷入一个怪圈，最终导致预算缺乏真实性。

自下而上的项目预算方法的优点在于，基层人员更为清楚具体活动所需的资源量。而且由于预算出自于基层人员之手，可以避免争端，有利于预算的执行和考核。

3. 项目预算法的特点和适用范围

项目预算法主要适用于政府部门和事业单位，对其他非营利组织也同样适用。项目预算法的特点包括以下几点：

（1）目的性和规范性相统一　项目有一个明确的目标，通常为完成部门特定工作任务或事业发展。项目支出预算必须遵循一定的管理程序，相对于基本支出预算，项目支出预算要经历编制、评审、执行、控制、评价等阶段，每个阶段都要按照规定的格式和程序进行。

（2）鲜明性和择优性相统一　由于各部门职能不同，每个项目有区别于其他项目的特点和内容。在对申报的项目进行充分论证和严格审核的基础上，结合当年财力状况，按照轻重缓急和项目预期成果进行排序。

（3）时限性和专用性相统一　每个项目有明确的开始时间和结束时间。在项目支出预算中，项目分为经常性项目、跨年度项目和一次性项目。跨年度项目和一次性项目都有明确的项目实施时限；经常性项目虽然是持续性项目，但一旦项目预算单位的职能和目标发生变化，那么经常性项目也将随之结束。项目预算的资金必须专款专用，不得用于其他用途。

（4）专业性和风险性相统一　项目预算是单位职能的体现，从编制、评审、执行到后期监督和评价等阶段，都是以业务部门为主体的，具有很强的专业性。项目的实施受很多外界因素影响，不同的项目在预算期间都可能存在风险。

（七）全面预算法

1. 全面预算法的概念

全面预算法是关于单位在一定的时期内（一般为一年或一个既定期间内）各项业务活动、财务表现等方面的总体预测的一种预算编制方法。它包括经营预算（如开发预算、销售预算、销售费用预算、管理费用预算等）编制方法和财务预算（如投资预算、资金预算、预计利润表、预计资产负债表等）编制方法。全面预算应该做到事前有计划，事中有控制，事后能考评和追溯。

2. 全面预算法的操作步骤

全面预算法根据不同的划分标准，可分为不同的编制全面预算的方法，是对前面提到的预算方法的总结和集中应用。具体而言，按出发点的特征不同，编制全面预算的方法可分为增量预算法和零基预算法；按业务量基础的数量特征不同，编制全面预算的方法可分为固定预算法和弹性预算法；按预算期的时间特征不同，编制全面预算的方法可分为定期预算法和滚动预算法。通过对单位预算的编制，可以将单位的总体目标分解为具体的目标，对各个部门或者员工预算的结果进行具体分析，同时控制预算差异，保证单位总体目标的实现。全面预算管理的内容涉及销售预算、生产预算、能源预算以及工程预算、财务费用预算以及其他项目的预算等多方面。

具体的操作步骤为：

1）要求各个部门在每月的一个规定日期向上级有关部门上报资金使用的规划，预算单位要专门负责这一事项，并且做记录。

2）财务部门依据下属部室的资金使用计划，进行科学的分配，下达各个单位。对于每天的报销要进行核查，核查是否超过预算，并落实主管进行签收，严格执行授权审批制度。

3）财务部要对资金使用表进行编制，并且对于各部室每天的支付给予一定的汇总，制成月度的资金使用表，同时与计划表进行对比，超出计划数额较大的，对其主管部门进行警示。

4）财务部每周都要把资金使用表汇总并上报至总会计师，保证相关部门以及主管人员能够动态地掌握相关的情况。

5）预算管理系统包括对各项指标进行预算，财务部门在设置账务的时候，要围绕预算管理来进行，应该以月为单位提供预算执行的数据，以形成较为规范的台账。

3. 全面预算法的特点和适用范围

全面预算法是指单位在战略目标的指导下，对未来的经营活动和相应财务结果进行充分、全面的预测和筹划，并通过对执行过程的监控，不断将实际完成情况与预算目标进行对照和分析，从而及时指导经营活动的改善和调整，以帮助管理者更加有效地管理和最大限度地实现战略目标的预算管理方法。全面预算法需要充分的双向沟通以及所有相关部门的参与。全面预算法是一个全员、全业务、全过程的管理体系，是为数不多的几个能把组织的所有关键问题融合于一个体系的管控方法，是实现战略目标、提升经营业绩、实现组织价值的有力工具，也是防范风险、应对危机的法宝。

第三节　非营利组织预算考核体系

预算考核是发挥预算约束与激励作用的必要措施，通过预算目标的细化分解与激励措施的实施，达到引导组织内部成员向组织战略目标方向努力的效果。预算考核的目的是对上一考核周期各部门的预算目标完成情况进行考核，及时发现和解决组织运作过程中的潜在问题，确保预算的完成，或者必要时进行预算修正，以适应外部环境变化的需要。

▶▶ 一、预算考核遵循的原则

预算考核是对预算执行效果的一个认可过程，应遵循以下原则：

（一）目标性与刚性相统一原则

非营利组织预算管理应以预算目标为基准，所有财务管理工作都以完成预算目标为主要目的。在进行绩效评估时，按预算完成情况评价预算执行者的业绩，使得业绩衡量能够被精准量化，并能突出预算管理的重要作用。预算目标具有一定刚性，一旦确定，不得随意调整。当然，这也不代表预算目标必须是一成不变的，只是预算目标的调整需要满足一定的条件和要求，可以按照实际情况进行合理调整。

（二）激励与分级考核原则

预算目标是对预算执行者业绩评价的主要依据，考核必须与激励制度相配合，采用奖励为主、扣罚为辅的原则，体现目标、责任、利益的相互统一。预算考核应该根据组织结构层次或预算目标进行分解，分层次进行。考核部门应结合自身实际，制定对下一级预算执行部门（个人）的考核办法并对其进行考核。

（三）时效性和例外管理相统一原则

预算考核是动态考核，每期预算执行完毕应该立即进行预算考核，及时分析预算执行情况。时效性能够保证预算与实际情况的紧密结合，使资金的使用更加有效合理。非营利组织面对的环境是复杂多变的，对一些阻碍预算执行的重大因素，例如市场环境的变化、政策变化、重大意外等，考核时应作为特殊情况处理，进行例外管理。

二、预算考核的内容和程序

（一）预算考核的内容和方式

（1）考核内容　以非营利组织与预算执行部门签订的目标责任书和下达的预算为依据，对预算执行情况进行考核。考核主要包括以下内容：预算编制的及时性和准确性；预算控制的严格性和合理性；预算分析的透彻性和预见性；预算执行的合理性和节约超支值。

（2）考核方式　预算考核可以分为日常考核与年终考核。日常考核采取每月度预算的考核形式，旨在通过信息反馈，控制和调节预算的执行偏差，确保预算的最终实现。年终考核采取每年度预算的考核形式，其考核结果旨在进行奖罚和为下一年度的预算提供依据。

（二）预算考核的程序

预算考核的具体工作由预算委员会办公室负责组织，财务部门及其他相关部门负责配合。具体考核程序如下：

1）以各部门的分析报告及财务管理部门的账面数据为依据，分析、评价各责任中心预算的实际执行情况，找出差距，查明原因。

2）预算委员会办公室对各部门预算执行情况进行考核。

3）预算委员会办公室将考核结果报预算委员会，预算委员会对考核结果进行审批。

4）预算委员会办公室将批准的考核结果报各相关部门执行。

三、预算考核体系的构建

(一)建立预算考核机构

建立预算委员会作为预算的考核机构。预算委员会的组成人员应以预算管理部门和人力资源部门的职能人员为主,抽调财务部门、审计部门等职能部门的专业人员参与。同时,针对不同层次的责任中心,建立相应层次的预算考核机构。预算考核必须层层考核,不能越级考核,以实现责、权、利的有机统一。

(二)制定预算考核制度

预算考核制度包括预算编制考核制度、预算执行考核制度、预算控制考核制度、预算考核分析制度、预算考核奖惩制度等,通过建立健全预算考核制度,实现预算考核的制度化和规范化管理。

(三)确定预算考核目标

预算考核的目的是确认预算执行部门在预算期内的预算执行情况,促进预算执行部门完成预算目标。同时各个责任中心是不可分割的组成部分,相互密切联系,预算考核既要引导各责任中心完成自身承担的预算目标,又要为其他责任中心完成目标创造条件。因此,在确定预算目标时,应做到以下几点:

(1)局部指标和整体指标的有机结合 以各责任中心承担的预算指标为主,同时本着相关性原则,增加一些全局性的预算指标和与其关系密切的相关责任中心的指标。

(2)定量指标和定性指标有机结合 由于单靠定性指标无法像定量指标那样精确地对预算进行衡量和考核,而预算的基本表达形式是数字,所以在预算考核时,要以定量指标为主,辅以定性指标。

(3)绝对指标和相对指标有机结合 在预算考核中,相对指标与绝对指标应结合运用。不同的责任中心,其预算目标不同,采用的考核指标也不尽相同。通常,对于成本费用中心的有关部门,其主要考核指标是成本费用控制总额、增减变动额,但是仅靠这些绝对指标是不准确的,还需要结合升降率这种相对指标进行综合考核。

(4)长期指标和短期指标有机结合 各责任中心会制定自己的短期预算和长期预算,必然需要短期指标和长期指标对预算进行综合考核。同时,预算考核如果只注重短期指标,会导致经营者为了实现短期目标而采取与长期目标相违背的短期行为。

(四)制定预算奖惩方案

预算奖惩方案需要在预算执行前被确定下来,并作为预算目标责任书的附件内容。设计预算奖惩方案时不仅要考虑预算执行结果和预算标准之间的差异和方向,还要将预算目标直接作为奖惩方案的考核基数,以鼓励各责任中心尽可能地提高预算的准确性和完成度。同时,预算奖惩除了和责任中心的预算目标挂钩,还要与组织整体目标挂钩,确保组织预算总目标的实现。

(五)预算考核的组织实施

预算考核作为预算管理的一项职能,在预算管理的整个过程中都发挥着重要的作用,是指对从预算编制、预算执行到预算期结束的全过程进行的考核，因此，预算考核是分阶段进行的，具体分为以下几个阶段：

（1）预算编制考核　这一阶段预算考核的主要内容是建立预算编制考核制度，对各预算编制部门编制预算的准确性和及时性进行考核评价，促进各部门保质保量地完成预算编制工作。

（2）预算执行考核　这一阶段的主要内容是建立预算执行的考核制度，对各部门预算执行过程进行考核，及时发现预算执行中存在的预算偏差和问题，为预算管理部门和预算执行部门实施预算控制，纠正预算偏差或者调整预算偏差提供依据。

（3）预算结果考核　预算结果考核属于事后考核，是指以预算目标为依据，以各预算执行部门为对象，以预算结果为核心，对各预算部门的预算完成情况进行综合考核，主要包括建立预算综合考核制度、实施预算综合考核制度、确定预算差异、分析差异原因、落实差异责任、考核差异结果、评价各责任中心工作绩效、进行奖惩兑现等内容。

▶ 四、预算考核的奖惩方案

通过制定科学的预算奖惩方案，一方面能使预算落到实处，真正实现权、责、利的结合；另一方面能够有效引导各责任中心的组织行为，实现组织整体目标的一致性。

（一）制定预算奖惩方案的原则

（1）目标性原则　奖惩方案必须有利于引导各责任中心实事求是地编报预算指标，努力实现组织目标。

（2）客观公正原则　奖惩方案与员工个人利益密切相关，注意各部门利益分配的合理性，根据各部门工作难度合理确定奖励差距，奖惩方案设计完成后，要经过模拟实验，避免出现失控现象。

（3）全面性和奖罚并行原则　奖惩机制要在预算管理的全过程中发挥作用，奖惩机制应该涵盖组织各个部门。奖罚机制既要起到激励作用，又要起到约束作用，实现有奖有罚、奖罚并举，促进预算管理目标的实现。

（二）预算奖惩方案的设计

为引导责任中心实事求是地编报预算，在预算执行过程中加强预算的监督、考核和管理，实现组织的预算目标，在设计预算奖惩方案时，应重点把握以下两点：①以预算目标为奖励基数，制定具体的预算奖惩方案；②在制定具体的预算奖惩方案时，应该充分考虑全局目标和具体相关目标，做到预算奖惩方案的全面性和重点性相统一。

第四节　非营利组织预算管理问题与措施

随着我国非营利组织的不断深化改革，其预算管理也在不断加强，非营利组织在建立相对完善的预算管理制度的同时仍存在一些问题。本节指出了现阶段实际工作中非营利组织预算管理存在的部分问题，并提出了相关的完善措施。

▶▶ 一、非营利组织预算管理的现状与问题

（一）非营利组织预算管理的现状

对非营利组织来说，不同时期不同体制下的预算管理有着不同的表现形态、预算制度与财政体制配套。在西方国家，公共财政体制已经形成，政府职能定位清晰，所以西方国家的政府预算就是公共预算。在我国，公共预算概念是在长期的经济体制和财政体制改革后提出来的，改革的目标是要变国家财政为公共财政，变政府预算为公共预算。在对我国非营利组织预算管理的研究中，学者们都基本认同我国的政府预算应当包括公共预算、社会保障预算和国有资产经营预算几个主要组成模块，差别只是在于公共预算包含的内容不同。

20世纪末期，我国开始推行了预算制度的改革。我国非营利组织提供的产品是属于一种局部可以分割、部分排他的准公共产品，根据经济学理论，对那些具有外部效应的准公共产品，可以通过政府供给和市场供给的方式来配置社会资源。一方面，非营利组织提供准公共产品的社会公益属性，决定了政府供给获得政府拨款的必要性；另一方面，准公共产品具有一定的消费竞争性和受益排他性，这决定了部分非营利组织将向产品的使用者收取必要的费用，比如高等学校收取的学费、非营利医院收取的治疗费用等。

对于这些非营利组织，现行的预算模式是一种以组织为主体，依靠组织自身实现收支平衡的模式。组织的所有资金收入和支出纳入预算，按照"大收入"和"大支出"的口径编制预算。现行的预算方法主要是2000年开始推行的部门预算方法，以部门为依托，一个部门一本预算，由本部门所属的单位预算和本部门机关经费预算两部分组成。

按照现行程序，在编制预算前，各个部门划定相应的责任中心即内部所属单位，负责收集信息，尽可能多地获得资源、预算驱动因素及其建议等方面的信息，根据这些信息，各责任中心制定自己的支出目标，形成预算。组织根据有关资料，将收入和支出归集到每一个责任中心或部门并且分配相应的费用。这种预算方法将预算分为收入预算和支出预算，根据收入预算的结果，对收入进行条块分割，然后对各个责任中心上报的支出预算进行删减，层层分解，直至确定最后的数额，是一种以"投入"为导向的预算。

（二）非营利组织预算管理的问题

目前，很多非营利组织单纯地认为预算管理就是对预算编制的管理，只是把目光集中在了如何编制上。其实预算管理是一个过程，它不仅包括预算的编制，还包括预算编制完成以后的预算执行和预算的监督检查。经过研究发现，目前我国非营利组织的预算管理中主要存在以下几个问题：

（1）缺乏完善的预算体系　尽管我国已经颁布了《预算法》，且已经出台了公立非营利组织和民间非营利组织的相关制度，但是这些非营利组织的相关制度存在许多不完善的地方。而且随着经济社会各项改革的不断深化，全国各地经济社会状况各有不同，非营利组织迫切需要一套严密、公正、透明的预算循环体系。从全国范围看，在预算制定、审批、执行、评价中整个预算程序并不顺畅，各个非营利组织所采用的预算方法不一，而且组织中的各部门存在预算分割等现象，这导致组织的预算管理有些混乱。

（2）预算观念落后　个别非营利组织仅仅将预算管理当作一项管理制度，只重视短期目标，将财务预算管理作为单位资金筹集、使用与分配的年度计划，很少考虑投入与产出的关系。一些较小的单位甚至没有预算，有钱就用，无钱就借。此外有些单位将编制预算当成只是财务部门的工作，完全不考虑预算的执行问题。

（3）预算编制不规范　非营利组织的预算编制普遍缺乏科学规范性，缺乏编制预算时所需的基础数据及其合理依据，缺乏对现有数据真实性、合理性的有效鉴定手段，缺乏对经费定额确认的科学手段。同时，多年来，我国预算科目属于粗放型模式，编制不规范，除了部分人员经费外，其他支出很难具体到单位和项目上，特别是每年编制预算时，因时间有限，收支科目只安排到类级科目，这给非营利组织预算的执行与监督带来诸多不便。

（4）预算执行不严肃　由于非营利组织在编制预算时缺乏一些必要的准确性，导致执行过程的花费会与预算产生差异，使预算编制不能够符合实际开支。根据国家对非营利组织预算管理的要求，每个单位的预算经过审批后，一般情况下，预算不可以随意调整。然而在实际工作中，预算的执行随意性较大，个别非营利组织以不经过审核的预算为依据，随意改变资金用途，造成了大量的资金浪费。而审批制度不严格、随意扩大开支范围、预算执行中随意改变资金的用途、专款不专用、资金使用效益低等问题仍然在非营利组织中存在。

（5）预算监督力度不够　非营利组织普遍存在对预算管理不够重视，对财务人员的重视程度不够的问题，这使预算缺乏有效的监督。非营利组织各责任中心财务人员在部门预算尤其在专项管理中只承担了简单的会计核算和资金支付的辅助工作，业务部门具体实施专项前和财务部门缺乏事前沟通，使内部监督无法发挥有效的作用。另外财务人员不够独立，一定程度上也影响了监督在非营利组织中的有效性。在进行年度决算时，对预算的整体执行情况没有监督和考核，这使预算中存在的问题和不足也很难被发现，阻碍了非营利组织预算管理水平的提高。

二、非营利组织预算管理体系的完善措施

（一）建立严格公正的预算体系

新公共管理模式下，立法机构、预算管理部门、预算资金使用部门、利益集团和社会公众等各预算利益主体之间应适当参与非营利组织的预算编制、审批、执行、监督、评价等各环节的预算管理制度；建立健全完整统一、公开透明、事前确定、严格执行、讲求绩效、可以问责的预算管理运行机制；逐步形成一套预算有标准、审批有原则、执行有约束、监督有威力、评价有指标的科学、规范的现代化非营利组织预算管理模式。

（二）规范预算编制行为

一方面，非营利组织要以改革与完善预算编制方式为契机，优化收入预算编制。另一方面，在实行部门预算、零基预算的基础上，非营利组织应积极引入绩效预算模式。除此之外，非营利组织还应规范以下行为：细化预算编制，按照内容完整、项目明确、定额科学、程序规范的原则，严格按类、款、项、目细化收支项目（预算科目）；同时，部门预算的各项收支必须严格按照预算法的相关规定标准编制，将预算部门支出按照性质、用途分门别类地在预算中单独编制，详细说明预算金额和支出标准，并根据有关的支出标准，

按照零基预算的方法编制各项支出的具体内容；同时，对经费性支出实行定员定额，对专项经费要根据事业发展需要和财力，分轻重缓急予以安排；改变过去"一年预算，预算一年"的现象和"层层留机动"的做法。

（三）加大预算执行力度

首先，预算在分配上，应该实施层层分解的方式，将一个总的预算落实到每个责任中心、每个环节、每名员工上，确保预算管理在非营利组织中能很好地被执行；其次，在预算实施过程中，要明确预算的内容及进度安排，严格防止随意改变资金用途、资金浪费、超额超支的现象存在；最后，非营利组织也可以采用计算机信息技术来实施预算管理，即将预算指标的设置、执行、考核等环节通过计算机来实现。

（四）加强预算监督

由于非营利组织信息披露不充分，缺乏有效的监督，所以更需要建立健全预算监督机制，动员单位各个部门参与到资金使用、监督活动中来，以保证整个预算过程顺利实现。具体应该做到：事前审核、事中监控、事后检查核证，防止预算资金被挪用或者占用，提高资金使用效率，自觉接受外部的监督。要逐步实现预算收支定期公布，对预算的原则、范围、标准和测算方法等具体细节及各地、各部门预算数额进行公布。加强预算执行审计，将预算编制和执行的全过程置于行政监督、社会监督和司法监督之下。

 引申思考

"好咖啡"过上"好生活"

4月16日，星巴克宣布向中国扶贫基金会捐赠120万美元（折合人民币约816万元），启动"共享价值"咖啡产业扶贫计划二期项目，助力云南省普洱市下辖的两个国家级贫困县咖啡产业扶贫战略。以期帮助当地咖农种出"好咖啡"过上"好生活"的同时，通过持续的努力推动高品质的中国云南咖啡走向国际市场。

普洱位于世界咖啡种植的黄金地带，咖啡种植是当地农户的主要收入来源。星巴克与中国扶贫基金会此次再度合作，将为普洱市宁洱哈尼族彝族自治县和孟连傣族拉祜族佤族自治县的8个贫困村近1 400名咖农提供咖啡初加工设施设备、生产农资以及技术培训等方面的资助，计划在2021年年底前，在当地建成8个高品质阿拉比卡咖啡种植示范基地，占地面积不少于4 000亩[⊖]，并培养出一批懂得咖啡种植、生产加工和市场营销的"新咖农"，通过"改条件、降成本、赋能力、增收益"探索出咖啡产业扶贫的创新模式。

据了解，此次启动的二期普洱项目，是双方继2018年10月在云南保山赧亢村和丛岗村2个贫困村成功试点一期项目后的进一步深入合作。之前只能"靠天吃饭"的当地咖农们，通过扶持项目得到了种植专家的专业指导和实操培训，不仅率先用上了定制肥，还配备了统一的咖啡晾晒架和全新的蓄水池。项目开展一年半来，当地种植咖啡的品质提升了，咖啡种植也更加高效，75%以上的当地农户实现了增产增收。

中国扶贫基金会副理事长兼秘书长刘文奎在线上启动仪式上强调：2020年是脱贫攻坚

　　⊖　1亩≈666.67m²。

的决胜之年，基金会与星巴克继续深入合作，为贫困地区的咖农及其家庭带去持久的积极帮助。项目一方面"聚焦精准、深耕执行"，帮扶合作社在组织建设、产业提升、价值拓展、市场链接等方面进行系统性帮扶；另一方面在当地培养一批有理想、懂技术、爱家乡、懂农业的本土化扶贫新咖农团队，重点开展社区动员、技术管理、产品开发和市场拓展等能力培训，把收入留给咖农，把利益留在乡村，真正提升咖农的生产积极性，推动云南咖啡品质的不断提升。

"这次星巴克再度与中国扶贫基金会紧密携手，基于一期项目的成功经验继续深入探索咖啡产业扶贫模式，为的是让咖农真正享受咖啡产业扶贫带来的收益，进一步推动乡村脱贫和振兴。"星巴克中国社会影响力及政府事务副总裁竺蕾表示："我们与云南的咖农一直有着广泛的连接。我们将继续秉承深耕云南助力扶贫的初心，切实将中国云南好咖啡推向更广阔的国际舞台。"

前云南省省委常委、副省长张国华和普洱市市长刘勇等政府代表出席了线上启动仪式。刘勇表示："共享价值"咖啡产业扶持二期项目的启动充分体现了星巴克和中国扶贫基金会倾真情、用真力、扶真贫的高度责任担当和对普洱的深情厚谊。产业扶贫是活水之源、治贫之本。我们坚信项目的实施必将助力普洱实现绿色崛起和高质量跨越发展，并为普洱市打赢脱贫攻坚收官战、全面建设小康社会奉献咖啡产业新力量！

多年来，云南咖啡项目已经成为星巴克中国深耕本土市场、回馈所在社区的重要例证。自 2012 年星巴克在云南普洱建成咖啡种植者支持中心以来，已累计培训 2.2 万人次，帮助近 1 800 个咖啡农场通过了"咖啡和种植者公平规范"（C. A. F. E. Practice）认证，认证总种植面积逾 1.72 万公顷⊖。未来，星巴克还将持续推进云南咖啡公益扶贫计划，从源头提升咖啡品质，为种植出优质咖啡豆的咖农带来更丰厚的回报。

此次向中国扶贫基金会捐赠的这笔扶贫款项，是星巴克在我国持续助力公益项目的又一力证。

（资料来源：程楠. "好咖啡"过上"好生活"：中国扶贫基金会携手星巴克启动咖啡产业扶贫二期普洱项目［J］. 中国社会组织，2020（9）：45–45.）

［思考］中国扶贫基金会如何对星巴克捐赠的款项进行合理的运用，才能使企业的慈善资金最大效率地带动咖农脱贫致富？非营利组织对所收到的企业善款应该如何进行预算管理？预算管理有何重要意义？

复习思考题

1. 简述非营利组织预算管理的性质和内涵。
2. 非营利组织预算的编制应该遵循什么原则和程序？
3. 非营利组织如何进行预算考核？
4. 结合实例分析非营利组织预算管理的现状与问题，并提出相关建议。

⊖　1 公顷 = 10 000m²。

第四章

非营利组织筹资管理

 学习目标

通过对本章的学习，全面理解非营利组织筹资管理的相关概念、目的及原则；明确非营利组织与营利组织相比的特点以及非营利组织的筹资渠道；全方位掌握非营利组织的筹资管理制度及非营利组织筹资费用的会计核算；了解非营利组织筹资的现状、问题及解决对策。

 引导案例

永平县红十字会多措并举宣传筹资工作有成效

2020年，永平县红十字会紧紧围绕县委、县政府的中心工作，深入贯彻落实《中华人民共和国红十字会法》，坚持"依法组织、公开透明、广泛发动"的募捐原则，抓实抓牢宣传筹资工作。

以队伍建设为基础，努力提高工作效力。一是始终牢记"人道、博爱、奉献"的红十字会精神，及时成立宣传筹资工作领导小组，明确工作职责，划分工作责任；二是将筹资人才建设作为人才兴会战略的重要内容，将一批人脉广、具有奉献精神、热心公益事业的爱心人士发展成红十字会志愿劝募员；三是充分调动红十字会志愿者的积极性，让广大志愿者参与到宣传筹资工作中来，不断充实宣传筹资的队伍建设，使宣传筹资工作早部署早落实见成效。通过广泛宣传，2020年，县红十字会共募集到各类捐赠资金1 603 439.36元。

以政府支持为依托，积极鼓励各界参与。党委和政府的重视和支持是红十字会顺利开展工作的关键。县红十字会不定期将工作向县委、县政府汇报，邀请分管、联系的县委、县政府领导指导并参与红十字会工作。

以宣传工作为导向，不断扩大社会影响力。坚持重点宣传与经常性宣传相结合的原则，持续加大筹资工作宣传力度。一是结合"5·8世界红十字日""5·12防震减灾日""6·14世界献血者日"和"世界急救日"等重要纪念日，做好筹资宣传工作，让更多的群众知晓筹资工作的意义；二是利用报纸、"三农通"短信、微信、"永平之声"等宣传传播渠道加大宣传力度，进一步争取社会各界对红十字宣传筹资工作的理解和支持；三是深入企业、单位、爱心人士之中面对面宣传筹资，让更多的企业家了解红十字会捐款政策，积极参与奉献爱心活动。

以品牌项目为平台，逐步形成筹资常态化。充分利用红十字会的公信力，从笼统的劝募筹资向项目筹资发展，构建一批品牌项目。一是持续开展"博爱助学"，筹集"博爱助学"资金50 000元，用于全县范围内部分贫困家庭学生救助，累计救助110人；二是持续开展救助工作，在"5·8世界红十字日"期间募集资金6 000元，重点走访慰问孤寡老人、困难儿童、特困人员、残疾人等特殊群体8户；三是持续开展"99公益日"网络众筹活动，积极响应上级红十字会的号召，组建78支团队5 221名爱心人士通过网络向"99公益日""博爱永平行"开展网络捐款，募集资金194 305.36元（含腾讯配捐资金3 120.16元，小红花助力资金300.99元），募集资金总额居全省第二、全州第一，得到县委、县政府及省、州红十字会的肯定。通过活动，进一步提升红十字会人道资源动员能力，创新人道资源动员和筹资模式。

以制度建设为抓手，加强完善监督机制。为确保所筹资金合法合规使用，切实发挥资金的最大社会效益，永平县红十字会严格执行资金管理使用制度，确保资金使用安全。一是及时制定筹资使用情况通报制度，定期向县委、县政府和团体会员单位及捐赠者通报筹集资金使用情况；二是建立统一、规范的捐赠信息发布平台，利用政府门户网站、宣传专栏及永平县主流媒体，及时发布筹资使用情况，向社会公开，真正做到资金来源和去向明晰，自觉接受社会各界的监督；三是不断完善社会监督机制，红十字会的筹资和资金使用定期由专业审计评估机构审计并在媒体上公布。

资金募集能力是红十字社会动员能力的重要表现，是各级红十字组织开展人道救助活动、发展人道救助事业的根本基石和重要保障。创新红十字募捐筹资模式，筹集更多的捐赠资金，只有这样才能够有效增强红十字人道救助实力，帮助更多困难群众改变处境和命运。

红十字筹资创新，应做到以下几点：

（1）科学梳理爱心公益项目，为筹资筹款打好基础　一是要立足群众所急，深入基层，充分调研，摸清困难群众底数，科学分析困难群众的需求，按照"急、难、险、重"原则建立困难群众需求库，为爱心单位和爱心市民提供充分的选择。二是要立足政府所需，与民政、残联等相关部门沟通联络，掌握现行救助政策覆盖面，充分了解国家救助政策覆盖的盲点和弱点，梳理助医、助学、助困等项目，补齐短板，当好党和政府在人道领域的助手。三是立足捐赠方所愿，充分了解捐赠方的兴趣、偏好和兴奋点，最大限度地满足捐赠方的意愿，有效激发捐赠热情，让更多困难群众受益。四是立足红十字会所能，将受助者需求和捐赠者意愿实现有效对接，找准项目实施的切入点、关键点，全力促进项目落地实施，达到多方满意的效果。

（2）搭建有效的活动载体，增强捐赠参与度　一是邀请捐赠方参与项目活动，让捐赠方了解项目实施的内容、流程，充分利用红十字会搭建的爱心平台，参与现场体验活动，身临其境地感受项目实施情况。例如邀请捐赠方亲自种下捐赠的果苗、亲手将捐赠的爱心餐（食物）递给受助者等，增强其参与度和体验感。二是邀请捐赠方参与项目策划，积极为筹资活动建言献策，为筹资筹款凝聚智慧和力量，既体现捐赠者的意愿，又弥补了红十字会缺乏专业人员的不足，提高红十字会工作能力和水平。三是邀请捐赠方参与走访慰问，让捐赠者全面掌握受助对象家庭和生活情况，增进感情，让捐赠者与受助对象面对面，对受助者的境况感同身受，促进相互了解，为后续的救助打下坚实基础。四是邀请捐赠方参与捐赠仪式，传播"人人为我、我为人人"的公益慈善理念，增强捐赠荣誉感，激发更多捐赠热情。

（3）规范实施项目，提高社会公信力　一是健全资金运行机制。规范接收捐赠款物的工作程序，形成理事会决策、执行委员会执行、监事会监督的工作机制，把握好资金使用的底线和红线，管好、用好募捐资金，确保资金安全。二是加强信息反馈。及时对项目推进情况进行梳理总结，以会议、简报等形式及时反馈给捐赠方，让捐赠方了解红十字会接收和使用捐赠款物的流程，掌握所捐款物的动态和流向，让捐赠方的爱心看得见、摸得着，提高捐赠款物救助效率。三是加强信息公开。定期向社会公开资金募集和使用情况，接受政府审计，接受民政部门、社会公众和新闻媒体的监督，增强资金使用透明度，提高社会公信力。

（4）加强公益宣传，提升民众公益意识　一是要多措并举加强红十字人道传播，传播红十字好故事，传递红十字好声音，让"人道、博爱、奉献"的红十字精神逐渐扎根在市民群众心中，激发公众公益意识，持续转变价值观念，让扶贫济困、奉献爱心、帮助他人逐渐成为民众的精神追求。二是加强与新闻媒体的联系，借助媒体在宣传发动、舆论引导、思想教育方面的独特优势，宣传筹款筹物等红十字工作实施情况和取得的成效，正确引导、积极动员民众参加各种爱心公益活动，增强筹资筹款活动的传播力和影响力，提高社会感召力。三是利用官方网站、微信公众号、微博、手机 App 等信息平台及时发布爱心信息，整理制作影像资料和各类宣传片，在各类新兴媒体上投播，营造良好的社会氛围，不断激发社会公众参与公益慈善活动的热情。

（资料来源：大理市人民政府。）

第一节　非营利组织筹资管理内涵及目标

资金是非营利组织得以维系生命的血液，科学合理的筹资管理可以使非营利组织以尽可能低的成本投入筹集到更多的资金，从而更好地开展业务活动，实现非营利组织的可持续发展目标。

▶ 一、非营利组织筹资管理的内涵与特征

（一）非营利组织筹资管理的内涵

筹资管理是指非营利组织根据其持续经营和业务活动的需要，通过筹资渠道，运用筹资方式，依法经济有效地为组织筹集所需要的资金的财务行为。非营利组织筹资管理可为组织的存在和发展提供可持续的资源，包括两个具体目标：①为保证组织的基本运作提供资源，这是非营利组织筹资管理的基本目标。非营利组织的设立与生存都需要资金来支撑，满足组织的基本运作是非营利组织筹资需达到的第一个目标，也是实现组织社会使命的基础。②为可持续且有效地开展业务活动提供资源。

（二）非营利组织筹资管理的特征

非营利组织筹资管理具有如下特征：

（1）非营利组织筹资管理主要追求两个目标　第一个目标是保证组织的基本运作，这是非营利组织筹资的最低目标。第二个目标是实现非营利组织的社会任务，这是非营利组织筹资的根本目标。

（2）非营利组织的筹资渠道和方式多样化　非营利组织可以通过政府组织、企业组织、服务对象、社会公众、金融机构、境外相关组织等多种渠道进行资金筹集。筹资方式

主要有向政府申请财政拨款和补贴、向其他组织和个人收取会费、吸收捐赠、进行负债筹资、利用组织资源进行合法运营取得收益性筹资等，呈现多样化特点。

（3）非营利组织筹资主要依赖于政府　非营利组织与政府有着共同使命，都是服务大众，为大众提供公共物品。一定程度上，非营利组织有理念、有能力、有使命解决问题，但没有资金；政府有资源、有资金，也想做事，但有时由于自身弊端无法达成或是努力了也达不到好的效果。基于此，二者可以达成合作，非营利组织能够通过政府筹集到业务活动所需的大部分资金。

二、非营利组织筹资管理的目标

企业的筹资管理目标是维持企业的生存与发展，通过筹资，提高企业资金流的运转速度，从而占领市场，扩大公司规模。总体来说，还是服务于公司的财务管理。

对比来说，非营利组织筹资追求的是多种目标，在谋求组织自身利益的基础之上，满足社会群体利益，最终目的与任务在于造福整个社会。非营利组织筹资的第一个目的是保证组织的基本运作。非营利组织的设立与生存所需要的资金是非营利组织筹资需要达到的第一个目标，也是实现第二个目标的基础。筹资的第二个目的是实现非营利组织的社会任务。社会使命的完成与否是非营利组织筹资的出发点和归宿点。这两个筹资目的的归结点是实现非营利组织的社会使命。总体来说，最大限度地筹集资金、提高筹资效率和资金使用社会效用的最大化是非营利组织筹资管理的目标。

三、非营利组织筹资管理的内容

筹资活动是非营利组织资金流转运动的起点，非营利组织筹资管理要求解决组织为什么要筹集资金、需要筹集多少资金、从什么渠道以什么方式筹集资金等问题。

（一）科学预计资金需要量

预算是非营利组织实施筹资管理的重要体现。在非营利组织中应用预算管理工作，能够实现非营利组织资金的合理配置，全面提升非营利组织的筹资效率。科学的资金预测需要借助高质量的预算，即在预算管理工作开展前，需要对前一年非营利组织的预算执行状况进行总结分析，充分考虑非营利组织内的大额、专项支出。

（二）选择合理的筹资策略

非营利组织筹资策略的抉择对筹资的顺利与否有着重要的影响。非营利组织向社会筹集资金和资源，但能为捐助者提供的回报有限。公益捐赠容易让人们觉得付出与回报不成正比，捐赠的积极性不高。而且目前社会上各种非营利组织筹资活动众多，非营利组织要想从大量的筹资活动中脱颖而出，吸进捐赠者的兴趣，筹资策略的选择十分重要。

（三）创新筹资模式

筹资模式是指组织长期的筹资战略。新的筹资模式对应旧的、传统的筹资模式，是非营利组织根据社会发展的要求，变革传统的筹资模式，提出新的筹资方式和方法。例如，现在很多非营利组织从线下筹资转变为线上筹资，不仅节约了成本，而且大大提升了筹资效率。

（四）提高公信力

非营利组织的公信力是指公众对非营利组织的认可及信任度。非营利组织公信力的高低，决定着组织社会形象的优劣，也决定着组织的筹资能力。非营利组织作为一个公益组织，不像企业通过产品出售而获得资源，它是依靠公信力获得社会公共资源。如果非营利组织不能够取得公众的信任，那么该组织离消亡也就不远了。为了取得充足的社会资源，增加非营利组织筹资收入，非营利组织必须提高其公信力，建立优秀的组织形象。

（五）控制筹资费用

不同的筹资方式会产生不同的筹资费用。具体来说，线下筹资方式的筹资费用较高，一般而言，通过义演义卖、大型公益活动筹资就会产生较高的费用，而线上筹资方式的筹资费用较低，有些筹资方式的筹资费用甚至为零，例如政府补贴。选择适合的筹资方式，控制非营利组织筹资费用也是非营利组织筹资管理的重要内容。

第二节　非营利组织筹资渠道与影响因素

一、非营利组织筹资的渠道与方式

（一）筹资渠道

筹资渠道是指非营利组织筹集资金来源的方向与通道，能够体现出资金的源泉和流量。现行的非营利组织筹资渠道主要有政府财政、企业组织、服务对象、社会公众、金融机构、境外相关组织等。

（1）政府财政　政府财政是非营利组织一项重要的资金筹集渠道。政府的财政资金源自社会，通过税收等方式无偿取得，也主要用于社会活动当中。实际上决定社会发展水平的各项公益性社会福利主要是由非营利组织提供的，例如教育事业、医疗事业、文化事业、福利事业等，政府为了保证社会稳定发展，有义务向非营利组织提供资金，支持社会公益活动的发展。

（2）企业组织　企业组织也是非营利组织资金的一个重要来源，很多企业为实现其社会责任，愿意向非营利组织提供一定的资金，扶持非营利组织的发展。企业向非营利组织提供资金的同时，也提高了自身声誉，有利于企业价值的提高。

（3）服务对象　非营利组织的服务对象在接受服务的同时也要提供一定的费用，从而形成非营利组织的一项资金来源。非营利组织提供的服务可以分为有偿服务和无偿服务两种。社会中有一些非营利组织，例如慈善机构、福利机构等向社会提供的是无偿服务。但大多数非营利组织提供的服务都是有偿的，例如一些医疗机构、高等学校等。非营利组织提供的有偿服务是以低于成本或以成本补偿为原则的，其目的是通过收取一定的补偿费用来维持非营利组织的正常运营，为更多的公民提供更好的服务。

（4）社会公众　社会公众是社会的一个组成部分，每个社会公民都有义务支持社会公益活动的发展。社会公众可以根据自身的生活水平和收入情况，自愿地向非营利组织捐献财物，形成非营利组织的资金。我国许多非营利组织（例如希望工程基金会、社会慈善基金会等），其主要的资金来源就是社会公众的捐赠。

（5）金融机构　为弥补资金的不足，非营利组织可以向金融机构申请借款。非营利组织的负债也可以根据借款期限的长短分为长期负债和短期负债。从金融机构取得的资金并不是非营利组织的主要资金来源，其作用主要在于补充资金的临时性不足，需要依靠以后的收入来偿还债务本息。

（6）境外相关组织　非营利组织除了从内地各社会组织及社会公众取得资金外，还可以从境外相关组织取得资金。在国际上存在一些资助组织，专门向世界各地提供国际援助。每一个国际资助组织都有其相应的宗旨和固定的援助方向，要取得其援助必须符合其标准，并向该组织提出申请。

（二）筹资方式

资金的筹集方式，是非营利组织取得资金的具体方法。为了保证资金需要，非营利组织应当积极采取对策，针对不同渠道的资金，运用不同的筹集方式。非营利组织的主要资金筹集方式有以下几种：

（1）出资人提供　出资人提供的资金是非营利组织的基本资金来源。任何社会组织都必须依法设立。我国非营利组织相关注册登记条例规定，具有与其业务活动相适应的经费来源，是非营利组织成立的必要条件。每一个非营利组织一般都有出资人，负责启动资金的注入。国有非营利组织的出资人是各级人民政府，由财政部门提供经费来源。非国有非营利组织的出资人是社会其他组织或个人，由社会组织或个人提供经费来源。

（2）财政拨款和补助　财政拨款和补助是指各级政府向非营利组织提供的资金。向非营利组织直接提供财政补助，是政府支持非营利组织事业发展的一种主要方式。各级政府的资金主要通过税收等无偿方式取得，原则上是取之于社会、用之于社会。政府在社会管理中起着重要的主导作用，而非营利组织提供的是公益性社会服务，与政府组织的社会管理有着共同的目标，所以非营利组织要通过购买服务、相互合作等方式争取政府的资助。一方面，可以为政府减轻负担，发挥政府的主导作用；另一方面，非营利组织贴近民众这一特点可以节省资源，发挥资源的最大利用效率。所以，为了保证社会稳定发展，政府有义务向非营利组织提供资金，支持社会公益活动的发展。财政补助是一项公共资金，需要纳入财政预算管理，接受财政部门和政府审计部门的监督管理，因此，非营利组织取得的政府资金，要按规定的用途使用。

（3）慈善捐赠　慈善捐赠是指非营利组织从社会其他组织或公众募集的资金。非营利组织开展社会公益性活动，为社会公众服务。按照"社会事业大家办"的原则，各个组织、个人均有义务向非营利组织提供资金。社会捐赠可以分为组织捐赠和个人捐赠。组织捐赠是指社会上的企业组织、政府组织或其他组织，用组织的资金向特定非营利组织提供的捐赠。个人捐赠是社会公众用个人的资金向非营利组织提供的捐赠。此外，捐赠的资金可以是货币资金，也可以是各种物品、设备等非货币性资金。

将社会捐赠作为一项资金来源是非营利组织的特点。非营利组织接受捐赠、资助，必须符合非营利组织的宗旨和业务范围，必须根据捐赠人限定的期限、方式和合法用途使用。同时，非营利组织应将捐赠资金的使用情况定期向捐赠人和社会公布，接受社会各界的监督。

（4）会费收入　会费收入是指非营利组织根据章程等的规定向会员收取的会费，通常属于非交换交易收入。一般情况下，非营利组织的会费收入为非限定性收入，除非相关资产提供者对资产的使用设置了限制。

（5）经营活动收入　经营活动收入是非营利组织在向服务对象提供服务或商品时取得的资金。非营利组织提供的社会公益性服务一般是有偿服务，提供的服务或商品需要收取一定的费用，从而形成一项资金来源。非营利组织的经营活动收入是为了弥补资金的不足，同企业组织的营业收入不同。实际上，经营活动收入是非营利组织一项重要的资金筹措方式。

（6）银行借款　银行借款是非营利组织从银行等融机构取得的债务性资金，需要用以后取得的资金偿还。同企业组织一样，非营利组织取得银行借款也需要有一定的条件，满足符合银行贷款的各项要求。首先由非营利组织向金融机构提出借款申请，金融机构按规定进行审批，审批通过后与金融机构签订借款合同，取得银行借款，并按规定时间偿还借款本息。非营利组织的负债在性质上不同于企业，企业的负债可以用经营收益来偿还，而非营利组织的负债偿还只能动用后期的资金。

二、非营利组织筹资的影响因素

影响非营利组织筹资的因素具体可以分为内部因素和外部因素。一般而言，非营利组织本身无法控制的因素是外部因素，构成非营利组织筹资的外部环境；非营利组织内部可以控制的因素是内部因素，构成非营利组织筹资的内部环境。

（一）外部因素

（1）国家有关法律法规和政策　非营利组织的筹资如果能得到国家法律法规和政策的支持，筹资将走向规范化、法制化。这些法律法规和政策可能是针对非营利组织自身的规定，也可能是面向非营利组织捐赠者的规定。其中，国家税收政策对非营利组织筹资具有较大影响，例如，税法规定企业、个体工商户和自然人捐赠财产用于公益事业，可享受企业所得税或个人所得税方面的优惠，将直接影响企业或个人对非营利组织的捐赠水平。

（2）国民经济发展水平与民众的收入水平　国民经济发展水平与民众收入水平直接影响了人们的捐赠能力和投身公益事业的热情。就我国目前而言，动员企业进行捐赠的机制较强，而面向个人捐赠的机制较弱。同时，国民经济发展水平和民众收入水平也影响了人们关注问题的焦点。在发展中国家，公益事业一般以经济贫困和助学等传统项目为主，而当国民经济得到发展，人民收入水平得到提高时，政府、组织和个人则会更多地关注于科技、医疗、环境等问题，其资助重点也会发生变化。

（3）文化和地域因素　援贫济困、维护穷人利益是社会公认的理念，是社会文化的重要组成部分。我国大多数地区都有着自身的传统观念，在接受捐赠的问题上，只有为特定文化习惯所接受的筹资方式才能为非营利组织所利用。同时，地域因素也影响着筹资渠道，例如，在发达地区的非营利组织，能够较容易地寻求到国内社会和国际社会的捐助，而在一些不够发达的地区，筹资渠道相对单一，筹资受到限制。

（4）非营利组织的背景　非营利组织产生背景不同，与政府和其他组织或个人联系紧密程度不同，影响了非营利组织的筹资能力和渠道。从政府职能部门分离出来的非营利组织，跟政府之间还存在着较为紧密的联系，仍执行了政府部分职能，政府给予的支持也会相应增多，例如青少年基金会开展活动时的资金来源大都是各级党政部门。从企业派生出来的非营利组织，对企业的依赖程度可能要大于其他部门。而一些纯粹民间意义上的、自下而上形成的组织，与政府或其他组织联系相应减少，筹资渠道可能更多来自于个体或海外。

当然，还有一些其他外部影响因素会影响非营利组织的筹资，例如社会舆论、媒体曝光度等，均在不同程度上影响着非营利组织的筹资。

（二）内部因素

（1）非营利组织的非营利性特征 非营利组织的非营利性特征，是影响其筹资的重要因素。非营利组织不以营利为目的，并且其财产归公益法人所有，资金拥有者在投资、捐赠非营利组织时，不得以获取投资回报为目的。这些非营利性的特征导致非营利组织在筹资时经济利益驱动机制不足，不能通过实施投资报酬吸引投资者的关注，筹集资金的方式较少，筹资渠道相对于企业等营利性组织而言较为单一，筹资比较困难。

（2）非营利组织的社会使命 不同的非营利组织有不同的社会使命。有些非营利组织的社会使命较为单一，且不被社会广泛关注，导致其筹资困难；有些非营利组织由于承担了广泛的社会使命，关注度较高，筹资渠道通畅，筹资相对容易。

（3）非营利组织的治理结构 合理的治理结构有利于非营利组织筹资的实现。治理结构的优劣会影响组织的运行效率和透明度，会影响委托代理成本的高低，会对筹资渠道有深入的影响。一个拥有良好治理结构的非营利组织，不仅具有高效的管理能力，还具有较强的筹资能力。

（4）非营利组织的社会公信力 接受捐赠是非营利组织筹资的主要渠道之一。如果非营利组织缺乏社会公信力，会导致非营利组织向社会募款能力下降，筹资效果较差，也不容易实现筹资渠道的多元化。相反，如果非营利组织的社会公信力强，社会募捐能力会提高，筹资效果也较好。

当然，还有其他一些内部影响因素会影响非营利组织的筹资，例如非营利组织的透明度水平、组织的宣传力度等，都对非营利组织的筹资产生一定的影响。

第三节 非营利组织筹资会计核算与绩效评估

▶▶ 一、非营利组织筹资流程

非营利组织的筹资流程是一项非常复杂的行为过程，由一系列环节组成，为确保筹资取得最佳效果，确保筹资全过程得到有效控制，非常有必要制定筹资业务流程。非营利组织的筹资流程一般分七个步骤。

（1）编制筹资预算 非营利组织在进行筹资活动之前，必须根据自身的组织目标和长远战略规划，科学合理地确定每个年度的资金需要量，编制筹资预算，为筹措资金提供定量依据，以克服筹资的盲目性，既要广开财路，又要有一个合理界限。

（2）选择筹资来源　非营利组织筹集资金的渠道和方式是多元化的，不同筹资渠道和方式的筹资难易程度、筹集成本和筹资风险各不相同，因此就要选择最佳的资金来源。例如，政府资助、社会捐款在一定程度上来讲是无偿性的，无须偿还；通过银行借款方式筹集的资金是需要偿付的；通过投资证券、房地产等行业获取高投资收益的方式，具有较高风险和不可控性，高回报也即预示高风险。所以，要综合考虑各种筹资渠道和筹资方式，研究各种资金的来源构成，求得筹资方式的最优组合，以最低的筹集成本筹措所需的资金与资源。

（3）拟订筹资方案　筹资方案是指非营利组织进行筹资的具体实施计划。筹资方案应当符合国家有关法规、政策和非营利组织自身性质、特点，主要包括筹资规模计划、资金渠道定位、筹资项目策划、筹资成本预算、潜在风险分析、筹资运作步骤、筹资时间安排以及资金筹集后的合理支出等一系列内容。一个完善的、切实可行的筹资方案，可以节约时间、节省成本，也可以提高筹资活动的效率。

（4）筹资决策审批　为规范管理，非营利组织的筹资方案经筹资办公室或者相关业务部门制定出来以后还应提交理事会或者常务理事会进行集体决策。一般筹资方案可由授权的相关部门或人员在职责权限范围内批准，重大筹资方案应当实行理事会集体审议决策制度。

（5）依法实施筹资　根据审批通过的既定方案，细化各筹资项目，在筹资办公室中设立筹资项目小组，责任落实到人，依法及时开展资金筹集活动。筹资活动的具体工作既要符合非营利组织的相关管理规定，也要遵守国家有关财经法规，注重成本和风险控制。筹集到的资产是货币资金的，应按货币资金的实有数额及时入账；筹集到的资产为非货币资金，且需要对该资产进行验资、评估的，应按规定在验资、评估后合理确定其价值，进行会计记录，并办理有关产权转移、工商变更手续。

（6）资金使用管理　无偿性资金在取得后，应根据资金来源方的出资或捐赠要求及时提供相应的服务或实施公益项目，限定性资金要严格按照出资方规定的用途合理使用。同时，在整个筹资过程中，还要加强对与筹资业务有关的各种文件和凭据的管理。非营利组织应当建立筹资决策、审批过程的书面记录制度以及有关合同或协议、收款凭证、验收证明、入库凭证、支付凭证等的存档、保管和调用制度，并对有关文件和凭证进行定期核对和检查。

（7）日常监督检查　非营利组织还应当建立对筹资业务内部控制的监督检查制度，明确监督检查机构或人员的职责权限，例如可以聘请3~5位副理事长组成监督检查小组，定期或不定期地对整个筹资程序和进度进行检查，同时可以聘请专业的审计机构定期对其账务进行审计。内部监督检查的内容主要包括：

1）筹资办公室的人员配备情况，责任是否落实到人。

2）筹资业务授权批准制度的执行情况，审批是否越权。

3）筹资决策制度的执行情况，决策程序是否按照规定程序进行。

4）决策执行及资产的收取情况，是否严格按照理事会审议批准的筹资方案，逐步开展筹资业务，进度如何。

5）资金的使用和偿付，使用是否专款专用，是否将所筹集的资金在扣除法定或协议约定的办公经费外全部用于公益事业，需要偿付的资金是否符合合同或协议的规定。

6）会计处理和信息披露情况，账务是否真实、正确地处理，信息是否及时、完整地向出资人和全社会公开披露。

非营利组织的筹资流程是一个循环往复并且可能各个环节重叠交叉的综合性系统，并非精确依照年初制定筹资预算，然后开展选择筹资来源、拟订方案、实施筹资、使用资金等环节。有许多筹资项目的确定带有很大的偶然性，这就需要筹资流程能够随时启动。

二、筹资管理内容与机构设置

（一）筹资管理的内容

非营利组织筹资费用，是指非营利组织为筹集业务活动所需资金而发生的费用，包括非营利组织为了获得捐赠资产而发生的费用以及应当计入当期费用的借款费用、汇兑损失（减汇兑收益）等。非营利组织为了获得捐赠资产而发生的费用主要包括举办募款活动费、准备、印刷和发放募款宣传资料费以及其他与募款或者争取捐赠资产有关的费用。非营利组织发生的筹资费用，应当在发生当期按其发生额如实计入当期费用。以上筹资过程中发生的各项费用，均应纳入非营利组织筹资费用管理体系中。

（二）岗位设置与人员分工

为了提高筹资效率，降低筹资成本，增加筹资金额，非营利组织应对筹资所涉及的岗位和人员，进行专门设置与分工，并实行相应的激励与约束。例如，可以设置筹资管理委员会，专门负责资金筹募、管理和项目实施。该筹资管理委员会的委员一般由非营利组织的创始发起人、捐赠方代表等利益相关者组成，通常包括主任委员 1 人，执行主任委员 1 人，副主任委员和委员若干，由执行主任主持管理委员会的工作。筹资管理委员会的职责具体如下：

1）对筹资方面的有关章程进行制定和修改。

2）选举和罢免执行主任委员、副主任委员、一般委员。

3）对项目计划书和项目预算进行审核，提交非营利组织相关管理部门审批。

4）拟定工作报告和财务会计报告，提交非营利组织理事会等决策机构审议。

5）对拟开展项目活动的立项和相应的执行方案、项目预算进行审核，提交非营利组织理事会等决策机构审批。

6）对资金的募集需筹资管理委员出席方能召开，其决议须经到会委员 2/3 以上表决通过方能生效。

三、非营利组织筹资业务的会计核算

（一）筹资费用的确认条件

筹资费用的确认，应当遵循权责发生制和配比原则。根据《民间非营利组织会计制度》，非营利组织应当在单位的经济利益或服务潜力的资源已经流出本单位，资产预期带来的未来经济利益或服务潜力将减少或者资产预期不能再带来未来经济利益或服务潜力时，确认相应的费用。非营利组织的某些费用如果属于多项业务活动或者属于业务活动、管理活动和筹资活动等共同发生的，而且不能直接归属于某一类活动，应当将这些费用按照合理的方法在各项活动中进行分摊。必须分清本期成本、费用和下期成本、费用，不得任意预提和摊销费用。

具体地说，筹资费用应当在同时满足以下条件时予以确认：

1）含有经济利益或者服务潜力的资源流出非营利组织，或者承担了相关的负债。

2）能够引起当期净资产的减少。

3）费用的金额能够可靠地计量。

（二）科目设置

为了核算非营利组织的筹资费用，应当按照筹资费用种类设置明细科目，进行明细核算，并设置"筹资费用"科目。发生筹资费用时，借记"筹资费用"科目，贷记"预提费用""银行存款""长期借款"等科目。发生应冲减筹资费用的利息收入、汇兑收益时，借记"银行存款""长期借款"等科目，贷记"筹资费用"科目。期末，将本科目的余额转入非限定性净资产，借记"非限定性净资产"科目，贷记"筹资费用"科目。结转后，"筹资费用"科目无余额。

（三）会计处理

（1）为获得捐赠资产而发生筹资费用的会计核算　非营利组织发生的为获得捐赠资产的筹资费用，应当在发生时按其发生额计入当期筹资费用。发生捐赠费用时，借记"筹资费用"科目，贷记"库存现金""银行存款"等科目。

（2）借款费用的会计核算　非营利组织发生的借款费用，应当在发生时按其发生额计入当期筹资费用。发生借款费用时，借记"筹资费用"科目，贷记"预提费用""银行存款""长期借款"等科目。发生的应冲减筹资费用的利息收入，借记"银行存款""长期借款"等科目，贷记"筹资费用"科目。

（3）汇兑损失的会计核算　非营利组织在筹资过程中发生汇兑损失时，应借记"筹资费用"科目，贷记"银行存款""长期借款"等科目；发生的应冲减的汇兑收益，借记"银行存款""长期借款"等科目，贷记"筹资费用"科目。

（4）筹资费用科目的结转期末　在期末进行结转时，应将"筹资费用"科目余额转入"非限定性净资产"科目。结转后，"筹资费用"科目无余额。

【例4-1】　中国扶贫基金会2021年12月发生经济业务如下：因获得捐赠资产发生费用3 000元，通过银行存款支付。通过银行存款支付借款费用6 000元。计提当月利息费用1 500元。期末，"筹资费用"科目借方余额为12 000元。

根据以上信息，做出如下账务处理：

（1）因获得捐赠资产而产生费用

借：筹资费用　　　　　　　　　　　　　　　　　　　3 000

　　贷：银行存款　　　　　　　　　　　　　　　　　　　　　3 000

（2）支付筹资费用

借：筹资费用　　　　　　　　　　　　　　　　　　　6 000

　　贷：银行存款　　　　　　　　　　　　　　　　　　　　　6 000

（3）计提利息费用

借：筹资费用　　　　　　　　　　　　　　　　　　　　　1 500

　　贷：预提费用　　　　　　　　　　　　　　　　　　　　　　　　　　1 500

（4）期末结转筹资费用

借：非限定性净资产　　　　　　　　　　　　　　　　　　12 000

　　贷：筹资费用　　　　　　　　　　　　　　　　　　　　　　　　　12 000

四、非营利组织筹资绩效评估

非营利组织筹资绩效评估对于提升组织的筹资能力、完成组织筹资任务、实现组织筹资问责、践行组织筹资使命等具有至关重要的作用。

（一）筹资绩效评估内容

非营利组织对于筹资活动必须通过评估成果以寻找缺点、总结经验、提高效率。

1. 筹资报告

筹资报告是指对筹资活动的总结，其内容主要包括参加筹资的总人数、收入总额、总成本、人数比例、筹资的成本回收率、捐赠结构、达到目标的百分比等指标，也包括与竞争者的比较。在筹资报告中，往往需要总结得失，提出下一次筹资的建议。例如，假设某高校基金会每年都可以得到25%的校友的捐赠收入，那么问题就在于为什么有75%的校友不捐赠。学校需要接见一些有代表性的不捐赠的校友，确定主要原因，例如"不喜欢捐赠的方式""从来没有被要求过"等，对每个原因的处理和应对都将影响下一年的捐赠水平。再如，假设某高校基金会把其筹资成果和五个可以比较的其他大学基金会做对比，如果发现它获得的捐赠和其他学校基金会相比，主要来自校友捐赠和政府资助，这说明它要对这两类筹资渠道做更多的努力，并分析其他筹资收入不多的原因，商讨解决措施。

2. 员工工作绩效

员工工作绩效是对筹资活动中开展的各项工作及其参与人员的工作效率的评估，通过各种指标来评定。例如，组织者、志愿者、其他人员的参与工作总时间、单位时间的筹资额、单位时间筹资成本、为项目提出的建议数、书写项目建议书的数量等。

3. 间接成本

在筹资活动中除直接成本和预算之外的其他开支就是间接成本。非营利组织在对筹资进行评估的过程中，往往更重视募捐总量，募捐成本常常被淡化。而且，大多数非营利组织只重视直接成本，对间接成本很少分析，这为筹资留下了极大的隐患。因为间接成本更容易暗箱操作，容易滋生腐败，当间接成本过大时，容易吞没筹资的成果，所以筹资评估时统计和公布间接成本是非常重要的环节。

4. 成本效益分析

成本效益分析是指通过比较非营利组织项目的全部管理成本和筹资来评估非营利组织的项目价值。成本效益分析作为一种决策方法，将成本费用分析法运用于部门或组织的筹资计划管理之中，以寻求在筹资管理上如何以最小的成本获得最大的收益。成本效益分析是筹资绩效评估和管理的关键环节。非营利组织的筹资成本不能过高，发达国家一般的筹资成本上限为 10% ~ 20%，2016 年颁布的《中华人民共和国慈善法》规定，慈善组织中具有公开募捐资格的基金会的年度管理费用不得超过当年总支出的 10%。

但是成本控制绝对不仅仅是单纯的压缩成本费用，它需要与宏观经济环境、非营利组织的整体战略目标、经营方向、经营模式等有效结合，需要建立起科学合理的成本分析与控制系统，让非营利组织的管理者全面、清晰地掌握影响非营利组织筹资的核心环节，全面了解非营利组织的筹资构架、筹资情况，从而把握正确的筹资方向，从根本上改善非营利组织的筹资状况，真正实现有效的成本控制。

(二) 筹资绩效考核指标体系

筹资绩效考核指标体系是指由筹资效率、筹资结构、筹资能力、满意度等指标组成的对非营利组织筹资能力进行定量评价的有机整体。

1. 筹资效率

筹资效率是指非营利组织在筹资活动中所实现的效能和功效。对筹资的交易效率评价，可从计划完成率、预算准确率、成本收益率来衡量。

(1) 计划完成率　计划完成率反映筹资计划的完成情况和工作效率。比率越高，说明该非营利组织筹资活动完成得越好，工作效率越高。其计算公式为

$$计划完成率 = \frac{实际筹款收入}{计划筹款收入} \times 100\%$$

(2) 预算准确率　预算准确率反映筹资预算编制的准确度。比率越高，说明非营利组织筹资支出预算编制得越准确。其计算公式为

$$预算准确率 = \frac{预算筹资支出}{实际筹资支出} \times 100\%$$

(3) 成本收益率　成本收益率反映非营利组织的筹资能力。比率越高，说明单位成本所获得的收入越高，筹资能力越强。其计算公式为

$$成本收益率 = \frac{筹资总收入}{筹资总成本} \times 100\%$$

2. 筹资结构

对非营利组织筹资结构的划分，反映不同筹资方式对筹资总收入的贡献程度。

(1) 捐赠比率　捐赠比率是指捐赠收入所能带动的全部组织经费的倍数。反映非营利组织每年的开支在多大程度上依赖于捐赠，比率越高，表明该非营利组织对捐赠资金的依赖性越大。其计算公式为

$$捐赠比率 = \frac{捐赠收入总额}{收入总额} \times 100\%$$

(2) 政府拨款比率　政府拨款比率是指政府拨款所能带动的全部组织经费的倍数。本指标被称为"软通货"，比率越高，说明非营利组织对政府拨款的依赖性越强，会使组织处于危险境地。其计算公式为

$$政府拨款比率 = \frac{政府拨款额}{收入总额} \times 100\%$$

(3) 经营收入比率　经营收入比率是指非营利组织通过经营活动取得收入所能带动的

全部组织经费的倍数。比率越高，说明非营利组织对经营收入的依赖性越强，会促进组织良性发展。其计算公式为

$$经营收入比率 = \frac{经营收入总额}{收入总额} \times 100\%$$

3. 筹资能力

非营利组织筹资能力，是指一个非营利组织可能融通资金的水平，反映非营利组织持续获取长期优质资本的能力，也是非营利组织快速发展的关键因素。能多渠道、低成本从国内、国外筹资的非营利组织，是具有高筹资能力的非营利组织。

（1）创收能力　创收能力是指非营利组织社会服务收入用于公益事业的经费占非财政性经费的比率。本指标说明非营利组织的创收能力，数值越高，说明非营利组织自主创收能力越强。其计算公式为

$$创收能力 = \frac{社会服务收入上缴组织的经费}{非财政性经费} \times 100\%$$

（2）回报率　回报率是一种计量组织效率的指标。对于接受捐赠的非营利组织而言，主要测量其筹资活动的效率，对于学校或健康服务组织而言，主要测量其承担风险而获取营业收入的效率。其计算公式为

$$回报率 = \frac{收入总额}{资产总额} \times 100\%$$

（3）净收益　净收益是指一定时期内的"经营利润"，即一定时期内收入弥补支出的相对值。如果是正数，那么收入超过支出；如果是0，那么收支相抵；如果是负数，意味着一定时期内组织的收入不足以弥补支出。其计算公式为

$$净收益 = 收入总额 - 支出总额$$

4. 满意度

满意是一种心理状态，是指各主体对非营利组织筹资活动的主观评价。它是各主体的需求被满足后的愉悦感，是对非营利组织筹资活动的事前期望与实际参与或受到服务后所得到实际感受的相对关系。如果用数字来衡量这种心理状态，这个数字就叫作满意度，根据评价主体的不同可以分为筹资人员满意度和捐赠人员满意度。

（1）筹资人员满意度　筹资人员满意度用于反映筹资人员的流动性和组织对员工的吸引力。比率越高，说明筹资人才流动性越大，对组织未来发展信心越小。其计算公式为

$$人才流失率 = \frac{离职筹资人员数}{筹资人员总人数} \times 100\%$$

（2）捐赠人员满意度　捐赠人保持率反映非营利组织维系现有捐赠人员的能力。比率越高，表明捐赠人对组织的服务或是筹资工作越满意。捐赠人获得率反映非营利组织吸引新捐赠人的能力。比率越高，表明捐赠人对组织的服务或是筹资工作越满意，也说明本组织具有较强的筹资能力和发展潜力。其计算公式为

$$捐赠人保持率 = \frac{重复捐赠人数}{原有老顾客数} \times 100\%$$

$$捐赠人获得率 = \frac{新增捐赠人数}{捐赠总人数} \times 100\%$$

第四节 非营利组织筹资管理问题与应对措施

▶▶ 一、非营利组织筹资现状与管理问题

非营利组织既不像政府部门有固定的税收和财政收入，也不像企业一样以营利为目的、可以在经营活动中获得营业利润，并以追求股东利益最大化来促使资金主动流入，非营利组织需要主动寻找捐赠人。

（一）非营利组织筹资现状

根据《慈善蓝皮书：中国慈善发展报告（2020）》显示，2019 年中国社会公益资源总量为 3 374 亿元，较 2018 年的 3 407 亿元减少 0.97%，而较 2017 年的 3 217 亿元增长4.88%。其中，2019 年社会捐赠总量约为 1 330 亿元，较 2018 年的 1 270 亿元增长4.72%，较 2017 年的 1 526 亿元减少 12.84%；2019 年志愿者贡献总价值为 903.59 亿元，较 2018 年的 823.64 亿元增长了 9.7%，较 2017 年的 548 亿元增长 64.89%。

胡润研究院发布的《2019 胡润慈善榜》统计了 114 位中国慈善家的捐赠数据，2019年度捐赠总额为 225 亿元，较 2018 年度增长 3%；但是平均捐赠额为 2 亿元，较 2018 年度下降 10%。平均捐赠额占上榜慈善家平均财富的 0.4%，较 2018 年度下降 0.1 个百分点。在榜单排名方面，万向集团董事长鲁伟鼎捐出其持有的万向三农全部股权，设立鲁冠球三农扶志基金慈善信托，市值 49.6 亿元，位居榜首；腾讯主要创始人之一陈一丹以35 亿元捐赠额排名第 2，主要包括捐赠腾讯股票成立慈善信托，市值 34 亿元等。在捐赠方向方面，教育领域的捐赠人数依然是近 5 年最多的，占比 35%，较 2018 年度减少 6 个百分点；扶贫领域的捐赠人数在近 5 年呈逐年上升态势，以占比 29% 排名第 2，较 2018 度增加 11 个百分点；捐赠慈善基金会等公益慈善事业的捐赠人数占比 16% 排名第 3，较2018 年度减少 2 个百分点；医疗领域的捐赠人数以 6% 排名第 4，较 2018 年度减少 7 个百分点。

除了慈善家的大额捐赠，彩票公益金和互联网捐赠在 2019 年依然是国内慈善资源的主要来源。不过，彩票公益金的降幅超过 10%。财政部的统计数据显示，2019 年彩票公益金募集量为 1 140.46 亿元，比上年度 1 313.62 亿元减少了 173.16 亿元，降幅为13.18%，其中福利彩票筹集公益金 557.28 亿元，体育彩票筹集公益金 583.18 亿元。2019年上半年，民政部指定的 20 家互联网公开募捐信息平台为全国 1 400 多家公募慈善组织发布募捐信息 1.7 万余条，累计获得 52.6 亿人次的点击、关注和参与，募集善款总额超过18 亿元。2019 年"99 公益日"在筹款额、透明度和覆盖面上再创新高：爱心网友 4800万人次通过腾讯公益平台捐出善款 17.83 亿元，超过 2500 家企业配捐 3.07 亿元，加上腾讯公益慈善基金会提供的 3.9999 亿元配捐，本年度"99 公益日"总共募得善款 24.9 亿元。但与此同时，2019 年互联网募捐领域的危机事件频发，民众对建立健全相关监管机制的呼声持续高涨。

（二）非营利组织筹资管理问题

大数据信息化时代为非营利组织的发展带来了前所未有的机遇，加快了非营利组织向专业化运营的转变。新的非营利组织不断涌现，我国非营利组织的筹资正迎来规范繁荣的时期。虽然非营利组织捐赠市场热情高涨，获得捐赠总额每年都稳步上升，但除一些大型的基金会筹资能力相对较强外，大多数非营利组织的筹资情况并不是很乐观。目前我国非营利组织筹资管理存在筹资自主性差、筹资渠道单一、筹资总量少且自筹资源比例低以及社会捐赠非常态化等问题。

1. 筹资自主性差

从我国目前非营利组织的筹资收入组成的情况不难看出，大多数非营利组织并未主动"化缘"，仍处于"姜太公钓鱼，愿者上钩"的状态，特别是社会捐赠，基本靠"等"。这与我国非营利组织的无法去行政化有很大关系，因为行政人员的工资和福利待遇与筹资无关，行政人员的职务晋升与筹资无关；另外，个别非营利组织担心做错事、不敢担责的思想，担心花错钱，担心受质疑，所以筹资自主性差。

2. 筹资渠道单一

非营利组织目前的筹资来源主要有三项：①政府拨款，属于大多数非营利组织稳定的收入来源；②捐赠款物，其中境外捐赠属于偶发事件，境内企业和个人捐赠时有发生，但很少有捐赠人保持长期的、经常性的捐赠；③基金会项目款，根据申请项目获得资金支持。其他合法收入虽然包括为实现财产保值、增值而进行的投资，但是非营利组织对于投资持谨慎态度，故无法成为筹资的渠道之一。渠道少自然导致获得的财产少，从而影响非营利组织职责和使命的执行情况。

3. 筹资总量少且自筹资源比例低

从筹资来源看，财政拨款和基金会资助都属于被动行为，只有社会捐赠属于自主筹资的范畴，目前大多数非营利组织筹资总量少，且自筹资源量更少。以黑龙江省红十字会为例，2014 年黑龙江省因为云南鲁甸地震的公开募集使自筹资金比例略高，为 13.57%，2016 年更是自筹资金的最低点 0.46%，2017 年虽略有回升，但远低于全国的平均水平 35.77%；自筹物资比例相对较高，但从自筹款物的总体比例来看，仍然低于全国平均水平 52.60%。

4. 社会捐赠非常态化

我国非营利组织的救灾捐赠几乎都是临时性的公开募集，而非常态化；救助捐赠虽然成为非营利组织的一项常态化筹资活动，但是民众和企业的捐赠习惯却是自由选择的。以黑龙江省红十字会的非灾害募捐数据为例，从 2014 年—2017 年累计捐赠人 110 人，累计捐赠企业 20 个，其中只有 1 人坚持每月捐赠 300 元，并一直在继续捐赠，另有一家企业连续捐赠 7 个月后不再继续。捐赠非常态化给非营利组织的工作带来很大的影响，一是无法预计捐赠收入，也就无法做年初预算，更不能为全年活动做项目计划。二是因为每年的捐赠收入不确定，导致非营利组织的项目范围和项目支出不确定，也让非营利组织的对外公益形象受到极大影响。

▶▶ 二、非营利组织筹资管理问题的成因

（一）相关法律法规不完善

目前，我国法律层面的相关机制还处于逐步完善的阶段，与非营利组织相关的行政法规无法适应当前非营利组织快速发展的需要。例如，根据《社会团体登记管理条例》的规定，社会团体必须满足以下条件：具备 50 个以上的个人会员或者 30 个以上的团体会员，同时必须具有固定的住所和专职工作人员，必须有 3 万元（地方性团体）或者 10 万元（全国性团体）以上的活动资金，社会团体必须取得法人资格。这样的规定，相当于给以自由、小众、松散为特征的非营利组织设置了一道难以跨越的门槛。又如《社会团体登记管理条例》（2016 年）和《民办非企业单位登记管理暂行条例》，二者明确规定社会团体、民办非企业单位等非营利组织"不得从事营利性经营活动"，这严重制约了非营利组织的独立筹资与自我发展。

（二）劝募手段单一且过于依赖政府

成熟的非营利组织应使其筹资渠道多元化，以抵御突如其来的风险。但实际情况却恰恰相反，我国大多数非营利组织筹资理念陈旧，固守传统的融资方式，不面向市场和社会进行经营性和投资性融资，过于依赖某项单一的资金来源，即政府财政拨款和补贴或靠政府购买社会组织服务项目，这些资金几乎占其全部收入的 50%。对于官办非营利组织，这种根深蒂固的行政化运作模式使其对政府产生了极强的依赖性。除了政府的财政补贴和拨款，非营利组织更多的是被动地依靠身边现成的资源，或找不到合适的资方，缺乏对资方捐助动机的了解和调研，缺乏筹资技巧，导致筹资绩效不佳。

（三）自创型经营收益少

非营利组织的自创收益主要有会费收入、经营收入等。

一方面，非营利组织的非营利性与商业化筹资行为之间关系处理不当。许多人把非营利组织的非营利性与商业化的筹资行为对立起来，认为非营利性不能通过以营利为目的的商业经营活动来获取利润。但是随着公民生活意识、理念和企业社会责任感的提升，越来越多的个人和企业开始逐渐购买以及接受非营利组织的产品和服务，为提高非营利组织的收入发挥了重要作用。

另一方面，由于非营利组织特殊的组织设定形式，其营利行为和营利范围受到多种制约。一些非营利组织由于缺少对大众消费者的需求分析、对市场的准确定位，缺少系统的规划，项目设计存在缺陷，导致其树立的品牌、生产的产品、提供的服务缺少吸引力，公众不能清晰地认识到购买此项产品或服务的积极意义，不能判断是否物有所值，导致非营利组织无法获得相应的收入。

（四）公信力缺失

非营利组织的公信力是指社会对非营利组织的认可与信任程度。社会认可是非营利组织得以存在的前提，得不到社会的认可，非营利组织就丧失了其合法存在的社会基础。非营利组织公信度不高的成因主要有以下两个方面：

（1）非营利组织自身缺乏服务理念和使命感　个别非营利组织由于组织内部的管理制度不健全，存在财务混乱、暗箱操作、贪污腐化等现象，大大降低了非营利组织的公信力。危害非营利组织公信力的事件时有发生，大大打击了公众对慈善捐赠的热情，严重影响了非营利组织的社会形象。

（2）非营利组织财务信息不透明　在大数据时代的背景下，社会整体的信息透明度逐渐提高，公民的权力意识不断增强，对非营利组织财务信息透明度的期望和要求变得越来越高。财务信息公开透明不仅对非营利组织自身治理有重要作用，而且对非营利组织捐赠收入的增加也有重要作用。反之，若财务信息不公开透明，会导致公信力缺失，进而影响非营利组织的筹资能力。

三、非营利组织筹资管理问题的应对措施

（一）建立与培育关系

1. 建立和个人的关系

建立非营利组织和个人的关系，是资金募集首要关心的问题。每一位捐赠者在捐赠前都会对所希望捐赠的非营利组织做一定了解，在信任的基础上，才能放心地给予金钱；同样，捐赠者在捐赠后也都希望和所捐赠的非营利组织保持联系，确保自己的捐赠落到实处。

2. 建立和企业的关系

非营利组织还应当重视与企业建立和培养关系。企业可以给非营利组织提供财物与资金援助，还可以输送员工作为公益事业的志愿者。因此，非营利组织可以通过有效的公关宣传策略、财务公开措施和褒奖回馈活动，建立与企业之间互信互益的良好关系，发展与企业之间的合作伙伴关系。

3. 建立和政府的关系

政府可以给非营利组织提供资源与经费，更重要的是对非营利组织的认同与支持，可以使其在获得社会广泛认同的基础上募集到更多的事业发展资金，激发其自身的潜能和活力，促进非营利组织全方面多方位的发展，扩展对社会的服务范围功能，加强抵御风险的能力。与此同时，政府也应加大对资金流向的实时跟踪监督，逐步减少政府向非营利组织直接提供的资金支持，同时合理增加以项目为导向的经费支持，防止资金权力的滥用，保持非营利组织自身的独立性。

（二）确定资金募集战略

非营利组织的资金募集战略伴随着非营利组织的发展，大致经历了产品导向阶段、推销导向阶段和顾客导向阶段这三个阶段。在资金募集战略的产品导向阶段，非营利组织只在乎把自己的产品做好，很少考虑顾客，大部分资金由非营利组织的高级管理人员利用他们的关系网募得。要实现资金募集战略，非营利组织必须说服社会上潜在捐赠人掏钱；不再把潜在捐赠人当作它的目标，而是当成潜在的合作伙伴。这时，非营利组织应主动分析自己在市场上的位置，关注那些接受组织宗旨的人们，设计使潜在捐赠人满意的活动计划，甚至和潜在捐赠人一起合作设计活动项目，同时也通过资金募集活动培养新的潜在捐赠人。

非营利组织必须根据自身的具体情况，确定资金募集战略。在此基础上，创新资金募集方式。例如，利用互联网劝募、私人请求、"一对一"捐助、计划捐赠、项目募款、专门活动募款、协同筹资等方式，也可以借助广为人知的义卖义演、广告劝募、传媒报道劝募、电话劝募、电视劝募、上街劝募、开会劝募、邮件劝募等方式。此外，各种资金募集方式各有特点与适应性，非营利组织应当根据自身的情况灵活选择适当的募集方式，并综合运用多种募集方式募集资金。

（三）提高自创收益

非营利组织收入可以来源于公共部门的支持、民间的捐赠，以及自创收入，且自创收入是其主要来源。然而，在我国非营利组织的收入来源中，自创收入的比重还相当低。扩大自创收入，是我国非营利组织持续健康发展的必然要求。

非营利组织自创收入的主要形式是业务收入，即非营利组织为实现其社会使命开展非营利业务活动所取得的收入。在当前社会经济条件下，非营利组织要获得发展，应当根据自身的专业特点，按照市场经济发展的客观要求，利用现有的人力、物力与财力资源，努力发挥自身优势，挖掘潜力，拓宽服务范围，积极创造业务收入，扩大收入来源。应当注意的是，开展非营利业务活动获取收入，必须严格执行国家有关法律、法规规定的收费政策与管理制度，把社会效益放在首位，而不能按照市场经济背景下的价值规律来收费。

除了业务收入，非营利组织的自创收入还包括经营收入。经营收入是指非营利组织在实现社会使命的非营利性业务活动之外开展营利性经营活动而取得的收入。为了保障非营利组织的持续健康发展，应当鼓励非营利组织从事活跃的经济活动来筹款以支持其非营利活动。

品牌是一个组织或产品服务的象征，也是能让公众记住产品或服务相关信息并区别于竞争者的符号。公众对于产品或服务的追求不再仅仅局限于价格或质量，更在乎产品和服务所带来的特殊的体验和感受。因此，非营利组织可以通过以下方式提升品牌影响力：①设计个性鲜明、辨识度高且具有感召力、可以引发公众共鸣的产品或服务；②打造优质的品牌，使公众有更强烈的意愿参与组织的活动，入会并购买相应的产品或服务；③针对不同需求的客户定制不同的方案，维持客户的稳定性，以此增加非营利组织自创收入的可持续性。

（四）提升非营利组织公信力

具有诚信形象和良好社会声誉的非营利组织才能够得到受益人、资助者及合作伙伴和公众的认可，提高组织的公信力，募集到更多的资金。非营利组织要提高其社会公信力，首先，要建立健全组织管理机构。管理机构的缺陷通常会导致组织的低效和腐败，从而影响公信度和组织形象。其次，要确保组织运行的公开透明化。为了提高社会公众对其信任度及公益形象，非营利组织需要建立有效的公开透明机制，定期公布财务状况和资金使用去向，以及资金使用成效，增强人们的信任度，提高社会的捐赠意愿。最后，非营利组织还需要制定科学的公共关系策略，善于和媒体合作。通过媒体的报道吸引更多的资金和志愿者加入。媒体报道也是公众监督的一种形式，有助于增加非营利组织的透明度与公信力。

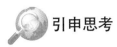 **引申思考**

能力不足已经成为社会组织筹资的主要障碍

党的十九大报告指出，我国经济已由高速增长阶段转向高质量发展阶段。"十四五"期间，"以推动高质量发展为主题"的理念，将贯穿经济社会发展各领域和全过程。

公益慈善事业高质量发展，离不开资金和资源的支持。在新环境、新发展阶段，如何提升筹资成效，践行组织使命，将成为社会组织管理者的破局点和发力点。

2020年12月28日至2021年1月15日，北京瑞森德社会组织发展中心联合19个省市地区的合作伙伴，开展2021年社会组织筹资能力需求调研。这也是目前国内唯一连续3年开展的筹资能力专题研究。

本次调研，共收集问卷113份，包含24 864个数据，其中有效问卷105份，重复作答与不合格问卷8份。有效率为92.92%。参与者包括基金会、慈善会、社团、民非的社会组织负责人与业务骨干。工商注册与未注册的组织占比为3.53%。调研主要涉及社会组织筹资规模、结构、运营推广，以及2021年筹资能力建设需求等多个方面。经过与前期数据进行比对，总结出三个主要发现。

一、国内基金会与慈善会对社会组织资助有限

本次调研数据显示，社会组织的主要收入包括公众捐赠、企业捐赠、政府购买服务，基金会、慈善会资助相对较少。从收入结构可以看出，企业捐赠占比31.14%，公众捐赠占比为27.36%，政府购买服务占比为22.64%。而居于公益行业生态链上游的基金会、慈善会对社会组织的资助占比仅为12.04%。中国慈善联合会发布的《2019年度中国慈善捐助报告》中，内地接收款物捐赠共计1 509.44亿元，71.25%的资金流向了基金会与慈善会。其中，基金会接收捐赠占比为44.86%，慈善会占比为26.39%。一边是众多一线社会组织缺乏资助举步维艰；另一边是大量资源集中在基金会、慈善会手中，自己开展项目。这导致了一个恶性循环：上游不资助（自己做），下游发展不起来，行业规模小影响力不足，获得资助少。最终反噬整个行业。

国内的基金会与慈善会也加大了对一些社会组织的支持力度。2020年度《第四届中国基金会评价榜调研报告》显示，NGO接受基金会资助的平均金额较前两届相比呈持续上升趋势，但未接受资助的NGO比例也从18%上升至36%。这表明部分NGO获得了更多的资助。还有数据显示，22%的（受访）基金会完成了67%的资助行为。这表示少数基金会完成了大部分的资助行为。截至2021年1月4日，全国共录得8 549家基金会。南都公益基金会名誉理事长徐永光认为，"中国基金会定位为资助型的基金会数量占比不到1%，大部分还是自己做事，这反映我们行业发展水准非常低。"

二、社会组织重视筹资但专业能力不足

调研数据显示，78.01%的社会组织认为筹资"紧急且重要"，17.14%的社会组织认为这项工作属于"重要不紧急"的范畴，觉得筹资"不重要"的组织占比为4.76%。这足以表明社会组织对于筹资的重视程度。虽然社会组织对筹资重视程度逐渐提高，但从调研结果来看，筹资专业化水平还有待提升。这直接反映在筹资规划的制订上。

本次调研中，每年制订筹资计划的组织占比为53.29%，45.71%的社会组织未能连续

制订筹资计划。这与去年的情况变化不大，但相对于 2019 年，制订计划的社会组织比例增加了 23.04%。如果将社会组织比作一艘探索新大陆的航船，那么筹资计划就是指明方向的航海图，是推进工作、配置资源的重要参照。超过四成的组织缺少连续的筹资计划，显示出部分社会组织筹资工作带有一定的盲目性。这有可能给社会组织带来不可预知的风险。当被问及"在筹资过程中遇到的障碍主要有哪些"时，"筹资能力有待提升"居于首位（54.29%）。"缺少专业人员"与"缺少外部资源"紧随其后（同为 46.67%），"筹资方式创新不足"位列第三（30.48%）。而在 2019 年与 2020 年的调研数据中，受访者主要将"筹资方式创新不足""缺少外部资源""缺少专职人员"视为筹资的主要障碍。

三年来数据的变化，显示出社会组织对于筹资的认识更加客观、真实，对于自身问题的洞察越发理性、深入和全面。筹资是社会组织的生命线，这方面的能力与成效关系到组织与行业的可持续发展，也对每个行业从业者有着直接影响。不过，筹资是实现公益目的的手段之一。如果片面追求筹资额，背离了回应社会问题，推动社会公平、进步的根本，社会组织就失去了存在的意义。作为一个系统工程，筹资绝不是各种技术手段的叠加。缺乏长远的战略和稳健的体系，再精湛的技术，最终也会走向低水平重复，即所谓的"内卷"。"筹资方式创新不足""缺少外部资源""缺少专职人员"都只是表象，其实质问题是由于专业能力不足引发的运营管理能力欠缺等多方面挑战，已经成为制约社会组织发展的顽疾。

那么，社会组织筹资能力建设的主要痛点在哪里？调研结果表明，"缺乏经费"一直是社会组织的"老大难"问题。调研数据显示，66.67% 的受访组织，将缺乏培训经费作为筹资能力建设的主要障碍，紧随其后的是"缺乏持续辅导"和"不知道哪里有专业课程"。纵观 2019 年—2021 年的数据，"缺乏培训经费"一直困扰着社会组织。有相关人士坦言：我们有限的资金往往首先用于开展项目，而轮到筹资能力建设这种软性支出，往往就是心有余而力不足了；与商业机构相比，NGO 的基础建设投入相差甚远。全球联合之路（United Way Worldwide）中国首席代表袁家凯认为：在募捐产品设计上，眼泪指数高的项目容易获得捐赠，但类似从业人员的培训、信息化系统的开发等合理支出，却很难获得捐赠人的垂青。基础建设投入严重不足正在影响 NGO 行业的健康发展。

三、非营利组织筹资能力建设需专业团队持续辅导

数据显示，33.33% 的社会组织在 2020 年参加了 1 次筹资培训，没有参加过的社会组织占比为 29.52%。2019 年参加过 1 次培训的组织占比为 31.37%，没有参加过的社会组织占 30.39%。缺少资金投入与专业有效的内容是影响筹资能力建设的主要因素。据统计，2020 年社会组织筹资能力建设以线上为主，占比为 56.19%，参加公开课的社会组织占比 33.33%，27.63% 的社会组织选择了"团队内部分享"。从培训效果来看，40.86% 的社会组织认为线上培训效果很好，"对工作有一定帮助"，但是给予非常好评价的社会组织占比仅为 1.69%。

另外，有 44.07% 的社会组织表示线上课程效果一般"相关经验只适合特定的组织"，6.78% 的社会组织认为"这对工作没有帮助"。2021 年，社会组织对参加公开课、工作坊和聘请专家团队进行辅导表示了浓厚的兴趣。其中，60% 的社会组织选择了参加公开课，愿意参加工作坊的社会组织占比 53.33%，希望聘请专家团队进行咨询的社会组织占比为 35.24%。有受访者表示："很多时候，内容和时间都是碎片化的。偶尔听一次课，当时感觉挺好。但在实际工作中遇到困难时，还是容易沿着老路走。"对于社会组织来说，在预算有限的前提下得到持续深入的专业支持已经成为刚需。根据柯氏四级培训评估模式（Kirkpatrick Model），从学会到做到，再到做好，需要跨越巨大的鸿沟，这个过程中需要不断地接受反馈与指导。而"培训 + 陪伴"的轻咨询，可以在控制成本的前提下，让社会组织与专业团队充分发挥各自优势。在工作中，以目标为锚点，通过系统化的知识输出与过程支持，将方法论、工具、经验与实践相结合，推动绩效提升。这种"干中学"的模式，有助于社会组织实现内外部协同，不断用实际成果，检验方法的有效性。最终形成适合组织发展的筹资体系，助力组织高质量发展。

社会组织作为"第三部门"，投身公共服务生产，有效弥补了政府和市场供给的不足，在全面建设社会主义现代化国家新征程中，具有不可替代的作用。筹资贯穿社会组织的整个生命周期，而能力建设是一个"取势、明道、优术"的过程，作为组织的一项战略投资，推动人的发展与组织使命达成才是其价值所在。本次调研，揭示了社会组织对于筹资能力认识的变化，折射出新的时期，对于系统化开展筹资能力建设的迫切需求，并提供了提升筹资能力的参考路径。

（资料来源：公益时报. 能力不足已经成为社会组织筹资的主要障碍［EB/OL］.［2022 - 06 - 01］. http：//www. gongyishibao. com/article. html？aid = 16678.）

［思考］你认为在遇到不可抗力事件的形势下应采用何种筹资方式以提升非营利组织的筹资效率？

复习思考题

1. 非营利组织筹资的含义是什么？进行筹资管理的目的是什么？
2. 影响非营利组织筹资的因素有哪些？
3. 非营利组织筹资渠道和方式主要有哪些？
4. 非营利组织筹资管理的原则有哪些？
5. 请简述非营利组织筹资管理制度以及筹资能力的评价体系。
6. 请简述非营利组织的筹资过程。
7. 我国非营利组织筹资存在的主要问题及其成因是什么？如何解决？
8. 中华慈善总会 2021 年发生如下业务：
1）以银行存款支付募款活动费用 1 600 元。
2）发生应当计入筹资费用的长期借款费用 2 200 元。
3）年终结账时"筹资费用"科目的借方余额为 4 200 元。
根据以上信息，编制相关会计分录。

第五章

非营利组织投资管理

 学习目标

通过对本章的学习，能够全面了解非营利组织投资管理的相关概念；熟悉非营利组织投资管理的结构及程序；全方位掌握非营利组织投资管理的原则；精通非营利组织投资管理制度及其相关会计核算。

 引导案例

慈善资产保增值的两难现实

慈善资产能不能投资，对公众来说，是一个陌生又有争议的话题。

做慈善、用于做好事的钱如果用来投资，投资盈利应该怎么用？亏损又该怎么办？身披"道德光环"的基金会，在利用募集得来的慈善资金投资时，会有怎样的选择？

2019 年 1 月 1 日，《慈善组织保值增值投资活动管理暂行办法》（下文简称《管理暂行办法》）落地实行，该《管理暂行办法》取消了慈善机构购买理财产品风险评级的限定，在投资上，鼓励基金会与金融机构合作，同时为慈善组织的保值增值行为划定了范围，明确了底线和红线。

而对我国的多数基金会来说，也提出慈善资本投资的新挑战。据中国基金会发展论坛统计，2018 年我国基金会数量将近 7 000 家，管理着数千亿元规模的资金，但很多基金会都任凭慈善资本长期躺在银行吃利息。善款应如何使用才能做到"合法、安全、有效"，更多中小型基金会的投资该怎么管，如何让更多投资的"灰色地带"现形，也是摆在捐助者、管理者和监管者之间的待解难题。

一、不会投？不想投？

"它就像'房间里的大象'，客观存在，但大家都假装看不见。"与《南方周末》记者交流慈善组织投资保值增值的话题时，中国慈善资产管理论坛秘书长刘文华脱口而出，公益界，投资话题地位尴尬。

近年来，公益行业会议上专门讨论投资主题的活动很少，公开登载的投资案例也较少，这一话题被业内人士有意无意地忽略。

2019 年 1 月，中国慈善资产管理论坛在北京成立，由南开大学基金会等八家机构在北京发起，该论坛发布了《中国基金会投资报告（2018）》。

该报告显示，全国净资产排名 TOP 50 的基金会，29 家基金会能够查询到 2017 年年报，其中有 21 家基金会在 2017 年通过投资取得收益，通过"理财"取得收益 17 家，通过"股权"取得收益 9 家，通过"信托"取得收益 5 家；超过一半（21 家中的 11 家）基金会仅投资了理财、股权、信托、债券、基金等几个种类中的一种，"距离通过资产配置分散风险的目标还有很大的距离"。

在查询数家国内较大规模的基金会年报和财报时，《南方周末》记者也发现它们公布的财务与投资收益情况各有不同：

北京市企业家环保基金会（阿拉善 SEE 生态协会）2017 年将共计 1.45 亿元委托天风天信财富投资管理有限公司，进行理财产品的投资，年末到期收益 200.4 万元，复合收益率 1.38%。

壹基金 2017 年资产保值增值收益 1 036.7 万元，其中银行存款利息收益 1 004.1 万元，理财性收益 32.6 万元。

爱佑慈善基金会 2017 年从银行购买了短期理财产品，并投资了四家公司的长期股权，其中理财产品到年末账面余额为 5.11 亿元，收益 1 436 万元，股权投资亏损 7 万元。

据《中国基金会投资报告》（下文简称"报告"）分析，2010 年—2016 年基金会行业年均投资收益率仅 1.2%。与此同时，央行规定一年期存款利率为 1.5%。"如果不考虑每年的增量，我国慈善资产实际上处于缩水状态，根本谈不到什么保值增值。"该报告写道。

刘文华告诉《南方周末》记者，其中存在几个因素。首先，基金会财产是社会公共财产，没有股东、所有人，天生动力不足。其次，理事会作为受托人，也搞不清自己对慈善资产的保值增值到底该如何作为。最后，长期以来，舆论和监管部门的态度偏保守，更大的问题是投资是否属于"挪用捐款"？公众的怀疑一直是基金会投资中挥之不去的阴影。

二、不愿投？怕亏损？

我国公益组织将慈善资产拿去投资的行为，在过往实践中，曾引起媒体和公众的巨大争议。2002 年，发起希望工程的中国青少年发展基金会（下文简称"青基会"）被曝出挪用善款违规投资逾 1 亿元并发生巨额亏损，曾引起社会舆论的轩然大波。

青基会曾在 20 世纪 90 年代，利用捐款先后投资了股票、公司等诸多项目，当时青基会主要负责人徐永光事后承认，青基会曾为了填补这些投资亏空，"做平"过一些账目。但据青基会 2003 年发布的年度审计报告显示，希望工程从 1989 年—2002 年累计增值净收益 6 867 万。风波过后，青基会逐渐退出了原有的投资项目。

刘文华在这一期间曾担任青基会资产管理部部长，负责青基会投资项目，他向《南方周末》记者回忆，那十几年，希望工程的投资有亏损，也有盈利。但正如徐永光在 2011 年接受《南方周末》记者采访时所说，"当时人们对希望工程有不切实际的期望，你是拿希望工程的捐款去投资，赚了是应该的，赔了你就是犯罪。人们不允许希望工程投资有亏损，情感上不能接受。"

青基会的投资也有社会大环境的影响。20 世纪 90 年代，我国经历着银行利率高企、货币迅速贬值的时期。据资料显示，1993 年一年期银行存款利率一度高达 10.98%，还有保值贴补率，但当时大家都觉得这太低了，"全社会都在盲目追求高收益，在这种环境下，你怎么可以要求一个基金会秘书长保持高度的清醒和自制，只做银行存款和国债？"刘文华反问《南方周末》记者。

实际上基金会参与投资是推动基金会发展的国际惯例。离开青基会的投资管理岗位后，刘文华在公益行业的各类机构游走，他一直没有停下动员公益组织利用捐赠基金开展投资的脚步。

三、投资百态

为鼓励慈善基金会"自我造血",资产"增值保值",无论是1988年《基金会管理办法》、1999年《中华人民共和国公益事业捐赠法》、2004年《基金会管理条例》,还是2016年的《中华人民共和国慈善法》,政策都在为基金会投资行为"开绿灯"。

近年来,法律规章的中心思想,可以概括为"合法、安全、有效"六个字。但六个字之下的细则模糊不清:怎样实现"合法、安全、有效",标准不一、途径不一、结果不一。大多数基金会无所适从,不敢投资。"投资失败怎么办"也成为基金会参与投资的巨大压力。

2008年,南都公益基金会因为购买基金,亏损5 154万元,这部分亏空最后就由出资理事补齐。

2017年,友成企业家扶贫基金会将301万元投入A股市场购买4只股票的同时,还短期质押了价值1 350万元的股权。截至2017年12月31日,4只股票共计亏损107万元。

在此情形下,2017年,广东省一心公益基金会理事长谢东祥为了让基金会资金能够参与投资,以个人名义与基金会理事会签了一份投资风险承诺书,表明如投资产生亏损,由谢东祥本人按照基金会实际亏损资金承担赔偿责任,并按同期人民币活期存款利率补偿利息。谢东祥告诉《南方周末》记者,当时相关指引明确"增值保值"是投资一分钱不能亏,但投资就有风险,如果3 000万元投资亏了5%,即150万元,十几个理事1年1人就要补偿十多万元,不合理。

关于理事对投资进行担保的事,刘文华说自己在北京、上海、天津等地的基金会都见过类似的案例。他表示理解,但并不赞同。

刘文华直言,大家所认为的"亏损需要赔偿"条款,有前提条件的,即"违反《基金会管理条例》和章程规定决策不当"。与其说是"利剑效应"让基金会管理人员望而却步,或许更容易被当作"遮羞布",作为基金会自身因害怕风险、不敢承担责任而坐视慈善资产躺在银行金库"睡觉"的托辞。

随后,广东省一心公益基金会成立了投资委员会:从理事会中选五人组成投资委员会,由谢东祥提出投资方案,投资委员会举手表决签字后,再将形成的投资意见交由理事会通过实行。基金会目前委托了约1 600万元的证券投资、600万元的股权投资及产业投资,另有两千多万元存在基金会的银行账户中做理财。

广东省一心公益基金会敢于投资的另外一重要原因,是有强大的金融专业团队作为支撑,经理事会同意投资的资金委托到谢东祥参股控制的金融投资管理公司中,由专业人士运作、管理。

"我们这样的案例又能够被多大程度地推广,又有多少中小型基金会有动力、有能力去做投资?"谢东祥直言。

但刘文华指出,广东省一心公益基金会委托到理事长谢东祥参股控制的金融投资公司去做投资,这属于关联交易,法律并不禁止,但要求及时披露,并在投票时要回避。今后如何合法合规地开展这类投资,还需斟酌。

四、矛盾待解

一方面是过去30年善款增值保值的途径争议待解,另一方面则是基金会资产"躺着不动"必定缩水的局面。《管理暂行办法》的出台,能多大程度改变它的现状?

2019年1月1日正式实行的《管理暂行办法》对基金会的投资行为有了更为细致、规范的表述和约束，要求"被投资方经营范围应当与慈善组织的宗旨和业务范围相关"，同时提出"不得直接买卖股票""不得以投资名义向个人、企业提供借款""不得直接购买商品及金融衍生品类产品""不能投资人身保险产品"以及不能参与"不符合国家产业政策的投资""可能使本组织承担无限责任的投资""违背本组织宗旨、可能损害信誉的投资""非法集资等国家法律法规禁止的其他活动"等八项硬性规定，但是与一年前出台的草案相比，它的条款已经大为简化，给基金会留有更大的空间。

刘文华认为，这样的改变，意味着今后基金会的投资，被赋予更多权力，可投资范围非常广泛，"对于原来很积极的慈善组织来说，提出了限制，例如清华大学基金会原来自己投资股票，但对于原来保守的慈善组织而言，更可能是一种鼓励和规范"。

此外，《管理暂行办法》意味着基金会要承担更大的责任，因为在政府追责时，非常重要的一个依据就是基金会自己制定的资产管理制度，"对基金会的理事和秘书长们开展金融启蒙和投资者教育，民政部门更重视资产管理和信息披露的要求，以及奖惩机制和捐赠人的问责，都是可以促进基金会'动起来'的关键。"刘文华说道。

（资料来源：南方周末. 慈善资产保值的两难现实［EB/OL］［2022－06－01］. https：//www.fx361.com/page/2019/0307/4861588.shtml.）

第一节　非营利组织投资管理的内涵与目标

一、非营利组织投资管理的内涵与内容

非营利组织的投资活动可以持续更新与促进资金的流转，进而使组织稳定并实现可持续发展。然而投资并不是一项简单的经济活动，需要采用不同的方法进行风险识别、分析、评估与管理，同时考虑风险与收益等方面的权衡问题。因此，为使非营利组织的投资资金使用效率最大化，非营利组织需要进行投资管理，实现风险和收益的最优均衡。

（一）非营利组织投资管理的内涵

非营利组织投资管理，通俗来说，就是对非营利组织的投资活动进行管理，借助"管理"一词的内涵理解非营利组织投资活动的内涵。管理是指一定组织中的管理者，通过实施计划、组织、领导、协调、控制等职能来协调他人的活动，使他人同自己一起实现既定目标的活动过程。那么，非营利组织投资管理可以理解为非营利组织的管理者通过一系列科学的手段实现投资活动，包括投资前的准备工作、投资活动、投资后的监控以及调整。

虽然投资活动并不是投资管理的全部内容，但是是最重要的内容，解决好非营利组织的投资问题，投资管理就成功了一大半。所以下面就重点介绍投资的内涵。非营利组织投资是指为通过分配来增加财富，或为谋求其他利益，而将资产（货币资金、实物、无形资产等）让渡给其他单位使用所获得另一项资产的活动。

（二）非营利组织投资管理的内容

非营利组织投资管理的内容主要包括价格预测、时机选择和资金管理三个要素。

1）价格预测是指投资者对投资走向进行预测，据以判断某项投资是否可行，包括预

测各种债券的价值、收益率以及预测转让固定资产使用权可获得的收益等。

2）时机选择就是确定具体的入市和出市时点。若时机把握准确，投资将很可能获利，否则即使正确地判断出投向，也会使组织获利减少或发生亏损。

3）资金管理是指如何对资金进行配置，其中包括投资组合的设计、多元化安排、在不同的投资工具之间分配资金以及收益与风险之间的权衡。

二、非营利组织投资管理的目标

对资金进行增值、保值是非营利组织的基本职责之一，同时也是非营利组织投资管理的首要目标，具体来说又可以分为以下几个详细目标：

（1）壮大资产并更好地提供服务　非营利组织进行投资的目的在于壮大资产，从而更好地向社会输出公益产品和公益服务。投资在非营利组织的运作中，在一定程度上起到了承上启下的作用。非营利组织首先筹集资金，然后通过投资管理活动壮大资产，最后用增值、保值后的资产实施资助项目，最终实现非营利组织的社会公益目的。可以说，筹款、投资、资助是推动非营利组织不断向前发展的"三驾马车"。

（2）减少对外部资源依赖　非营利组织开展投资管理活动，有利于减少非营利组织对外部资源的依赖，增强非营利组织的独立自主性，促进非营利组织的可持续发展，帮助非营利组织开展更加长远和更有创新性的公益活动，总的来说，有利于非营利组织公益目的的有效实现。

（3）应对通货膨胀风险　非营利组织投资管理的首要目标就是对资金进行保值、增值。其中，保值活动就是为了应对通货膨胀风险。通货膨胀会造成货币贬值、物价上涨、储蓄下降、失业率增高等，也会在增加非营利组织社会责任的同时削减非营利组织的社会服务能力，例如，因为通货膨胀失业率增高，红十字会需要为更多的人提供帮助，然而同样的资金却只能购买更少的商品和服务，这将大大增加红十字会的压力。应对通货膨胀风险，最好的方法就是投资。

（4）降低资金筹集和使用时间差带来的资源浪费　非营利组织作为一个先筹集社会资源再开展慈善活动的非营利性机构，其资金的筹集和使用在时间维度上是不一致的。例如，非营利组织在年初筹集到资金，但是资金捐赠方并没有做出资金具体的指向，后续资金的使用需要非营利组织根据实际情况选择公益项目或受助人，可能到年末才将资金使用出去，如果不对资金进行合理利用，就造成了资金浪费。而非营利组织通过对资金进行投资管理，避免资源的浪费，并带来源源不断的收益，更加有利于非营利组织的可持续发展。

（5）覆盖非营利组织日常管理支出并实现发展　在实际操作中，非营利组织对资金进行投资管理有两个层次的目的。

第一个层次是覆盖非营利组织的日常支出。非营利组织的存续和正常运作需要成本，包括人力成本、行政成本和项目实施成本。而成本覆盖资金来源主要有两个：一是捐赠收入，二是投资收益。目前，捐赠收入为组织日常支出提供的资金非常有限，所以还是尽可能通过投资收益覆盖组织日常支出。

第二个层次是实现非营利组织的发展。非营利组织存在的目的就在于筹集资金开展社会公益活动。资金是决定非营利组织能否发展的关键因素，要想实现发展就必须整合更多的资源，整合资源主要有两种途径：一是筹款，二是投资，它们是实现非营利组织发展的"两驾马车"。只有实现"双轮驱动"，非营利组织才能不断做大做强，实现可持续发展。

第二节　非营利组织投资类型与流程

▶ 一、非营利组织投资的类型

按照不同的分类标准，投资可以分为不同类别。

（一）按投资回收期限分类

按投资回收期限的长短划分，投资可分为短期投资和长期投资。

短期投资是指非营利组织持有的能够随时变现并且持有时间不准备超过 1 年（含 1 年）的投资，包括股票、债券投资等。短期投资具有容易变现、风险低、收益低的特点。

长期投资是指不满足短期投资条件的投资，即非营利组织持有的超过 1 年以上的投资。长期投资一般不易变现，流动性较弱，风险相对短期投资要高，但收益也较高。

（二）按是否具有经营管理权分类

按照非营利组织是否具有对被投资主体的经营管理权，投资可分为直接投资和间接投资两类。非营利组织的直接投资进一步可以划分为对内直接投资和对外直接投资，前者形成非营利组织内部直接用于运作的各项资产，后者形成非营利组织持有的各种股权性资产；间接投资是指通过购买被投资对象发行的金融工具而将资金间接转移交付给被投资对象使用的投资，例如企业购买特定投资对象发行的股票、债券、基金等。

（三）按投资的性质分类

按投资的性质，投资可分为债权性投资、权益性投资和混合性投资。债权性投资是指定期获得固定数额的利息，并在债权期满时收回本金的投资，非营利组织可通过购买债务证券获得债权性投资。权益性投资是指为获取其他企业的权益或净资产所进行的投资，例如对其他企业的普通股股票投资。混合性投资是指同时兼有债务性和权益性的投资，非营利组织可通过购买可转换债券等混合性债券获得混合型投资。

（四）按投资的目标分类

按投资的目标，投资可分为经营性投资和政策性投资。经营性投资又称营利性投资，西方国家中也称为商业投资，是指为了获取利益而进行的投资；政策性投资又称非营利性投资，是指用于保证社会发展和群众生活需要而不能或不允许带来利益的投资。政策性投资虽然不能带来经济利益，却能带来社会效益，是社会经济发展及人民生活水平不断提高的必不可少的物质基础。

▶ 二、非营利组织投资的原则

非营利组织投资管理的原则主要包括：安全性原则、收益性原则、流动性原则、分散性原则与审慎性原则等。

（一）安全性原则

安全性是指投资本金不遭受损失的可能性，这是非营利组织投资的最基本原则。安全性原则是由非营利组织的志愿公益性或互益性决定的。

非营利组织是以捐赠为基础形成的公益财产的总和，也就是说，使用的是社会公共资源，提供的是社会公共物品。所以，非营利组织的亏损不仅会影响受益人的权益以及计划参与人的积极性，而且还会影响整个社会的福利水平。超过委托人和受托人风险承受能力的投资，都是不适合、不审慎的投资。在非营利组织的投资制度上，引入独立的托管人制度，建立委托人、受托人、账户管理人、托管人、投资管理人之间的相互制衡关系，都是为了保障非营利组织投资的安全性。非营利组织不能承担过高的风险。在非营利组织投资时，监管部门需要采取严格的监管和管理措施，保证其投资的安全性。在具体的投资管理过程中，投资管理人可以通过分散化投资和多样化投资，构建风险收益特征适当的投资组合，有效地降低投资亏损的风险，保障非营利组织投资的安全性。

（二）收益性原则

收益性是指非营利组织投资获得收益的可能性。在收益性原则方面，非营利组织的投资目标是实现资产的保值增值，没有一定的投资收益，就无法实现非营利组织的投资目标。如果非营利组织的投资管理人不能实现一定的收益，受益人的权益、社会公益服务的效力以及捐款人等参与人的积极性则没有了保障。

非营利组织可以通过专业的投资管理机构进行投资理财，通过投资一定比例的高收益产品，例如公司债、股票、共同基金等金融工具，进而实现收益性目标。追求适当的、合理的收益目标，是非营利组织投资管理的一项根本原则。非营利组织通过投资获取适当的、合理的收益，是其投资管理制度优越性的体现。适当的投资收益，可以降低非营利组织的负担以及更好地为社会提供公益服务。非营利组织资金的积累和运作都呈现持续性特征，这要求组织不断寻找投资机会，充分利用闲置资金进行长短期组合投资，以获得最大化收益。因长期投资往往具有期限长、见效慢的特点，非营利组织为保证日常运营资金的充足性，有必要重视对短期投资工具的利用。短期均衡适当的投资收益若能积少成多，从中长期看将对非营利组织的健康发展产生积极作用。

（三）流动性原则

流动性是指投资的资产在不遭受损失的情况下的变现能力。非营利组织的投资要保持一定流动性，原因之一在于需要满足其投资计划中权益支付、账户转移等情况对现金的需要。原因之二在于为了满足非营利组织投资管理人优化投资组合、灵活调整投资组合，以便有效进行资产配置的需要。

非营利组织投资的流动性受其各项支出及外部环境的影响，如教育、扶贫、科技、文化等。由于以上支出都会导致投资的现金频繁流入、流出，所以非营利组织投资流动性的管理是一个动态的过程。一般而言，如果非营利组织的支出数额比较大、面临的外部环境不稳定，会需要较高流动性的投资；反之则较低。为了保障非营利组织对投资流动性的要求，可以把一定比例的资金投资于流动性较强的金融工具，如活期存款、短期国债、货币市场基金。

此外，避免集中投资也是保障非营利组织资金流动性的一个方法。非营利组织在投资运作的过程中，必须结合其未来的收入、支出情况及其他具体因素，确定适合非营利组织投资计划的流动性水平，动态调整投资策略，满足投资资产和负债在数额和现金流上的匹配。

（四）分散性原则

分散性原则是安全性原则、流动性原则衍生出来的一项重要的非营利组织投资原则。非营利组织的投资应保持充分的分散化水平，以降低可能出现的大额亏损及资产价值波动的风险，进而保障其资产的安全性和流动性。

按照投资组合理论，分散化投资可以有效降低非营利组织投资的非系统风险。投资过于集中在某类或单个投资工具，将对非营利组织的资产造成很大的风险。一方面，当该类投资工具出现价格下跌时，非营利组织的账面价值受到的损害程度较大，其资金的安全性也就不能得到保证；另一方面，由于投资过于集中，在执行卖出指令时可能无法按预定价格抛出，造成一定的流动性冲击成本。

此外，投资过于集中，投资对象的风险将转化为投资者的风险，衍生出关联风险。非营利组织投资管理的法规以及投资管理策略都对其投资类别和单个证券投资的比率有严格的限制，非营利组织投资管理人在投资管理过程中必须严格遵循相关规定，保证投资的充分分散化。

投资理论和实践上都证明，只有采用多元化、分散化的投资原则，才能分散风险并降低投资的风险水平，从而获取较高的、合理的投资收益。

（五）审慎性原则

审慎性原则即谨慎尽职原则。非营利组织的审慎性原则要求投资管理人必须谨慎尽职。而非营利组织投资的长期性与信托制度下的委托代理、受托人与投资管理人的信息不对称等，都容易产生道德风险。投资管理人必须具备非营利组织投资管理所需的专业技能，在投资活动中要具备熟练的专业技能，并且在投资行为和过程中保持谨慎和勤勉。其中，谨慎措施包括投资配置限制、维持资产质量要求、流动资金比例、市场风险控制、风险准备金、管理控制以及信息披露和报告要求等。

非营利组织的投资管理人在投资管理活动中必须做到：根据内部和外部条件，对投资组合进行全面的分析研究和监控、平衡投资的风险和收益、分散投资风险等。非营利组织的投资管理既要符合其投资管理的政策法规，又要符合投资管理合同和投资策略的要求，还要在刚性约束之外符合非营利组织投资受托人和受益人的风险收益特征。

▶▶ 三、非营利组织投资的流程

非营利组织的投资流程按照具体程度可以分为非营利组织投资总流程和非营利组织投资具体流程。按照投资风险的大小，进一步可以分为风险较小的银行类产品的投资流程和风险较大的非银行类产品的投资流程。

（一）非营利组织投资总流程

1）根据投资小组审定的年度投资计划进行投资。

2）投资小组提出投资项目方案，由资产管理小组进行充分研究与论证，并提出初步投资意见后提交审核委员会做出决策。

3）理事会对资产管理小组的意见进行讨论，决议应当经组成人员 2/3 以上同意方可实施，由资产与财务管理部负责落地执行。

（二）非营利组织投资具体流程

（1）对投资项目进行市场调研、项目筛选、测算评估，为投资决策提供依据　市场调研对于非营利组织投资非常重要。不做系统客观的市场调研与预测，仅凭经验或不够完备的信息就做出投资决策是非常危险的，也是十分落后的行为。一般来说市场调研可以起到以下几方面的作用：①了解投资的法律环境；②掌握投资的政策环境；③熟悉资本市场环境。

项目筛选亦称项目鉴定或项目初选，它是对已提出的项目意向进行初期鉴别和筛选，以初步选定那些需要优先考虑并符合国家投资政策和非营利组织原则的项目。项目选定是项目周期的开始阶段，这一阶段是非营利组织的战略转化为具体的投资项目和投资行动的关键步骤。

测算评估是指在投资活动中，在对投资项目进行可行性研究的基础上，从非营利组织整体的角度对拟投资建设项目的计划、设计、实施方案进行全面的技术经济论证和评价，从而确定投资项目未来发展的前景的过程。评估测算对项目的结构、功能、环境匹配性、可操作性、可持续性进行系统的价值研判。

（2）对现有投资项目汇总分析，及时跟踪和监控，按时收回本金、利息、分红等应得收益　投资项目汇总分析以行业调查研究为基础，站在第三方角度，对行业的投资环境、投资风险、投资策略、投资前景和项目的投资价值、投资可行性进行客观、科学、公正的分析和论证。为降低非营利组织的投资失误和风险，每一项投资活动都必须建立一套系统科学的、适合活动特点的方法。投资价值分析报告正是吸纳了国际上投资项目分析评价的理论和方法，利用丰富的资料和数据，将定性方法与定量方法相结合，对投资项目的价值进行全方位的分析评价。

（3）为投资项目建立专项档案，完整保存投资的决策、执行、管理等资料　专项档案的保存时间不少于 20 年。专项文档的归档和保存程序如下：

1）将全部文件收集起来。文件归档工作是按一定周期进行的，可能是一年，也可能是一个季度，因此进行归档工作时，首先要以年或者季度为单位，将所有文件收集齐全，确保后期归档工作顺利进行。

2）按照相关章程进行筛选。一般来说，没有当前和后期参考、使用或执行价值的投资文件无须保存，可以首先剔除并进行销毁此类文件，剩余文件则可根据非营利组织关于文件归档管理的具体要求进行筛选。

3）划分类别和级别。筛选工作完成后，档案管理人员可以先按照文件所属部门名称进行横向分类，再按照上下级的隶属关系进行纵向排列，无法划分级别的文件，可酌情与本部门文件并列归档。

4）确定保管期限。凡是在本非营利组织内能构成全局程度影响的文件，均需要永久保存，其余归档文件可根据其价值的影响时长及相关规章制度来预留足够的保管期限，不可过早销毁。

5）修缮文件内容。对于文件中存在的疏漏或损毁等情况，档案管理人员需要咨询文件来源处的同事，获取正确内容并对文件进行修补增删，另外还需要规范文件纸张大小及装订物，以便保存。

6）对文件进行编号。档案管理人员可以按照从上到下、从主要到次要的排列顺序将关联紧密的纸质文件先装订成一个基本单位，再按照类别、级别和时间装订成一个二级单位，然后用归档章编号。

7）装盒并编制检索目录。文件依次装盒，规范填写档案盒上各个项目并编号，编号要统一连贯，最后汇总所有文件目录，方便后期快速查阅档案。

（三）银行类产品的投资流程

对于年度投资计划内的银行流动性金融产品，净值型及保本浮动型产品，即银行存款（包括但不限于定期存款、结构性存款）以及风险等级为 R2 级及以下（或同类产品）的银行理财产品，投资程序如下：

1）非营利组织秘书处公开向国有商业银行、股份制商业银行发出询价邀约，银行提交盖分行章或支行公章的报价单。

2）非营利组织秘书处集体会议商议，必要时可邀请其他单位参加，确定入选银行和项目。

3）入选银行和项目报理事会审议，形成理事会决议，2/3 以上理事同意投资方案方可生效。

4）非营利组织公示入选银行和项目。

5）公示无异议后，非营利组织秘书处商定理财合同、协议等，由理事长审批。

（四）非银行类产品的投资流程

除银行类产品外的其他投资项目，投资程序如下：

1）非营利组织秘书处根据投资计划方向发布项目邀约/招标公告。

2）非营利组织秘书处组织召开投资项目评审会，对投资方案进行研究，分析政策、信用、法律等风险，筛选投资项目形成投资项目提案。

3）理事会审议投资项目提案并形成会议决议，2/3 以上理事同意投资方案方可生效。

4）非营利组织公示投资入选方案。

5）公示无异议后，非营利组织秘书处商定理财合同、协议等，由理事长审批。

四、非营利组织投资的具体步骤

非营利组织投资管理流程如图 5-1 所示。

图 5-1　非营利组织投资管理流程

（一）制定投资方案

非营利组织的投资活动以制定投资方案为起点，投资方案亦称"资本支出方案"，是资本支出决策过程中有关资本支出时间及资金投入量的具体安排。资本支出金额大小、周期长短、能否合理使用，对有关项目建设期间的开支及其建成投产以后的经营状况和盈利能力都会产生较大的影响。非营利组织在制定投资方案时需要对银行存款、信托存款、证券、委托贷款、实业投资等投资工具进行了解，并结合宏观经济环境以及非营利组织的内部条件等实际情况进行选择。一般来说，非营利组织所制定的投资方案应具有以下几点特征：

（1）**系统性**　系统性是非营利组织投资方案的基本特点。它是指非营利组织投资总额合理分配从而保持总体上投资效益最好。非营利组织投资总额分配的合理性取决于对非营利组织投资结构的正确认识和估计，只要找到了非营利组织投资的合理结构，那么投资总额的合理安排就变得容易。非营利组织投资方案的系统性首先表现在非营利组织投资计划的编排上，其次表现在非营利组织投资的组织实施上，最后表现在非营利组织所追求的各种比例关系的协调上。

（2）**协调性**　非营利组织投资方案的协调性主要体现在两个层面：①非营利组织内部各种比例分配关系。例如直接投资和间接投资的比例分配关系，有形资产和无形资产的比例分配关系。②总组织投资方案与分组织投资方案的关系。非营利组织投资方案的层次性是非营利组织的内部结构、外部结构及其相互作用的结果。

（3）**长远性**　非营利组织投资方案的长远性是指投资方案体现了投资的战略目的。非营利组织投资方案反映了非营利组织未来发展战略，这种战略性质客观上要求非营利组织投资方案具有预见性和长远性。

（二）分析投资方案

投资方案的分析方法可分为静态投资评价方法和动态投资评价方法。静态投资评价方法主要包括投资回收期法和会计收益率法；动态投资评价方法主要包括净现值法、内部收益率法和盈利指数法。

1. 静态投资评价方法

（1）**投资回收期法**　投资回收期是指回收初始投资所需要的时间，也即是投资项目经营净现金流量抵偿原始总投资所需要的全部时间。回收年限越短，项目越有利。投资回收期一般以年为单位，主要用于多项目之间的筛选和初评。投资回收期可按式（5-1）计算：

$$投资回收期 = \frac{原始投资额}{每年现金净流入量} \qquad (5-1)$$

运用投资回收期法进行投资项目分析的判定原则：若项目回收期小于预期回收期，项目可行；否则不可行。如果存在若干项目，则选择投资回收期最小的项目。

投资回收期法的优点主要有以下三点：①方法比较简单，实用性强，决策成本较低，容易被决策人理解；②它可作为衡量备选方案风险程度的指标，投资项目的回收期越短，风险越小；③它可以衡量方案的投资回收速度。

投资回收期法的缺点主要有以下三点：①忽视了时间价值，把不同时间的货币收支看成等效的；②没有考虑回收期以后的现金流，即没有衡量营利性；③促使组织接受短期项目，放弃有战略意义的长期项目。

一般来说，回收期越短的项目风险越低，回收期越长的项目风险越高。短期项目具有较大的灵活性，可以快速回收的资金用于别的项目。因此，投资回收期法可以用于粗略地衡量项目的流动性和风险。然而事实上，有战略意义的长期投资往往早期收益较低，而中后期收益较高。投资回收期法优先考虑急功近利的项目，可能导致放弃长期项目。

为了弥补投资回收期法未考虑货币时间价值的这一缺陷，人们提出了折现回收期法。这一方法是将未来各期现金流量用该项目的折现率进行折现，求得累积净现值与初始投资现值相等时所需的时间。但这一方法仍未考虑投资项目回收以后各期现金流量的影响。

（2）会计收益率法 会计收益率法也称为平均报酬率法，是用投资项目寿命周期内年平均报酬率来评估投资项目的一种方法。其计算公式如下：

$$会计收益率 = \frac{年平均净利润}{年平均投资总额} \times 100\% \tag{5-2}$$

式中，年平均净利润可按项目投产后各年净利润总和简单平均计算；年平均投资总额是指固定资产投资账面价值的算术平均数。

在采用会计收益率这一指标时，须事先确定一个非营利组织要求达到的会计收益率，或称必要报酬率。在进行决策时，只有高于必要报酬率的投资方案才是可行的。在有多个方案的互斥投资方案选择中，应选用会计收益率最高的方案。

会计收益率法的优点在于：①它是一种衡量盈利的简单方法，使用的概念易于理解；②使用财务会计报告的数据易于取得；③考虑了整个项目寿命期的全部利润；④该方法揭示了采纳一个项目后财务报表将如何变化，使投资管理人能够较好地对预期业绩进行估计，也便于项目后期的评价。

但是，会计收益率法也存在一些缺陷，主要表现为：①没有考虑货币的时间价值和投资的风险价值，第一年的会计收益与最后一年的会计收益被看成具有同等的价值；②会计收益率是按投资项目账面价值计算的，当投资项目存在机会成本时，其判断结果与净现值等标准差异较大，甚至会得出相反的结论，影响投资决策的正确性。因此，会计收益率只能作为一种辅助方法用来衡量投资项目的优劣。

2. 动态投资评价方法

（1）净现值法 净现值（Net Present Value，NPV）是指特定项目未来现金流入现值与未来现金流出现值之间的差额，也是反映投资项目在建设和服务年限内获利能力的指标。一个项目的净现值是指在整个建设和服务年限内各年现金净流量按一定的折现率计算的现值之和，它是评价项目是否可行的最重要的指标。按照这种方法，所有未来现金流入和流出都要用资本成本折算现值，然后用流入的现值减流出的现值计算得出净现值。计算净现值的公式如下：

$$NPV = \sum_{k=0}^{n} \frac{I_k}{(1+i)^k} - \sum_{k=0}^{n} \frac{O_k}{(1+i)^k} \tag{5-3}$$

式中，n 表示项目期限；I_k 表示第 k 年的现金流入量；O_k 表示第 k 年的现金流出量；i 表示资本成本。

净现值法所依据的原理是，假设原始投资是按资本成本借入的，当净现值为正数时，表示偿还本息后该项目仍有剩余的收益；当净现值为0时，表示偿还本息后一无所获；当净现值为负数时，表示该项目的收益不足以偿还本息。所以，在运用净现值法进行投资方案选择时的决策规则是，NPV>0，投资项目可行；否则，投资项目不可行。对于多种投资方案的筛选，应选择 NPV 最大的投资项目，或是按净现值大小进行项目排序并对净现值大的项目优先考虑。

采用净现值法进行项目评价具有以下三个特点：①净现值具有可加性，对于两个或两个以上的项目，既可以合并在一起评价，也可以分别评价，所得到的结果是一致的；②净现值法假定一个项目所产生的中间现金流量（即发生在项目初始和终止之间的现金流量）能够以最低可接受的收益率（通常指资本成本）进行再投资；③净现值计算考虑了预期期限结构和利率的变化。事实上，净现值可以用随时间变化的折现率进行计算。

净现值法考虑了项目周期各年现金流量的现时价值，反映了投资项目的收益，在理论上较为完善。但是，采用净现值法进行投资决策隐含的假设是，以当前预测的现金流量和资本成本进行项目投资与否的决策，是一种当期的决策，而与决策后可能出现的新信息无关，从而忽略了随时间流逝和更多信息的获得导致投资项目发生变化的各种因素，否认了决策的灵活性。

（2）内部收益率法　内部收益率法也称为内含报酬率法，是通过计算使项目的净现值等于0的贴现率来评估投资项目的一种方法，这个贴现率即是该投资方案本身的报酬率，通常用 IRR 表示。内部收益率既是项目投资实际期望达到的内部报酬率，也是投资项目的净现值等于0时的折现率。内部收益率满足式（5-4）：

$$\text{NPV} = \sum_{k=0}^{n} \frac{I_k}{(1+\text{IRR})^k} - \sum_{k=0}^{n} \frac{O_k}{(1+\text{IRR})^k} = 0 \qquad (5-4)$$

运用内部收益率法进行投资方案分析时的计算步骤如下：

1）建立净现值等于零的关系式。

2）采用试错法和插值法，计算内部收益率。

采用内部收益率法进行投资方案分析时，有具体的判定原则：当内部收益率大于资本成本时，该投资方案可行；否则方案不可行。内部收益率越大，投资方案就越好。在互斥项目决策时，选择内部收益率最高的项目。需要注意的是，投资项目的内部收益率与资本成本是不同的，内部收益率是根据项目本身的现金流量计算的，反映项目投资的预期收益率；而资本成本是投资者进行项目投资要求的最低收益率。

运用内部收益率法进行投资方案分析的优点在于计算非常准确，能够了解投资项目自身的报酬率，有利于准确地做出投资决策。但是内部收益率法也存在一些缺点，具体表现在以下三个方面：①IRR 假设再投资利率等于项目本身的 IRR。由于各项目的 IRR 不同，各项目的再投资利率也不同，这不仅影响评价标准的客观性，还不利于各项目间的比较。②项目可能存在多个内部收益率或无内部收益率。采用 IRR 进行项目评价时，如果一个投资项目的现金流量是交错型的，则投资项目可能会有几个 IRR，在这种情况下，很难选择哪一个用于评价最合适。而与多个内部收益率不同，也可能会出现没有任何折现率能满足定义 NPV=0，即 IRR 无解，在这种情况下，无法找到评价投资项目的标准。③互斥项目排序矛盾。在互斥项目的比较分析中，如果两个项目的投资规模不同，或两个项目的现金流量时间分布不同，采用净现值法和内部收益率法进行项目排序，有时会得出相反的结论。此外，如果两个投资项目投资额相同，但现金流量时间分布不同，也会引起两种标准在互斥项目选择上的不一致。当采用净现值法和内部收益率法出现排序矛盾时，究竟以哪种方法作为投资项目的评价标准，取决于非营利组织是否存在资本约束。如果有能力获得足够的资本进行项目投资，则选择净现值法提供的答案；如果存在资本限额，那么内部收益率法则是一种较好的标准。

（3）盈利指数法　盈利指数法又称获利指数法或现值指数法，是指用项目未来现金流量总现值与初始投资额现值之比来衡量投资项目经济效益的一种方法，通常用 PI 表示。PI 的计算公式见式（5-5）：

$$PI = \frac{经营期各年现金流量的现值合计}{原始投资额的现值合计} \qquad (5-5)$$

盈利指数法的判定原则：投资项目的获利指数应≥1。若投资项目的获利指数≥1，投资项目可行；否则不可行。获利指数越大，投资方案越好。当受到资本约束，只能选择一个项目时，选择 PI 最大的项目。由于 NPV 和 PI 使用相同的信息评价投资项目，所以得出的结论往往一致。但在投资规模不同的互斥项目的选择中，则有可能得出不同的结论。在这种情况下，项目选择的标准取决于非营利组织是否存在资本约束，如果有能力获得足够的资本进行项目投资，选择净现值更高的方案；如果存在资本限额，选择盈利指数更高的方案。

（三）组建投资组合

关于非营利组织投资组合的组建有以下四点建议：

1）投资范围和投资形式多样化，其投资不限于金融市场，也可投资于不动产市场。

2）投资区域不限于国内，可以在世界范围内进行多样化的投资经营。

3）不同非营利组织在投资运营方向形成了不同的投资风格，其投资策略和方式存在较大差别。

4）应采用多元化投资策略，构建债券、银行存款和股票市场等合理配置的投资组合，在降低投资组合风险的同时又能提高收益，但选择的投资组合产品种类不宜过度分散。

（四）修正投资组合

修正投资组合的原则有以下三个：

（1）根据风险偏好及时调整投资组合　非营利组织的风险偏好会随着组织发展成熟度、受赠情况和实际市场环境发生变化。风险偏好包括两个方面：①风险承受能力，其取决于非营利组织的规模、声誉、影响力、历来筹款情况等客观因素的影响。例如，若某非营利组织机构近期成功举办活动，获得了社会广泛的认可，就比较容易获得受赠资金，投资风险的承受能力也会相对增强，此时就可以在投资组合中适当增加一些风险和收益相对较高的产品。②风险承受态度，是指非营利组织管理者能够在心理上承受多大损失。比如，非营利组织预期在一年后对某残疾人团体进行捐赠，若捐赠失败可能会极大地影响组织信誉。也就是说，因为一年后需要一笔几乎确定的资金进行捐赠，目前非营利组织并不能承受过多的风险和损失。此时，就应当在保证基本投资目标的情况下，在投资组合中增加一些低风险的产品。

（2）根据政策调整投资组合　国家出台的各种政策对经济的发展有着极其重要的影响，也必然会影响到投资领域。因此非营利组织在投资过程中，需要把握经济发展主基调，紧跟国家政策顺势而为，在政策转变中寻找机会。

（3）根据经济周期调整投资组合　2008 年的全球金融危机深刻说明经济周期在资产配置决策中的重要性。非营利组织修正投资组合的目的是在一定风险下追求资产的最大收益，而经济周期的分析可以判断各大类资产的表现情况。传统理论认为，经济周期包括衰退、复苏、过热和减速四个阶段。划分经济周期的依据是 GDP 的增长率、产出缺口、CPI 和利率。在经济衰退时期，GDP 增长乏力，股票价格会逐渐下跌，此阶段债券是最好的资产配置。在复苏阶段，宽松的刺激政策起了作用，这个阶段是股权投资者的"黄金时期"，股票是这个阶段最好的资产配置。在过热阶段，GDP 保持高速增长，需求推动企业生产能力接近极限，开始面临产能约束，通胀抬头，央行开始加息来防止经济过热、防止高通胀。股票的投资回报率取决于强劲的利润增长与价值重估两者的权衡，而大宗商品和房产由于与物价指数正相关，预期收益大于利率变化，商品和房价将上涨。在减速阶段，GDP 的增长率开始下降，但 CPI 和利率都维持在高位，此时的货币政策偏紧，由于企业盈利恶化，股票表现非常糟糕，这时资金的安全性成为首要考虑的问题，持有现金是最佳选择。

（五）评估投资组合绩效

评估非营利组织的投资绩效是指对其投资管理的成本与收益、风险与收益、绩效来源进行评估。非营利组织投资绩效评估和反馈作为投资管理的重要环节，其作用是无可替代的。投资绩效的评估和反馈的重要作用不仅在于评价，还在于向非营利组织投资管理过程提出改进意见，有助于不断改善和提高投资运作水平，使非营利组织更好地实现资产保值与增值。通过绩效评估，可以发现投资战略资产配置的成功或失败的原因，探索如何在下一阶段的投资过程中发现投资机会，防范投资风险。

第三节　非营利组织投资的会计核算与绩效评估

▶ 一、非营利组织投资业务的会计核算

根据《民间非营利组织会计制度》的规定，在投资管理中涉及的会计核算科目主要有短期投资、短期投资跌价准备、长期股权投资、长期债权投资、长期投资减值准备、投资收益等六个科目。[一]

（一）短期投资

"短期投资"科目应按照短期投资种类设置明细科目，进行明细核算，主要用于核算非营利组织持有的能够随时变现且持有时间不准备超过一年（含一年）的投资，包括股

[一]　来源于中华人民共和国财政部印发的财会［2004］7 号《民间非营利组织会计制度：会计科目和会计报表》。

票、债券投资等。"短期投资"科目期末借方余额反映非营利组织持有的各种股票、债券等短期投资的成本。如果非营利组织有委托贷款或者委托投资（包括委托理财）且作为短期投资核算的，也应当在"短期投资"科目下单设明细科目核算。其会计核算主要包括以下内容：

（1）取得时的核算　短期投资在取得时应当按照投资成本计量。

以现金购入的短期投资，按照实际支付的全部价款，包括税金、手续费等相关费用作为其投资成本，借记"短期投资"科目，贷记"银行存款"等科目。

如果实际支付的价款中包含已宣告但尚未领取的现金股利或已到付息期但尚未领取的债券利息，则按照实际支付的全部价款减去其中已宣告但尚未领取的现金股利或已到付息期但尚未领取的债券利息后的金额作为短期投资成本，借记"短期投资"科目，按照应领取的现金股利或债券利息，借记"其他应收款"科目，按照实际支付的全部价款，贷记"银行存款"等科目。

接受捐赠的短期投资，按照所确定的投资成本，借记"短期投资"科目，贷记"捐赠收入"科目。

（2）收到利息或股利时的核算　收到被投资单位发放的利息或现金股利时，按照实际收到的金额，借记"银行存款"等科目，贷记"短期投资"科目。但是，实际收到在购买时已记入"其他应收款"科目的利息或现金股利时，借记"银行存款"等科目，贷记"其他应收款"科目。

需要注意的是，持有股票期间所获得的股票股利不做账务处理，但应在辅助账簿中登记所增加的股份。

（3）处置或收回时的核算　出售短期投资或到期收回债券本息，按照实际收到的金额，借记"银行存款"科目，按照已计提的减值准备，借记"短期投资跌价准备"科目，按照所出售或收回短期投资的账面余额，贷记"短期投资"科目，按照未领取的现金股利或利息，贷记"其他应收款"科目，按照其差额，借记或贷记"投资收益"科目。

【例5-1】　非营利组织A于2021年9月买入按年付息的B企业债券160 000元，拟作为短期投资持有，2021年10月收到上一年度的债券利息12 000元，2021年11月A将B企业债券以17 000元卖出。根据以上信息，编制相关会计分录。

（1）2021年9月买入短期债券

借：短期投资——B债券	148 000	
其他应收款	12 000	
贷：银行存款		160 000

（2）2021年10月收到债券利息

借：银行存款	12 000	
贷：其他应收款		12 000

（3）2021年11月将债券卖出

借：银行存款	170 000	
贷：短期投资		148 000
投资收益		22 000

（二）短期投资跌价准备

"短期投资跌价准备"科目用于核算非营利组织提取的短期投资跌价准备，期末贷方余额反映非营利组织已计提的短期投资跌价准备。非营利组织应当定期或者至少于每年年度终了，对短期投资是否发生了减值进行测试，如果短期投资的市价低于其账面价值，即发生了减值，则应当按照市价低于账面价值的差额计提短期投资跌价准备。如果短期投资的市价高于其账面价值，应当在该短期投资期初已计提跌价准备的范围内转回市价高于账面价值的差额，冲减当期费用。其会计核算如下：

1）如果短期投资的期末市价低于账面价值，按照市价低于账面价值的差额，借记"管理费用——短期投资跌价损失"科目，贷记"短期投资跌价准备"科目。

2）如果以前期间已计提跌价准备的短期投资的价值在当期得以恢复，即短期投资的期末市价高于账面价值，按照市价高于账面价值的差额，在原已计提跌价准备的范围内，借记"短期投资跌价准备"科目，贷记"管理费用——短期投资跌价损失"科目。

3）非营利组织出售或收回短期投资，或者以其他方式处置短期投资时，应当同时结转已计提的跌价准备。

（三）长期股权投资

长期股权投资是指投资方对被投资方能够实施控制或具有重大影响的权益性投资，其期末借方余额反映非营利组织持有的长期股权投资的价值。非营利组织的"长期股权投资"科目核算持有时间准备超过一年（不含一年）的各种股权性质的投资，包括长期股票投资和其他长期股权投资。"长期股权投资"科目应当按照被投资单位设置明细科目，进行明细核算。非营利组织如果有委托贷款或者委托投资（包括委托理财）且作为长期股权投资核算的，应当在本科目下单设明细科目核算。长期股权投资的会计核算如下：

（1）长期股权投资的初始计量　非营利组织在取得长期股权投资时，应按初始投资成本入账。以支付现金购入的长期股权投资，按照实际支付的全部价款，包括税金、手续费等相关费用作为其初始投资成本，借记"长期股权投资"科目，贷记"银行存款"等科目。

如果实际支付的价款中包含已宣告但尚未领取的现金股利，则按照实际支付的全部价款减去其中已宣告但尚未领取的现金股利后的金额作为其初始投资成本，借记"长期股权投资"科目。按照应领取的现金股利，借记"其他应收款"科目；按照实际支付的全部价款，贷记"银行存款"等科目。

接受捐赠的长期股权投资，按照所确定的初始投资成本，借记"长期股权投资"科目，贷记"捐赠收入"科目。

（2）长期股权投资的后续计量　同企业一样，非营利组织也应当采用成本法或者权益法核算期末长期股权投资的价值变动。如果非营利组织对被投资单位没有控制、共同控制和重大影响，长期股权投资应当采用成本法进行核算；如果非营利组织对被投资单位具有控制、共同控制或重大影响，长期股权投资应当采用权益法进行核算，并在会计报表附注中披露投资净损益和被投资单位财务状况、经营成果等信息。

成本法，是指长期股权投资的账面价值按初始投资成本计量，除追加或收回投资外，一般不对长期股权投资的账面价值进行调整的一种方法。被投资单位宣告发放现金股利或利润时，按照宣告发放的现金股利或利润中属于非营利组织应享有的部分，确认当期投资收益，借记"其他应收款"科目，贷记"投资收益"科目。实际收到现金股利或利润时，按照实际收到的金额，借记"银行存款"等科目，贷记"其他应收款"科目。

【例5-2】　2021年3月20日，非营利组织A以628 000元的价款（包括相关税费和已宣告但尚未发放的现金股利25 000元）取得B公司普通股股票250 000股，占B公司普通股股份的1%；B公司的股票在活跃市场中没有报价、公允价值不能可靠计量，非营利组织将其划分为长期股权投资并采用成本法核算；2021年4月5日，非营利组织收到支付的投资价款中包含的已宣告但尚未发放的现金股利。根据以上信息，编制相关会计分录。

（1）2021年3月20日，取得B公司普通股股票

借：长期股权投资——B公司　　　　　　　　　　　　　603 000

　　　其他应收款　　　　　　　　　　　　　　　　　　25 000

　　贷：银行存款　　　　　　　　　　　　　　　　　　　　628 000

（2）2021年4月5日，收到B公司派发的现金股利

借：银行存款　　　　　　　　　　　　　　　　　　　25 000

　　贷：其他应收款　　　　　　　　　　　　　　　　　　　25 000

权益法，是指在取得长期股权投资时以投资成本计量，在投资期间则要根据投资方应享有被投资方所有者权益份额的变动，对长期股权投资的账面价值进行相应调整的一种会计处理方法。

采用权益法核算时，长期股权投资的账面价值应当根据被投资单位当期净损益中非营利组织应享有或分担的份额，以及被投资单位宣告分派的现金股利或利润中属于非营利组织应享有的份额进行调整。期末，非营利组织按照应当享有或应当分担的被投资单位当年实现的净利润或发生的净亏损的份额，调整长期股权投资账面价值，如果被投资单位实现净利润，非营利组织应借记"长期股权投资"科目，贷记"投资收益"科目；如果被投资单位发生净亏损，非营利组织应借记"投资收益"科目，贷记"长期股权投资"科目，但以长期股权投资账面价值减记至零为限。

被投资单位宣告分派利润或现金股利时，按照宣告分派的现金股利或利润中属于非营利组织应享有的份额，调整长期股权投资账面价值，借记"其他应收款"科目，贷记"长期股权投资"科目。在实际收到现金股利或利润时，借记"银行存款"等科目，贷记"其他应收款"科目。被投资单位宣告分派的股票股利，不做账务处理，但应当设置辅助账进行数量登记。

（3）长期股权投资的处置　　处置长期股权投资时，按照实际取得的价款，借记"银行存款"等科目；按照已计提的减值准备，借记"长期投资减值准备"科目；按照所处置长期股权投资的账面余额，贷记"长期股权投资"科目；按照尚未领取的已宣告发放的现金股利或利润，贷记"其他应收款"科目；按照其差额，借记或贷记"投资收益"科目。

（4）长期股权投资的重分类　　若改变投资目的，将短期股权投资划转为长期股权投

资，应当按短期股权投资的成本与市价孰低结转，并按此确定的价值作为长期股权投资的成本，借记"长期股权投资"科目；按照已计提的相关短期投资跌价准备，借记"短期投资跌价准备"科目；按照原短期股权投资的账面余额，贷记"短期投资"科目；按照其差额，借记或贷记"管理费用"科目。

(四) 长期债权投资

长期债权投资科目用于核算非营利组织购入的在1年内（不含1年）不能变现或不准备随时变现的债券和其他债权投资，期末借方余额反映非营利组织持有的长期债权投资价值。非营利组织可以根据具体情况设置明细科目，进行明细核算，如果有委托贷款或者委托投资（包括委托理财）且作为长期债权投资核算的，应当在本科目下单设明细科目核算。其会计核算如下：

(1) 长期债权投资的取得　长期债权投资在取得时，应当按照取得时的实际成本作为初始投资成本。以现金购入的长期债权投资，按照实际支付的全部价款，包括税金、手续费等相关费用作为其初始投资成本，借记"长期债权投资"科目，贷记"银行存款"等科目。

如果实际支付的价款中包含已到付息日但尚未领取的债券利息，则按照实际支付的全部价款减去其中已到付息日但尚未领取的债券利息后的金额作为其初始投资成本，借记"长期债权投资"科目；按照应领取的利息，借记"其他应收款"科目；按照实际支付的全部价款，贷记"银行存款"等科目。

接受捐赠的长期债权投资，按照所确定的初始投资成本，借记"长期债权投资"科目，贷记"捐赠收入"科目。

(2) 长期债权投资的后续计量　长期债权投资持有期间，应当按照票面价值与票面利率按期计算确认利息收入，如为到期一次还本付息的债券投资，所确认的利息应借记"长期债权投资——债券投资（应收利息）"明细科目，贷记"投资收益"科目；如为分期付息、到期还本的债权投资，所确认的利息应借记"其他应收款"科目，贷记"投资收益"科目。

长期债券投资的初始投资成本与债券面值之间的差额，应当在债券存续期间，按照直线法于确认相关债券利息收入时摊销，如果初始投资成本高于债券面值，按照应当分摊的金额，借记"投资收益"科目，贷记"长期债权投资"科目；如果初始投资成本低于债券面值，按照应当分摊的金额，借记"长期债权投资"科目，贷记"投资收益"科目。

(3) 长期债券投资的处置　处置长期债权投资时，按照实际取得的价款，借记"银行存款"等科目；按照已计提的减值准备，借记"长期投资减值准备"科目；按照所处置长期债权投资的账面余额，贷记"长期债权投资"科目；按照未领取的债券利息，贷记"长期债权投资——债券投资（应收利息）"明细科目或"其他应收款"科目；按照其差额，借记或贷记"投资收益"科目。

(4) 长期债券投资的重分类　购入的可转换公司债券在转换为股份之前，应当按一般债券投资进行处理。可转换公司债券转换为股份时，按照所转换债券投资的账面价值减去收到的现金后的余额，借记"长期股权投资"科目；按照收到的现金等，借记"库存现金""银行存款"科目；按照所转换债券投资的账面价值，贷记"长期债权投资"科目。

如果改变投资目的，将短期债权投资划转为长期债权投资，应当按短期债权投资的成本与市价孰低结转，并按此确定的价值作为长期债权投资的成本，借记"长期债权投资"科目；按照已计提的相关短期投资跌价准备，借记"短期投资跌价准备"科目；按照原短期债权投资的账面余额，贷记"短期投资"科目；按照其差额，借记或贷记"管理费用"科目。

（五）长期投资减值准备

长期投资减值准备账户用于核算非营利组织提取的长期投资减值准备，期末贷方余额反映非营利组织已计提的长期投资减值准备。非营利组织应当定期或者至少于每年年度终了，对长期投资（包括长期股权投资和长期债权投资）是否发生了减值进行检查，如果长期投资的市价低于其账面价值，即发生了减值，则应当按照市价低于账面价值的差额计提长期投资跌价准备。如果长期投资的市价高于其账面价值，应当在该长期投资期初已计提跌价准备的范围内转回市价高于账面价值的差额，冲减当期费用。其会计核算如下：

1）如果长期投资的期末可收回金额低于账面价值，按照可收回金额低于账面价值的差额，借记"管理费用——长期投资减值损失"科目，贷记"长期投资减值准备"科目。

2）如果以前期间已计提减值准备的长期投资价值在当期得以恢复，即长期投资的期末可收回金额高于账面价值，按照可收回金额高于账面价值的差额，在原计提减值准备的范围内，借记"长期投资减值准备"科目，贷记"管理费用——长期投资减值损失"科目。

3）非营利组织出售或收回长期投资，或者以其他方式处置长期投资时，应当同时结转已计提的减值准备。

【例5-3】　A为某非营利组织，2021年4月通过接受捐赠方式获得长期债权投资，捐赠方提供的有关凭证表明该长期债权投资金额为20 000元，但该长期债权投资公允价值为40 000元，二者相差较大。2021年5月购入3年期票面利率为6%的B企业长期债权320 000元，该债权于每年年末付息，到期还本。2021年7月以货币资金800 000元购入C企业5%的股权，采用成本法计量。2021年10月C企业宣告发放现金股利400 000元，11月非营利组织A收到该现金股利。2021年年末在对长期投资是否发生减值进行检查时，发现长期投资可回收金额为1 200 000元，账面价值1 160 000元，已计提长期投资减值准备28 000元。根据以上信息，编制非营利组织A在2021年的相关会计分录。

（1）2021年4月，收到捐赠的长期债权投资

借：长期债权投资　　　　　　　　　　　　　　　　　　　　　40 000
　　贷：捐赠收入　　　　　　　　　　　　　　　　　　　　　　　　40 000

（2）2021年5月，购入B企业长期债权

借：长期债权投资——B企业　　　　　　　　　　　　　　　　320 000
　　贷：银行存款　　　　　　　　　　　　　　　　　　　　　　　320 000

（3）2021年7月，购入C企业股权

借：长期股权投资——C企业　　　　　　　　　　　　　　　　800 000
　　贷：银行存款　　　　　　　　　　　　　　　　　　　　　　　800 000

（4）2021年10月，C企业宣告发放股利

借：其他应收款——C企业股利   20 000

  贷：投资收益   20 000

（5）2021年11月，非营利组织A收到现金股利

借：银行存款   20 000

  贷：其他应收款——C企业股利   20 000

（6）2021年年末对长期投资是否减值进行检查

借：长期投资减值准备   28 000

  贷：管理费用——长期投资减值损失   28 000

（7）2021年年末应收B企业长期债权利息

借：其他应收款——B企业长期债权   12 800

  贷：投资收益   12 800

（六）投资收益

投资收益科目核算非营利组织因对外投资取得的投资净损益。一般情况下，非营利组织的投资收益为非限定性收入，除非相关资产提供者对资产的使用设置了限制。对于短期投资、长期股权投资和长期债权投资涉及的投资收益科目的结转，前面会计核算中已经详细描述，这里不再赘述。除此之外，关于投资收益的会计核算如下：

期末，将投资收益的余额转入非限定性净资产，借记"投资收益"科目，贷记"非限定性净资产"科目。如果存在限定性投资收益，则将其金额转入限定性净资产，借记"投资收益"科目，贷记"限定性净资产"科目。期末结转后，"投资收益"科目应无余额。

【例5-4】 非营利组织A在2021年年末的"投资收益"贷方余额为320 000元，其中有限定性投资收益40 000元。据此编制相关会计分录。

（1）结转限定性投资收益

借：投资收益   40 000

  贷：限定性净资产   40 000

（2）结转非限定性投资收益

借：投资收益   280 000

  贷：非限定性净资产   280 000

二、非营利组织投资绩效评估

非营利组织投资绩效评估的核心要素是收益和风险。投资绩效评估以收益评估和风险评估为基础，对投资组合的收益进行风险调整，通过基准比较和分类比较，形成对投资决策委员会及基金经理的绩效与能力判断，并使用绩效归因模型分析投资组合超额收益的来源，对投资管理人和基金经理的行为做出专业、公正的评价，并给予建议。尽管绩效评估不能预测未来，但能改变发起人的决策，刺激各方就投资绩效可能存在的不足进行交流。通过对历史业绩的评价和未来投资决策的制定，投资绩效评估的确开拓了一条在未来实现更好业绩的途径。

投资收益是在承担相应风险的基础上取得的成果，不能单纯地以投资收益客观度量非营利组织的投资绩效。投资收益率高的非营利组织可能只是承担了较高的风险，并不表明其投资管理人在投资上有较高的投资技巧。而投资绩效表现差的投资组合可能只是风险较小，并不必然表明非营利组织投资管理机构的投资能力差。若要用常规方法来度量投资绩效，那么就必须将预期收益和预期风险联系起来，而比较标准的是采用常见资产管理工具所取得的收益作为基准水平。

非营利组织投资风险调整的绩效评估方法就是通过对投资收益加以风险调整，得出同时对收益与风险加以分析的综合指标，从而客观、公正、可比较地对非营利组织投资组合的业绩进行评估。投资组合的三个经典风险调整绩效评估方法（特雷诺指数、夏普指数、詹森指数）和其他新的绩效评估方法（例如信息比率、M测度），可以运用于非营利组织投资的风险调整绩效评估。

三个经典风险调整绩效评估方法和其他新的绩效评估方法，必须综合考虑、综合运用。夏普指数与特雷诺指数是一种比率评估指标，给出的是单位风险的超额收益率。詹森指数是一种差异评估指标，给出的是差异收益率。比率评估指标与差异评估指标在对非营利组织投资绩效的排序上有可能得出不同的结论。夏普指数与特雷诺指数尽管评估的都是单位风险的收益率，但二者对风险的计量不同，导致二者在对投资绩效的排序结论上有可能不一致。特雷诺指数与詹森指数只对绩效的深度加以考虑，而夏普指数则同时考虑了绩效的深度和广度。詹森指数要求用样本期内所有变量的样本数据进行回归计算。三个经典的风险调整绩效评估方法存在 CAPM 模型的有效性、SML 误定引致评估误差、投资组合风险并非固定不变，以及以单一市场组合为基准的评估指标使绩效评估有失偏颇等问题。下面主要对特雷诺指数、夏普指数和詹森指数加以阐述。

（一）特雷诺指数

特雷诺指数是指投资组合系统风险的超额收益率，由特雷诺在1965年提出。特雷诺指数公式如下所示：

$$T_\mathrm{P} = \frac{R_\mathrm{P} - R_f}{\beta_\mathrm{P}} \tag{5-6}$$

式中，T_P 是指投资组合 P 的特雷诺指数；R_P 是指考察期内投资组合 P 的平均回报率；R_f 是指考察期内平均无风险收益率；β_P 是指投资组合 P 的系统风险。

在收益率与系统风险所构成的坐标系中，特雷诺指数是无风险收益率与投资组合连线的斜率。根据特雷诺指数对非营利组织的绩效加以排序，特雷诺指数越大，绩效表现越好。那些位于 SML 线之上的投资组合的特雷诺指数大于 SML 线的斜率，表现要优于市场组合。当一项资产只是资产组合中的一部分时，特雷诺指数可以作为评估绩效表现的恰当指标应用，原因是特雷诺指数用超额收益对比的是系统风险而不是全部风险。特雷诺指数不能评估风险分散程度，因此当投资组合分散程度提高时，特雷诺指数可能并不会变大。

（二）夏普指数

夏普指数是指超额收益与标准差的对比，即投资组合标准差的超额收益率，由诺贝尔经济学奖得主威廉·夏普于1966年提出，公式如下所示：

$$S_P = \frac{R_P - R_f}{\sigma_P} \tag{5-7}$$

式中，S_P 是指投资组合 P 的夏普指数；R_P 是指考察期内投资组合 P 的平均回报率；R_f 是指考察期内平均无风险收益率；σ_P 是指投资组合 P 的标准差。

在收益率—标准差构成的坐标系中，夏普指数即投资组合与无风险收益率连线的斜率。根据夏普指数对非营利组织的投资绩效进行排序，夏普指数越大，投资绩效越好。夏普指数调整的是全部风险，被用于比较、评价不同投资策略的结果。特雷诺指数与夏普指数一样，都是用于度量相对风险收益的比率。除此之外，负值意味着资产组合投资绩效绝对糟糕。

（三）詹森指数

詹森指数将投资组合的实际收益率与具有相同风险水平的消极（虚构）投资组合的期望收益率进行比较，二者之差可以作为绩效优劣的一种评估标准。詹森以 CAPM 模型为基础，在 SML 线上可以构建一个与施加积极管理的投资组合的系统风险相等的、由无风险资产与市场组合组成的消极投资组合，将该组合与实际收益率进行比较，得出风险调整差异评估指标。计算公式如下：

$$\alpha_P = E(R_P) - \beta_P E(R_m) \tag{5-8}$$

式中，α_P 表示基金 P 的詹森指数；$E(R_P)$ 表示考察期内投资组合 P 的期望收益率；$E(R_m)$ 表示考察期内的证券市场线上与 P 具有相同风险水平的投资组合的期望收益率；β_P 表示投资组合 P 所承担的系统性风险。

如果 $\alpha_P = 0$，说明非营利组织投资组合 P 的收益率与处于同等风险水平的被动组合的收益率不存在显著差异，该投资组合的表现是中性的；$\alpha_P > 0$，表示投资管理机构成功地预测到市场变化或正确地选择股票，施加积极管理，获得超过证券市场线 SML 线上相应组合的超额收益；$\alpha_P < 0$，表示非营利组织投资组合的绩效表现差强人意。在风险收益坐标图中，詹森指数表示投资组合的实际收益率与证券市场线 SML 上具有相同风险水平组合的期望收益率之间的偏离。

第四节 非营利组织投资风险管理

▶▶ 一、非营利组织投资风险类型

投资风险就是投入资金的实际使用效果偏离预期结果的可能性。与企业相类似，非营利组织的投资风险也可以分为实体资产投资风险和金融资产投资风险。

（一）实体资产投资风险

实体资产投资风险主要是因非营利组织自身经营管理或外部经济环境等原因所导致的经营风险。例如，非营利组织的投资项目不能按期为社会公众提供相应的产品或服务，无法取得收益；或者，虽然提供相应的产品或服务但是没有达到预期的良好效果或者效率低下，反而引起了社会公众的不满。

（二）金融资产投资风险

金融资产投资风险是指金融资产投资收益的不确定性。当前对于金融投资概念还没有统一的界定。从广义上来看，金融投资是在金融市场的基础上展开的金融资产买卖行为的一切活动。从狭义上来看，金融投资是指有价证券的买卖行为。一般金融投资会给非营利组织带来较多的经济效益，大大提升了非营利组织资产的流动性。对非营利组织来说，虽然能够获得收益，但在这个过程中需要承担一定的风险。金融风险有大有小，有的会给非营利组织带来较大的经济损失。尽量规避金融投资风险是非营利组织投资的主要原则。

金融投资风险是普遍存在的，且具有以下特征：

（1）主要由内部因素导致　内部因素是金融投资操作风险的主要部分，在金融投资过程中，由于内部操作人员的专业技能存在不足，在操作过程中出现失误，或者不合理的内部程序、控制强度不够等因素，都将会增加投资风险发生率。

（2）危险性较大　金融投资涉及的资金较大，对人们的生产生活有一定的影响，一旦出现投资风险，将给非营利组织带来巨大的经济损失。操作风险贯穿于金融投资的各个环节，产品的不同在投资过程中还存在操作风险的可能，如果不及时采取有效的措施规避风险，在操作风险发生后将很难进行补救。

（3）风险收益不稳定　金融投资风险的发生大部分与收益有密切的联系，根据相关调查发现，风险越大，收益越大。但对于操作风险来说，情况似乎并非如此。操作风险的风险收益极其不稳定，它的破坏力十分强大，且通常不易被发觉，杀伤力一般是无形的。

（4）风险难以控制　由于操作风险的发生无规律性，具有潜在性的特点，一般很难被发现，因此想要对风险进行控制，在一定程度上需要花费较大的精力与时间。而且操作风险的影响因素十分多，只要存在投资操作，就有可能会出现操作风险。同时，操作风险也会发生一定的变化，因此控制与管理操作风险十分困难。

二、非营利组织投资的风险识别

非营利组织投资风险识别的方法主要有流程图法、财务报表分析法、现场调查法、事故树分析法和专家论证法等，这些识别投资风险的方法各具特色，又都具有自身的优势和不足，因此，在具体的非营利组织投资风险识别中，需要灵活运用各种风险识别方法，及时发现各种可能引发风险事故的风险因素。

（一）流程图法

流程图法是指将风险主体即投资活动按照其工作流程以及各个环节之间的内在逻辑联系绘成流程图，并针对流程中的关键环节和薄弱环节调查风险、识别风险的方法。流程图法是识别投资活动面临潜在损失风险的重要方法，可以帮助风险识别人员了解投资风险所处的具体环节、投资活动各个环节存在的风险以及投资风险的起因和影响。

（二）财务报表分析法

财务报表分析法通过一定的分析方法分析非营利组织的资产负债表、业务活动表、现金流量表等，并形成相关的支持性文件，以便评价财务状况，以此来识别非营利组织投资活动的潜在风险。

（三）现场调查法

现场调查法是一种常用的识别非营利组织投资风险的方法。现场调查法通过风险管理人员亲临现场，直接观察风险管理单位的设备、设施、操作和流程等，了解风险管理单位的投资活动，调查其中存在的风险隐患，并出具调查报告书。调查报告书是非营利组织识别投资风险的重要参考依据。

（四）事故树分析法

事故树分析法是识别非营利组织投资风险的另外一种比较有效的方法，常常能够提供防止风险事故发生的手段和方法。事故树分析法是指从某一事故出发，以图解的方式来表示，运用逻辑推理的方法，寻找引起事故的原因，即从结果推导引发风险事故的原因的风险识别方法。

（五）专家论证法

专家论证法采用匿名发表意见的方式，即专家之间不得互相讨论，不发生横向联系，只能与调查人员发生关系，通过多轮次调查专家对问卷所提问题的看法，经过反复征询、归纳、修改，最后汇总成专家基本一致的看法，作为非营利组织投资风险识别和预测的结果。这种方法具有广泛的代表性，较为可靠。

三、非营利组织投资的风险评估

非营利组织投资风险的评估方法可以分为定性风险评估方法和定量风险评估方法。

（一）定性风险评估方法

定性风险评估方法是一种典型的模糊评估方法，评估人利用一些经验做法，快速地对非营利组织投资分析风险进行估计并采取防范措施。

1. 主观估计法

主观估计法用主观概率对非营利组织投资风险进行估计。所谓主观概率是指根据对某事件是否发生的个人观点，取一个数值来描述事件的发生可能性和发生后所带来的后果。因此，主观估计常表现为某人对非营利组织投资风险事件发生的概率和带来的后果做出迅速的判断，这种判断比客观全面的显性信息判断需要的信息量少。

2. 客观评价法

在现代非营利组织投资风险客观评价法中，最具代表性的是"记分"方法。作为一种综合评价风险投资项目风险的方法，"记分"方法首先挑选出一组决定项目风险大小的最重要的财务和非财务的数据比率，然后根据这些比率在预先显示或预测风险投资项目经营失败方面的能力大小给予不同的加权，最后将这些加权数值进行加总，得到一个风险投资项目的综合风险分数值，用其对比临界值，就可知项目风险的危急程度。

3. 模糊数学法

风险的不确定性常常是模糊的，所以模糊数学法可用于风险评估和分析。在风险评估过程中，有很多影响因素的性质和活动无法用数字来定量地描述，他们的结果也是含糊不清的，无法用单一准则来判断。为了解决这一问题，美国学者于1965年首次提出模糊集合的概念，对模糊行为活动建立模型。模糊数学从二值逻辑的基础上转移到连续逻辑上来，把绝对的"是"与"非"变为更加灵活地在相当的限度上相对划分"是"与"非"。这并非是放弃数学的严格性成就模糊性，相反是以严格的数学方法处理模糊现象。

（二）定量风险评估方法

对非营利组织投资风险进行定量评估，可以使分析目标更加具体，可信度更高，还能为风险决策分析提供科学的数据。

1. 敏感性分析

敏感性分析的目的是考察与风险投资项目有关的一个或多个主要因素发生变化时对该项目投资价值指标的影响程度。通过敏感性分析，我们可以了解和掌握在风险投资项目经济分析中，由于某些参数估算的错误或是使用的数据不太可靠而可能造成的对投资价值指标的影响程度，有助于我们确定在风险投资决策过程中需要重点调查研究和分析测算的因素。敏感性分析是指针对潜在的风险性，在研究项目各种不确定因素变化一定幅度时，计算其主要经济指标变化率及敏感程度的一种方法。进行敏感性分析，一般是分析项目的内部收益率随不确定因素变化的情况，从中找出对项目影响较大的因素，然后绘出敏感性分析图，分析敏感度，找出不确定因素变化的临界值，即最大允许的变化范围。

2. 影响图

影响图（Influence Diagrams，ID）是表示决策问题中的决策、不确定性和价值的新型图形工具。ID 是由节点集 N 和弧集 A 组成的无环有向图 $G=(N, A)$。其中 N 划分为三个子集：一个子集表示决策目标的唯一值节点，一个子集表示确定性或不确定性变量的机会节点集（随机节点），最后一个子集表示备选防范的决策节点集。A 分成两个子集：机会节点的关联弧集和指向决策节点的信息弧集。

ID 示例如图 5-2 所示。其中 X_1 至 X_5 表示机会节点集（随机节点）、D_1 及 D_2 表示决策节点，V 表示值节点，节点集之间的箭头为弧集。只有随机结点的影响图被称为概率影响图。概率影响图是影响图的一种特殊形式，它将概率论和影响图理论结合，专门处理随机事件间的相互关系，对随机事件进行概率推理，并在推理过程中对事件发生的概率及其依赖与其他事件的发生概率做出完整的概率评估。

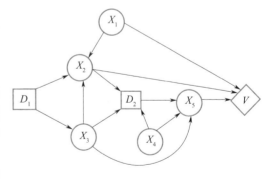

图 5-2　ID 示例

影响图是复杂的不确定性决策问题的一种新颖有效的图形表征语言，数学概率完整，关于概率估计、备选方案、决策者偏好和信息状态说明完备，具有决策树不可比拟的优点。

3. 贝叶斯推断原理

贝叶斯一词源于世纪英国的一个牧师，由于他的发现，使带有主观经验性的知识信息被用于统计推断和决策中来。当未来决策因素不完全确定时，必须利用所有能够获得的信息包括样本信息和先于样本的所有信息，比如来自经验、直觉、判断的主观信息，来减少未来事物的不确定性，这就是贝叶斯推断原理。贝叶斯推断原理的实质就是根据先验概率和与先验概率相关的条件概率，推算出所产生后果的某种原因的后验概率。

▶ 四、非营利组织投资的风险应对

(一) 强化政府引导

(1) 政府部门应不断完善政策法规，激发投资活力　《慈善组织保值增值投资活动管理暂行办法》为非营利组织的保值增值投资行为划定了范围、提出了要求、明确了底线和红线，对进一步规范非营利组织的投资活动，防范慈善财产运用风险，促进非营利组织持续、健康发展具有非常重要的推动作用。但《慈善组织保值增值投资活动管理暂行办法》只是一个框架性文件，在具体操作层面还需要进一步细化，尤其是对投资管理流程、风险管控、投资管理机构的选择等缺乏具体的规定，建议政府部门尽快完善现有政策法规，出台非营利组织财产保值增值投资管理的具体操作措施，加强对非营利组织财产保值增值投资活动的规范；适时调整非营利组织工作人员工资福利和行政办公支出方面的比例限制，增强非营利组织开展投资活动的积极性和自主性；适当减免非营利组织保值增值投资收益的税费缴纳，提升非营利组织投资的积极性。

(2) 政府部门应加大专项培训力度，提升整体水平　过往的数据分析以及问卷调查结果显示，有相当一部分非营利组织没有投资活动的经历，其投资意识缺乏，政策理解不到位，对金融市场也缺乏基础的了解。目前，政府部门比较常见的是举办规范非营利组织法人治理方面的培训，少有针对保值增值投资方面的专项培训，建议不定期以现场会、视频会等多种形式举办高质量的专题培训或研讨会，从非营利组织保值增值投资政策解读到当前经济形势分析，从优秀案例到投资教训等方面，提高非营利组织的保值增值投资意识，引导非营利组织正确开展保值增值投资活动，为其保值增值投资活动提供相关的金融知识储备，有效防止因政策法规不熟悉导致的违规行为，提升非营利组织投资运作能力。同时也应加强政府相关工作人员的培训，使他们更好地指导和监管非营利组织保值增值投资。

(3) 政府部门应搭建多个平台，促进投资开展　由于市场化的选择导致金融机构对非营利组织的支持不足，其较小的财产规模对金融机构缺乏吸引力，关注度不高，政府部门应鼓励运营规范、业务及风控能力较强的证券基金等金融机构加快产品创新和业务创新，搭建服务平台，提供金融投资服务。政府部门应通过推动举办中国公益慈善项目交流展示会、中国非营利组织发展论坛等形式的活动，搭建交流平台，吸引金融、慈善等领域的专家学者。非营利组织、金融投资从业人员等专业人士开展慈善金融投资方面的学科研究和理论研讨，探索有益融合发展，拓展非营利组织与金融机构之间、非营利组织之间等各方的多维度合作。政府部门应推动各地成立非营利组织行业组织，设立投资专业委员会，搭建专业平台，为广大非营利组织提供保值增值投资专业服务。

(二) 推动金融机构参与

(1) 金融机构应积极提高社会责任意识，发挥专业优势　金融机构应改变过去单一追求经济利益的业务导向，更多地关注慈善领域大量有保值增值需求的非营利组织。发挥其资产管理专业所长，从对非营利组织开展不同形式的投资者教育，到为非营利组织提供投资顾问服务、规划保值增值大类配置方案等，在严控投资风险、充分保障非营利组织财产安全的前提下，实现非营利组织与金融机构的紧密合作和良性互动。

（2）金融机构应充分了解非营利组织的投资需求，提供定制服务　通过分析过往数据及调查问卷，充分挖掘非营利组织差异化需求，针对不同规模体量、不同风险收益偏好、不同投资方式的非营利组织提供不同的定制化的服务及资产管理产品。对部分有特殊需求的非营利组织，例如底层投资标的有特殊偏好、因项目支出导致流动性管理复杂的非营利组织，鼓励金融机构提供一对一定制化服务；而对需求趋同的同一类型非营利组织，尤其是部分可投资规模小、无合适投资标的的非营利组织，建议金融机构采取非营利组织组团式服务，即提供一对多定制化方案，丰富可投资标的，进一步分散风险，帮助非营利组织获取持续稳定的收益。

（三）加强非营利组织投资能力建设

（1）非营利组织应充分认识保值增值投资的重要意义，依法依规开展投资活动　在社会保持持续通货膨胀的大背景下，任何"躺在"银行账户上的闲余资金实际上都在不断贬值。非营利组织财产作为社会公共财产，其保值增值对非营利组织本身具有重要的意义，一方面能够保持非营利组织的独立性，摆脱对捐赠的过度依赖，另一方面能增强非营利组织的稳定性，减少非营利组织收入波动，实现可持续发展；同时，有助于促进教育、科学等事业发展，救助自然灾害和应对公共卫生事件等突发事件造成的损害，保护和改善生态环境，服务更需要帮助的广大群众等方面。各非营利组织应该充分认识到非营利组织财产保值增值的重要意义，尽可能地将可用于投资的慈善财产依法依规地开展保值增值投资活动。

（2）非营利组织应不断完善内部投资管理制度，以规范非营利组织自身保值增值的投资行为　无论是直接投资还是委托投资，投资管理的规范性、科学性、高效性都离不开制度的建设，特别是对投资意识薄弱、专业投资人才缺乏的非营利组织来说，内部投资管理制度的建设更是重中之重。非营利组织可以在充分借鉴发达国家非营利组织和我国社保基金和养老保险基金的成熟投资管理模式及经验的基础上，充分考虑非营利组织各部门意见，结合自身情况对照《慈善组织保值增值投资活动管理暂行办法》的要求制定规范的财务和资产管理制度，为保值增值投资活动的开展打下坚实的制度基础。

（3）非营利组织应引入专业投资人才，提升自身投资管理能力　制度的制定和实施离不开专业投资人才的执行。非营利组织应清楚地认识到，投资策略的实施需要专业投资人才的执行，投资管理制度和投资的决策更需要专业人才进行制定和参与。只有在内部决策部门和执行部门同时引入专业人才，才能做到"决策不糊涂"，执行更彻底。因此，非营利组织在不断完善内部投资管理制度的同时，应大力引入专业投资人才，资金规模较大的非营利组织可以根据实际情况聘请专业投资人才作为专职工作人员，其他非营利组织也可以在开展投资活动时聘请兼职专业投资人才，还可以将专业投资人才吸纳为非营利组织理事会成员，以此来规范自身财产保值增值的投资行为，提升投资管理能力。

（4）非营利组织应根据自身实际情况选择不同的投资方式，充分实现财产保值增值　当非营利组织自身财产规模较大，同时内部专业投资人才和制度较为健全时，可以选择直接投资和委托投资相结合；当非营利组织自身财产规模较大，但内部专业投资人才和制度不足时，可以更偏向于选择委托投资，同时应加强人才引进以及制度建设的力度；当非营利组织自身财产规模较小，而内部专业投资人才和制度较为健全时，可以更偏向于选择直接投资；当非营利组织自身财产规模较小，且内部专业投资人才和制度不足时，可以更偏向于选择委托投资，同时应加强人才引进以及制度建设的力度。建议非营利组织在选择投资方式时，应充分综合考虑自身财产规模、专业人才、投资制度、投资风险偏好及流动性管理需求等方面情况，以稳健投资。

第五节　非营利组织投资管理问题及其化解

一、非营利组织投资管理问题

以我国基金会的投资情况为例，从基金会收入结构来看，2016 年，北上广深的年度总收入分别为 280.16 亿元、46.16 亿元、21.62 亿元、27.89 亿元，其中捐赠收入占总收入的比例分别为 77.52%、78.03%、90.70%、83.81%，投资收入占总收入的比例分别 4.01%、11.95%、1.93%、2.86%。通过统计 2014 年—2016 年间基金会捐赠收入和投资收入占总收入的平均值发现，广州、深圳对捐赠收入的依赖程度明显高于北京和上海。2014 年—2016 年，北上广深各大基金会总投资收益前 10 中全部为北京和上海的基金会，清华大学教育基金会连续 3 年稳居投资收益榜首。2016 年，广州、深圳基金会投资收益最高的深圳市警察基金会仅有 2 896.24 万元，远不及住所地址在北京和上海的基金会。从基金会净资产收益率来看，2014 年—2016 年，北京、上海的基金会净资产收益率平均数高于广州、深圳，尤其是上海，其收益率远高于其他一线城市；从中位数来看，2014 年—2016 年一线城市净资产收益率中位数呈下滑状态，上海的基金会净资产收益率最高，而广州无论平均数还是中位数，都低于其他一线城市。

在我国非营利组织资金运作效益不明显，投资收益低，难以满足保值增值的需要，具体而言，主要有以下几个问题：

（1）对风险与收益关系的认识存在偏差　非营利组织负责人不熟悉金融市场的投资规律，缺乏相关投资经验，未能正确理解风险和收益间的辩证关系，从而因为害怕风险会带来损失，不敢进行风险投资。在一些大型非营利组织出现了资金运作失败的情况下，其他非营利组织在资金运作上纷纷采取非常保守的策略，避免因为市场风险导致的投资损失给非营利组织带来负面影响。例如广州市教育基金在广州"国投"的投资出现问题后，就将其大部分资金存进银行。

（2）内部资金投资制度不健全　对于国内的大多数非营利组织来讲，资金的投资管理还是一个新事物，缺乏有关资金管理办法，也没有建立行之有效的权限授权和运作监督机制，导致非营利组织资金管理过程中没有责、权、利的划分，运作项目往往一事一议，错失最佳的投资时机。大多数非营利组织虽然有自己的筹款规划及目标，但很少有投资增值目标，资产增值没有明确成为评价非营利组织工作能力的指标之一。投资管理成功没有奖励，投资管理失败则要承担相应的责任，因此，"不求有功，但求无过"就成为我国非营利组织负责人的一个普遍心态。

从组织机构上看，非营利组织的管理还不规范，机构还不完善，缺乏专业的基金投资人员。从基金运作的具体工作上看，非营利组织在投资研究、投资管理等方面缺乏具体的规范，未形成资金运作的风险防范机制，投资的安全和利益难以得到充分保证。

（3）缺乏资金运作的人力支持　由于我国非营利组织总体处于起步阶段，大多数非营利组织还处于探索过程，资金规模还相对较小，非营利组织的主要精力都放在争取捐赠的工作上。同时，非营利组织人员配备相对短缺，没有专门的人员负责资金的运作。例如，据民政部统计，北京教育基金平均专有工作人员4人，要开展有效的资金管理明显有些力不从心。

一个国家的社会总投资由公共投资和非公共投资两部分组成。这两类投资具有不同的特点，适应不同的领域，共同满足社会经济发展的需要。企业等营利性组织的投资是由追求独立经济利益的微观经济主体进行的投资，而非营利组织投资的性质具有公益性和基础性。公益性常常伴随低效，部分非营利组织因人设事，机构庞大，效率低下。精简与效能密切相关，只有精简，人们才能尽职尽责，各司其职，才会提高效能；效能的提高又会促使机构的进一步精简，从而实现非营利组织投资的效益性。

（4）缺少激励机制和约束机制以及责权利不对等　我国目前的非营利组织缺乏投资运作的激励机制，没有激励因素使投资管理人不以非营利组织投资收益最大化为行为目标，造成了他们的"搭便车"行为，严重制约了非营利组织投资管理。按照我国现行的制度，非营利组织如果有盈利，非营利组织负责人并没有太大的奖励，但一旦出现亏损，非营利组织负责人就要承担较大的责任。这其实是一种风险和收益的责、权、利不对等，进一步限制了非营利组织负责人对资产进行有效运作、保值增值的积极性。

二、非营利组织投资管理问题的成因

（一）法律环境方面存在问题

《中华人民共和国慈善法》对于慈善组织的投资行为规范有了进一步的发展，除了强调合法、安全、有效这三项基本原则外，对投资收益的使用、投资决策的程序、可用于投资财产的范围以及相关监管措施都有了进一步的明确，较好地规范了慈善组织的投资行为。《中华人民共和国慈善法》作为规范我国慈善事业发展的根本大法，虽然在法律条文中明确将由国务院民政部门制定相应的具体办法，但是由于法律出台的时间较短，相关配套法律法规还没有及时出台与修订，造成了相关领域的法律规范空白。

（二）市场条件方面存在问题

由于慈善基金会在国内出现仅有40余年的历史，与其市场化运作相配套的市场环境和市场条件发育的还不够成熟。

一方面，慈善基金会自身市场化运作意识不强、市场化运作能力不足，早期成立的基金会大多具有"官办"色彩，这些基金会更多地习惯于通过行政化、组织化的方式进行运作。近年来，随着慈善基金会登记注册门槛逐步降低，越来越多的民办基金会不断涌现，其在市场化运作方面的意识有所增强，但也主要限于宣传筹款和项目实施方面，市场化运作的能力比较弱，尤其在基金保值、增值方面的市场化运作意识和市场化运作能力方面明显。

另一方面，市场上针对慈善基金会资金运作提供服务的专业机构稀少，慈善基金会进行市场化运作可选择的范围小。党的二十大报告提到，要引导、支持有能力的企业、社会组织和个人参与公益慈善事业。"参与"的方式主要包括两种：一种是直接发起、组织慈善活动，另一种是辅助现有慈善基金会等非营利组织完成公益项目。目前，大部分机构和个人均通过前者涉足慈善事业。2020年，我国已登记的社会慈善组织已超过90万个，是改革开放初期的150倍。但是能为慈善基金会等非营利组织提供专门服务的高质量机构却相对短缺。特别是在理财领域，难寻专业机构已成为众多慈善基金会面临的问题。虽然市场上有大量从事投资理财的金融服务机构，但因为慈善基金会基金保值、增值活动对安全性、稳定性要求高且资金投放量不够大，再加上相关配套措施和监管手段的不完备，市场上的投资理财机构比较少关注慈善基金会，缺乏专门针对慈善基金会的金融服务产品，造成了基金会投资理财可选择范围狭小的问题。

（三）社会认知方面存在问题

我国慈善基金会的出现仅有30年的时间。社会公众对于慈善基金会的认知在早期停留在这是一个"筹钱做好事"的机构。随着我国慈善事业的发展，以及越来越多慈善基金会的出现，社会公众在认知层面有了进一步的理解，将慈善基金会会作为"筹集社会资源、资助公益活动"的慈善组织。可以说，在对慈善基金会定位的认识方面，社会公众的认知是基本到位的。但是，社会公众对慈善基金会实现基金保值、增值投资活动的认知仍然存在不明确、认可度不高的问题。出现这一问题主要有两方面的原因：

一方面，社会公众对慈善基金会的职能定位认识不到位，简单地将慈善基金会作为筹钱做公益项目的机构，忽视了慈善基金会除了面向社会筹集资源做大公益资源池，还可以通过实现基金保值、增值的方式做大公益资源池，然后投放更多的公益资源帮助有需要的人。虽然实现基金保值、增值的投资理财行为以获取收益为目的，看似与慈善基金会非营利的属性相悖。但实际上，慈善基金会的非营利性主要是指结果的非营利性，也就是所有的收入，包括捐赠收入和投资收益等，都要用于慈善目的。而在运作过程当中，基金会运用市场化的手段实现基金的保值、增值，不仅没有违背慈善基金会的慈善目的，反而是帮助慈善基金会更好地实现慈善目的的有效手段，可以更好地实现慈善基金会的慈善公益属性。简单来说，慈善基金会与一般的市场投资机构的区别在于，投资机构获取投资收益后用于分红，而慈善基金会的投资收益用来投入公益项目，不存在利益分配。

另一方面，在慈善基金会发展历程中，曾经出现骗捐、诈捐等丑闻，造成了公众对慈善基金会开展投资理财行为的不信任和质疑，认为慈善基金会用筹集来的公益资金进行投资有圈钱谋利的嫌疑。特别是一些慈善基金会在公开透明工作方面做得不到位，加上监管部门监管手段的不足，进一步加深了社会公众的不信任感。

▶▶ 三、非营利组织投资管理问题的化解

（一）进行投资环境分析

投资环境是指影响投资效果的各种外部因素的总和，是以外部环境为条件的。因此非营利组织在投资时，面对的是复杂、瞬息万变的环境，必须对投资环境进行认真分析。投资环境包括的内容很广泛，按照影响的普遍性，可分为投资的一般环境和相关环境。投资的一般环境主要包括政治形势、经济形势、法律环境及文化状况。投资的相关环境是指与特定的投资项目有关的一系列因素，例如相关技术开发状况、相关行业市场、相关资源、

相关地理环境等。

非营利组织进行的所有投资都离不开特定的政治环境、经济环境、法律环境、市场环境等因素。环境对投资项目的经济效益有至关重要的影响。如果经济疲软，投资就会处于不利地位。所以在进行投资决策之前，必须仔细地研究投资环境，使投资决策有可靠的基础，保证决策的准确。非营利组织还要及时了解环境的变化，保证投资决策的及时性和灵活性。投资者必须用高度的社会责任感去进行投资实践，从而面对环境做出积极的回应。投资者在实践中要善于利用社会的压力改造内部环境，利用民族习惯、风土人情使投资项目的效用最大化，从而使非营利组织得到社会更大力度的支持。

（二）严格遵循合法性原则

首先，用于对外投资的资金范围必须合法。其次，非营利组织对外投资应当按照国家有关规定报经主管部门、国有资产管理部门或财政部门批准及备案。非营利组织必须严格按审批程序编报投资项目计划，由投资主体或投资项目主管部门委托勘察、设计、咨询等机构，从技术能力和经济效益等方面论证投资项目的合理性和可行性，在此基础上，设计多个项目投资方案，经过反复比较论证，选择最佳方案，为投资项目决策提供正确的依据。再次，非营利组织以实物、无形资产进行对外投资的，应按照国家有关规定由评估机构进行资产评估，以防止国有资产流失，保护国家利益。最后，非营利组织长期用国有资产进行对外投资，不得擅自改变资产的国家所有性质。所以，非营利组织对外投资时，不能挤占事业经费，影响事业的发展。用于保证事业发展的所有计划资产，都不应该用于对外投资。

（三）投资项目要具有宏观调控性

非营利组织提供的产品与服务具有公共性，这也是非营利组织的核心职能。企业等营利组织由于受微观经济利益的驱动，一般乐于投资收益高、期限短、盈利大的项目。但是非营利组织一定要做到以宏观管理、间接管理为主，在非营利组织的职能中，管理投资是一个重要的部分，但究竟该投资什么，如何投资？非营利组织的投资方向必须符合一定时期社会经济发展战略目标和国家产业政策的导向。例如，为提高全社会的国民素质，非营利组织可以投资于科技、教育、文化、卫生、体育广播电视等非物质生产领域；为弥补市场调节机制的缺陷，非营利组织可以投资于基础设施和原材料工业等低盈利行业；为国家安全需要，非营利组织可以投资于国防建设事业；为鼓励高科技产业发展，非营利组织可以投资于高、精、尖技术领域等。

（四）对投资项目进行经济分析与社会评价

在市场经济条件下，非营利组织进行对外投资时，也必须考虑该项目的经济效益和社会效益。投资项目财务分析的目的就是分析项目的财务获利能力，体现微观经济效益。国民经济评价，是为了了解项目的宏观经济合理性和宏观可行性，体现宏观经济效益。投资项目的社会评价，是从社会经济、自然资源利用、自然与生态环境、社会环境等方面评价项目的社会效益。这三种分析评价方法的综合运用，有助于使投资项目获得微观经济效益、宏观经济效益和社会效益的和谐统一。此外，在考虑投资效益性原则的同时，还要具有全局观念，项目的投资目标应与非政府组织的总体目标相一致，只有这样才能提高其整体经济效益和社会效益。实施对外投资时，应依法签订投资协议或者合同，以明确责、权、利。单位所获得的投资收益要纳入单位预算，统一核算，统一管理。

（五）对投资项目实施监控与审计

一旦决定接受某一个或某一组投资项目后，就要积极地实施并进行有效的监督和控制。对投资项目从立项、实施到完工交付使用后的全过程，要采用项目前评估、项目后评估等方法对投资项目的筹备、决策、实施、运营各阶段进行全程质量跟踪监督，发现问题、解决问题，保证投资项目质量。

首先，严格监督资金管理，必须做到专款专用，严格财务核算制度，避免资金互相挪用、挤占，提高资金的使用效益。其次，在项目的实施过程中，要对项目的实施进度、工程质量、施工成本等进行控制和监督，以便使投资按照预算规定如期完成。再次，在项目的实施过程中，要定期进行后续分析。把实际的收益和预期的收益进行比较，找出差异，分析差异存在的原因，并根据不同的情况做出不同的处理，这实际上就是投资过程中选择权的问题。最后，投资项目的事后审计是指对已经完成的投资项目的投资效果进行审计，这种审计主要由非营利组织内部审计机构完成，将投资项目的实际表现与原来的预期相对比，通过对其差额进行分析，可以更深入地了解某些关键性的问题。例如发现预测技术上存在的偏差，分析原来的资本预算的执行情况和预算的精确度，查找项目执行过程中存在的漏洞，找出影响投资效果的敏感因素，总结成功的经验等。

 **引申思考**

诺贝尔基金会的得失与财富管理"马拉松"

——资产管理中资产增值的核心动因

诺贝尔基金会可以算世界上最长寿、最成功的基金之———奖金发了 118 年，资产增长了 100 倍。诺贝尔基金会最初启动时的资金为 3 100 万瑞典克朗，2018 年管理资产膨胀到 33.83 亿瑞典克朗，到了 2019 年，每位诺贝尔奖得主可获得高达 900 万瑞典克朗的奖金（相当于 650 万元人民币）。其间，基金会经历了两次世界大战，战后秩序重塑，两极格局打破，数次金融危机……高额奖金背后，是拥有 120 年历史的诺贝尔基金会的常年成功投资。这背后折射的也正是家族资产管理的真谛，要跑赢的是一场"马拉松"而非"百米冲刺"，需练就的是耐力而不是爆发力。过去 40 多年中，我国的很多家族企业、（超）高净值客户，积累了相当数量的财富，但这些财富怎样管理才能够在未来几十年、上百年甚至更长时间内有效保值增值？

一、诺贝尔奖和奖金贬值困境

诺贝尔奖是根据瑞典化学家阿尔弗雷德·贝恩哈德·诺贝尔（Alfred Bernhard Nobel）的遗嘱所设立的奖项，于 1901 年 12 月 10 日首次颁发。诺贝尔是近代炸药的发明者，因此也获得了巨大的财富。尽管诺贝尔认识到炸药的破坏力，但他同时相信这是和平的预兆。他告诉世界和平倡导者贝尔塔·冯·苏特纳（Bertha Von Suttner）男爵夫人："我的工厂可能比你们的国会更早让战争结束。（有了炸药）将出现一秒钟内歼灭对方的那一天，希望所有文明国家都能从战争中退却，并遣散他们的军队。"但现实是诺贝尔的发明被用于战争。于是他在 1895 年 11 月 27 日于法国巴黎的瑞典—挪威人俱乐部立下遗嘱，用其遗产成立一个基金会，将基金所产生的利息每年奖给在前一年中为人类做出杰出贡献的人，以表彰其在物理学、化学、医学、文学以及世界和平等领域对社会做出的卓越贡献。1900 年，诺贝尔基金正式成立。按照诺贝尔当初的设想，较为理想的诺贝尔奖奖金数额应能保证一位教授 20 年不拿薪水仍能继续他的研究。1901 年的诺贝尔奖奖金数额为 15 万瑞典克朗，即相当于当时一位教授 20 年的工资。然而此后，奖金数额不断缩水，到了 20 世纪 30 年代，诺贝尔奖奖金已只相当于 1901 年的 1/3。诺贝尔基金数额虽逐年扩大，但因瑞典克朗的数次贬值，直至 1991 年才首次超过 1901 年时的实际价值。

二、起底背后的"神秘基金会"和投资策略

幸运的是，这只"百年老店"基金没有墨守成规，而是通过一系列行之有效的管理手段，最终使得诺贝尔基金资产规模增长到了目前的 40 亿瑞典克朗（相当于 7 亿美元）。换言之，如果没有诺贝尔基金会的打理，那么今天或许已经没有诺贝尔奖奖金的存在了。前文我们已经提到，诺贝尔基金会的启动资金为 3 100 万瑞典克朗（相当于 980 万美元），而目前每年发布奖项必须支付的奖金已高达 500 万美元。据研究，诺贝尔基金会的管理规模增长，主要来自三方面：一是基金每年投资净收益的 1/10，作为公积金继续投资；二是未分配的奖金利息；三是未分配的奖金的全部或部分。投资净收益的剩余 90% 交给诺贝尔奖颁奖机构，其中 25% 归属于颁奖机构，留作与颁发奖金有关事宜的费用，其余 75% 成为诺贝尔奖奖金。根据 2018 年诺贝尔基金会年报，基金会设定的投资收益预期为通胀基础上取得每年额外 3.5% 的收益回报。

三、一味保守，资产曾缩水了 2/3

由于该基金会成立的目的是用于支付奖金，管理上不允许出现任何的差错。基金会成立初期，其章程中明白地确定了基金的投资范围，即限制在安全且固定收益的项目上，例如银行存款、公债。这种保本重于报酬率、安全至上的投资原则，的确是稳重的做法。但牺牲报酬率的结果是，随着每年奖金的发放与基金运作的开销，50 多年后，到 1953 年，该基金会的资产只剩下 300 多万美元，比成立之时缩水近 2/3。

四、主动进攻，权益类投资成为配置重点

眼见基金的资产将消耗殆尽，诺贝尔基金会的理事们意识到投资报酬率对财富积累的重要性，于是在 1953 年做出突破性的改变，更改基金管理章程，将原来只准许存放银行与买公债的策略，调整为以投资股票、房地产为主的理财观。资产管理观念的改变扭转了基金的命运。诺贝尔基金会获得瑞典政府批准，投资范围扩大至房地产、股票市场、抵押贷款等。这是基金会投资规则的一个里程碑式的改变。二十世纪六七十年代，如果以瑞典克朗计，诺贝尔奖奖金数额的确增加了许多，但因瑞典克朗数次贬值，奖金的实际价值并未增多，诺贝尔基金的数额也是如此。诺贝尔基金会再次升级投资多元化，将基金的股票配置份额由原来的 55% 下降到 30%，房地产投资增加到 36%，固定收入和现金占 34%。数据显示，多元化投资策略收益显著，诺贝尔奖奖金发放额度大幅提升，在 10 年后的 1981 年实现翻倍，由 1972 年的 48 万克朗增长至 100 万克朗。从 1972 年到 1999 年，每份诺贝尔奖奖金额增加了 5 倍。

五、巧妙解决赋税影响，进攻性进一步提升

到了 20 世纪 80 年代，股市增长迅速，基金会的资产不断增值，不动产也在不断升

值。但在 1985 年，瑞典又提高了不动产税，使得基金会的收益大打折扣。2 年后，基金会做出一项重要决定：将基金会持有的所有不动产转到一家新成立的上市公司名下，这家公司有个有趣的名字叫"招募人"。基金会将持有的"招募人"公司股票全部出售，这正好赶在 1990 年年初瑞典金融危机爆发之前，恰好借此增加了投资收益。2000 年 1 月 1 日，基金会的投资规则有了新的改进，允许将资产投资所得用于颁奖，而不像过去那样，用来发奖金的钱只能来自直接收入，即利息和红利。它也意味着基金会可将更高比例的资产用来投资股票，以获得更高的回报和更高的奖金数额。综合来看，诺贝尔基金会资产管理和家族资产管理有很大相似之处，即都需要长期的、安全的、可持续的保值增值：如果为了追求安全而在管理长期资产时采用太保守的方式，那么持续性就难以保持；要想战胜通货膨胀、战争、瘟疫等，权益类投资必须成为配置的重点，必须与资本市场紧密结合。

（资料来源：应松. 家族资产管理 [M]. 杭州：浙江大学出版社，2021.）

[思考] 从上面的案例中你学到了什么？非营利组织该如何平衡投资的风险与收益？

复习思考题

1. 为何非营利组织多选择债权性投资？
2. 非营利组织进行投资时应遵循哪些原则？
3. 非营利组织投资活动的分类有哪些？
4. 非营利组织投资管理结构可分为哪两个方面？
5. 非营利组织投资管理的步骤是什么？
6. 非营利组织投资方案的评价方法有哪些？各自有什么特点？
7. A 为某非营利组织，2021 年 9 月发生如下业务：

（1）收到应冲减前期长期借款筹资费用的利息收入 8 000 元。

（2）发生汇兑损失 7 200 元。

（3）对短期投资是否发生了减值进行检查，发现短期投资的市价低于账面价值 4 000 元。

（4）购入 5 年期票面年利率为 8% 的 B 企业长期债权 800 000 元，该债权每年年末付息，到期还本。

（5）通过银行存款 1 200 000 元购买 H 公司 2% 的股权，采用成本法计量。

（6）收到 G 公司宣告并当期发放的现金股利 32 000 元。

（7）F 公司宣告发放现金股利 2 000 000 元，其中 3% 属于 A。

根据以上信息，编制非营利组织 A 的会计分录。

第六章

非营利组织运营管理

 学习目标

通过对本章的学习，全面理解日常资金管理的概念及相关规定，明确日常资金管理与项目资金管理的区别；熟悉非营利组织日常资金管理制度的相关规定；熟练掌握非营利组织的日常资金管理的会计核算，尤其是特殊核算的处理；了解日常资金管理问题；全面了解非营利组织项目资金的收入管理、内容与分类，掌握收入会计核算方法；熟悉非营利组织项目资金的支出管理，掌握费用会计核算方法；理解非营利组织项目资金的评估。

 **引导案例**

云南大益爱心基金会资金管理问题探析

云南大益爱心基金会是中国茶叶行业企业首家独立出资成立的爱心基金会，是云南一家知名度较高的私募基金会，其主要公益活动是资助贫困学生完成学业，资助与改善贫困地区的教育基础设施等。

云南大益爱心基金会在2016年以前，大部分的支出都用于公益项目，其公益性较强。虽然目前来看，云南大益爱心基金会的资金状况较为理想，不存在偿债压力，并且有较大规模的净资产，可以保证组织的正常运行。但在资金收入、资金使用方面仍有部分问题还需解决。

1. 筹资严重依赖单一企业捐款

云南大益爱心基金会是一家云南的私募基金会，比起中国红十字会、中国青少年发展基金会来说，知名度不高，业务范围也较窄。云南大益爱心基金会的大额捐赠收入均来自勐海茶业有限责任公司，并且连续多年来自该企业的捐赠收入均占捐赠总收入的85%以上，在2016年甚至接近100%。大部分捐赠收入均来自一个企业，说明该基金会受勐海茶业有限责任公司的影响巨大，如果该企业对基金会的捐赠减少，将严重影响基金会的收入，若勐海茶业的捐款持续减少，将会影响基金会的正常运行。因此取得公开募捐资格，开展公开募捐，有助于进一步发展。

2. 缺乏有效手段控制管理支出

《中华人民共和国慈善法》（以下简称《慈善法》）规定，慈善组织中具有公开募捐资格的基金会开展慈善活动的年度支出，不得低于上一年总收入的70%或者前三年收入平均数额的70%；年度管理费用不得超过当年总支出的10%。但云南大益爱心基金会的管理费用基本占支出的5%以上，并且管理费用的波动较大。

2012年—2016年，云南大益爱心基金会的业务活动支出稳定上涨，由于项目活动规模的扩大，管理费用增加属于正常现象，但云南大益爱心基金会的管理费用并没有和业务活动支出的变化趋势一致。造成该现象的原因可能有两个：一是基金会加强了对管理费用的控制，开始实施较为有效的手段降低了管理成本；二是基金会的管理费用没有有效的控制手段。前者可以通过管理费用占总支出的比例得到反映，如果云南大益爱心基金会采取了有效的管理费用控制手段，那么管理费用的占比应该保持在较低的水平。显然，这五年来，云南大益爱心基金会的管理费用占比并不稳定，说明该基金会还没有有效的手段控制管理费用的支出。

3. 投资项目较单一，投资收益低

云南大益基金会的投资项目多为股票投资和理财产品投资。股票作为一种高风险高收益的投资项目，收入具有极大的不稳定性；而理财产品投资也有一定风险。这容易使基金会陷入资金困境。

民间非营利组织由于其私立性，其生存和发展比起政府主导的公立性组织更加脆弱。有效的财务管理是民间非营利组织急需解决的问题。同时还应提倡或者制定完善的规章制度提高民间非营利组织财务信息的透明度，争取获得政府政策支持，接受社会监督，有效地对志愿者进行管理并提高知名度、降低成本，保障民间非营利组织的长期稳定发展。

（资料来源：何莲莲，孙羽. 民间非营利基金会组织资金管理的问题探析：基于大益爱心基金会的调查 [J]. 中国市场，2017（20）：30 – 33.）

第一节　非营利组织运营管理内涵与目标

▶▶ 一、非营利组织运营管理的内涵

当今社会，非营利组织面临激烈的资源竞争，其管理人员迫切需要知道如何最大限度地提高生产与服务的效率与效果，而运营管理的相关知识则恰好给出了答案。

运营管理是指对运营过程的计划、组织、实施和控制，是与产品生产和服务创造密切相关的各项管理工作的总称。从另一个角度来讲，运营管理也可以指对生产以及提供产品和服务的系统进行的设计、运行、评价和改进。在当今社会，生产力的不断发展以及一些非营利组织的兴起，使得大量生产要素被转移到商业、交通运输、房地产、通信、公共事业、保险、金融和其他服务性行业和领域，生产的概念也随之逐步扩展，不仅包括了有形产品的制造，同时涵盖了无形产品的提供。

本书认为非营利组织运营管理的内涵可以总结为：对非营利组织运营过程的计划、组织、实施和控制，是与非营利组织产品生产和服务创造密切相关的各项管理工作的总称。

▶▶ 二、非营利组织的运营管理目标

在自由竞争市场条件下，企业的运营管理目标可以概括为生存、发展和获利。企业只有生存才可能发展，只有不断发展才能求得获利，而只有获利才有生存的价值。这与企业组织的营利性质是密切相关的。那么，作为社会公益法人的非营利组织，它们的运营管理目标应当如何界定呢？本书认为，非营利组织的运营管理目标可以主要概括为以下三个方面：

（一）生存

作为实现社会公益性宗旨的基本途径，非营利组织的运营管理活动必然依托于某一个实体，绝不可能独立存在，这就要求非营利组织本身必须保持存续状态。而与企业类似，非营利组织生存的基本条件之一正是收支平衡。

也就是说，这类组织从资源提供者处获得的资金量至少要等于其付出的资金量，才能够维持持续经营状态。否则，就会面临萎缩、甚至被迫解体的局面，从而无法践行社会效益最大化的宗旨。

所以，在进行运营管理时，非营利组织必须要注意所筹集的资金是否能够长期满足各项服务的支出需求，如果不能，就应采取措施加大筹资力度，削减不必要的服务项目。

（二）发展

通过不断发展，非营利组织能够在各方面获益。首先，能够壮大组织规模，从而利用规模经济优势，降低服务成本，提高运营效率；其次，可以逐步树立良好的社会形象，提高公信度，扩展资金来源渠道；最后，在发展过程中，非营利组织还能够不断更新设备、技术和工艺，改进运营管理活动，提高服务质量，增强竞争力等。

以上种种，最终会帮助非营利组织增强生存能力，从而在一定程度上避免其惨遭淘汰的情况发生。而保证发展的最基本条件是获得稳定增长的资源。只有在这一前提下，非营利组织才有能力扩大服务规模，增加服务项目和种类，提高服务数量和质量，防止或避免因资金短缺而造成的业务波动，以更好地实现社会公益性目标。

同时，非营利组织应当保持良好的资本结构，既要重视发展，又要防止盲目进行规模扩张带来的沉重的债务负担与财务危机。

（三）提供公益服务

能否有效地提供公益服务是非营利组织与企业之间最根本的差别。作为最具综合性的指标，提供公益服务的水平（包括数量和质量两方面）不仅能有效衡量非营利组织运营管理的有效性，也是评价其宗旨实现程度的重要依据。

实际上，有效性包括效率与效果两个方面。效率是指实现非营利组织宗旨和目标所耗费资源的数量，它是一个"投入—产出"的相对范畴，涉及活动方式（即"怎么做"）的问题，实现高效率意味着组织应当"正确地做事"。效果是指非营利组织所选择提供的服务是否满足了特定的需求，涉及活动结果（即"做什么"）的问题，实现良好的效果意味着"做正确的事"。效率和效果是紧密联系在一起的，非营利组织只有选择了合适的公益服务并且能够高效率运营，才会取得好的绩效。因此，非营利组织运营管理的最基本要求就是获取、开发和利用各种资源，从而为实现高效率、获取好效果的双重目标提供保证，概括来说就是"正确地做正确的事"。

上述运营管理的三个目标彼此紧密相连，是非营利组织实现其宗旨的前提条件。但人们通常更为关注这类组织的宗旨和目标本身以及其提供服务的情况，因为只有这些才能表明非营利组织作为实体存在和发展的真正意义。

虽然每一个非营利组织对其宗旨的表述不同，但它们都致力于为社会公众提供公益服务、并时刻关注社会公益的实现情况，而不仅仅为了自身的生存和发展。因此，这类机构的运营管理更注重实现社会价值，充分体现生存和发展的社会意义，这与谋求自身经济利益的企业行为具有本质区别。

三、非营利组织运营管理的内容

（一）服务内容的选择

非营利组织可以选择提供以下服务：

（1）动员资源　非营利组织为了能够生存和发展，必须动员各种社会资源，包括慈善捐赠和志愿服务。随着这种社会功能的日益成熟和发展，逐渐出现一些将动员资源作为核心功能并提供相应服务的非营利组织，包括一些专业筹款并开展资助活动的基金会和社会团体，以及一些专门招募、培训和派遣志愿者的公益性机构。

（2）公益服务　非营利组织提供的公益服务遍及社会的各个方面，涉及公益慈善、救灾救济、扶贫济困、环境保护、公共卫生、文化教育、科学研究、科技推广、农村和城市的社会发展及社区建设等领域。它们与各级政府提供的相关公共服务联系紧密，成为其有益补充。

（3）社会协调　在社会转型期，各种形式的非营利组织成为公民表达意愿、维护权益、协调关系、化解矛盾、实现价值最为普遍和直接的渠道，这也是我国非营利组织数量近年来在急剧上升的重要原因之一。随着这种社会功能的发展，推动社会协调、参与社会治理逐渐成为一部分非营利组织的核心服务内容。

（4）政策倡导　非营利组织不仅积极参与各级立法和公共政策的制定过程，通过多种方式的努力倡导和影响政策结果的公益性与普惠性，而且往往作为弱势群体的代言人，表达其利益诉求和政策主张，从而在一定程度上影响政策制定和落实过程。

（二）服务对象的识别

服务对象识别就是非营业组织的目标瞄准过程。一般来说，非营利组织主要通过主动调查或者接受求助的方式，了解潜在服务对象的实际状况，并对照各个地区的非营利组织资助标准，选择"最需要资助的人群"作为救助服务对象。在我国部分地区，政府部门、街道办事处或社区通过购买服务的方式，请非营利组织专业职员承担入户调查、邻里访问、信息核查等工作，协助政府准确识别救助对象。

（三）专职与志愿者的管理

非营利组织不以营利为目的，是一种性质介于政府与企业单位之间的社会团体，又称为"第三部门"。其重要职能是向社会大众提供准公共产品和服务。而非营利的特殊性，也造成了这类机构在人员管理方面的一系列问题：

（1）人员流动性较大　有酬雇员的聘用一般采用正规的合同制。在非营利组织内部，由于薪水较低等原因，有酬雇员跳槽的情况频繁发生。同时组织也会根据自身的发展要求经常进行人员更新。

（2）人员素质参差不齐　大部分志愿者都是利用业余时间参加相关服务，因此通常缺少专门的培训。而相关知识技术及经验积累匮乏，则会导致其在服务活动中表现得热心有余而专业素质不足。

（3）人员数量较少　随着我国经济体制改革取得初步成效，我国非营利组织也实现了长足的发展，但总体上仍属于起步阶段，目前还存在"招聘难""人手缺"的问题。

（4）缺少绩效评估　由于非营利性组织不以营利为目的，因而无法用经济收益对其绩效进行衡量。而这类组织提供的社会服务效果及其员工工作质量又很难用一种完整的评估体制进行考核，因此也在一定程度上造成了管理混乱的现象。

上述问题普遍存在于非营利组织中，可以采取以下措施解决：

（1）实行人本管理　非营利组织应把员工和志愿者作为组织最重要的资源，通过激励、培训、领导等管理手段，充分挖掘人的潜能，调动人的积极性，创造出和谐、宽容、公平的文化氛围。建立和维持组织成员之间是平等协作的关系。使大多数人从内心中感受到激励，从而达到组织和个人共同发展的最终目标。

非营利组织应对在职员工适当提升物质激励，保证合理的薪酬福利水平，在减少人员流动性的同时吸引更多人员加入。而对志愿者也应适当给予物质奖励和精神激励，适当组织志愿者的交流活动，以增强其协作默契性。只有非营利组织的相关人员围绕组织目标互相合作、共同努力，才能实现集体优势，最终提高组织绩效。

（2）对组织成员进行人力资本培训　非营利组织成员的素质参差不齐，有酬的专职员工和社会上的志愿者所从事的工作是不完全相同的，在组织中的作用也不一样，因此组织对其成员的素质要求也应当有所区别。一方面，组织要适时对专职员工进行管理知识方面的培训，提高他们的管理水平；另一方面，要在志愿者进行相关活动前开展相应指导，以不断提升其社会服务的质量，只有这样才有利于整个组织管理绩效的提高。

（3）进行明确的绩效评估　绩效评估是对员工在工作岗位上的行为表现进行测量，分析和评价的过程，以形成客观、公正的人事决策，从而促进组织成员的更好发展。组织的管理者首先要制定明确的考核标准，考核标准要客观、公正。同时，必须使组织成员明确相应的绩效评估方式，促使其不断改善自身的工作行为。

（四）业务设计

非营利组织要使开展的业务活动取得成功，必须做好相关业务设计工作，具体步骤如下：

（1）分工负责落实　对整个业务活动中的各个项目或环节，应将责任具体落实到人，促使相关岗位工作人员各负其责、密切配合。

（2）运用专业技巧　在实施过程中，非营利组织的人员应充分运用各种专业技巧与方法，以求得最佳效果。

（3）扩大组织影响　业务活动本身就是为了服务社会以扩大组织的影响，因此在业务筹办与进行的过程中，应尽量利用多种方式，例如在微信微博发布相关文章或报道来宣传主要活动从而扩大组织的影响。

第二节　非营利组织日常资金管理

▶ 一、非营利组织日常资金的内涵与构成

（一）非营利组织日常资金的内涵

非营利组织的日常资金一般是指非营利组织通过各种渠道所筹集到的资金，也就是非

营利组织在日常活动中涉及的资金。项目资金主要以非营利组织开展的各种项目为划分依据，而日常资金主要以日常活动为划分依据。

（二）非营利组织日常资金的构成

非营利组织日常资金的构成是指非营利组织从各种不同来源取得的资金在全部日常资金中所占的比例。非营利组织筹集资金的渠道十分多样，因而分类标准也有很多，具体有以下四种：

（1）**按照来源不同进行分类**　按照来源不同，非营利组织日常资金可分为捐赠取得的日常资金、会费取得的日常资金、提供服务取得的日常资金、政府补助取得的日常资金、投资收益取得的日常资金、商品销售取得的日常资金和其他日常资金等七种。

（2）**按非营利组织业务的主次分类**　按照业务的主次，非营利组织日常资金可分为主要业务取得的日常资金（捐赠取得的日常资金、会费取得的日常资金、提供服务取得的日常资金、政府补助取得的日常资金、投资收益取得的、商品销售取得的日常资金）和其他方式取得的日常资金（固定资产处置取得的日常资金、无形资产处置取得的日常资金）两种。

（3）**按照日常资金是否受到限制分类**　按是否受到限制，非营利组织日常资金可分为限定性日常资金和非限定性日常资金两种。如果资产提供者对资产的使用设置了时间限制或者（和）用途限制，则所确认的相关日常资金为限定性日常资金，否则为非限定性日常资金。例如，捐赠取得的日常资金和政府补助取得的日常资金，应当根据相关资金提供者对资金的使用是否设置了限制，分为限定性日常资金和非限定性日常资金进行核算；而会费取得的日常资金、提供服务取得的日常资金、商品销售取得的日常资金和投资收益取得的日常资金等一般为非限定性日常资金，但并不绝对。

（4）**按照日常资金是否为交换交易形成分类**　按照是否为交易交换形成，非营利组织日常资金可分为交换交易形成的日常资金（商品销售日常资金、提供服务形成的日常资金和投资收益取得的日常资金）和非交换交易形成的日常资金（捐赠取得的日常资金和政府补贴形成的日常资金）两种。

非营利组织日常资金构成的意义在于它可以反映以下问题：①日常资金的时效性，即资金筹措的速度及可使用的时间长短；②日常资金的成本，非营利组织从不同渠道取得的资金，所付的代价是不同的；③日常资金的风险性，非营利组织从不同渠道取得的资金，其本金及利息都需要补偿，但实现资金偿还的可靠性是不同的。

▶▶ 二、非营利组织日常资金的管理

非营利组织应实行日常资金内部控制，建立岗位责任制，践行账款分离的日常资金管理基本要求，明确相关部门和岗位的职责权限，确保办理资金业务的不相容岗位相互分离、制约和监督。

（一）岗位设置与人员分工

岗位设置与人员分工是日常资金管理的基础，非营利组织应根据不同岗位特点进行分工，遵循分级授权原则积极推进业财一体化工作，从组织机构设置上确保资金流通安全。

1. 岗位设置

（1）管理层　管理层的主要职责为：制定开户的政策、程序并进行适当的授权；审批有关资金管理制度；审批现金、银行存款的支付申请。

（2）各部门管理岗位　各部门管理岗位的主要职责为进行部门用款申请和授权范围内审批部门个人用款申请。

（3）财务总监　财务总监岗位的主要职责为：为组织制定有关资金管理制度；在权限范围内审批现金数目；与金融机构洽谈；指导、协调资金管理工作；抽查现金盘点表、支票登记本、银行余额调节表。

（4）财务经理　财务经理岗位的主要职责为：与金融机构洽谈；在权限范围内审批现金数目。

（5）资金主管　资金主管岗位的主要职责为：制定有关资金管理制度；办理银行开户、撤销等；复核现金盘点表；复核银行余额调节表；复核部门及个人用款申请；复核现金记录和支票登记本。

（6）资金管理专员　资金管理专员岗位的主要职责为：盘点现金，填制现金盘点表；核对银行存款对账单，编制银行存款余额调节表；各种记账凭证、报表文件的整理、归档；办理部门及个人用款申请手续；银行预留印鉴和有关印章的保管。

（7）出纳　出纳岗位的主要职责为：填制银行存款日记账和现金日记账；保管现金，控制现金数目；开出支票并进行登记；按规定办理部门及个人用款支付；定期与总账核对银行存款日记账和现金日记账；购买、保管空白收据、支票等票据。

（8）会计　会计岗位的主要职责为：审核业务经办人员取得或填制的原始凭证；编制记账凭证；填制资金总账。

（9）内审　内审岗位的主要职责为：审批资金日记账；审核资金总账；审核资金办理手续；盘点库存资金。

2. 人员分工

（1）会计人员　会计人员应负责总分类账的登记、收支原始凭证的复核及收付款记账凭证的编制工作。

（2）出纳　出纳应负责现金的收支和保管、收支原始凭证的保管和签发、日记账的登记。出纳不得登记现金总账，也不得兼任稽核、会计档案保管和收入、支出、费用、债权债务账务的登记工作。

（3）内审人员　内审人员应负责收支凭证和账目的定期审计和现金的突击盘点及银行存款账户的定期核对。

（4）会计主管　会计主管应负责审核收支，保管和使用组织及组织负责人印章，定期与银行对账并编制银行存款余额调节表。

（5）组织负责人　组织负责人应负责审批收支预算、决算及各项支出，但是重大支出项目应由组织集体审批。

（6）电脑程序设计员　电脑程序设计员应负责程序设计和修改，不得负责程序操作。

（二）现金管理

非营利组织应根据实际情况，在符合《民间非营利组织会计制度》的基础上建立现金管理制度，主要包括以下内容：

1）制定库存现金管理制度。库存现金不得超过规定限额，一般按照单位 3~5 天日常零星开支所需现金确定，如果有特殊需要，可依据实际情况放宽，但最高不得超过 15 天。库存现金超过一定数额时必须存入银行，如果遇到特殊情况，超过规定限额应及时向理事会或相关管理部门通报，做好现金保护工作。

2）不得坐支现金。收到的现金应及时存入银行，严格执行现金收支"两条线"。

3）不得以"白条"抵库。"白条"是指没有审批手续的凭证，不能够作为记账的依据。

4）认真做好现金的日常管理工作。日记账必须做到日清月结，并保证库存现金与账面金额相符。

5）认真做好现金盘点工作。出纳应定期（每月、季、年末）、不定期地对现金进行盘点，编制现金盘点表，财务机构负责人（或授权的会计）应对现金盘点进行监盘和不定期的抽盘，确保现金账面余额与实际库存相符，如果发现不符，应及时查明原因并做出处理。

（三）银行存款管理

非营利组织应根据实际情况，在符合《民间非营利组织会计制度》的基础上建立银行存款管理制度，主要包括以下内容：

1）开立银行存款账户。开立账户用于银行收付业务，一般应开立两个账户，基本账户用来付款，一般账户用来收款。如果业务需要，确需增开专用账户，需由财务部提出申请报理事会或相关管理部门，得到批准后方能开立。

2）应遵照国家相关银行账户管理的规定，不得出租、出借账户。

3）尽可能使用转账结算。非营利组织应根据自身情况，设定结算起点，对于超过起点金额的所有公共业务，应当通过银行转账进行结算。

4）对于各种银行存款方式的收款凭证和付款凭证的填制日期和依据，应按照《民间非营利组织会计制度》的要求进行。

5）收到的汇票、支票等银行收款凭单应及时送存银行，并进行账务处理。

6）支票、汇票、汇兑等付款，均须登记备查簿，详细填写单据编号、收款人名称、金额、用途、借款日期、报销日期等，并由经手人签字。

7）出纳定期与银行核对银行存款余额，并编制银行余额调节表，会计需对银行余额调节表进行审核，对未达账项及时处理。

银行存款余额调节表由非营利组织资金管理专员编制，可作为银行存款科目的附列资料保存。该表的主要目的是核对非营利组织银行存款账目与银行账目的差异，也可用于检查非营利组织与银行账目的差错。调节后的余额一般认为是该非营利组织在对账日银行存款实际可用的数额。

银行存款余额调节表是一种对账记录的工具，并不是凭证；如果双方银行存款余额核对相等，则一般没错；否则可能存在未达款项，或者记录错误。其编制方法一般是在双方账面余额的基础上，各自加上对方已收、本单位未收账项数额，减去对方已付、本单位未付账项数额，然后验证调节后的双方账目是否相符，具体步骤如下：

1）调节账面余额。非营利组织账面存款余额＝非营利组织账面银行存款余额－银行已付而非营利组织未付账项＋银行已收而非营利组织未收账项。

2）调节银行存款对账单余额。银行对账单调节后的存款余额＝银行对账单存款余额－非营利组织已付而银行未付账项＋非营利组织已收而银行未收账项。

3）验证。银行对账单存款余额＋非营利组织已收而银行未收账项－非营利组织已付而银行未付账项＝非营利组织账面银行存款余额＋银行已收而非营利组织未收账项－银行已付而非营利组织未付账项。

通过核对调节，若"银行存款余额调节表"上的双方余额相等，一般可以说明双方记账没有差错。如果经调节后仍不相等，要么是未达账项未全部查出，要么是一方或双方记账出现差错，此时需要进一步采用对账方法查明原因，加以更正，直到调节表中双方余额相等为止。调节相等后的银行存款余额是非营利组织银行存款的真实数字，也是其当日可以动用的银行存款极大值。

需要特别注意的是，对于银行已经入账而非营利组织尚未入账的未达账项，要待银行结算凭证到达后才能据以入账，不能以"银行存款调节表"作为记账依据。

（四）存货管理

非营利组织应根据实际情况，在符合《民间非营利组织会计制度》的基础上建立存货管理制度，主要包括以下内容：

1）合理的存货收付制度。存货取得和发出时，仓管员应当和当事人当面点清数量，当面开具单据（包括入库单、出库单和发票或收据证明单据），并在确保财务审核、审批人员和相关经办人都签字确认后才能进行存货的入库或出库，全过程要做到单据和数量完全相符。

2）仓储管理员管理制度。存放存货的仓库钥匙必须由专人保管，无关人员不得私自进出仓库。仓管员不仅需要做好清洁、整理、防霉、防蛀、防潮等工作，还应经常定期及不定期地抽查物资，如果发现问题，及时上报上级主管，并会同有关部门及时采取补救措施。

3）存货的合理存放制度。存货的摆放讲究科学、合理性。不同存放区域要清晰分开，存货摆列要整齐、有序，高低要适当、均衡。

4）存货盘点制度。定期对存货进行清查盘点，每年至少盘点一次。对于发生的盘盈、盘亏情况以及出现的变质、毁损存货，应当及时查明原因，并根据管理权限，报经批准后，在期末结账前处理完毕。

5）存货的减值制度。应当定期或者至少于每年年度终了，对存货是否发生了减值进行检查，并进行相应的会计处理。

（五）报销管理

非营利组织应根据实际情况，在符合《民间非营利组织会计制度》的基础上建立报销管理制度，主要包括以下内容：

1）报销的流程管理制度。报销前应将原始凭证分类汇总、粘贴后，填写支出凭单，在支出凭单上注明摘要和用途、报销金额（大小写必须相符）、单据张数。报销的发票，必须是合法的原始凭证，发票上印有税务局或财政局的收费专用章和收款单位的财务专用章，且各种印章必须清晰。此外，发票上要填写购货单位名称、购货品名、单价、数量、金额和日期。

2）将填好且按规定审核、核准的支出凭单（附上原始单据）交部门负责人审签。

3）将部门负责人审签的支出凭单（附上原始单据）报会计审核，审核无误后交由理事会或相关管理部门核准后报销。

4）根据自身情况，设立一次性报销限额和财务办理报销时间，对于超过一次性报销限额的，通常需提前一个工作日通知财务。

（六）借款管理

非营利组织应根据实际情况，在符合《民间非营利组织会计制度》的基础上建立借款管理制度，主要包括以下内容：

1）现金及转账支票不应以任何理由借给外单位使用。

2）组织内部人员因公务出差借款，需填写借款单，由各部负责人批准后方可办理借款。同时应设立借款限额，超过限额的应由理事会或相关管理部门签字，此外需规定出差借款的报销期限。

3）所借支票必须妥善保管，不得遗失，如因遗失而造成经济损失，由借票人负责赔偿。

▶ 三、非营利组织日常资金管理的会计核算

非营利组织日常资金管理的会计核算主要包括现金的会计核算、银行存款的会计核算、其他货币资金的会计核算及存货的会计核算。在进行会计核算的时候，应该以收付实现制为基础，并遵循《民间非营利组织会计制度》的规定。

（一）现金的会计核算

1. 科目设置

应设"库存现金"科目，在资产负债表中的编号为1001，该科目属资产类科目，其借方登记现金的增加，贷方登记现金的减少，期末余额在借方，反映非营利组织实际持有的库存现金。

2. 具体会计核算

（1）现金存取　从银行提取现金，按照支票存根所记载的提取金额，借记"库存现金"科目，贷记"银行存款"科目；将现金存入银行，根据银行退回的进账单第一联，借记"银行存款"科目，贷记"库存现金"科目。

（2）职工出差领取　因支付内部职工出差等原因所需的现金，按照支出凭证所记载的金额，借记"其他应收款"等科目，贷记"库存现金"科目。收到出差人员交回的差旅费剩余款并结算时，按实际收回的现金，借记"库存现金"科目；按应报销的金额，借记有关科目；按实际借出的现金，贷记"其他应收款"科目。

（3）因其他原因收到现金　借"库存现金"科目，贷记有关科目；支出现金，借记有关科目，贷记"库存现金"科目。

（4）现金清查　现金清查结果，可能出现账实相符的情况，也可能出现账实不符的情况。在账实不符的情况下，会出现短缺或溢余，相关人员应及时查明原因，报批后在期末结账前处理完毕。如果为现金短缺，属于应由责任人或保险公司赔偿的部分，借记"其他应收款"科目，贷记"库存现金"科目；属于无法查明的其他原因的部分，借记"管理费用"科目，贷记"库存现金"科目。如果为现金溢余，属于应支付给有关人员或单位的部分，借记"库存现金"科目，贷记"其他应付款"科目；属于无法查明的其他原因的部分，借记"库存现金"科目，贷记"其他业务收入"科目。

现金清查的具体步骤如下：首先，填制现金出纳报告书，审查人员在盘点现金前，一切出纳业务活动应立即停止，并由出纳人员按要求填制现金出纳报告书。其次，盘点库存现金并编制盘点清单。如果被审查单位的内部审查人员曾突击检查过库存现金，那么审查人员只需要复核内部审查人员的审查工作底稿。在盘点现金时，审查人员、出纳人员和财务主管都应在清查现场。盘点完毕，由出纳人员填制库存现金盘点表。最后，核对库存现金盘点数的正确性和真实性。审查人员应将清点后的现金实存数与现金出纳报告书、现金日记账的昨日库存现金账面余额，会计部门现金账户的余额相核对，以证实库存现金数和现金账的记录是否相符。如果发现不一致。则应进一步追查原因，以明确其责任。库存现金盘点表见表6-1。

表 6-1　库存现金盘点表

单位名称：		编制人：		日期：
清查基准日：		复核人：		日期：

币种：

清查日清点现金			核对账目	
货币面额	张数	金额	项目	金额
100 元			基准日现金账面余额	
50 元			加：清查基准日至清查日的现金收入	
20 元			减：清查基准日至清查日的现金支出	
10 元			减：借条	
5 元			调整后现金余额	
1 元			实点现金	
5 角			长款	

下面通过实例具体来看库存现金盘盈或盘亏的账务处理过程。

【例6-1】　非营利组织A在财产清查中，发现库存现金溢余600元。在报经批准前，根据"库存现金盘点表"确定的库存现金盘盈数，调整账面记录。

根据以上信息，编制会计分录。

借：库存现金　　　　　　　　　　　　　　　　　　　　　　　600
　　贷：待处理财产损溢——待处理流动资产损溢　　　　　　　　　　　600

经反复核查，上述库存现金长款无法查明原因，根据批准处理意见，转作其他业务收入。

借：待处理财产损溢——待处理流动资产损溢 600

　　贷：其他业务收入 600

【例6-2】 非营利组织B在清查中发现，盘亏库存现金3 000元。在报经批准前，根据"库存现金盘点表"确定的库存现金盘亏数，调整账面记录。根据以上信息，编制会计分录。

借：待处理财产损溢——待处理流动资产损溢 3 000

　　贷：库存现金 3 000

经检查，上述库存现金短缺中500元应由出纳员张某赔偿，另外2 500元无法查明原因，在批准后，根据意见，转销库存现金盘亏的会计分录如下：

借：其他应收款——张某 500

　　管理费用 2 500

　　贷：待处理财产损溢——待处理流动资产损溢 3 000

收到张某赔偿的500元之后，编制如下会计分录：

借：库存现金 500

　　贷：其他应收款 500

（二）银行存款的会计核算

1. 科目设置

应设"银行存款"科目，在资产负债表中的编号为1002。该科目属于资产类科目，其借方登记银行存款的增加额，贷方登记银行存款的减少额，期末借方余额，反映非营利组织实际存在于银行或其他金融机构的款项。

2. 会计核算

（1）存款　将款项存入银行和其他金融机构，借记"银行存款"科目，贷记"库存现金""应收账款""捐赠收入""会费收入"等有关科目。

（2）取款　提取和支出存款时，借记"库存现金""应付账款""业务活动成本""管理费用"等有关科目，贷记"银行存款"科目。

（3）收到利息　收到的存款利息，借记"银行存款"科目，非营利组织取得的存款利息，属于《民间非营利组织会计制度》（简称《民非制度》）第三十五条规定的"为购建固定资产而发生的专门借款"产生且在"允许资本化的期间内"的，应当冲减在建工程成本；除此以外的存款利息应当计入其他收入。

（4）发生外币业务

1）以外币购入商品设备服务等，按照购入当日（或当期期初）的市场汇率将支付的外币或应支付的外币折算为人民币金额，借记"固定资产""存货"等科目，贷记"库存现金""银行存款""应付账款"等科目的外币明细科目。

2）以外币销售商品提供服务或者获得外币捐赠等，按照收入确认当日（或当期期初）的市场汇率将收取的外币或应收取的外币折算为人民币金额，借记"银行存款""应收账款"等科目的外币明细科目，贷记"捐赠收入""提供服务收入""商品销售收入"等科目。

3）发生外币借款时，按照借入当日（或当期期初）的市场汇率将借入款项折算为人民币金额，借记"银行存款"科目的外币明细科目，贷记"短期借款""长期借款"等科目的外币明细科目；偿还外币借款时，按照偿还当日（或当期期初）的市场汇率将偿还款项折算为人民币金额，借记"短期借款""长期借款"等科目的外币明细科目，贷记"银行存款"科目的外币明细科目。

4）发生外币兑换业务时，如果为购入外币，按照购入当日（或当期期初）的市场汇率将购入的外币折算为人民币金额，借记"银行存款"科目的外币明细科目，按照实际支付的人民币金额，贷记"银行存款"科目的人民币账户，两者之间的差额，借记或贷记"筹资费用"等科目；如果为卖出外币，按照实际收到的人民币金额，借记"银行存款"科目的人民币明细科目，按照卖出当日（或当期期初）的市场汇率将卖出的外币折算为人民币金额，贷记"银行存款"科目的外币明细科目，两者之间的差额，借记或贷记"筹资费用"等科目。

（5）无法收回的款项　有确凿证据表明存入银行或其他金融机构的款项已经部分或者全部不能收回的，应当将不能收回的金额确认为当期损失，借记"管理费用"科目，贷记"银行存款"科目。

（6）各种外币账户的外币余额，期末时应当按照期末汇率折合为人民币，按照期末汇率折合的人民币金额与账面人民币金额之间的差额，作为汇兑损益计入当期费用。但是，属于在借款费用应予资本化的期间内发生的，与购建固定资产有关的外币专门借款本金及其利息所产生的汇兑差额，应当予以资本化，计入"在建工程"科目。

（三）其他货币资金的会计核算

1. 科目设置

应设"其他货币资金"科目，在资产负债表中的编号为1009。该科目属于资产类科目，其借方登记其他货币资金的增加额，贷方登记其他货币资金的减少额，期末借方余额反映非营利组织实际持有的其他货币资金。

2. 会计核算

（1）外埠存款业务　非营利组织将款项委托当地银行汇往采购地开立专户时，借记"其他货币资金"科目，贷记"银行存款"科目。收到采购员交来供应单位发票账单等报销凭证时，借记"存货"等科目，贷记"其他货币资金"科目。将多余的外埠存款转回当地银行时，根据银行的收账通知，借记"银行存款"科目，贷记"其他货币资金"科目。

（2）银行汇票存款业务　非营利组织在填送"银行汇票申请书"并将款项交存银行，取得银行汇票后，根据银行盖章退回的申请书存根联，借记"其他货币资金"科目，贷记"银行存款"科目。非营利组织使用银行汇票后，根据发票、账单等有关凭证，借记"存货"等科目，贷记"其他货币资金"科目；如果有多余款或因汇票超过付款期等原因而退回款项，根据开户行转来的银行汇票第四联（多余款收账通知），借记"银行存款"科目，贷记"其他货币资金"科目。

（3）银行本票存款业务　非营利组织向银行提交"银行本票申请书"并将款项交存银行，取得银行本票后，根据银行盖章退回的申请书存根联，借记"其他货币资金"科目，贷记"银行存款"科目。非营利组织使用银行本票后，根据发票账单等有关凭证，借记"存货"等科目，贷记"其他货币资金"科目。当本票超过付款期等原因而要求退款时，应当填制进账单一式两联，连同本票一并送交银行，根据银行盖章退回的进账单第一联，借记"银行存款"科目，贷记"其他货币资金"科目。

（4）信用卡存款业务　非营利组织应按规定填制申请表，连同支票和有关资料一并送交发卡银行，根据银行盖章退回的进账单第一联，借记"其他货币资金"科目，贷记"银行存款"科目。非营利组织用信用卡购物或支付有关费用，借记有关科目，贷记"其他货币资金"科目。非营利组织在使用信用卡过程中，需向其账户续存资金的，借记"其他货币资金"科目，贷记"银行存款"科目。

（5）信用证保证金存款业务　非营利组织向银行交纳信用证保证金时，根据银行退回的进账单第一联，借记"其他货币资金"科目，贷记"银行存款"科目。根据开证行交来的信用证来单通知书及有关单据列明的金额，借记"存货"等科目，贷记"其他货币资金"和"银行存款"科目。

（6）存出投资款业务　非营利组织向证券公司划出资金时，应按实际划出的金额，借记"其他货币资金"科目，贷记"银行存款"科目；利用存出投资款购买股票、债券等时，按实际发生的金额，借记"短期投资"等科目，贷记"其他货币资金"科目。

（7）银行汇票、银行本票逾期　非营利组织对于逾期尚未办理结算的银行汇票、银行本票等，应按规定及时转回，借记"银行存款"科目，贷记"其他货币资金"科目。

（四）存货的会计核算

1. 科目设置

应设"存货"科目，在资产负债表中的编号为1201。该科目属于资产类科目，借方登记存货的增加，贷方登记存货的减少，期末余额在借方，反映非营利组织存货实际库存价值。

应设"存货跌价准备"科目，在资产负债表中的编号为1202。该科目属于资产类科目，借方登记存货跌价准备的减少，贷方登记存货跌价准备的增加，期末余额在贷方，反映非营利组织已计提的存货跌价准备。

2. 会计核算

（1）外购存货　按照采购成本（一般包括实际支付的采购价格、相关税费、运输费、装卸费、保险费以及其他可直接归属于存货采购的费用），借记"存货"科目，贷记"银行存款""应付账款"等科目。非营利组织可以根据需要在"存货"科目下设置"材料""库存商品"等明细科目。

（2）自行加工或委托加工完成的存货　按照采购成本、加工成本（包括直接人工以及按照合理方法分配的与存货加工有关的间接费用）和其他成本（除采购成本、加工成本以外的，使存货达到目前场所和状态所发生的其他支出），借记"存货"科目，贷记"银行存款""应付账款""应付工资"等科目。非营利组织可以根据实际情况，在"存货"科目下设置"生产成本"等明细科目，归集相关成本。

（3）接受捐赠的存货　按照所确定成本，借记"存货"科目，贷记"捐赠收入"科目。

（4）业务活动过程中领用存货　按照确定的成本，借记"管理费用"等科目，贷记

"存货"科目。

（5）对外出售或捐赠存货　按照确定的出售存货成本，借记"业务活动成本"等科目，贷记"存货"科目。

（6）存货盘盈　按照其公允价值，借记"存货"科目，贷记"其他收入"科目。

（7）存货盘亏或者毁损　按照存货账面价值扣除残料价值、可以收回的保险赔偿和过失人的赔偿等后的金额，借记"管理费用"科目，按照可以收回的保险赔偿和过失人赔偿等，借记"库存现金""银行存款""其他应收款"等科目，按照存货的账面余额，贷记"存货"科目。

（8）存货跌价准备　如果存货的期末可变现净值低于账面价值，按照可变现净值低于账面价值的差额，借记"管理费用——存货跌价损失"科目，贷记"存货跌价准备"科目。

如果以前期间已计提跌价准备的存货价值在当期得以恢复，即存货的期末可变现净值高于账面价值，按照可变现净值高于账面价值的差额，在原已计提跌价准备的范围内，借记"存货跌价准备"科目，贷记"管理费用——存货跌价损失"科目。

下面通过实例具体来看一下存货的账务处理过程。

【例6-3】　某非营利组织2021年3月5日支付内部职工张某出差所需现金4 000元。4月3日以10 000美元购入商品补充库存，假设当日汇率为6.80，4月25日，通过银行支付货款。由于业务活动的需要，4月28日，该组织委托当地银行汇往采购地开立专户20 000元。5月6日购入存货一批，采购价格20 000元，运输费1 000元，增值税税率为13%，当日通过银行交付货款。6月30日，该组织在进行现金清查时，发现现金短缺2 000元，且无法查明原因。该组织在年末对存货是否减值进行检查时，发现存货可变现净值为300 000万元，账面价值为320 000元，之前未计提减值准备。根据以上信息，编制相关会计分录。

（1）3月5日，该非营利组织支付内部职工张某出差所需现金。

借：其他应收款　　　　　　　　　　　　　　　　　　4 000

　　贷：库存现金　　　　　　　　　　　　　　　　　　　　　4 000

（2）4月3日，以美元购入商品补充库存。

借：存货　　　　　　　　　　　　　　　　　　　　　68 000

　　贷：应付账款　　　　　　　　　　　　　　　　　　　　　68 000

（3）4月25日，通过银行支付货款。

借：应付账款　　　　　　　　　　　　　　　　　　　68 000

　　贷：银行存款　　　　　　　　　　　　　　　　　　　　　68 000

（4）4月28日，该组织委托当地银行汇往采购地开立专户20 000元。

借：其他货币资金　　　　　　　　　　　　　　　　　20 000

　　贷：银行存款　　　　　　　　　　　　　　　　　　　　　20 000

（5）5月6日，购入存货。

借：存货　　　　　　　　　　　　　　　　　　　　　23 600

　　贷：银行存款　　　　　　　　　　　　　　　　　　　　　23 600

（6）6 月 30 日进行现金清查。

借：管理费用   2 000

   贷：库存现金   2 000

（7）年末对存货是否减值进行检查。

借：管理费用——存货跌价损失   20 000

   贷：存货跌价准备   20 000

第三节　非营利组织项目资金管理

▶ 一、非营利组织项目资金的收入管理

非营利组织的资金管理活动可以分为日常资金管理活动和项目资金管理活动。非营利组织多以项目管理的方式进行资金的运营和管理。因此，在非营利组织财务管理的过程中，项目资金管理具有重要的意义。

非营利组织的项目以服务类项目为主，按照项目来源的国别划分，可以分为国内项目和国际项目；按照项目活动的不同领域划分，可分为扶贫项目、医疗卫生项目、环保项目、教育培训项目等。非营利组织的项目资金管理是指非营利组织为了实现其宗旨，通过项目申请的形式获取资金等社会资源，并有效地组织、计划、控制项目资金运用过程的一项综合性工作，主要包括项目资金的收入管理和项目资金的支出管理两部分。

项目资金的收入管理包括在该过程中涉及的项目资金收入管理制度、岗位设置和人员分工、收入内容与分类、收入的会计确认和收入的会计核算等方面的内容。良好的项目资金收入管理，能够使非营利组织在开展项目业务活动的时候，获得更多的资金支持，为项目的发展获取更多的资源。

（一）项目资金的收入管理制度

非营利组织的项目资金收入管理制度的内容包括以下几项：①建立有效的项目立项申报工作制度，做到申报的每一个项目都有充分合理的科学依据支撑，高质高效完成项目选择、可行性分析、项目建议书书写等申请工作，提高成功率，保证项目的资金来源；②设置合理的岗位对项目资金进行专项管理，确保项目资金的真实性和完整性；③建立合理的会计核算和资金管理制度，对项目资金的收入进行有效的管理。

（二）岗位设置和人员分工

1. 岗位设置

非营利组织的项目管理目前存在矩阵式和网络式两种管理模式。

（1）矩阵式的项目管理模式　在矩阵式项目管理模式下，项目管理部门属于临时管理部门，首先由秘书长临时指派项目经理，其次项目经理从各个职能部门抽调人员组成项目小组。项目经理直接对秘书长负责，受秘书长领导。这种模式决定了项目管理部门岗位设置的特殊性，即其属于由秘书长领导下的临时部门，主要目标是为了完成某一项目任务。这一管理模式虽然具有权力集中的优点，但也同时存在等级制度明显、信息不畅的缺点。

（2）网络式的项目管理模式　现代非营利组织的项目管理往往采取这一模式。即秘书

长下面仍然是各个职能部门，但其中新增一个项目部，项目部下面再分设项目经理，项目经理不再直接面对秘书长，项目经理和各个职能部门之间更多的是一种横向的合作关系。这种结构有利于保障项目经理的权责统一，使单个的项目管理机构更为独立，具有更大的自主权。

2．人员分工

在项目实施的过程中，项目经理是一个至关重要的角色。非营利组织的总负责人应协同人力资源部门结合组织发展目标规划好项目经理的职业生涯，例如项目经理的定位与地位、如何使项目经理责权对等。在此基础上，应制定项目经理的职业晋升路线，例如项目助理、项目经理、高级项目经理、项目总监等每个级别的素质要求和待遇等。通过项目经理的生涯规划，增强项目经理的归属感，提高人力资源的稳定性。同时，应设置相应的人员考评激励机制，调动组织成员为实现项目目标而努力工作，提高各类人员工作的积极性。该机制内应包括对项目经理、项目团队和项目组成员的考核制度。

（三）收入内容与分类

1．收入内容

收入是指非营利组织开展业务活动时取得的，导致本期净资产增加的经济利益或者服务潜力的流入。收入具有以下两项特征：①收入会导致非营利组织经济利益或者服务潜力的流入；②收入会导致本期净资产的增加。

非营利组织的收入主要包括以下内容：

（1）捐赠收入　捐赠收入是指非营利组织接受其他单位或个人捐赠所取得的收入。需特别注意的是，对于非营利组织接受的劳务捐赠，不予确认，但应当在会计报表附注中做相关披露。

（2）政府补助收入　政府补助收入是指非营利组织接受政府拨款或者政府机构给予的补助而取得的收入。

（3）提供服务收入　提供服务收入是指非营利组织根据章程等的规定向其服务对象提供服务取得的收入。

（4）会费收入　会费收入是指非营利组织根据章程等的规定向会员收取的会费收入。

（5）商品销售收入　商品销售收入是指非营利组织销售商品（例如出版物、药品等）所形成的收入。

（6）投资收益　投资收益是指非营利组织因对外投资取得的投资净损益。

（7）其他收入　其他收入是指除上述主要业务活动收入以外的收入，例如固定资产处置净收入、无形资产处置净收入、无法支付的应付款项、资产出租收入等。

2．收入分类

（1）按交易性质分类　收入按其交易的性质不同，非营利组织可将其划分为交换交易收入和非交换交易收入。交换交易收入和非交换交易收入应当采用不同的会计确认与记录方法进行核算。

1）交换交易收入是指通过交换交易所形成的收入。非营利组织的商品销售收入、提供服务收入和投资收益，均为交换交易收入。

2）非交换交易收入是指通过非交换交易所形成的收入。非营利组织的捐赠收入、政府补助收入和会费收入，均为非交换交易收入。

（2）按限定性分类　按照取得的收入是否存在限定，非营利组织可将其划分为限定性收入和非限定性收入，并应对两类收入采取不同的会计确认与记录方法进行核算。

限定性收入是指存在一定限制条件的收入。如果资产提供法律、法规对资产的使用设置了时间限制或者（和）用途限制，此项收入为限定性收入。例如，非营利组织的捐赠收入和政府补助收入如果存在一定限制条件，则为限定性收入。

非限定性收入是指不存在任何限制条件的收入。如果资产提供法律、法规对资产的使用没有设置任何限制，此项收入为非限定性收入。非营利组织会计的会费收入、提供服务收入、商品销售收入和投资收益一般为非限定性收入，除非相关资产提供者对资产的使用设置了限制。

非营利组织收入的分类如图6-1所示。

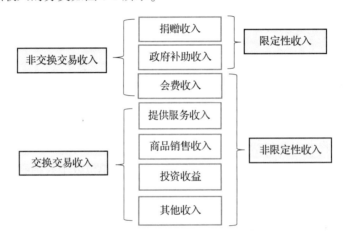

图6-1　非营利组织收入的分类

需要说明的是，会费收入、提供服务收入、商品销售收入、投资收益和其他收入在一般情况下属于非限定性收入，但不排除在特殊情况下存在限定的可能。例如，在有些非营利组织进行的公益性义卖活动中，所取得的收入被要求用于指定的方面。在这种情况下，商品销售收入即被划分为限定性收入。

（四）收入的会计确认

非营利组织在确认收入时，应当区分交换交易收入和非交换交易收入。

1. 交换交易收入的确认

交换交易是指按照等价交换原则所从事的交易，即当某一主体取得资产、获得服务或者解除债务时，需要向交易对方支付等值或大致等值的现金，或者提供等值或大致等值的货物、服务等的交易。非营利组织的交换交易收入是以销售商品、提供劳务或让渡资产使用权为条件取得的，是一种有偿收入，应当按照销售商品、提供劳务或让渡资产使用权三种情况，采用不同的确认标准。

第一，对于因交换交易所形成的商品销售收入，应当在下列条件同时满足时予以确认：

1）已将商品所有权上的主要风险和报酬转移给购货方。

2）既没有保留通常与所有权相联系的继续管理权，也没有对已售出的商品实施控制。

3）与交易相关的经济利益能够流入非营利组织。

4）相关的收入和成本能够被可靠计量。

第二，对于因交换交易所形成的提供劳务收入，应当按以下规定予以确认：

1）在同一会计年度内开始并完成的劳务，应当在完成劳务时确认收入。

2）如果劳务的开始和完成分属不同的会计年度，可以按完工进度或完成的工作量确认收入。

第三，对于因交换交易所形成的因让渡资产使用权而发生的收入，应当在下列条件同时满足时予以确认：

1）与交易相关的经济利益能够流入非营利组织。

2）收入的金额能够被可靠计量。

2. 非交换交易收入的确认

非交换交易是指除交换交易之外的交易。在非交换交易中，某一主体取得资产、获得服务或者解除债务时，不必向交易对方支付等值或者大致等值的现金，或者提供等值或者大致等值的货物、服务等；或者某一主体在对外提供货物、服务等时，没有收到等值或者大致等值的现金、货物等。非交换交易收入主要包括捐赠收入和政府补助收入。会费收入通常也属于非交换交易收入，因为会员缴纳的会费并不要求与提供的会员服务完全相对应。

对于因非交换交易所形成的收入，应当在同时满足下列条件时予以确认：

1）与交换相关的经济利益或者服务潜力资源能够流入非营利组织并为其所控制，或者相关的债务能够得到解除。

2）交换能够引起净资产的增加。

3）收入的金额能够被可靠计量。

此外应当注意，在一般情况下，对于无条件的捐赠或政府补助，应当在收到捐赠或政府补助时确认收入；对于附条件的捐赠或政府补助，应当在取得捐赠资产或政府补助资产控制权时确认收入。但当非营利组织存在需要偿还全部或部分捐赠资产（或者政府补助资产）或者相应金额的现时义务时，应当根据需要偿还的金额同时确认一项负债和费用。

（五）收入的会计核算

按照是否存在限定性，非营利组织各项收入可划分为非限定性收入和限定性收入进行核算。非营利组织的会费收入、提供服务收入、商品销售收入和投资收益等一般为非限定性收入，除非相关资产提供者对资产的使用设置了限制；非营利组织的捐赠收入和政府补助收入，应当视相关资产提供者对资产的使用是否设置了限制，分限定性收入和非限定性收入进行核算。

1. 捐赠收入

捐赠收入是非营利组织的一项重要的收入，在总收入中占比较大。慈善机构、基金会等机构，以捐赠收入为主要收入来源。

（1）科目设置　非营利组织对接受其他单位或者个人捐赠所取得的收入进行核算时，应设置"捐赠收入"科目。该科目属于收入类科目，其贷方登记取得的捐赠收入，借方登记期末转入净资产的金额，期末结转后无余额。该科目应当按照限定性收入和非限定性收入设置明细科目。

（2）会计确认　非营利组织的捐赠收入，应当在满足规定的收入确定条件时确认捐赠收入。一般情况下，应当在收到捐赠资产或取得资产的控制权时确认收入。捐赠收入的确认，应当注意以下三个问题：

1）受托代理业务收到的资产不确认为捐赠收入。非营利组织因接受代为管理的资产，并不能导致净资产的增加，不满足收入的确认条件。

2）捐赠承诺不确认为捐赠收入。非营利组织收到捐赠承诺时，并不能确定经济资源能流入组织，数额也不能被可靠计量，不满足收入的确认条件。

3）劳务捐赠不确认为捐赠收入。志愿者向非营利组织提供的无偿劳务，可能减少费用支出，但数额不能被可靠计量，不满足收入的确认条件。此外，劳务捐赠应当在会计报表附注中披露。

同时关于接受非现金资产捐赠，要注意以下四个问题：

1）对于非营利组织接受捐赠的存货、固定资产等非现金资产，应当按照《民间非营利组织会计制度》（简称《民非制度》）第十六条的规定确定其入账价值。

2）对于以公允价值作为其入账价值的非现金资产，民间非营利组织应当按照《民非制度》第十七条所规定的顺序确定公允价值。

《民非制度》中公允价值的确定顺序规定如下：

①如果同类或者类似资产存在活跃市场的，应当按照同类或者类似资产的市场价格确定公允价值。

②如果同类或类似资产不存在活跃市场，或者无法找到同类或者类似资产的，应当采用合理的计价方法确定资产的公允价值。

上述①中的"市场价格"一般是指取得资产当日捐赠方自产物资的出厂价、捐赠方所销售物资的销售价、政府指导价、知名大型电商平台同类或者类似商品价格等。而②中规定的"合理的计价方法"，包括由第三方机构进行估价等。

3）对于民间非营利组织接受非现金资产捐赠时发生的应归属于其自身的相关税费、运输费等，应当计入当期费用，借记"筹资费用"科目，贷记"银行存款"等科目。

4）民间非营利组织接受捐赠资产的有关凭据或公允价值以外币计量的，应当按照取得资产当日的市场汇率将外币金额折算为人民币金额记账。当汇率波动较小时，也可以采用当期期初的汇率进行折算。

（3）会计处理

1）接受的捐赠，按照应确认的金额，借记"库存现金""银行存款""短期投资""存货""长期股权投资""长期债权投资""固定资产""无形资产"等科目，贷记"限定性收入"或"非限定性收入"明细科目。

对于接受的附条件捐赠，如果存在需要偿还全部或者部分捐赠资产或者相应金额的现时义务时（例如因无法满足捐赠所附条件而必须将部分捐赠款退还给捐赠人时），按照需要偿还的金额，借记"管理费用"科目，贷记"其他应付款"等科目。

2）如果限定性捐赠收入的限制在确认收入的当期得以解除，应当将其转为非限定性捐赠收入，借记"限定性收入"明细科目，贷记"非限定性收入"明细科目。

3）期末，将"捐赠收入"科目各明细科目的余额分别转入限定性净资产和非限定性净资产，借记"限定性收入"明细科目，贷记"限定性净资产"科目，借记"非限定性收入"明细科目，贷记"非限定性净资产"科目。

2. 会费收入

（1）科目设置　一些非营利组织，例如各种协会、学会、联合会、研究会、联谊会、促进会、商会等，以会员的形式发展会员，以收取会费的形式取得收入，为会员提供相应的服务。这类组织对向会员收取的会费收入进行核算时，应设置"会费收入"科目，并应当按照会费种类（例如团体会费、个人会费等）设置明细科目，进行明细核算。"会费收入"科目属于收入费用类科目，其贷方登记取得的会费收入，借方登记期末转入净资产的会费收入，期末结转后无余额。

（2）会计确认与会计处理

1）向会员收取会费，在满足收入确认条件时，借记"库存现金""银行存款""应收账款"等科目，贷记"非限定性收入"明细科目，如果存在限定性会费收入，应当贷记"限定性收入"明细科目。

2）期末，将"会费收入"科目的余额转入非限定性净资产，借记"非限定性收入"明细科目，贷记"非限定性净资产"科目。如果存在限定性会费收入，则将其金额转入限定性净资产，借记"限定性收入"明细科目，贷记"限定性净资产"科目。

3. 提供服务收入

（1）科目设置　非营利组织对根据章程等的规定向其服务对象提供服务取得的收入进行核算时，应设置"提供服务收入"科目。该科目属于收入费用类科目，其贷方登记取得的提供服务收入，借方登记期末转入净资产的提供服务收入，期末结转后无余额。非营利组织应当按照提供服务的种类设置明细科目，进行明细核算。

（2）会计确认　提供服务收入主要包括学费收入、医疗费收入、培训收入等。非营利组织应当在收入满足确定条件时确定提供服务收入，按实际收到或应当收到的金额计量。对于因交换交易所形成的提供服务收入，应当按以下规定予以确认：

1）在同一会计年度内开始并完成的劳务，应当在完成劳务时确认收入。

2）如果劳务的开始和完成分属不同的会计年度，可以按完工进度或完成的工作量确认收入。

（3）会计处理

1）提供服务取得收入时，按照实际收到或应当收到的金额，借记"库存现金""银行存款""应收账款"等科目，按照应当确认的提供服务收入金额，贷记"提供服务收入"科目。按照预收的价款，贷记"预收账款"科目，在以后期间确认提供服务收入时，借记"预收账款"科目，贷记"非限定性收入"明细科目，如果存在限定性提供服务收入，应当贷记"限定性收入"明细科目。

2）期末，将"提供服务收入"科目的余额转入非限定性净资产，借记"非限定性收入"明细科目，贷记"非限定性净资产"科目。如果存在限定性提供服务收入，则将其金额转入限定性净资产，借记"限定性收入"明细科目，贷记"限定性净资产"科目。

4. 政府补助收入

（1）科目设置　政府为支持社会公益事业的发展，常通过财政拨款补助的方式，向非营利组织提供资助，例如，有些地方政府对非政府举办的养老院按床位数量提供定额补助，有些地方政府对民营研究机构提供专项科研资助。非营利组织对因接受类似上述政府机构给予的补助而取得的收入进行核算时，应设置"政府补助收入"科目。该科目属于收入费用类科目，其贷方登记取得的政府补助收入，借方登记期末应转入净资产的政府补助收入，期末结转后无余额。同时，应当按照限定性收入和非限定性收入在该科目下设置明细科目。限定性补助收入要求设立专项核算，按政府限定条件使用。

（2）会计处理

1）接受的政府补助，按照应确认收入的金额，借记"库存现金""银行存款"等科目，贷记"限定性收入"或"非限定性收入"明细科目。

对于接受的附条件政府补助，如果非营利组织存在需要偿还全部或部分政府补助资产或者相应金额的现时义务时（例如因无法满足政府补助所附条件而必须退还部分政府补助时），按照需要偿还的金额，借记"管理费用"科目，贷记"其他应付款"等科目。

2）如果限定性政府补助收入的限制在确认收入的当期得以解除，应当将其转为非限定性捐赠收入，借记科目"限定性收入"明细科目，贷记"非限定性收入"明细科目。

3）期末，将"政府补助收入"账户各明细账户的余额分别转入"限定性净资产"和"非限定性净资产"账户，借记"限定性收入"明细科目，贷记"限定性净资产"科目，借记"非限定性收入"明细科目，贷记"非限定性净资产"科目。

4）关于承接政府购买服务取得的收入。按照《民非制度》第五十九条的规定，民间非营利组织承接政府购买服务属于交换交易，取得的相关收入应当记入"提供服务收入"等收入类科目，不应当记入"政府补助收入"科目。

5. 商品销售收入

有些民营非营利组织以生产、销售商品的形式向社会提供公益性服务，例如医院、保健站等医疗单位提供的药品、器械等，研究所、检测所提供的仪器、设备等，均属于商品销售行为。

（1）科目设置　非营利组织对销售商品（例如出版物、药品）等所形成的收入进行核算时，应设置"商品销售收入"科目。该科目属于收入费用类科目，其贷方登记取得的商品销售收入，借方登记期末应转入净资产的商品销售收入，期末结转后无余额。非营利组织应当按照商品的种类设置明细科目，进行明细核算。

（2）会计确认　非营利组织应当在收入满足确定条件时确定商品销售收入，按实际收到或应当收到的金额计量。对于商品销售收入应当在下列条件同时满足时予以确认：

1）已将商品所有权上的主要风险和报酬转移给购货方。

2）既没有保留通常与所有权相联系的继续管理权，也没有对已售出的商品实施控制。

3）与交易相关的经济利益能够流入非营利组织。

4）相关的收入和成本能够被可靠计量。

（3）会计处理

1）销售商品取得收入时，按照实际收到或应当收取的价款，借记"库存现金""银行存款""应收票据""应收账款"等科目，按照应当确认的商品销售收入金额，贷记"非限定性收入"明细科目（如果存在限定性商品销售收入，应当贷记"限定性收入"明细科目），按照预收的价款，贷记"预收账款"科目。在以后期间确认商品销售收入时，借记"预收账款"科目，贷记"非限定性收入"明细科目，如果存在限定性商品销售收入，应当贷记"限定性收入"明细科目。

2）销售退回，是指非营利组织售出的商品，由于质量、品种不符合要求等原因而发生的退货。销售退回应当分情况处理。

①未确认收入的已发出商品的退回，不需要进行会计处理。

②已确认收入的销售商品退回，一般情况下直接冲减退回当月的商品销售收入、商品销售成本等。按照应当冲减的商品销售收入，借记"商品销售收入"科目，按照已收或应收的金额，贷记"银行存款""应收账款""应收票据"等科目，按照退回商品的成本，借记"存货"科目，贷记"业务活动成本"科目。

如果该项销售发生现金折扣，应当在退回当月一并处理。

③资产负债表日至财务会计报告批准报出日之间发生的报告期间或以前期间的销售退回，应当作为资产负债表日后事项的调整事项处理，调整报告期间会计报表的相关项目：按照应冲减的商品销售收入，借记"非限定性净资产"科目（如果所调整收入属于限定性收入，应当借记"限定性净资产"科目），按照已收或应收的金额，贷记"银行存款""应收账款""应收票据"等科目；按照退回商品的成本，借记"存货"科目，贷记"非限定性净资产"科目。

如果该项销售已发生现金折扣，应当一并处理。

3）现金折扣，是指非营利组织为了尽快回笼资金而发生的理财费用。现金折扣在实际发生时直接计入当期筹资费用。按照实际收到的金额，借记"银行存款"等科目，按照应给予的现金折扣，借记"筹资费用"科目，按照应收的账款，贷记"应收账款""应收票据"等科目。

购买方实际获得的现金折扣，冲减取得当期的筹资费用。按照应付的账款，借记"应付账款""应付票据"等科目，按照实际获得的现金折扣，贷记"筹资费用"科目，按照实际支付的价款，贷记"银行存款"等科目。

4）销售折让，是指在商品销售时直接给予购买方的折让。销售折让应当在实际发生时直接从当期实现的销售收入中抵减。

5）期末，将"商品销售收入"科目的余额转入"非限定性净资产"，借记"商品销售收入"科目，贷记"非限定性净资产"科目。如果存在限定性商品销售收入，则将其金额转入"限定性净资产"科目，借记"商品销售收入"科目，贷记"限定性净资产"科目。

6. 投资收益

非营利组织可以货币资产、存货、固定资产、无形资产等形式对外投资，在投资中取得一定的投资收益，扩大资金来源，满足公益事业的资金需要。非营利组织对对外投资取得的投资净损益进行核算时，应设置"投资收益"科目。该科目属于收入类科目，其贷方登记取得的投资收益，借方登记发生的投资损失、冲减的投资收益和期末应转入净资产的投资收益，期末结转后无余额。非营利组织应当在满足规定的收入确认条件时确认投资收益，并区分短期投资、长期股权投资和长期债权投资三种情况进行核算。

7. 其他收入

（1）科目设置　为了核算和监督非营利组织除了主要业务活动收入之外的各种收入的实际情况，应设置"其他收入"科目。该科目属于收入类科目，其贷方登记取得的其他收入，借方登记期末转入净资产的其他收入，平时余额在贷方，反映非营利组织当期实现其他收入的累计金额，期末结转后无余额。非营利组织应当按照其他收入的种类设置明细账，进行明细核算。

（2）会计处理

1）现金、存货、固定资产等盘盈的，根据管理权限报经批准后，借记"库存现金""存货""固定资产""文物文化资产"等科目，贷记"其他收入"科目的"非限定性收入"明细科目，如果存在限定性其他收入，应当贷记"其他收入"科目的"限定性收入"明细科目。

2）对于固定资产处置净收入，借记"固定资产清理"科目，贷记"其他收入"科目。

3）对于无形资产处置净收入，按照实际取得的价款，借记"银行存款"等科目，按照该项无形资产的账面余额，贷记"无形资产"科目，按照其差额，贷记"其他收入"科目。

4）确认无法支付的应付款项，借记"应付账款"等科目，贷记"其他收入"科目。

5）在非货币性交易中收到补价情况下应确认的损益，借记有关科目，贷记"其他收入"科目。

6）期末，将"其他收入"科目的余额转入"非限定性净资产"科目，借记"其他收入"科目，贷记"非限定性净资产"科目。如果存在限定性的其他收入，则将其金额转入限定性净资产，借记"其他收入"科目，贷记"限定性净资产"科目。

以上所有收入科目在期末结转后，均应无余额。

8. 境外非政府组织代表机构的总部拨款收入

科目设置与会计处理如下：

1）执行《民非制度》的境外非政府组织代表机构（下同）应当增设"4701 总部拨款收入"科目，核算从其总部取得的拨款收入。

2）境外非政府组织代表机构取得总部拨款收入时，按照取得的金额，借记"库存现金""银行存款"等科目，贷记"4701　总部拨款收入"科目。

3）期末，将"4701　总部拨款收入"科目本期发生额转入"非限定性净资产"科目，借记"4701　总部拨款收入"科目，贷记"非限定性净资产"科目。

如果存在限定性总部拨款收入，则应当在本科目设置"限定性收入""非限定收入"明细科目，在期末将"限定性收入"明细科目的本期发生额转入"限定性净资产"科目。

4）境外非政府组织代表机构应当在业务活动表的收入部分"投资收益"项目与"其

他收入"项目之间增加"总部拨款收入"项目。本项目应当根据"总部拨款收入"科目的本期发生额填列。

下面通过【例6-4】至【例6-8】再次回顾非营利组织收入的会计处理。

【例6-4】　某基金会接受企业捐赠办公用计算机10台，该企业提供的发票等凭证标明该设备的原价是300 000元，该微机验收后直接交付使用。根据以上信息，编制相关会计分录。

借：固定资产——专用设备　　　　　　　　　　　　　　　300 000
　　贷：捐赠收入——非限定性收入　　　　　　　　　　　　　　　300 000

【例6-5】　某非营利组织扶贫基金会宣布成立，当日收到政府补助款项600 000元，且补助协议规定该资金只能用于特殊的教育项目。根据以上信息，编制相关会计分录。

借：银行存款　　　　　　　　　　　　　　　　　　　　　600 000
　　贷：政府补助收入——限定性收入　　　　　　　　　　　　　　600 000

【例6-6】　某民间非营利医院挂号处交来当日挂号费和诊费收入8 000元，门诊收款处交来门诊药品收入60 000元。根据以上信息，编制相关会计分录。

借：银行存款　　　　　　　　　　　　　　　　　　　　　8 000
　　贷：提供服务收入——非限定性收入　　　　　　　　　　　　　8 000
借：银行存款　　　　　　　　　　　　　　　　　　　　　60 000
　　贷：商品销售收入——非限定性收入　　　　　　　　　　　　　60 000

【例6-7】　某民间非营利学校将一台不需用的货车出售，该车原价为65 000元，已提折旧15 000元，实际售价60 000元并收回价款。根据以上信息，编制相关会计分录。

该车出售的净收益＝60 000－（65 000－15 000）＝10 000（元）

结转该车出售净收益的会计分录如下：

借：固定资产清理　　　　　　　　　　　　　　　　　　　10 000
　　贷：其他收入——非限定性收入　　　　　　　　　　　　　　　10 000

【例6-8】　某非营利组织A于2021年3月收到某项目附条件捐款银行存款60 000元，该捐款需偿还20%。6月通过银行存款收到会费30 000元，均为非限定性收入。6月月末提供服务获得非限定性收入10 000元，7月通过银行收到该服务收入。7月收到政府限定性补助30 000元，通过销售商品收到非限定性价款3 000元，销售当日收到银行存款。期末对存货进行检查时，非限定性存货盘盈2 000元。根据以上信息，编制相关会计分录。

（1）3月收到需部分偿还的捐款

借：银行存款　　　　　　　　　　　　　　　　　　　　　60 000
　　贷：捐赠收入——限定性收入　　　　　　　　　　　　　　　　60 000
借：管理费用　　　　　　　　　　　　　　　　　　　　　12 000
　　贷：其他应付款　　　　　　　　　　　　　　　　　　　　　　12 000

（2）6月收到会费

借：银行存款　　　　　　　　　　　　　　　　　　　　　30 000
　　贷：会费收入——非限定性收入　　　　　　　　　　　　　　　30 000

（3）6月月末提供服务获得非限定性收入

借：应收账款　　　　　　　　　　　　　　　　　　　　　10 000
　　贷：提供服务收入——非限定性收入　　　　　　　　　　　　　10 000

（4）7月收到服务收入

借：银行存款 10 000

　　贷：应收账款 10 000

（5）7月收到政府限定性补助

借：银行存款 30 000

　　贷：政府补贴收入——限定性收入 30 000

（6）7月销售商品

借：银行存款 3 000

　　贷：商品销售收入——非限定性收入 3 000

（7）期末存货盘盈

借：存货 2 000

　　贷：其他收入——非限定性收入 2 000

（8）期末结转

借：捐赠收入——限定性收入 60 000

　　政府补贴收入——限定性收入 30 000

　　　贷：限定性净资产 90 000

借：会费收入——非限定性收入 30 000

　　提供服务收入——非限定性收入 10 000

　　商品销售收入——非限定性收入 3 000

　　其他收入——非限定性收入 2 000

　　　贷：非限定性净资产 45 000

二、非营利组织项目资金的支出管理

非营利组织开展各项公益性活动，会发生一定的耗费，导致经济利益或服务潜力的流出。非营利组织要求加强成本管理，准确核算业务活动成本与各项期间费用，以便能够提供反映受托责任履行情况的会计信息。非营利组织在进行项目资金管理时，如何提高管理的有效性从而使资金使用效益最大化，成为其需要重点关注的内容。本书将从项目资金的支出管理、岗位设置和人员分工、费用的内容及分类、会计核算等四个方面进行介绍。

（一）项目资金的支出管理

建立项目资金的支出管理制度，应该从项目资金的预算、使用、项目结算及资金使用效果的绩效评价四个环节进行。完善并细化各环节的实施办法及操作流程，形成一整套行之有效的项目资金支出管理机制，令项目的开展和专项资金的使用公开、透明。

非营利组织可以通过完善项目设立申报阶段、项目实施阶段和项目验收考评阶段的支出管理机制，来提高项目资金的使用效率。具体而言，项目资金的支出管理包括以下几项内容：

（1）建立资金预算项目库，减少立项随意性　预算项目库是指对申请预算项目进行规范化、程序化管理的数据库系统。数据库系统应完整地反映项目名称、总投资、补助额、项目执行情况以及资金使用绩效等信息，并实现与预算编制系统衔接，每年列入预算的项目，须从项目库中选取。对各类项目申请，从立项依据、可行性论证等方面进行严格审核，按照规模均衡的要求进行筛选、分类、排序，建立项目库。根据工作任务、事业发展目标，确定当年项目安排的原则和重点，结合年度财力状况和项目排序、项目资金结余情况，按轻重缓急分类择优筛选，统筹安排项目支出预算。在现行我国的项目资金支出预算管理办法的要求下，非营利组织应根据本单位自身的实际情况和数据支撑，对项目支出资金的需求量进行科学、合理的预测，提高预算编制的科学化水平，使得项目资金的支出预算具有可操作性。

（2）细化预算支出内容，做实资金预算　细化预算支出是当前推进项目支出资金精细化管理的重要手段，逐步建立一套项目支出预算的定额标准，切实推行"零基预算"。做实资金预算就是要使预算落实到每一个项目和每项支出的每一科目，原则上不应安排尚未明确具体支出内容的预算。因客观因素年初确实无法细化到具体项目的，可以预留一个预算控制额度，待具体方案明确后，再编制该项目的明细预算。

（3）规范预算调整程序，强化预算约束力　为了保持项目支出资金预算的严肃性，必须按照批复下达的预算项目、科目和数额执行，不得随意变动，严格控制预算调整。如果遇到难以预见的特殊情况确需调整的，必须按照规定的程序办理调整手续。

对于确需调整但不能随时提请审批的情况，可以改进预算调整的程序和方法，确定预算调整的比例或绝对额，实行总量控制，在规定范围内采取备案制和审批制相结合的预算调整方式。对一定标准内的预算调整，采取备案制，将调整事项送相关审批部门备案存查；对于超出标准的预算调整，采取审批制，先将预算调整方案提交相关审批部门审查批准，以维护预算的刚性约束力。

（4）加强资金支出管理，保证专款专用　加大对项目资金使用团队相关人员的宣传教育，提高其对项目支出资金"专款专用"重要性和必要性的认识。财务管理部门要严格规范资金的支付管理，严格执行财经纪律，确保项目支出资金做到专款专用。同时要加强预算执行改革，推行集中支付管理制度，将项目支出资金纳入财务管理体系，由财务部门直接支付最终受益人，使每一笔项目支出资金的去向都掌握在财务部门的监控之下，防止挪用、移用现象发生。

（5）及时拨付资金，改善资金结余管理　加快对项目支出的审核速度，对资料齐全、符合条件的项目，简化其在业务部门流转的过程，尽快拨付资金。将项目支出资金申报作为日常工作常年受理、及早受理，不断提高项目审核和资金拨付效率，加快项目支出资金预算执行进度。通过实施财务直接支付改革措施，将项目支出的结余资金留在财务账上，实现统筹管理，从而有效控制结余资金规模，减少资金沉淀。

（二）岗位设置和人员分工

1. 岗位设置

非营利组织应该设置专门的项目资金管理部门或者岗位，来提高项目资金管理工作的有效性。项目资金管理部门应当加强与人事部门的沟通合作，联合人事部门统一培训和安排项目资金的管理人员，提高工作效率。岗位设置的具体内容包括以下几项：

1）项目资金管理部门应积极配合人事部门统一招聘相关资金管理人员，吸纳专业素养高、胜任能力强的人才加入本单位。

2）财务部门应根据本单位特点和实际情况制定项目资金管理人员培训和轮岗制度。通过该制度，使相关人员不仅能胜任某一个具体岗位的资金管理工作，还能够熟悉非营利组织整个项目涉及的其他管理工作，从而提升项目资金管理的整体工作水平。

2. 人员分工

非营利组织应提高项目资金管理人员对项目资金管理的重视程度，将项目资金管理的工作职能定位于全面参与项目资金的使用决策与控制。项目资金管理人员应该参与到项目资金管理的全过程，对于整个过程进行统筹规划，以保证资金使用的高效率。非营利组织在项目资金的管理过程中，也要注意充分发挥财务部门的作用。

推进项目资金管理人员的能力建设，全面提高项目资金管理人员的综合素质，具体包括以下几项内容：

1）加强业务学习和培训。项目资金管理人员应及时更新知识，全面掌握会计核算、目标管理和分析预测方法，掌握社会科学领域相关知识，了解学科发展情况，以适应现代管理的需要。

2）转变观念，确立先进的资金管理理念。这是提高项目资金管理人员综合素质的关键。

3）充分利用财务管理信息系统，全面提高项目资金管理的工作效率，提高项目资金管理工作人员的能力和执行能力。非营利组织应灵活运用现代财务管理办法，努力使项目管理人员成为复合型的人才，使其在项目资金的管理上真正发挥重要作用。

（三）费用的内容及分类

1. 费用的内容

费用是指非营利组织为开展业务活动所发生的、导致本期净资产减少的经济利益或者服务潜力的流出。费用具有以下两项主要特征：

1）费用是指非营利组织经济利益或者服务潜力的流出。

2）费用会导致本期净资产的减少。

非营利组织的费用应当按照其功能包括以下内容：

1）业务活动成本，是指非营利组织为了实现其业务活动目标、开展项目活动或者提供服务所发生的费用。

2）管理费用，是指非营利组织为组织和管理其业务活动所发生的各项费用。包括非营利组织理事会或者类似权力机构的经费及行政管理人员的工资、奖金、住房公积金、住房补贴、社会保障金、离退休人员工资与补助，以及办公费、水电费、邮电费、物业管理费、差旅费、折旧费、修理费、租赁费、无形资产摊销费、资产盘亏损失、资产减值损失、因预计负债所产生的损失、聘请中介机构费和应偿还的受赠资产等。其中，福利费应当依法根据非营利组织的管理权限，按照理事会或类似权力机构等的规定据实列支。

3）筹资费用，是指非营利组织为筹集业务活动所需资金而发生的费用，包括非营利组织为了获得捐赠收入而发生的费用以及应当计入当期费用的借款费用、汇兑损失（减汇兑收益）等。

4）其他费用，是指非营利组织发生的、无法归属到上述业务活动成本、管理费用或者筹资费用中的费用，包括固定资产处置净损失、无形资产处置净损失等。

非营利组织的某些费用如果属于多项业务活动或者属于业务活动、管理活动和筹资活动等共同发生的，且不能直接归属于某一类活动，应当将这些费用按照合理的方法在各项活动中进行分配。

2. 费用的分类

按照归属的对象不同，非营利组织的费用分为成本费用和期间费用。

1）成本费用，是指非营利组织开展项目活动所发生的费用，主要包括业务活动成本。成本费用应按照所展开的业务活动项目进行归集，以便进行成本核算与管理。

2）期间费用，是指非营利组织本期发生的、不能直接或间接归入业务活动成本的各项费用，包括管理费用、筹资费用和其他费用。期间费用按照会计期间进行归集，不计入所开展的项目活动成本。

非营利组织的费用一般不需要区分"限定性费用"和"非限定性费用"。如果存在限定性收入，需要在"捐赠收入""政府补助收入"等科目中设置明细科目进行核算，但发生的各项费用并不需要按限定性设置明细科目与其对应。期末，应当将本期发生的各项费用结转至净资产项下的"非限定性净资产"科目，作为"非限定性净资产"的减项；再将限定性条件已经解除的净资产从"限定性净资产"科目转入"非限定性净资产"科目，作为"非限定性净资产"科目的加项。

（四）会计核算

项目支出包括业务活动成本、管理费用、筹资费用和其他费用，对于不同的支出，需采用不同的会计核算。

1. 业务活动成本

业务活动成本可以分为提供服务成本和商品销售成本。教学成本、医疗成本等为提供服务成本，刊物发行成本、药品成本为商品销售成本。业务活动成本的构成内容主要包括业务成本活动中发生的人工费用、材料费用和其他费用。

非营利组织应设置"业务活动成本"账户，用于核算为了实现其业务活动目标、开展项目活动或者提供服务所发生的费用。该账户属于费用类账户，其借方登记发生的业务活动成本，贷方登记期末应转入非限定性净资产的业务活动成本额，期末结转后无余额。

非营利组织可以根据业务的开展情况和管理的要求设置成本项目。如果从事的项目、提供的服务或者开展的业务比较单一，可以将相关费用全部归集在"业务活动成本"项目下进行核算和列报；如果从事的项目、提供的服务或者开展的业务种类较多，应当在"业务活动成本"项目下分项目、服务或者业务大类进行核算和列报。如果既从事提供服务活动，又从事商品销售活动，需要分"提供服务成本"和"商品销售成本"两个成本类别核算。如果各项活动项目下又设置了许多具体项目，则需要按具体项目进行成本核算。非营利组织发生的业务活动成本，应当按照其发生额计入当期费用。

其会计处理如下：

1）发生的业务活动成本，借记"业务活动成本"科目，贷记"库存现金""银行存款""存货""应付账款"等科目。

2）期末，将"业务活动成本"科目的余额转入"非限定性净资产"科目，借记"非限定性净资产"科目，贷记"业务活动成本"科目。

2. 管理费用

非营利组织发生的管理费用应当在发生时按其发生额计入当期费用。对管理费用进行核算时，应设置"管理费用"科目。该科目属于费用类科目，其借方登记发生的管理费用，贷方登记期末应转入非限定性净资产的管理费用，期末结转后无余额，且应当按照管理费用种类设置明细账，进行明细核算。非营利组织可以根据具体情况编制管理费用明细表，以满足内部管理等有关方面的信息需要。

其会计处理如下：

1）现金、存货、固定资产等盘亏，根据管理权限报经批准后，按照相关资产账面价值扣除可以收回的保险赔偿和过失人的赔偿等后的金额，借记"管理费用"科目；按照可以收回的保险赔偿和过失人赔偿等，借记"库存现金""银行存款""其他应收款"等科目；按照已提取的累计折旧，借记"累计折旧"科目；按照相关资产的账面余额，贷记相关资产科目。

2）对于因提取资产减值准备而确认的资产减值损失，借记"管理费用"科目，贷记相关资产减值准备科目。冲减或转回资产减值准备，借记相关资产减值准备科目，贷记"管理费用"科目。

3）提取行政管理用固定资产折旧时，借记"管理费用"科目，贷记"累计折旧"科目。

4）无形资产摊销时，借记"管理费用"科目，贷记"无形资产"科目。

5）发生的应归属于管理费用的应付工资、应交税金等，借记"管理费用"科目，贷记"应付工资""应交税金"等科目。

6）对于因确认预计负债而确认的损失，借记"管理费用"科目，贷记"预计负债"科目。

7）发生的其他管理费用，借记"管理费用"科目，贷记"库存现金""银行存款"等科目。

8）期末，将"管理费用"科目的余额转入"非限定性净资产"科目，借记"非限定性净资产"科目，贷记"管理费用"科目。

3. 筹资费用

筹资费用是非营利组织的一项重要的费用，特别是慈善机构、基金会、扶贫组织等一些社会公益组织，其筹资费用所占的比例比较大。非营利组织的筹资费用，包括在筹资过程中发生的各种耗费，主要内容包括：

1）为了获得捐赠资产而发生的费用，包括举办募款活动费，准备、印刷和发放募款宣传资料费，以及其他与募款或者争取捐赠资产有关的费用。注意，非营利组织取得代理资产所产生的费用不计入筹资费用。

2）应当计入当期费用的借款费用。借款费用是指非营利组织因借款而发生的利息费用、手续费等。筹资费用仅包括计入当期费用的借款费用。与构建固定资产有关的借款费用，在办理竣工决算之前发生的应当计入资产价值，不计入筹资费用。若银行存款产生的利息收入，应当冲减筹资费用。

3）汇兑损失。如果非营利组织有外币业务，则组织购入或售出外汇因汇率不同所产生的价差，以及期末按规定汇率折算外币账户余额所产生的价差，为汇兑损失或汇兑收益。若为汇兑收益，冲减筹资费用。

有关筹资费用的会计核算详见本章前文详述。

4. 其他费用

非营利组织发生的有些费用，无法归属到上述的业务活动成本、管理费用或者筹资费用中，需要通过"其他费用"科目核算。非营利组织发生的其他费用，应当在发生时按其发生额计入当期费用，并按照费用种类设置明细科目，进行明细核算。其会计处理如下：

1）发生的固定资产处置净损失，借记"其他费用"科目，贷记"固定资产清理"科目。

2）发生的无形资产处置净损失，按照实际取得的价款，借记"银行存款"等科目，按照该项无形资产的账面余额，贷记"无形资产"科目，按照其差额，借记"其他费用"科目。

3）期末，将"其他费用"科目的余额转入"非限定性净资产"科目，借记"非限定性净资产"科目，贷记"其他费用"科目。

以上费用类科目在期末结转后，均无余额。

【例6-9】　某民间非营利学校月初发放工资。本月应付工资总额为400 000元，其中：教学人员工资300 000元，教学辅助人员工资60 000元，行政人员工资40 000元。月末将本月应付工资进行分配。

根据以上信息，编制相关会计分录。

（1）月末分配工资

借：业务活动成本——教学人员工资　　　　　　　　　　　　　　300 000
　　　　　　　　　——教学辅导人员工资　　　　　　　　　　　　60 000
　　管理费用——行政人员工资　　　　　　　　　　　　　　　　40 000
　　贷：应付工资　　　　　　　　　　　　　　　　　　　　　　　　　400 000

（2）发放工资

借：应付工资　　　　　　　　　　　　　　　　　　　　　　　　400 000
　　贷：银行存款　　　　　　　　　　　　　　　　　　　　　　　　　400 000

【例6-10】　某民间非营利医院医疗设备1台，因火灾不能继续使用而转入清理。该设备原价400 000元，已提折旧100 000元，以银行存款支付各项清理费用4 000元，保险公司赔偿200 000元，款项已收回。

根据以上信息，编制固定资产清理的会计分录。

固定资产处置净损失 = 400 000 - 100 000 + 4 000 - 200 000 = 104 000（元）

编制会议科目如下：

借：其他费用——固定资产处置净损失　　　　　　　　　　　　104 000
　　贷：固定资产清理　　　　　　　　　　　　　　　　　　　　　　　104 000

【例6-11】　非营利组织B于2021年发生业务活动成本40 000元，因提取固定资产减值准备而确认的固定资产减值损失10 000元，发生固定资产处置净损失2 000元。

根据以上信息，编制相关会计分录。

（1）发生业务活动成本

借：业务活动成本   40 000

  贷：银行存款   40 000

（2）确定资产减值损失

借：管理费用   10 000

  贷：固定资产减值准备   10 000

（3）发生固定资产处置净损失

借：其他费用——固定资产处置净损失 2 000

  贷：固定资产清理   2 000

（4）期末结转

借：非限定净资产   52 000

  贷：业务活动成本   40 000

    管理费用   10 000

    其他费用——固定资产处置净损失 2 000

三、非营利组织项目资金管理评估

项目与活动是非营利组织的生命力与价值所在，项目管理中遍布各种复杂的利益关系，如何在项目计划阶段就做好相关分析、制订出有效的管理策略和执行计划，并在项目实施阶段沟通和协调相关关系，按计划逐步开展项目活动，使项目管理取得预期成果和目标，达到项目资金能够有效使用的目的，正是项目管理中的关键控制点。

非营利组织的项目管理需要控制成本、优化资源、提高效率，在预定的时间和成本范围内，达到项目目标。此外，项目的社会价值也是评价项目成败的重要指标。各级非营利组织应当提高对项目事后的考评工作，建立完善的绩效考评机制，提高项目的执行效率。

（一）项目绩效考核机制

项目绩效考核机制中包括合理的考评标准和专业的评价团队。建立一个由中立地位的专家组成的评审机构，根据项目的不同特点订立不同的切实可操作的评价指标，对项目资金进行全过程评价，能够保证项目绩效考核机制的有效运转。

项目绩效考核机制包括对项目进行的事前评价、事中评价和事后评价。

（1）事前评价 事前评价是指对项目资金使用的必要性也就是这些资金产生的财务、经济、社会和生态环境等方面的效益进行全面和系统的分析，以提高预算编制的科学性、合理性，促使项目资金结构的优化。

（2）事中评价 事中评价主要分析项目的运行情况，关注项目的具体进展，及时处理工作中问题，保证项目资金的使用效率。

（3）事后评价 事后评价是指通过审查和评价项目支出成果是否符合目标要求，作为以后年度项目资金审批的依据。对完成得好的项目组，可以将项目的结余资金留归该项目组使用，以给予有贡献的个人和项目团队适当的物质奖励。对于造成组织资产流失的项目组，可以通过暂时不再安排项目的方式以示惩罚。

（二）项目审计

项目审计的目的是通过审计明确项目资金的使用是否按批准的预算进行。审计制度的建立，有利于保证项目资金的使用效率。对项目资金的审计重点主要是资金的实际使用效果和资金结余两个方面。在建立项目审计制度时，非营利组织需要重点注意以下几个方面：

（1）特殊性　非营利组织项目的特殊性，决定了实施项目审计有别于一般审计的内容，审计客体是项目承担部门（实施单位）；审计的内容涵盖了项目实施的全过程（立项可行性、费用支出、效益等）；审计的重点是项目的绩效。

（2）再审计　项目审计中包括了对项目可行性研究结论的再审计。再审计是指把运用审计监督方法来控制项目管理的关口，从目前较为普遍的对项目绩效与实施阶段的审计管理前移到对项目源头的可行性研究阶段。对可行性研究的主要内容进行审计，用项目评估和可行性研究审计的"双保障"措施来确保项目决策的准确、科学与操作程序的规范性，是从源头保证项目决策无误的一条极其有效的途径。

（3）审计方法的多样性　针对不同项目的特点开展分层次、分阶段的效益审计，选择相适应的多种审计方法，保证审计结果的可靠性。审计方法主要包括以下几种：审计与审计调查相结合的方法；审计专家经验与行业专家经验相结合的方法；项目立项形式审核与专家评估和事前审计相结合的方法；项目预算执行审计与经济责任审计相结合的方法；项目预算审计与项目决算审计相结合的方法；项目预算执行审计、经济（离任）责任审计与效益审计相结合的方法；项目审计与项目评估相结合的方法；项目财务数据审计与项目业务资料（包括项目成果报告）审计相结合的方法等。

（4）项目支出预算审计　项目支出预算是支出预算审计的一个重点，在审查过程中应重点关注：是否存在违规转移项目经费、克扣或延压项目资金，是否存在将项目经费挪用或挤占用作他途，是否严格按照项目经费的预算申请书安排使用资金，是否切实做到专款专用等内容。

具体包括以下方面：

1）审查是否存在克扣或截留下属单位专项资金、延压和滞拨专项资金的情况。防止因资金拨付不到位、不及时，造成专项事业任务得不到及时完成和顺利落实。

2）审查是否存在分解项目到下属单位的情况。重点审查被审计单位项目预算申报编制时未在预算说明中明确项目具体承担单位或部门，以及项目决算时与实际执行不符的情况。

3）审查是否按照项目预算执行经费收支。重点审查项目申报文件内容与实际执行情况，审查实际支出与预算的一致性。防止未按规定时效落实项目的建设，项目自筹资金不到位、套取上级财政资金，防止项目支出中超预算或列支无预算支出等。

4）审查是否存在超范围支出或公用经费挤占项目经费的情况。重点审查项目经费签订的合同合约条款、实际采购的项目设备材料与预算中的项目明细、招标文件中合同条款是否相符，审查项目实际执行与预算内容是否相符，防止挤占和挪用项目经费。

5）审查是否存在基本经费与项目经费调剂使用、项目打包的情况。重点审查项目之间相互调剂使用资金、项目打包合用资金的情况，审查调剂项目和打包项目的原因、资金数额和使用情况，防止专款不专用。

 **引申思考**

紧盯受捐赠款物使用 "良心钱" 如何用在 "刀刃上"？

河南暴雨牵动着亿万国人的心。截至 2021 年 8 月 1 日 16 时，郑州慈善总会共接收社会各界捐赠款物价值 12.9 亿元，已拨付款物价值 11.77 亿元。

点滴善意如何汇聚成爱心长河，又是如何分发到灾情一线？慈善组织由谁来监督？如何确保向慈善组织捐赠的款物用到救灾和慈善事业中，避免被贪污、侵占、挪用？记者采访了郑州慈善总会及相关纪检监察干部。

"发布募捐公告后，我们就收到来自各地源源不断的捐赠。灾情前几天，我们二三十号人差不多一天就得接上千个捐助电话，几乎 24h 不停。" 郑州慈善总会副会长兼秘书长李刚良告诉记者，每天下午 4 点，慈善总会需要将当天募集到的资金总额上报到郑州市防汛抗旱指挥部，由指挥部根据全市情况统一分配，再将善款打到各县市区慈善总会的账户上；如果是物资，则要登记明细、建立台账，根据受灾地区的需要，迅速对接供需双方，等物资到位后，就可以开具发票以示收到物资。

随着灾情好转，灾区的需求也发生了变化。李刚良介绍："像矿泉水、方便面等食品供应基本上已经满足了，现在最缺的是水泵、铲车、挖掘机等大型机械设备，毕竟道路冲了、房子也塌了，下一步的重点要转到灾后重建上来。另外，大灾之后防大疫，今后对于药品的需求也会加大。"

面对灾情，公众应该如何奉献爱心？是捐钱好，还是捐物好？李刚良认为，"对郑州此次灾情而言，都需要，但还是要看不同阶段的具体需求。比如，灾情之初，我们迫切需要抽水机，但是到了后期重建阶段，可能资金的适用性就更强一些。"

一方有难，八方支援。如何做好灾情下的公益事业？慈善组织有自己的思考。"做好公益事业无非两条，一是引导公众捐赠，二是把资金用对地方。好钢要用在刀刃上，爱心款物也是如此。" 对于李刚良和同事们来说，一笔笔善款其实是 "良心钱"，"谁的钱都来之不易，我们在良心上要对得起捐赠者，必须管好用好，不能出问题。只有让捐赠者信任我们，才会宣传我们，吸引更多的爱心人士加入进来，让慈善事业成为和谐社会的重要组成部分。"

一、资金和物资分配使用上坚持 "三优先"

我国公益组织众多，有人说，灾难面前，民间救援组织是 "轻骑兵"，官方慈善组织是 "大兵团"，这话不无道理。后者不但要考虑救援的全局性、受灾群众生活的系统性，还要考虑灾后重建的整体性。

不同于民间救援组织点对点地支援物资，官方慈善组织必须从大局上全盘考虑。"这次洪涝灾害灾情严重，受灾范围广、受灾群众多。我们的救灾物资不能走到哪里发到哪里，而是要统筹考虑，哪里灾情重，哪里最需要，我们就把物资送到哪里，不管有多远，也不管有多难。" 一位官方慈善组织的工作人员说。

"我们做事不能追求短平快，做完就走，还必须考虑后续怎么办。" 这位工作人员举例说，"受灾群众如果没吃的，给他们食物，再往后，没地方住怎么办？生病了怎么办？大面积的消杀，谁来管？我们接受了捐赠，不能随随便便转手给出去，必须考虑后续各项工作。管好用好每一分善款，就是对每一份爱心的守护和承诺。"

郑州市一些医院、学校的大型医疗设备、精密仪器、图书资料因存放在地下遭到损毁；300多个乡村卫生室受灾，无法正常使用；一些村庄民房被洪水冲走……灾后重建任务依然很重。

据了解，在资金和物资的分配使用上，当地官方慈善组织坚持"三优先"：一是优先支持重灾区群众转移安置、应急救助及基本生活保障。二是优先用于基层基础医疗卫生服务设施恢复、社区卫生站建设项目。三是优先支持社区防灾减灾、灾后重建等符合现实需要的项目。

二、对慈善组织的监督，重点关注入口、保管、发放三大环节

2021年7月23日，郑州市纪委监委驻民政局纪检监察组前往郑州慈善总会开展实地检查。距离大门300m外，运送救灾物资的车辆已大排长龙。走进院里，工作人员和志愿者正忙着搬运物资。

一楼大厅设有登记台，详细了解捐赠流程和登记工作后，监督检查人员找到相关负责人，具体查看了接收、发放物资的存根等资料，询问了物资管理、发放等情况。为了确保精准监督，现场还对一批物资进行了实物清点，根据发放记录，随机拨打多个收资单位的电话，核实物资是否到位。

"受捐物资的接收、管理、使用情况是纪检监察组关注的重点，确保物资送到最需要的地方，是我们开展监督的首要目标。"郑州市纪委监委驻民政局纪检监察组组长吕源表示。

其实，纪检监察机关的关注点与公众密切相关。人们最关心两个问题：慈善组织到底由谁来监督？向慈善组织捐赠的款物是否用到了救灾和慈善事业中？会不会被贪污、侵占、挪用？

"慈善组织应该受到监督，也必然受到监督。"吕源解释，郑州慈善总会虽然是一家非营利社团组织，但郑州市民政局对慈善总会有业务指导和监管职责，纪检监察机关通过压实市民政局的主体责任，可以对郑州慈善总会发挥监督作用。此外，对在慈善总会中的党员、公职人员或依法履行公职的人员，纪检监察机关可依纪依法进行监督。

对于监督重点，吕源认为，入口、保管、发放是三大风险点，也是纪检监察机关重点关注的环节。

首先是入口环节，也就是受捐赠款物是否及时、详细登记造册，注明来源、捐赠内容、捐赠意向、捐赠人等信息，便于后期有据可查。

其次是保管环节，钱款必须进入财政账户或者专用账户进行保管，绝不允许个人保管，杜绝可能出现的监管漏洞。物品则要存放在安全的仓库内，按类别由专人登记、保管、发放，避免因保管不善造成物品损失。

最后是发放环节，要遵照各级党委政府关于防汛救灾有关精神，严格依据《中华人民共和国慈善法》（以下简称《慈善法》）和相关法律规定，根据各地区受灾程度和郑州慈善总会接收社会非定向捐赠资金情况，由市政府统一安排，及时拨付各地区、各单位使用。"这里重点要监督防范是否存在私分乱发、优亲厚友、侵占挪用等违纪违法行为，一经发现严惩不贷。总而言之，监督的重点就是防止发生形式主义、官僚主义问题，防止出现不作为、慢作为、乱作为现象。"吕源说。

三、精准监督，确保每一笔善款、每一项物资都用到"刀刃"上

"考虑到社会各界可能会对郑州灾情进行慈善捐赠，要把慈善总会作为监督重点，紧盯受捐赠款物使用，决不允许出现任何腐败问题。""7·20"特大暴雨发生后，郑州市纪委常委、监委委员王升建就慈善款物监督做出部署。

21日，市纪委监委督导组到市民政局现场检查，督促相关部门切实履行职责，建立健全受捐款物详细台账，明确款物来源去向，确保使用合法合规。

当地还建立起向市纪委监委日报告制度，督导组将根据台账和报告情况，不定期向各单位进行核实。同时，郑州慈善总会定期向社会公布受捐情况，主动接受监督，对全社会特别是爱心企业和爱心个人负责。

"抗洪救灾捐赠款物承载社会各界的爱心，也是受灾群众的'救命钱'。"郑州市纪委监委驻市卫健委纪检察组副组长杨殿勋介绍，该组聚焦郑州市红十字会接受捐赠款物发放、使用和管理的各个环节，持续强化对捐赠款物的监督检查。及时成立专项督导组，不打招呼，直奔一线，以"循线监督"方式，在不干扰抗洪救灾工作前提下开展"三问三看"督导检查，即问人、问事、问数，看接受捐赠款物登记、看物资发放台账、看物资发放分配情况等，督促市红十字会强化捐赠物资管理，及时公布接受捐赠和使用情况，自觉接受社会监督。通过回访捐赠人、接受捐赠单位和个人核对捐赠款物是否到位，以精准监督为捐赠款物运行保驾护航，确保每一笔善款、每一项物资来源去向可查可控、阳光运行。

四、链接

党的十九届五中全会提出"发挥第三次分配作用，发展慈善事业，改善收入和财富分配格局"，给予了慈善事业新的定位。

2016年9月1日，《慈善法》正式施行。这是我国慈善公益事业发展上具有里程碑意义的大事，由此开启了我国全面依法治善的新时代，形成了覆盖公益、人人可为的大慈善布局。

《慈善法》第十二条明确，慈善组织应当执行国家统一的会计制度，依法进行会计核算，建立健全会计监督制度，并接受政府有关部门的监督管理。目前慈善组织的会计规范主要依据财政部出台的《非营利组织会计制度》，主要包括以下三个方面：

一是依法进行会计核算。慈善组织的会计核算应当以权责发生制为基础，以实际发生的交易或者事项为依据，如实反映慈善组织的财务状况、业务活动情况和现金流量等信息，应满足会计信息使用者（例如捐赠人、会员、监管者）等需要。会计核算应及时进行，不得提前或延后，会计信息应口径一致、相互可比。

二是建立健全会计监督制度。健全的会计监督制度包括内部牵制、财产清查和内部审计三方面，分别为慈善组织内部的各机构、各环节相互牵制、相互监督；定期对慈善财产、物资进行核对，通过核对是否账实相符，检查内部制约的执行情况；对慈善组织内部牵制制度落实情况、开展慈善活动情况进行审计，保证慈善财产规范有效使用。

三是接受政府有关部门的监督管理。除接受民政部门监督管理外，财政、审计、纪检监察等有关部门在各自职责范围内有权对慈善组织执行会计制度的情况进行监督管理。

（资料来源：光明时政. 紧盯受捐赠款物使用 良心钱如何用在刀刃上？[EB/OL].
[2022-06-01]. https：//politics. gmw. cn/2021-08/03/content_35048156. htm. ）

[思考] 你觉得郑州慈善总会在此次灾情的处理中有哪些值得学习的非营利组织运营管理经验？还存在哪些值得改进的地方？

复习思考题

1. 什么是非营利组织运营管理？为何要进行运营管理？

2. 非营利组织银行存款日记账与银行存款对账单不符时应该怎么办？

3. 非营利组织在现金清查结果账实不符时应如何进行会计处理？

4. 非营利组织应如何对外购的存货进行会计处理？

5. 非营利组织的项目活动主要集中在哪几个领域？

6. 非营利组织如何申报项目？

7. 非营利组织如何提高项目资金的利用效率？

8. 什么是非营利组织的收入？具有什么特征？如何分类？

9. 非营利组织的主要业务收入包括哪些？

10. 什么是非营利组织的费用？具有什么特征？如何分类？

11. 对项目资金的运用进行事前、事中、事后评价的具体内容是什么？

12. 非营利组织项目活动的审计方法包括哪些？

13. 非营利组织项目评估的内容和步骤包括哪些？

14. A 为某非营利组织，2021 年 12 月发生以下业务：

（1）解除限定性捐赠收入 20 000 元的限制。

（2）通过银行存款收到会费 16 000 元，其中 20% 为限定性收入。

（3）处置固定资产获得净收入 2 000 元。

（4）发生业务活动成本 10 000 元，暂未支付。

（5）提取行政管理用固定资产折旧 1 000 元。

（6）处置账面余额为 160 000 元的无形资产，收到银行存款 142 000 元。

根据以上信息，编制相关会计分录。

第七章

非营利组织财务会计报告

 学习目标

通过对本章的学习，掌握非营利组织财务会计报告的内涵、构成及作用；熟悉非营利组织财务会计报告编制的基本要求和具体方法；了解非营利组织财务会计报告的现实缺陷及有关改进方法。

引导案例

公共危机与红十字会财务会计报告披露

民政部于 2017 年 8 月颁布《慈善组织信息公开办法》，约束慈善组织披露捐赠款物信息，尤其是公众危机事件中募捐款物接受使用情况。公共危机事件冲击了社会的发展，增强了公民的公共参与意识，见证了慈善组织跌跌撞撞的成长。

2008 年，受汶川地震触动，红十字会率先披露审计报告。当年，红十字会的业务结构发生重大变化，公众捐款占比迅速上升，而之前收入主要来自国家财政支持。

汶川地震灾害救援初步结束后，非营利组织会计信息质量提升速度出现滑坡，2009 年和 2010 年，红十字会仅披露简单的审计报告。2011 年，审计署检查了红十字会 2010 年审计报告，发现存在 400 万元的财务违约。

与公共危机事件所诱发的合法性危机相比，国家出台的信息披露正式制度难以推动非营利组织完善审计报告。直到 2016 年立法纳入审计范围，红十字会的审计报告才附上相关会计报表。在此之前，红十字会的财务会计报告仅有两页纸，且采用单式记账，账目比较粗略，信息披露过于简单。

2018 年，红十字会的报表概括性地披露了大额捐款。然而，公众关注的慈善信息，例如慈善组织负责人及团队背景、项目资金使用情况、办公行政成本比例等则未能有效披露。

（资料来源：李哲. 新冠疫情对官办慈善组织信息披露的影响研究：基于抗疫款物信息披露的文本分析 [J]. 财经研究，2020，46（9）：19－32；168.）

第一节　非营利组织财务会计报告构成

为完善我国非营利组织法律规范体系，适应非营利组织快速发展需要，财政部发布了相应规章制度。其中，《民间非营利组织会计制度》对民间非营利组织的会计核算标准进行统一，并要求其按照制度规定编制财务会计报告，且至少应当于年度终了后 4 个月内对外提供。本节以民间非营利组织为例介绍非营利组织财务会计报告的内涵、构成及其作用。

一、非营利组织财务会计报告的内涵

财务会计报告是非营利组织会计核算的最终成果，是其对外提供会计信息的主要形式和信息载体。根据《民间非营利组织会计制度》的规定，民间非营利组织的财务会计报告目标是如实反映民间非营利组织的财务状况、业务活动情况和现金流量等信息，并且所提供的信息应当能够满足会计信息使用者（例如捐赠人、会员、监管者等）的需要。

非营利组织财务会计报告的使用者包括内部使用者和外部使用者。外部使用者是非营利组织财务会计报告的主要使用者，包括资源提供者、服务对象、债权人、政府和社会监管部门。他们关心非营利组织财务资源的运用情况，要求披露反映受托责任履行情况的会计信息。所以，非营利组织财务会计报告是对外披露的报告，是为外部信息使用者提供的总结性书面文件。

二、非营利组织财务会计报告的构成

非营利组织财务会计报告由会计报表、会计报表附注和财务情况说明书构成。可按报告的服务对象、编制时间、编制主体、所提供信息的重要程度，以及反映的资金运动状态不同进行分类。

（一）会计报表

会计报表是指根据日常会计核算资料定期编制的，综合反映非营利组织某一特定日期财务状况和某一会计期间业务情况、现金流量的总结性书面报告。非营利组织会计报表至少应当包括资产负债表、业务活动表和现金流量表。

（二）会计报表附注

会计报表附注是指为了帮助会计信息使用者理解会计报表的内容而对报表有关项目等所做的解释。会计报表附注主要包括两项内容：①对会计报表各项目的补充说明；②对会计报表中无法描述的其他财务信息的补充说明。

会计报表附注至少应当包括下列内容：

1）重要会计政策及其变更情况的说明。

2）董事会（或者理事会等权力机构）成员和员工的数量、变动情况以及获得的薪金等报酬情况的说明。

3）会计报表重要项目及其增减变动情况的说明。

4）资产提供者设置了时间或用途限制的相关资产情况的说明。

5）受托代理业务情况的说明，包括受托代理资产的构成、计价基础和依据、用途等。

6）重大资产减值情况的说明。

7）公允价值无法可靠取得的受赠资产和其他资产的名称、数量、来源和用途等情况的说明。

8）对外承诺和或有事项情况的说明。

9）接受劳务捐赠情况的说明。

10）资产负债表日后非调整事项的说明。

11）有助于理解和分析会计报表需要说明的其他事项。

（三）财务情况说明书

财务情况说明书是指对非营利组织一定期间经济活动进行分析总结的文字报告。它是在会计报表的基础上，对非营利组织财务状况、业务成果、资金周转情况及其发展前景等所做的总括说明。

财务情况说明书至少应当对下列情况做出说明：

1）非营利组织的宗旨、组织结构以及人员配备等情况。

2）非营利组织业务活动基本情况，年度计划和预算完成情况，产生差异的原因分析，下一会计期间业务活动计划和预算等。

3）对非营利组织业务活动有重大影响的其他事项。

（四）非营利组织财务会计报告的分类

非营利组织财务会计报告的种类较多，按其服务对象、编制时间、编制主体、所提供信息的重要程度及其反映的资金运动状态不同，可进行以下分类：

（1）按报告的服务对象不同可以分为内部报告和外部报告　外部报告是指非营利组织向外提供的，供政府部门、其他非营利组织和个人使用的会计报表。非营利组织对外提供的财务会计报告的内容、会计报表的种类和格式、会计报表附注应予披露的主要内容等，由《民间非营利组织会计制度》规定。内部报告是指为适应非营利组织内部管理经营需要编制的、不对外公开的财务会计报告，不要求统一格式，也没有统一的标准，非营利组织内部管理需要的会计报表由单位自行规定。

（2）按报告编制的时间不同可以分为年度财务会计报告和中期财务会计报告　年度财务会计报告是指以整个会计年度为基础编制的财务会计报告，包括资产负债表、业务活动表、现金流量表和报表附注等。以短于一个完整的会计年度的期间（如半年度、季度和月度）编制的财务会计报告称为中期财务会计报告，一般包括资产负债表和业务活动表，半年财务会计报告还应包括简略的报表附注。中期财务会计报告应当采用与年度会计报表相一致的确认与计量原则，其内容可相对简化，但仍应保证包括与理解中期期末财务状况和中期业务活动情况及其现金流量相关的重要财务信息。

（3）按报告编制的主体不同可以分为个别财务会计报告和合并财务会计报告　个别财务会计报告是指以非营利组织本身为会计主体而编制的单独反映非营利组织本身的财务状况和业务活动成果的会计报表，包括对外的会计报表和对内的会计报表。合并财务会计报告是指非营利组织对外投资，而且占被投资单位资本总额50%以上（不含50%），或者虽然占该单位资本总额不足50%，但具有实质上的控制权的，或者对被投资单位具有控制权的，应当将被投资单位与本非营利组织视为一个会计主体，编制能够反映其整体财务状况和业务活动成果的财务会计报告。

（4）按所提供信息的重要程度不同可以分为主要会计报表和附属会计报表　主要会计报表又称主表，它是全面反映民间非营利组织资金增减变化、业务成果和财务状况的报表。附属会计报表又称附表，是进一步详细说明主表某项或某几项指标的会计报表。

（5）按其反映的资金运动状态不同可以分为静态报表和动态报表　静态报表是指反映

资产、负债和净资产的会计报表；动态报表是指反映一定时期内资金耗费和资金收回的报表。

三、非营利组织财务会计报告的作用

（一）有助于非营利组织管理和决策

财务会计报告反映了非营利组织的财务状况和报告期内的财务成果，非营利组织决策者可以通过财务会计报告分析各项资金的取得和使用是否合理，考核资金使用效益，总结经验，发现问题，从而提升组织财务管理水平，降低运行成本，提升运行效率，确定组织发展方向。

（二）有助于资金提供者了解组织情况

财务会计报告提供了非营利组织财务资源的来源、分配及其使用信息。一方面，能有效提高非营利组织透明度，有助于资金提供者评价非营利组织服务成本、效率和成果等业绩，反映组织受托责任履行情况；另一方面，能增强非营利组织社会公信力，有助于非营利组织在社会公众中树立良好、可信的形象。

（三）有助于有关部门宏观调控

财务会计报告反映了非营利组织经济活动及财务收支状况，国家有关部门可以通过财务会计报告了解非营利组织预算资金执行情况和成果，有助于宏观调控。

（四）有助于债权人贷款决策

财务会计报告提供了非营利组织的偿债信息，债权人可以通过财务会计报告衡量组织财务风险，评估组织偿债能力，从而做出贷款决策。

第二节　非营利组织财务会计报告编制

一、非营利组织财务会计报告编制的基本要求

财务会计报告所提供的信息应当能够满足会计信息使用者（例如捐赠人、会员、监管者等）的需要。为了充分发挥财务会计报告的信息载体作用，最大限度地满足信息使用者的信息需求，必须保证财务会计报告的质量。我国《民间非营利组织会计制度》和相关法规要求非营利组织编制财务报告必须遵循以下几项基本原则：

（1）以持续经营为前提　持续经营是会计确认、计量和编制财务报告的基础。若非营利组织不能够持续经营，其所依据的持续经营基础则不存在，以持续经营为前提编制财务报告也就不再合理。

（2）会计政策不得随意变更　非营利组织所使用的会计政策应前后各期保持一致，不得随意变更，除非符合下列条件之一：①法律或会计制度等行政法规、规章的要求；②这种变更能够提供有关非营利组织财务状况、业务活动情况和现金流量等更可靠、更相关的会计信息。如有必要变更，应当在会计报表附注中披露变更的内容和理由、变更的累积影响数，以及累积影响数不能合理确定的理由等。

非营利组织应当采用追溯调整法核算会计政策的变更，如果追溯调整法不可行，则应当采用未来适用法，相关法律或会计制度等另有规定的，应按其相关规定进行核算。追溯调整法是指对某项交易或者事项变更会计政策时，如同该交易或事项初次发生时就开始采用新的会计政策，并以此对过去的相关项目进行调整的方法；未来适用法是指对某项交易或者事项变更会计政策时，新的会计政策适用于变更当期及未来期间发生的交易或者事项的方法。

（3）财务会计报告的编制应当区别资产负债表日后事项　资产负债表日至财务会计报告批准报出日之间发生的需要调整或说明的有利或不利事项，属于资产负债表日后事项。对于资产负债表日后事项，应当区分调整事项和非调整事项进行处理。

调整事项是指资产负债表日后至财务会计报告批准报出日之间发生的，为资产负债表日已经存在的情况提供了新的或进一步证据，有助于对资产负债表日存在情况有关的金额做出重新估计的事项。非营利组织应当就调整事项，对资产负债表日所确认的相关资产、负债和净资产以及资产负债表日所属期间的相关收入、费用等进行调整。

非调整事项是指资产负债表日后至财务会计报告批准报出日之间才发生的，不影响资产负债表日的存在情况，但不加以说明将会影响财务会计报告使用者做出正确估计和决策的事项。非营利组织应当在会计报表附注中披露非调整事项的性质、内容，以及对财务状况和业务活动情况的影响。如果无法估计其影响，应当说明理由。

（4）非营利组织的年度财务会计报告至少应当于年度终了后4个月内对外提供　如果非营利组织被要求对外提供中期财务会计报告的，应当在规定的时间内对外提供。会计报表的填列，以人民币"元"为金额单位，"元"以下填至"分"。

（5）非营利组织对外提供的财务会计报告应当依次编定页数，加具封面，装订成册，加盖公章　封面上应当注明：组织名称、组织登记证号、组织形式、地址、报表所属年度或者中期、报出日期，并由单位负责人和主管会计工作的负责人、会计机构负责人（会计主管人员）签名并盖章；设置总会计师的单位，还应当由总会计师签名并盖章。

（6）非营利组织对被投资单位具有实际控制权的，应编制合并财务会计报告。非营利组织对外投资，而且占被投资单位资本总额50%以上（不含50%），或者虽然占该单位资本总额不足50%但具有实质上的控制权的，或者对被投资单位具有控制权的，应当编制合并会计报表。

（7）资产负债表和业务活动表应列报所有科目的前期比较数据　非营利组织当期财务报表中的资产负债表和业务活动表的列报，至少应提供所有列报项目上一会计期间的比较数据，目的是向报表使用者提供对比数据，提高信息在会计期间的可比性，以反映非营利组织的财务状况、业务活动和现金流量的发展趋势，以满足使用者的信息需求。

（8）保证财务会计报告数据的真实可比性　会计核算应当以实际发生的交易或者事项为依据，如实反映非营利组织的财务状况、业务活动情况和现金流量等信息。对于交易或者事项应按照规定的会计处理方法进行，会计信息应当口径一致、相互可比。同一会计期间内的各项收入和与其相关的费用，应当在该会计期间内确认，并使得所发生的费用应当与其相关的收入相配比，同时合理划分应当计入当期费用的支出和应当予以资本化的支出。另外，财务报告各个项目的列报和分类应在各期间保持一致，不得随意变更。

财务会计报告中的会计报表至少应当包括以下三张报表：资产负债表、业务活动表、现金流量表。

二、非营利组织财务会计报告编制的具体方法

（一）非营利组织资产负债表

非营利组织资产负债表反映非营利组织某一特定日期所拥有或控制的经济资源、所承担的现实义务和净资产的构成情况，资产负债表见表7-1。

表7-1　资产负债表

编制单位：　　　　　　　　　　20××年××月××日　　　　　　　　　　单位：元

资产	行次	期初数	期末数	负债和净资产	行次	期初数	期末数
流动资产				流动负债			
货币资金				短期借款			
短期投资				应付款项			
应收款项				应付工资			
预付账款				应交税金			
存货				预收账款			
待摊费用				预提费用			
一年内到期的长期债权投资				预计负债			
其他流动资产				一年内到期的长期负债			
流动资产合计				其他流动负债			
				流动负债合计			
长期投资							
长期股权投资				长期负债			
长期债权投资				长期借款			
长期投资合计				长期应付款			
固定资产				其他长期负债			
固定资产原值				长期负债合计			
减：累计折旧							
固定资产净值				受托代理负债			
在建工程				受托代理负债			
文物文化资产				负债合计			
固定资产清理							
固定资产合计							
无形资产				净资产			
无形资产				非限定性净资产			
受托代理资产				限定性净资产			
受托代理资产				净资产合计			
资产合计				负债和净资产合计			

资产负债表"年初数"栏内各项数字，应当根据上年年末资产负债表"期末数"栏内数字填列。如果本年度资产负债表规定的各个项目的名称和内容同上年度不一致，应对上年年末资产负债表各项目的名称和数字按照本年度的规定进行调整后，填入本年度资产负债表"年初数"栏内。

表中"期末数"各项目的内容和填列方法如下：

"货币资金"项目，反映非营利组织期末库存现金、存放银行的各类款项以及其他货币资金的合计数。本项目应当根据"库存现金""银行存款""其他货币资金"科目的期末余额合计填列。如果非营利组织的委托代理资产为现金、银行存款或其他货币资金且通过"库存现金""银行存款""其他货币资金"科目核算，还应扣减"库存现金""银行存款""其他货币资金"科目中"受托代理资产"明细科目的期末余额。

"短期投资"项目，反映非营利组织持有的各种能够随时变现并且持有时间不准备超过一年（含一年）的投资，包括短期股票、债务投资和短期委托贷款、委托投资等。本项目应当根据"短期投资"科目的期末余额，减去"短期投资跌价准备"科目期末余额后的金额填列。

"应收款项"项目，反映非营利组织期末应收票据、应收账款和其他应收款等应收未收款项。本项目应当根据"应收票据""应收账款""其他应收款"科目的期末余额合计，减去"坏账准备"科目的期末余额后的金额填列。

"预付账款"项目，反映非营利组织预付给商品或者服务供应单位等的款项。本项目应当根据"预付账款"科目的期末余额填列。

"存货"项目，反映非营利组织在日常业务活动中持有以备出售或捐赠的，或者为了出售或捐赠仍处在生产过程中的，或者将在生产、提供服务或日常管理过程中耗用的材料、物资、商品等。本项目应当根据"存货"科目的期末余额，减去"存货跌价准备"科目期末余额后的金额填列。

"待摊费用"项目，反映非营利组织已经支出，但应当由本期和以后各期分别负担的、分摊期在一年以内（含一年）的各项费用。例如预付保险费、预付租金等。本项目应当根据"待摊费用"科目的期末余额填列。

"一年内到期的长期债权投资"项目，反映非营利组织将在一年内（含一年）到期的长期债权投资。本项目应当根据"长期债权投资"科目的期末余额中将在一年内（含一年）到期的长期债权投资余额，减去"长期投资减值准备"科目的期末余额中一年内（含一年）到期的长期债权投资减值准备余额后的金额填列。

"其他流动资产"项目，反映非营利组织除以上流动资产项目外的其他流动资产。本项目应当根据有关科目的期末余额分析填列。如果其他流动资产价值较大，应当在会计报表附注中单独披露其内容和金额。

"长期股权投资"项目，反映非营利组织不准备在一年内（含一年）变现的各种股权性质的投资的可回收金额。本项目应当根据"长期股权投资"科目的期末余额，减去"长期投资减值准备"科目的期末余额中长期股权投资减值准备余额后的金额填列。

"长期债权投资"项目，反映非营利组织不准备在一年内（含一年）变现的各种债权性质的投资的可回收金额。本项目应当根据"长期债权投资"科目的期末余额，减去"长期投资减值准备"科目期末余额中的长期债权投资减值准备余额，再减去本表"一年内到期的长期债券投资"项目金额后的金额填列。

"固定资产"项目，反映非营利组织的各项固定资产的账面价值。本项目应当根据"固定资产"科目的期末余额，减去"累计折旧"科目的期末余额后的金额填列。

"在建工程"项目，反映非营利组织期末各项未完工程的实际支出，包括交付安装的设备价值、已耗用的材料、工资和费用支出、预付出包工程的价款等。本项目应当根据"在建工程"科目的期末余额填列。

"文物文化资产"项目，反映非营利组织用于展览、教育或研究等目的的历史文物、艺术品以及其他具有文化或者历史价值并作为长期或永久保存的典藏等。本项目应当根据"文物文化资产"科目的借方余额填列。

"固定资产清理"项目，反映非营利组织因出售、毁损、报废等原因转入清理但尚未清理完毕的固定资产的账面价值，以及固定资产清理过程中发生的清理费用和变价收入等各项金额的差额。本项目应当根据"固定资产清理"科目的期末借方余额填列；如果"固定资产清理"科目期末为贷方余额，则以"－"号填列。

"无形资产"项目，反映非营利组织拥有的为开展业务活动、出租给他人或为管理目的而持有的没有实物形态的非货币性长期资产，包括专利权、非专利技术、商标权、著作权、土地使用权等。本项目应当根据"无形资产"科目的期末余额填列。

"受托代理资产"项目，反映非营利组织接受委托方委托从事委托代理业务而收到的资产。本项目应当根据"受托代理资产"科目的期末余额填列。如果非营利组织的受托代理资产为现金、银行存款，或其他货币资金且通过"现金""银行存款""其他货币资金"科目核算，还应当加上"库存现金""银行存款""其他货币资金"科目中"受托代理资产"明细科目的期末余额。

"短期借款"项目，反映非营利组织向银行或其他金融机构等借入的、尚未偿还的期限在一年以下（含一年）的各种借款。本项目应当根据"短期借款"科目的期末余额填列。

"应付款项"项目，反映非营利组织期末应付票据、应付账款和其他应付款等应付未付款项。本项目应当根据"应付票据""应付账款""其他应付款"科目的期末余额合计填列。

"应付工资"项目，反映非营利组织应付未付的员工工资。本项目应当根据"应付工资"科目的期末贷方余额填列；如果"应付工资"科目期末为借方余额，以"－"号填列。

"应交税金"项目，反映非营利组织应交未交的各种税费。本项目应当根据"应交税金"科目的期末贷方余额填列；如果"应交税金"科目期末为借方余额，则以"－"号填列。

"预收账款"项目，反映非营利组织向服务和商品购买单位等预收的各种款项。本项目应当根据"预收账款"科目的期末余额填列。

"预提费用"项目，反映非营利组织预先提取的已经发生但尚未实际支付的各种费用。本项目应当根据"预提费用"科目的期末贷方余额填列。

"预计负债"项目，反映非营利组织对因或有事项所产生的现时义务而确认的负债。本项目应当根据"预计负债"科目的期末贷方金额填列。

"一年内到期的长期负债"项目，反映非营利组织承担的将于一年内（含一年）偿还的长期负债。本项目应当根据有关长期负债科目的期末余额中将在一年内（含一年）到期的金额分析填列。

"其他流动负债"项目，反映非营利组织除以上流动负债之外的其他流动负债。本项目应当根据有关科目的期末余额填列。如果其他流动负债金额较大，应当在会计报表附注中单独披露其内容和金额。

"长期借款"项目，反映非营利组织向银行或其他金融机构等借入的期限在一年以上（不含一年）的各种借款本息。本项目应当根据"长期借款"科目的期末余额减去其中将于一年内（含一年）到期的长期借款余额后的金额填列。

"长期应付款"项目，反映非营利组织承担的各种长期应付款，例如融资租入固定资产发生的应付租赁款。本项目应当根据"长期应付款"科目的期末余额减去其中将于一年内（含一年）到期的长期应付款余额后的金额填列。

"其他长期负债"项目，反映非营利组织除以上长期负债项目之外的其他长期负债。本项目应当根据有关项目的期末余额减去其中将于一年内（含一年）到期的其他长期负债余额后的金额分析填列，如果其他长期负债金额较大，应当在会计报表附注中单独披露其内容和金额。

"受托代理负债"项目，反映非营利组织因从事受托代理业务、接受受托代理资产而产生的负债。本项目应当根据"受托代理负债"科目的期末余额填列。

"非限定性净资产"项目，反映非营利组织拥有的非限定性净资产期末余额。本项目应当根据"非限定性净资产"科目的期末余额填列。

"限定性净资产"项目，反映非营利组织拥有的限定性净资产期末余额。本项目应当根据"限定性净资产"科目的期末余额填列。

（二）非营利组织业务活动表

业务活动表反映非营利组织在某一会计期间内开展业务活动的实际情况，是非营利组织基本报表之一，它能够反映非营利组织业务活动成果，可以为评价管理机构、管理者业绩提供依据，有助于反映净资产的增减变动情况，业务活动表见表7-2。

表7-2 业务活动表

编制单位： 　　　　　　　20××年××月 　　　　　　　单位：元

项目	行次	本月数			本年累计数		
		非限定性	限定性	合计	非限定性	限定性	合计
一、收入							
其中：							
捐赠收入	1						
会费收入	2						
提供服务收入	3						
商品销售收入	4						
政府补助收入	5						

（续）

项目	行次	本月数			本年累计数		
		非限定性	限定性	合计	非限定性	限定性	合计
投资收益	6						
其他收入	9						
收入合计	11						
二、费用							
（一）业务活动成本	12						
其中：	13						
	14						
	15						
	16						
（二）管理费用	23						
（三）筹资费用	24						
（四）其他费用	28						
费用合计	35						
三、限定性净资产转为非定性净资产	40						
四、净资产变动额（若为净资产减少额，以"－"号填列）	45						

注：表中不重要行次已省略，仅显示重要行次。

业务活动表"本月数"栏反映各项目的本月实际发生数。在编制季度、半年度等中期财务会计报告时，应当将本栏改为"本季度数""本半年度数"等本中期数栏，反映各项目本中期的实际发生数。在提供上年度比较报表时，应当增设可比期间栏目，反映可比期间各项目的实际发生数。如果本年度业务活动表规定的各个项目的名称和内容同上年度各个项目的名称和内容不一致，应对上年度业务活动表各个项目的名称和内容按照本年度的规定进行调整，填入业务活动表上年度可比期间栏目内。

业务活动表"本年累计数"栏反映各项目自年初起至报告期末止的累计实际发生数。

业务活动表"非限定性"栏反映本期非限定性收入的实际发生数，本期费用的实际发生数和本期由限定性净资产转为非限定性净资产的金额；业务活动表"限定性"栏反映本期限定性收入的实际发生数和本期由限定性净资产转为非限定性净资产的金额（以"－"号填列）。在提供上年度比较报表项目金额时，"限定性"栏和"非限定性"栏的金额可以合并填列。

表中各项目的内容和填列方法如下：

"捐赠收入"项目，反映非营利组织接受其他单位或者个人捐赠所取得的收入总额。本项目应当根据"捐赠收入"科目的发生额填列。

"会费收入"项目，反映非营利组织根据章程等的规定向会员收取的会费总额。本项目应当根据"会费收入"科目的发生额填列。

"提供服务收入"项目，反映非营利组织根据章程等的规定向其服务对象提供服务取得的收入总额（包括学费收入、医疗费收入、培训收入等）。本项目应当根据"提供服务收入"科目的发生额填列。

"商品销售收入"项目，反映非营利组织销售商品等所形成的收入总额。本项目应当根据"商品销售收入"科目的发生额填列。

"政府补助收入"项目，反映非营利组织接受政府拨款或者政府机构给予的补助而取得的收入总额。本项目应当根据"政府补助收入"科目的发生额填列。

"投资收益"项目，反映非营利组织以各种方式对外投资所取得的投资净损益。本项目应根据"投资收益"科目的贷方发生额填列；如果为借方发生额，则以"－"号填列。

"其他收入"项目，反映非营利组织除上述收入项目外所取得的其他收入总额。本项目应当根据"其他收入"科目的发生额填列。

上述各项收入项目应当区分"限定性"和"非限定性"分别填列。

"业务活动成本"项目，反映非营利组织为了实现其业务活动目标、开展其项目活动或者提供服务所发生的费用。本项目应当根据"业务活动成本"科目的发生额填列。

非营利组织应当根据其所从事的项目、提供的服务或者开展的业务等具体情况，按照"业务活动成本"科目中各明细科目的发生额，在本表第12行至第13行填列业务活动成本的各组成部分。

"管理费用"项目，反映非营利组织为组织和管理其业务活动所发生的各项费用总额。包括非营利组织董事会（或者理事会或者类似权力机构）经费和行政管理人员的工资、奖金、福利费、住房公积金、住房补贴、社会保障金、离退休人员工资与补助，以及办公费、水电费、邮电费、物业管理费、差旅费、折旧费、修理费、租赁费、无形资产摊销费、资产盘亏损失、资产减值损失、因预计负债所产生的损失、聘请中介机构费和应偿还的受赠资产等。其中，福利费应当依法根据民间非营利组织的管理权限，按照董事会、理事会或类似权力机构等的规定据实列支。本项目应当根据"管理费用"科目的发生额填列。

"筹资费用"项目，反映非营利组织为筹集业务活动所需资金而发生的各项费用总额，包括利息支出（减利息收入）、汇兑损失（减汇兑收益）以及相关手续费等。本项目应当根据"筹资费用"科目的发生额填列。

"其他费用"项目，反映非营利组织除以上费用项目之外发生的其他费用总额。本项目应当根据有关科目的发生额填列。

"限定性净资产转为非限定性净资产"项目，反映非营利组织当期从限定性净资产转为非限定性净资产的金额。本项目应当根据"限定性净资产""非限定性净资产"科目的发生额分析填列。

"净资产变动额"项目，反映非营利组织当期净资产变动的金额。本项目应当根据本表"收入合计"项目的金额，减去"费用合计"项目的金额，再加上"限定性净资产转为非限定性净资产"项目的金额后填列。

（三）非营利组织现金流量表

现金流量表反映非营利组织在某一会计期间内现金和现金等价物流入和流出的信息。编制现金流量表的目的是向报表使用者提供非营利组织一定时期内现金流入与流出信息，有助于他们了解和评价组织获取现金的能力，据以预测未来的现金流量。现金流量表见表7-3。

表 7-3　现金流量表

编制单位：　　　　　　　　　　20××年度　　　　　　　　　　单位：元

项目	行次（略）	金额
一、业务活动产生的现金流量		
接受捐赠收到的现金		
收取会费收到的现金		
提供服务收到的现金		
销售商品收到的现金		
政府补助收到的现金		
收到的其他与业务活动有关的现金		
现金流入小计		
提供捐赠或者资助支付的现金		
支付给员工以及为员工支付的现金		
购买商品、接受服务支付的现金		
支付的其他与业务活动有关的现金		
现金流出小计		
业务活动产生的现金流量净额		
二、投资活动产生的现金流量		
收回投资所收到的现金		
取得投资收益所收到的现金		
处置固定资产和无形资产所收回的现金		
收到的其他与投资活动有关的现金		
现金流入小计		
购建固定资产和无形资产所支付的现金		
对外投资所支付的现金		
支付的其他与投资活动有关的现金		
现金流出小计		
投资活动产生的现金流量净额		
三、筹资活动产生的现金流量		
借款所收到的现金		
收到的其他与筹资活动有关的现金		
现金流入小计		
偿还借款所支付的现金		
偿付利息所支付的现金		
支付的其他与筹资活动有关的现金		
现金流出小计		
筹资活动产生的现金流量净额		
四、汇率变动对现金的影响额		
五、现金及现金等价物净增加额		

现金流量表中涉及的重要概念主要包括以下几个：

"现金"是指非营利组织的库存现金以及可以随时用于支付的存款，包括现金、可以随时用于支付的银行存款和其他货币资金。

"现金等价物"是指非营利组织持有的期限短、流动性强、易于转换为已知金额现金、价值变动风险很小的投资（除特别指明外，以下所指的现金均包含现金等价物）。非营利组织应当根据实际情况确定现金等价物的范围，并且一贯性地保持其划分标准，如果改变划分标准，应当视为会计政策变更。非营利组织确定现金等价物的原则及其变更，应当在会计报表附注中披露。

现金流量是一定时期内非营利组织现金流入和流出的数量。当非营利组织从各种业务活动收进现金，我们称为现金流入；当非营利组织为各种业务活动付出现金，我们称为现金流出。现金流入量减现金流出量的差额，叫作现金流量净额。

现金流量表是由表头和基本内容两部分组成。表头部分包括名称、编制单位、编制日期和货币种类、金额单位等内容。基本内容部分是现金流量表的核心，按照非营利组织业务活动的性质主要分为业务活动产生的现金流量、投资活动产生的现金流量和筹资活动产生的现金流量三部分。

每一类现金流量，按现金流入和现金流出总额反映。此外，为了反映采用的现金流量发生日的汇率或期初汇率折算的人民币金额与现金流量表"现金及现金等价物净增加额"中外币现金净增加额按期末汇率折算的人民币之间的差额，表中设置了"汇率变动对现金的影响额"项目；为反映非营利组织本年度现金及现金等价物变动的金额，设置"现金及现金等价物净增加额"项目。

非营利组织应当采用直接法编制业务活动产生的现金流量。采用直接法编制业务活动产生的现金流量时，有关现金流量的信息可以从会计记录中直接获得，也可在业务活动表收入和费用数据的基础上，通过调整存货和与业务活动有关的应收应付款项的变动、投资以及固定资产折旧、无形资产摊销等项目后获得。

现金流量表各项目的内容和填列方法如下：

"接受捐赠收到的现金"项目，反映非营利组织接受其他单位或个人捐赠取得的现金。本项目可以根据"库存现金""银行存款""捐赠收入"等科目的记录分析填列。

"收取会费收到的现金"项目，反映非营利组织根据章程等的规定向会员收取会费取得的现金。本项目可以根据"库存现金""银行存款""应收账款""会费收入"等科目的记录分析填列。

"提供服务收到的现金"项目，反映非营利组织根据章程等的规定向其服务对象提供服务取得的现金。本项目可以根据"库存现金""银行存款""应收账款""应收票据""预收账款""提供服务收入"等科目的记录分析填列。

"销售商品收到的现金"项目，反映非营利组织销售商品取得的现金。本项目可以根据"库存现金""银行存款""应收账款""应收票据""预收账款""商品销售收入"等科目的记录分析填列。

"政府补助收到的现金"项目，反映非营利组织接受政府拨款或政府机构给予的补助而取得的现金。本项目可以根据"库存现金""银行存款""政府补助收入"等科目的记录分析填列。

"收到的其他与业务活动有关的现金"项目，反映非营利组织收到的除以上业务之外的现金。本项目可以根据"库存现金""银行存款""其他应收款""其他收入"等科目的记录分析填列。

"提供捐赠或者资助支付的现金"项目，反映非营利组织向其他单位和个人提供捐赠或资助支出的现金。本项目可以根据"库存现金""银行存款""业务活动成本"等科目的记录分析填列。

"支付给员工以及为员工支付的现金"项目，反映非营利组织开展业务活动支付给员工以及为员工支付的现金。本项目可以根据"库存现金""银行存款""应付工资"等科目的记录分析填列。

非营利组织支付的在建工程人员的工资等，在现金流量表"购建固定资产和无形资产所支付的现金"项目中反映。

"购买商品、接受服务支付的现金"项目，反映非营利组织购买商品、接受服务而支付的现金。本项目可以根据"库存现金""银行存款""应付账款""应付票据""预付账款""业务活动成本"等科目的记录分析填列。

"支付的其他与业务活动有关的现金"项目，反映非营利组织除上述项目之外支付的其他与业务活动有关的现金。本项目可以根据"库存现金""银行存款""其他应付款""管理费用""其他费用"等科目的记录分析填列。

"收回投资所收到的现金"项目，反映非营利组织出售、转让或者到期收回除现金等价物之外的短期投资、长期投资而收到的现金。不包括长期投资收回的股利、利息，以及收回的非现金资产。本项目可以根据"库存现金""银行存款""短期投资""长期股权投资""长期债权投资"等科目的记录分析填列。

"取得投资收益所收到的现金"项目，反映非营利组织因对外投资而取得的现金股利、利息，以及从被投资单位分回利润收到的现金，不包括股票股利。本项目可以根据"库存现金""银行存款""投资收益"等科目的记录分析填列。

"处置固定资产和无形资产所收回的现金"项目，反映非营利组织处置固定资产和无形资产所取得的现金，减去为处置这些资产而支付的有关费用之后的净额。由于自然灾害所造成的固定资产等长期资产损失而收到的保险赔款收入，也在本项目反映。本项目可以根据"库存现金""银行存款""固定资产清理"等科目的记录分析填列。

"收到的其他与投资活动有关的现金"项目，反映非营利组织除上述各项目之外收到的其他与投资活动有关的现金。其他现金流入如果金额较大，应当单列项目反映。本项目可以根据"库存现金""银行存款"等科目的记录分析填列。

"购建固定资产和无形资产所支付的现金"项目，反映非营利组织购买和建造固定资产、取得无形资产和其他长期资产所支付的现金。不包括为购建固定资产而发生的借款利息资本化部分，以及融资租入固定资产支付的租赁费。借款利息和融资租入固定资产支付的租赁费，在筹资活动产生的现金流量中反映。本项目可以根据"库存现金""银行存款""固定资产""无形资产""在建工程"等科目的记录分析填列。

"对外投资所支付的现金"项目，反映非营利组织进行对外投资所支付的现金，包括取得除现金等价物之外的短期投资、长期投资所支付的现金，以及支付的佣金、手续费等附加费用。本项目可以根据"库存现金""银行存款""短期投资""长期股权投资""长期债权投资”等科目的记录分析填列。

"支付的其他与投资活动有关的现金"项目，反映非营利组织除上述各项目之外，支付的其他与投资活动有关的现金。如果其他现金流出金额较大，应当单列项目反映。本项目可以根据"库存现金""银行存款"等有关科目的记录分析填列。

"借款所收到的现金"项目，反映非营利组织举借各种短期、长期借款所收到的现金。本项目可以根据"库存现金""银行存款""短期借款""长期借款"等科目的记录分析填列。

"收到的其他与筹资活动有关的现金"项目，反映非营利组织除上述项目之外收到的其他与筹资活动有关的现金。如果其他现金流入金额较大，应当单列项目反映。本项目可以根据"库存现金""银行存款"等科目的记录分析填列。

"偿还借款所支付的现金"项目，反映非营利组织以现金偿还债务本金所支付的现金。本项目可以根据"库存现金""银行存款""短期借款""长期借款""筹资费用"等科目的记录分析填列。

"偿付利息所支付的现金"项目，反映非营利组织实际支付的借款利息、债券利息等。本项目可以根据"库存现金""银行存款""长期借款""筹资费用"等科目的记录分析填列。

"支付的其他与筹资活动有关的现金"项目，反映非营利组织除上述项目之外支付的其他与筹资活动有关的现金，例如融资租入固定资产所支付的租赁费。本项目可以根据"库存现金""银行存款""长期应付款"等有关科目的记录分析填列。

"汇率变动对现金的影响额"项目，反映非营利组织将外币现金流量及境外所属分支机构的现金流量折算为人民币时，所采用的现金流量发生日的汇率或期初汇率折算的人民币金额，与本表"现金及现金等价物净增加额"中外币现金净增加额按期末汇率折算的人民币金额之间的差额。

"现金及现金等价物净增加额"项目，反映非营利组织本年度现金及现金等价物变动的金额。本项目应当根据本表"业务活动产生的现金流量净额""投资活动产生的现金流量净额""筹资活动产生的现金流量净额"和"汇率变动对现金的影响额"项目的金额合计数填列。

第三节　非营利组织财务会计报告缺陷及改进

在非营利组织快速发展的进程中，个别非营利组织发生了资金管理混乱、擅自改变资金用途、违规收取赞助费、管理费用开支比例过高、工资及福利超标等负面行为，导致人们对非营利组织产生了"信任危机"。

随之，非营利组织受到的关注度越来越高，信息使用者要求其公布能反映运营业绩和费用开支的财务会计报告，以了解组织所进行的活动是否与使命相关，日常运作是否健康，自身管理开销如何，慈善项目能否可持续发展等状况。一份高质量的财务会计报告应该全面、真实、公正、透明地反映组织的整体财务状况，目前我国非营利组织财务会计报告在满足上述要求方面还存在不足。

一、非营利组织财务会计报告缺陷

（一）非营利组织财务会计报告内容不完善

我国《民间非营利组织会计制度》第五十八条规定，对于民间非营利组织接受的劳务捐赠不予确认，但应在会计报表附注中做相关披露。《美国财务会计准则》第 116 号"接受捐赠的会计处理"中，对于所获得的捐赠劳务确认收入，应满足两个前提条件："一是创建或增加非财务性资产；二是需要专门技术，并且由拥有该项技术的个人提供，如果未获得捐赠则需要购买该技术。"该文件规定："收到捐赠劳务的组织，应描述使用这些劳务的项目和活动，包括该期收到的捐赠服务的本质特征，并将这些劳务的数额确认为该期收入。"

中、美在上述规定的分歧主要表现在：我国对于捐赠劳务的确认和计量持比较谨慎的态度，因其最终经济目标的实现存在较大不确定性，以及具体的计量存在较大难度，而放弃了对该事项的会计确认和计量。而美国对于劳务捐赠根据具体实质性内容，进行了比较细致的划分：对于满足前提条件的劳务捐赠，予以确认和计量。随着我国非营利组织的迅速发展，劳务捐赠的事项日益增多，现行规定不利于这些经济业务在财务会计报告中的反映，这必然会降低非营利组织财务会计报告的质量。

（二）非营利组织财务会计报告体系不完整

我国《民间非营利组织会计制度》要求所有民间非营利组织编制三张会计报表：资产负债表、业务活动表、现金流量表。尚未有反映组织费用支出情况的报表，因此无法了解组织为实现其业务目标所发生的各项费用的详细开支情况，例如会议费用、差旅费用及办公费用的支出比例，员工的福利及退休金的支出数额等；此外，非营利组织并未公布其期初预算情况以及预算完成情况，不仅使社会公众对其执行力产生怀疑，各界捐赠者也无法判断组织是否有效地在需要的地方开展公益活动。

作为具有慈善和福利性质的非营利组织，其资金主要来源于各种形式的捐赠收入，非营利组织有义务将资金使用情况尽可能详细地向捐赠者公布，帮助捐赠者了解所捐资金的用途和去向，让捐赠者知道自己委托给非营利组织的资产是否得到了恰当的使用，并可能帮助捐赠者做出追加捐赠等决策。

（三）财务会计报告信息披露质量不高

尽管《民间非营利组织会计制度》规定了报表附注信息披露应该包括的内容，但在实际工作中，非营利组织会计报表附注信息的披露现状不容乐观，主要存在以下问题：

1. 信息披露不充分

部分非营利组织财务人员虽然编制了会计报表附注，但所披露的会计信息较少且具有局限性。非营利组织通常选择披露对组织有利的信息，对于不利事项披露较少或根本不披露，例如使用者不感兴趣的折旧金额、借款比例、现金净增加额等。

事实上，作为非营利组织财务会计报告信息使用者或捐赠方，他们感兴趣的内容应该是能够体现非营利组织公益或互益宗旨的相关内容，例如非营利组织提供的服务是否与使命相关、提供的数量和质量如何、高级职员的报酬以及享受的税收减免等。

2. 信息披露不公开透明

非营利组织财务会计报告披露的方式单一。非营利组织财务报告仍为纸质，根据持续性披露原则而公布的财务信息仍然难以获取，非营利组织的财务信息基本上处于封闭状态，大量财务数据、财务会计报告和财务分析以内部文件的形式出现，降低了组织财务信息的公开性和透明性。

非营利组织不愿披露最基本的财务和项目信息，捐款人无从了解所捐助资金的用途和去向。信息分布的不对称使得少数不法分子有机可乘，用公共捐款谋取个人私利。这类事例引发的不信任感制约了非营利组织通过公众自愿捐款获取资金的能力。相反，良好的会计信息披露可以让每一个对组织关心或有疑问的人都可以检查和监督组织行为，并为决策提供依据。

3. 会计报表附注内容滞后

部分非营利组织有意延期披露或有事项、提供担保等需要及时公布的信息；部分非营利组织尽管并非有意，也造成信息滞后。其原因主要在于非营利管理层及会计人员的专业素质不高，未能正确理解会计报表附注应披露哪些内容。

(四) 缺乏财务会计报告审计制度

为提高非营利组织的运营透明度，规范其信息披露行为，我国相关的政府机构制定了一系列法律法规。

1998 年 10 月公布的《社会团体登记管理条例》第三十一条和《民办非企业单位登记管理暂行条例》第二十三条规定：社会团体应当于每年 3 月 31 日前向业务主管单位报送上一年度的工作报告，经业务主管单位初审同意后，于 5 月 31 日前报送登记管理机关，接受年度检查。工作报告的内容包括：本社会团体遵守法律法规和国家政策的情况、依照《民办非企业单位登记管理条例》履行登记手续的情况、按照章程开展活动的情况、人员和机构变动的情况以及财务管理的情况。

2004 年发布的《基金会管理条例》第三十六条明确规定：基金会、境外基金会代表机构应当于每年 3 月 31 日前向登记管理机关报送上一年度工作报告，接受年度检查。年度工作报告在报送登记管理机关前应当经业务主管单位审查同意。年度工作报告应当包括：财务会计报告、注册会计师审计报告、开展募捐、接受捐赠、提供资助等活动的情况以及人员和机构的变动情况等。

但是，目前仅基金会依照规定向业务主管单位及登记管理机关提供由注册会计师审计的财务会计报告，均未要求社会团体及民办非企业单位提供注册会计师的财务审计报告。在现实生活中，社会团体及民办非企业单位的财务审计是由业务主管部门负责，但这种由组织内部主管部门执行的审计一般不够专业，从而无法保证其信息公允性。

(五) 财务会计报告不能得到充分使用

非营利组织在制作财务会计报告、披露组织的会计信息时所使用的都是专业术语，内容也相对比较零散。会计信息的使用者在获取会计信息后，因内、外条件的限制，无法对其进行有效加工、整理和分析，客观上造成对非营利组织所披露的会计信息资源的浪费。

此外，非营利组织不以营利为目的，不能仅通过财务会计报告提供的会计信息反映其经营业绩，且财务会计报告中的一些信息对于非营利组织并不那么重要，从而导致财务会计报告提供的会计信息不能得到充分使用。

（六）财务会计报告信息查阅困难

我国查阅非营利组织财务会计报告信息相对困难，非营利组织对外公布财务会计报告及其相关信息的仅占极少数，还有众多非营利组织未对外公布财务会计报告及其相关信息。现阶段，财务会计报告发布的渠道及现状如下：

（1）由社会组织管理局（社会组织执法监督局）建立的中国社会组织政务服务平台　该平台公布了部分全国性慈善组织（基金会）的年度工作报告，但由于慈善组织（基金会）年度工作报告中只规定提交资产负债表、业务活动表和现金流量表，而没有要求提供会计报表附注和财务情况说明书，所以仅能查询到慈善组织（基金会）的会计报表的信息，而无法了解会计报表披露的相关信息。实质上，非营利组织会计报表附注信息所披露的内容，更能帮助会计报表信息使用者了解机构的活动，做出相关决策。

（2）非营利组织本身网站　部分规模较大的非营利组织，在本机构网站公布年度审计报告或财务会计报告，以及所开展的活动介绍。但这些审计报告或财务会计报告是翻拍版本，部分数据无法清楚查阅，使用者难以对报告数据进行利用或分析。此外，部分非营利组织仅公布某些特别项目财务情况或某笔捐赠的资金使用情况，使用者无法了解组织的整体财务状况。

二、非营利组织财务会计报告改进

（一）改进捐赠劳务的确认标准

国际上相关准则对于捐赠劳务事项，根据具体的实质性内容进行比较细致的划分：对于仍然存在较大不确定性因素的事项不予确认和计量，仅作为表外事项进行披露；但对一些特定的符合会计要素确认条件的捐赠劳务及捐赠承诺，则要求按捐赠收入进行确认和计量。

我国非营利组织会计制度不妨从实质重于形式的原则为出发点，兼顾谨慎性原则，视情况对捐赠劳务进行确认和计量，使之更符合权责发生制原则，并与国际接轨。

（二）增加职能费用表

职能费用表是指通过对业务活动表中的费用发生额进行再次分类，从而得到按功能分类费用开支的详细数据，提供整个组织费用开支的用途及金额等相关信息给组织的管理层、监管机构和社会公众。

由于非营利组织的资金来源具有广泛性和特殊性，组织有必要向社会公众公开整个组织运营费用的详细情况。非营利组织应在现有的三张基本会计报表的基础上增加职能费用表，以进一步完善我国非营利组织财务会计报告体系。

（三）提高会计报表附注的信息质量

提高非营利组织会计报表附注的信息披露质量，可从制度法规和非营利组织自身两方面入手。从制度法规来看，制定或修改相关制度法规时，可要求非营利组织必须按照规定的格式和要求披露的内容，制作会计报表附注；从非营利组织自身来看，非营利组织主动披露信息才能赢得社会公众的信任，募集更多资金。

非营利组织应主动加强自身诚信意识和对财务人员的培训，充分保障捐赠者的知情权，提高组织公信力，做出有利于组织可持续发展的决策。

（四）完善财务会计报告审计制度

2004 年颁布的《基金会管理条例》第三十六条明确提出每年对基金会进行注册会计师审计并提交审计报告的规定。为接受政府和社会的监督，保证财务会计报告的真实性、公允性，我国非营利组织管理部门应制定相应法规，要求基金会、社会团体及民办非企业单位，无论规模大小，都应聘请注册会计师对年度财务会计报告进行审计。

除此之外，非营利组织还应建立健全自身的内部控制制度，以约束非营利组织经营管理者干预正常会计过程的行为，从而提高非营利组织财务会计报告的可靠性和公允性。

（五）加大财务会计报告中非量化信息的比重

非营利组织不以营利为目的的性质，使得对其业绩评价不能以经济效益为标志。这意味着，非营利组织不同于企业，不能仅通过资产负债表和利润表大致反映其经营业绩。

因此，非营利组织财务会计报告作为业绩评价的重要依据，应当尽可能地提供业绩评价所需要的全部信息，加大财务会计报告中非量化信息的比重，才能形成真正意义上的非营利组织的财务会计报告，使相关人员从中分析非营利组织运营和管理的经济性和社会性，并帮助其改进和优化。

（六）改进财务会计报告信息发布渠道

非营利组织财务信息披露应充分利用互联网技术，建立信息披露的专用系统和基于互联网的电子化披露体系。一方面，信息披露的负责人应通过该系统披露所有公开信息，建立历史资料库，收录组织的历史财务信息，包括历年财务会计报告等，并将该资料库与信息披露专用系统相连接，以便信息使用者查询；另一方面，非营利组织可建立网络化信息平台，能够让信息使用者通过该平台了解非营利组织整体财务状况，对其资金使用情况进行考核，有效监督资金使用效果，并在不同非营利组织间进行比较。

非营利组织自愿公开财务信息，接受公众监督，是其管理能力强、资金使用效率高的重要表现。

 引申思考

上海心生公益基金会 2022 年度业务活动表解读

1. 基金会简介

上海心生公益基金会（以下简称基金会）是由上海市民政局于 2019 年 3 月 22 日批准成立的一家非公募基金会。基金会的主要活动是关注贫困儿童（特别是孤儿），以所募资金和医疗物质，实施医疗救助，主要方式为通过建立稳定的资金，与上海各大医院合作建立救助渠道和平台，形成"一站式"救助系统，对贫困患者特别是有重大疾病、先天性疾病、重度残疾患者实施救助，同时关注其语言发展、行为表现，并提供心灵关怀与品德教育。

2. 基金会 2022 年度收入情况

基金会 2022 年度共实现总收入 102.23 万元，其中捐赠收入为 101.67 万元，银行利息收入为 0.55 万元。基金会捐赠收入的具体构成见表 7-4。

表 7-4 基金会捐赠收入具体构成

大额捐赠人/机构	本年捐赠（元）
上海市人口福利基金会	370 000.00
北京和睦家医疗救助基金会	93 893.95
其他个人	552 856.00
合计	1 016 749.95

基金会围绕章程规定合法接受和使用资金，根据章程规定主要收入来源包括：发起人捐赠、资助的创始财产、自然人或法人以及其他组织自愿捐赠、投资收益、其他合法收益。

3. 基金会 2022 年度支出情况

基金会 2022 年度业务活动表中"费用"项目构成见表 7-5。

表 7-5 基金会 2022 年度业务活动表中"费用"项目构成

项目	本年数（元）
业务活动成本	959 382.88
管理费用	104 696.88
其他费用	1 705.72
合计	1 065 785.48

该基金会 2022 年度管理费用合计 10.47 万元，占本年度总支出 106.58 万元的比例为 9.82%，符合《关于公益性捐赠税前扣除有关事项的公告》第四项的要求：不具有公开募捐资格的社会组织，前两年每年支出的管理费用占当年总支出的比例均不得高于 12%。

4. 基金会 2022 年度管理费用支出明细

基金会管理费用明细见表 7-6。

表 7-6 基金会管理费用明细

项目	本年数（元）
薪资	35 840.00
社保及公积金	11 963.18
办公费	4 413.70
财务服务费	52 480.00
合计	104 696.88

5. 财务方面存在的问题及建议

（1）收入来源问题：需拓展机构募款渠道，形成健康可持续的募款来源。

（2）促进内部工作系统化：加强患儿健康档案化管理，形成可透视化健康数据，努力提升基金会规范化建设。

（资料来源：上海心生公益基金会. 上海心生公益基金会：2022 财务报告 ［EB/OL］. ［2023 – 04 – 01］ https：//mp. weixin. qq. com/s/yt9BoL5mE7WOvCnb7a_cqA. ）

［思考］

1. 我国非营利组织财务报告及信息披露存在的问题以及产生的原因是什么？

2. 应怎样对非营利组织财务报告内容及信息披露进行规范？

3. 可从哪些方面提高非营利组织会计信息质量？

复习思考题

1. 非营利组织财务会计报告的目的是什么？

2. 非营利组织财务会计报告包括哪些内容？

3. 非营利组织现金流量分为哪几类？各类分别包括哪些内容？

4. 非营利组织财务会计报告的编制应遵循哪些原则？

5. 非营利组织财务会计报告存在哪些缺陷？改进的措施有哪些？

第八章

非营利组织财务会计报告分析与利用

 **学习目标** •

通过对本章的学习，掌握非营利组织财务会计报告分析意义；熟悉非营利组织财务会计报告分析的程序和方法；了解非营利组织财务会计报告分析的缺陷及有关改进措施。

引导案例

SM 慈善基金会财务会计报告分析

SM 慈善基金会于 2014 年 8 月注册成立，截至 2015 年 6 月 30 日，SM 慈善基金会资产总额为 5 917 355.07 元，属于规模较小的地方性非公募基金会。目前，SM 慈善基金会主要开展扶贫济困活动，主要项目包括援建学校长期支教助学、捐助物资、"SM 花阳光午餐"等。

SM 慈善基金会披露其支持的公益项目中，一个彝族孩子的一篇作文《泪》，成为媒体关注的焦点。媒体主要聚焦讨论的问题：基金会利用彝族学生作文的募款手段的真实性、合法性及道德标准和对限定性捐赠收入的使用情况的质疑。通过对国际各类基金会募款实践，以及关于基金会募款方式和手段的理论文献的分析，可以发现，SM 慈善基金会并未违反法律，且为其他基金会提供了募款借鉴；对于限定性捐赠收入，尽管接受捐赠的组织必须按照捐赠人意愿进行使用，但是在条件具备的情况下，限定性捐赠收入也可以转为非限定性捐赠收入。

从媒体和公众对该事件的反应来看，社会对 SM 慈善基金会捐赠收入募集方式和善款使用等问题较为关注。基于此，对 SM 慈善基金会的近期财务会计报告进行分析，以期为公众提供理解此事件的基础财务信息。

（一）SM 慈善基金会资产总额

SM 慈善基金会 2015 年 6 月 30 日的资产负债表显示，其资产总额为 5 917 355.07 元，相比 2014 年 12 月 31 日增加 3 029 607.84 元，增长了 104.91%，充分体现了 SM 慈善基金会的发展速度之快，且抵御财务风险的能力逐渐增强。但相对于全国性非公募基金会平均资产规模 3 000 多万元的平均水平而言，SM 慈善基金会仍然属于规模较小的地方性非公募基金会。

（二）SM 慈善基金会的收入来源情况

SM 慈善基金会的收入主要来源于捐赠收入，基本占全部收入的 100%，充分表明捐赠收入是 SM 慈善基金会的主要收入来源。从收入结构分析，我国慈善基金会的主要资金来源，包括捐赠收入、会费收入、提供服务收入、政府投入收入、商品销售收入、投资收益及其他收入。结合 SM 慈善基金会的收入结构，能够发现其收入结构非常单一，捐赠收入基本成为其唯一的资金来源，这表明了其财务集中度较高，募款风险较大。

对 SM 慈善基金会的业务活动表进一步分析可以发现，SM 慈善基金会 2015 年 1 月—6 月的捐赠收入累计为 4 268 742.78 元，与 2014 年 8 月—12 月的捐赠收入 3 657 293.59 元相比，增加了 611 449.19 元，增长了 16.72%。具体分析见表 8-1：

表 8-1　SM 慈善基金会非限定性捐赠收入和限定性捐赠收入分析表

名称时间	非限定性捐赠收入	比上月增长率	限定性捐赠收入	比上月增长率
2015 年 2 月	64 289.07		56 958.53	
2015 年 3 月	76 877.26	+19.58%	1 070 821.76	+1780%
2015 年 4 月	92 451.68	+20.26%	509 900.85	−52.39%
2015 年 5 月	210 370.65	+127.55%	1 290 913.11	+153.17%
2015 年 6 月	182 105.68	−13.44%	336 984.74	−73.9%

注：表中原始数据来源于 SM 慈善基金会官方网站。

表 8-1 反映出 2015 年 3 月和 5 月 SM 慈善基金会的限定性捐赠收入均出现异常增长（增长率大于 1），且 2015 年 5 月，SM 慈善基金会的非限定性捐赠收入也出现了异常增长（增长率大于 1），表明此事件之前也许通过其他媒体、网络，出现"信息提前泄露"的情况，从而导致捐赠收入异常增长。

（三）SM 慈善基金会的业务活动支出情况

根据《民间非营利组织会计制度》，业务活动支出项目反映了慈善基金会的主要费用支出。慈善基金会的业务活动支出，通常是指基金会将慈善资源用于帮扶困难群体的支出，或者叫作基金会的主要公益事业支出。它与基金会的使命和价值观一致。SM 慈善基金会资金运用能力的财务指标对比见表 8-2。

表 8-2　SM 慈善基金会资金运用能力财务指标对比

时间/指标	活动支出占捐赠收入比例	管理费用占总支出比例
2014 年 8 月—12 月（4 个月）	72.66%	5.6%
2015 年 1 月—2 月（2 个月）	34.02%	26.18%
2015 年 1 月—3 月（3 个月）	13.41%	24.76%
2015 年 1 月—4 月（4 个月）	23.23%	14.08%
2015 年 1 月—5 月（5 个月）	21.9%	14.02%
2015 年 1 月—6 月（6 个月）	24.58%	4.69%

注：表中原始数据来源于 SM 慈善基金会官方网站。

SM 慈善基金会业务活动支出占捐赠收入比例在 2015 年 1 月—6 月为 24.58%，2014 年 8 月—12 月为 72.66%，降幅为 48.08%，可以看出 SM 慈善基金会尽管从 2014 年 8 月成立，经历了捐赠收入（或总收入）的快速增长，但其业务活动支出却呈现下降趋势，表明 SM 慈善基金会资金运用能力的下滑。

SM 慈善基金会管理费用占总支出的比例在 2014 年 8 月—12 月处于较低水平，但

2015 年 1 月—2 月骤升，而后缓慢下降，2015 年 1 月—6 月管理费用占总支出的比例达最低水平 4.69%。可以看出，SM 慈善基金会管理费用使用较不稳定，波动幅度大，仍需加以合理控制。

综上所述，结合当前媒体聚焦热点，分析 SM 慈善基金会的基础财务报表，充分印证了该基金会当前发展过程中呈现出的一些特点：①资金来源相对单一，募款风险较高；②业务活动成本占捐赠收入比率较低，资金运用能力有待进一步提高。

（资料来源：SM 慈善基金会的财务会计报告分析——北京德力社会组织评估与服务中心。）

第一节　非营利组织财务会计报告分析的意义和作用

财务会计报告分析是指以财务会计报告和其他资料为依据和起点，采用专门的分析方法，系统分析和评价组织的过去和现在的财务状况和业务活动情况，目的是了解过去、评价现在、预测未来，帮助利益关系集团改善决策。财务会计报告分析的最基本功能，是将大量的数据转换成对特定决策有用的信息，减少决策的不确定性。本节重点介绍财务会计报告分析的意义和作用。

一、非营利组织财务会计报告分析的意义

财务会计报告分析的目的是其内在的本质要求，而财务分析的意义则是其目的的外在表现，是不同财务信息使用者赋予的。就财务会计报告使用的主体而言，可以划分为内部管理者、捐赠者、国家有关部门和社会监督部门以及债权人等。由于不同信息使用者所关注的财务分析结论是不同的，因此，财务分析对于他们的意义也就不同。

（一）内部管理者

对于非营利组织的内部管理者而言，通过对非营利组织的财务会计报告进行分析，能够充分了解组织的财务状况和报告期内的业务成果，剖析非营利组织的经济情况，进一步找出组织在运营过程中的薄弱环节，总结非营利组织经济管理的经验教训，从而改善管理，确定发展方向和决策。由于内部管理人员掌握着大量的内部信息，对财务分析结果做出的反应最为迅速和直接，因而，内部管理者对财务信息的要求也更加具体、详细、深入。

（二）捐赠者

对于向非营利组织提供资金的捐赠者而言，通过对非营利组织的财务会计报告进行分析，捐赠者可以取得自己所关心的非营利组织资金的使用及其业务开展情况的信息，进而合理地进行捐赠，使得捐赠的效用最大化。

（三）国家有关部门和社会监督部门

对于国家有关部门和社会监督部门而言，通过对非营利组织的财务会计报告进行分析，能够更好地掌握非营利组织业务活动和财务收支状况，检查非营利组织资金的运用情况，考察非营利组织对财经纪律、法规、制度的遵守情况，分析不同类型、不同地区、不

同规模的非营利组织在经济运营中存在的问题，并以此作为确定非营利组织发展的依据，便于宏观调控。

（四）债权人

对于向组织提供资金并得到组织未来一定期限内按时还本付息承诺的债权人而言，通过对非营利组织的财务会计报告进行分析，债权人可以获得他们关心的非营利组织的偿债能力信息，为债权人的决策提供依据。

二、非营利组织财务会计报告分析的作用

财务会计报告分析的意义是其目的的外在表现，而财务分析的作用则是报告使用者评价其目标实现程度的重要方式。就财务会计报告分析的层面不同，其作用可分为微观和宏观两方面。

（一）微观价值

非营利组织财务会计报告分析能帮助信息使用者了解组织资产规模与来源、收入与支出情况及资金配置效率。首先，有利于加强组织预算管理，促进组织财务制度的完善与执行；其次，有利于分析组织运营效率、财务稳定性及可持续发展能力，为财务报表使用者做出决策提供客观、可靠的依据；最后，有利于发现问题，总结经验教训，提高组织经营管理水平。

（二）宏观价值

非营利组织财务会计报告分析有助于捐赠者对组织资源配置、使用结果、资金流量及效益进行监督，以保证更好地服务社会。此外，有助于国家及相关部门了解组织运营状况及对国家政策和法律法规的遵守情况，从而发现制度不足并及时修正，引导非营利组织健康发展，有助于实现非营利组织财务管理的合理化和高效化。

第二节　非营利组织财务会计报告分析的程序和方法

为保证财务会计报告分析有效进行，必须遵循科学的分析程序和方法，不同形式的财务分析，其程序和方法也有所不同，本节将展开介绍。

一、非营利组织财务会计报告分析的程序

财务会计报告分析的程序是指进行财务会计报告分析的具体步骤，一般包括以下几步：

（一）确定分析目的

财务会计报告分析首先应明确分析目的。不同的财务会计报告使用者，基于自身需求，会对财务信息做出不同的分析。通过财务会计报告分析，内部管理者希望能有效调整对业务活动的预算与控制；捐赠者希望得知组织受托责任履行情况；债权人则希望了解组织偿债能力信息，以便做出评价和决策。

（二）收集分析资料

会计报表是非营利组织财务会计报告分析的主要资料来源，但会计信息只反映经济活动在某一时期的结果，为了解其发生及发展变化过程，需要分析者收集其他相关辅助资料，一般包括宏观经济形势信息、行业情况信息、市场前景信息、组织内部信息等。

（三）选择分析方法

分析方法服从分析目的。目的不同，选择的分析方法则不同。财务会计报告分析者应当根据不同的分析目的，采用不同的分析方法，或多种分析方法结合使用。一般而言，对未来发展趋势预测，应用回归分析法；对流动性分析，应用比率分析法；而对预算执行情况分析，则往往采用因素分析法。

（四）进行分析研究

首先，明确财务会计报告是否全面、真实、准确地反映了组织状况。其次，根据分析目的深入研究，对相关指标科学计算。最后，通过纵向和横向比较、实际和标准比较以及动态和静态分析等，实现分析目的。

（五）撰写分析报告

分析报告应包含分析过程、所采用的分析方法和分析依据，对分析结果进行整理、归纳和概括。同时，应对分析资料、分析方法的局限性做出说明。

二、非营利组织财务会计报告分析的基本方法

根据财务分析所要达到的目的以及不同类型公共组织的资金活动特征，财务分析的基本分析方法有比较分析法、因素分析法、综合分析与评价法等多种。

（一）比较分析法

比较分析法是将同一项数据或指标在不同的时间和空间进行对比，揭示客观存在的差异，并进一步分析产生差异的原因的一种方法。具体包括以下几项内容：

（1）绝对差异分析　绝对差异分析主要用于观察差异的规模。

$$绝对差异 = 实际值 - 标准值$$

（2）相对差异分析　相对差异分析主要用于观察差异的水准。

$$相对差异 = （实际值 - 标准值）\div 标准值 \times 100\%$$

（3）差异百分点分析　差异百分点分析主要用于观察差异的程度。

$$差异百分点 = 实际百分点 - 标准百分点$$

模型中的标准值通常有历史标准、预期标准和同类非营利组织标准等。对于标准的选择不同，分析的意义也会有差异。历史标准主要是指以前各期实现的数据或历史最高水平，将实际值与历史标准对比，可以揭示该指标的变化方向与变化程度，进而分析其影响因素，把握变动规律，最终预测出未来的发展趋势。预期标准主要是指非营利组织制定的关于工作的预算、计划等指标，将实际值与历史标准对比可明确预期指标的完成情况。同类非营利组织标准是指规模、类别等与自己类似的非营利组织的平均水平，将实际值与同

类非营利组织标准进行对比，可以了解该非营利组织与同类非营利组织间存在的差距，明确该非营利组织在所处类型中的地位。

（二）因素分析法

因素分析法是指当某项综合指标可表示为若干项相互联系的因素的乘积时，按照一定的程序和方法，计算确定各因素的变动对综合指标的影响程度的分析方法。综合指标往往是由多个相互依存的因素构成的，由于每个因素的变化不同，产生的影响也不同，通过因素分析法，可以找出主要的关键因素，为进一步分析和评价非营利组织的财务状况和业务绩效提供依据。一般而言，因素分析法可分为比率因素分解法、连环替代法和差额分析法。

1. 比率因素分解法

比率因素分解法是指把一个财务比率分解为若干个影响因素的方法。在实际的分析中，通常比率因素分解法和比较分析法是结合使用的。比较之后需要分解，以深入了解差异的原因；分解之后还需要比较，以进一步认识其特征。

2. 连环替代法

连环替代法是指根据因素之间的内在依存关系，依次测定各因素变动对经济指标差异影响的一种分析方法，其计算程序一般分为五个步骤：①确定分析对象。运用比较法计算出分析指标的实际值和标准值的总差异。②找出影响指标的各种因素，建立指标和因素之间的关系式。③按照关系式的排列顺序，依次用各种因素的实际值替代标准值，计算出替代结果。④比较相邻两次的替代结果，得到各因素变动对分析指标的影响方向和程度。⑤检验分析结果。将各因素变动对分析指标的影响值相加，其代数和应等于分析对象，即总差异。

用代数形式来表达上面的步骤可列示如下：

设某一分析指标 M 是由相互联系的 A、B、C 三个因素相乘得到，下标"0"为计划值，下标"1"为实际值。

1）确定分析对象：$M_1 - M_0 =$ 总差异。

2）建立关系式：计划指标 $M_0 = A_0 \times B_0 \times C_0$；实际指标 $M_1 = A_1 \times B_1 \times C_1$。

3）进行连环替代：计划指标 $A_0 \times B_0 \times C_0 = M_0$；第一次替代 $A_1 \times B_0 \times C_0 = M_2$；第二次替代 $A_1 \times B_1 \times C_0 = M_3$；第三次替代 $A_1 \times B_1 \times C_1 = M_1$。

4）计算影响方向和程度：A 因素变动对 M 的影响 $\Delta A = M_2 - M_0$；B 因素变动对 M 的影响 $\Delta B = M_3 - M_2$；C 因素变动对 M 的影响 $\Delta C = M_1 - M_3$。

5）检验分析结果：$M_1 - M_0 = \Delta A + \Delta B + \Delta C$。

3. 差额分析法

差额分析法是连环替代法的简化计算方法，计算原理与连环替代法完全一致，唯一的不同之处在于差额法是直接用各因素的实际值与标准值的差额来计算其影响数额，即将连环替代法中的3）与4）两步合为一步。

（三）综合分析与评价法

综合分析与评价法主要是在对非营利组织已经做了一系列的分析后，要对组织财务状况和业务绩效做出综合分析和评价时所采用的方法，常见的主要有综合指数法和综合评分法。

1. 综合指数法

综合指数法是指将综合分析与评价的结果用综合指数表示，首先确定影响综合指数的各项指标；然后将反映综合指数的指标数通过统计学处理，使不同计量单位、性质的指标值标准化，得到各项指标的个体指数；最后考虑各项指标在评价综合结果时具有不同的重要性，给各项指标指数以不同的权重，加权各项指标指数得到综合指数，以这个综合指数的高低反映评价结果的好坏。其基本思路是利用层次分析法计算的权重和模糊评判法取得的数值进行累积，然后相加，最后计算出综合评价指数。

2. 综合评分法

综合评分法是指在确定影响综合评价的各项指标后，分别按不同指标的评价标准对各评价指标进行评分，然后汇总得出综合评价分数，以这个综合评价分数的高低反映评价结果的好坏。其适用于评价指标无法用统一的量纲进行定量分析的场合。

第三节　非营利组织财务报表及会计报表附注分析

一、非营利组织财务报表结构与要素的一般性分析

财务分析主要从三大报表、五大要素着手，对各期的经济指标进行分析。非营利组织财务报表由资产负债表、业务活动表和现金流量表构成，包括收入、费用、资产、负债和净资产五大要素。

（一）非营利组织财务报表结构分析

1. 非营利组织资产负债表

资产负债表反映非营利组织某一会计期末全部资产、负债和净资产情况。资产负债表一般性分析可分为趋势分析和结构分析。

非营利组织资产负债表趋势分析是指通过将非营利组织报告期的资产负债表与前期对比，全面深入分析非营利组织各资产负债项目的变动。通过趋势分析，可以了解各项目变动额度和幅度情况，从而发现问题。

非营利组织资产负债表结构分析是指通过计算表中各资产项目占资产总额的比重、各负债项目占负债总额的比重、各净资产项目占净资产总额的比重，以及各类项目变动额占总变动额的比重，反映资产负债表中的项目与资产、负债、净资产之间的关系情况及其变动情况。依据资产负债表中资产项目、负债项目和净资产项目三年的结构及其变动情况，可以说明财务成果的结构及其增减变动的合理程度。对各项目比重的分析，可以得出其在资本结构的重要程度。一般来说，项目比重越大，说明其重要程度越高，对总体的影响越大。将分析期各项目的比重与前期同项目的比重对比，研究各个项目的比重变动情况，从而对资产负债表项目的结构变化情况有直观的了解。

2. 非营利组织业务活动表

业务活动表反映非营利组织在某一会计期间内开展业务活动的实际情况。业务活动表

一般性分析可分为趋势分析和结构分析。

非营利组织业务活动表趋势分析是指通过将非营利组织报告期的业务活动表与前期对比，揭示各方面存在的问题和差异，为全面深入分析非营利组织的业务活动情况奠定基础。

非营利组织业务活动表结构分析是指通过计算业务活动表中各项目占收入的比重，以及各项目结构，反映业务活动表中的项目与收入的关系及变动情况，分析业务活动的结构及其各项目增减变动的合理程度。通过各项目的比重，分析各项目在非营利组织收入中的重要性。一般来说，项目比重越大，说明其重要程度越高，对总体的影响越大。将分析期各项目比重与前期同项目比重对比，研究各项目的比重变动情况，以及取得的业绩和存在的问题。

3. 非营利组织现金流量表

现金流量表反映非营利组织在某一会计期间内现金和现金等价物流入和流出的信息。现金流量表一般性分析可分为趋势分析和结构分析。

非营利组织现金流量表趋势分析，即通过现金流量表的每个项目前后期的增减变动来观察非营利组织现金流的变动情况，对异常变动的原因和后果进行分析。

非营利组织现金流量表结构分析是指对现金流量的各个组成部分及其相互关系的分析。现金流量表的结构分析包括流入结构、流出结构和流入流出对比分析。流入结构分析分为总流入结构分析和业务、投资及筹资三项活动流入的内部结构分析；流出结构分析分为总流出结构分析和业务、投资及筹资三项活动流出的内部结构分析；流入流出对比分析分为业务活动流入流出比分析、投资活动流入流出比分析和筹资活动流入流出比分析。通过流入和流出结构的历史比较及同业比较，可以得到更有价值的信息。

（二）非营利组织财务报表要素分析

非营利组织财务报表有收入、费用、资产、负债和净资产五大要素。

1. 收入

收入是指非营利组织开展业务活动所取得的、导致本期净资产增加的经济利益或者服务潜力的流入。按照《民间非营利组织会计制度》的规定，非营利组织的会计核算一般以权责发生制为基础，应当遵循收入与其成本、费用相互配比原则，同一会计期间内的各项收入和与其相关的成本、费用，应当在该会计期间内确认。凡是当期已经实现的收入或应当负担的费用，不论款项是否收付，都应作为当期的收入和费用；凡是不属于当期的收入和费用，即使款项已在当期收付，也不应当作为当期的收入和费用。收入的一般性分析可分为结构分析和性质分析。

收入的结构分析是指收入的各个组成部分及所占比重分析。非营利组织收入可分为主要业务收入和其他业务收入。其中，主要业务收入包括捐赠收入、会费收入、提供服务收入、政府补贴收入、投资收益和商品销售收入；其他业务收入包括固定资产处置净收入和无形资产处置净收入。通过分析收入项目及其占收入总额的比重，并结合相同类型、相似规模以及同阶段非营利组织，明确收入来源及结构，定位未来发展方向。

收入的性质分析是指对收入是否为交换交易所得以及是否受到限制进行分析。非营利组织收入按照是否为交换交易所得，可分为交换交易收入和非交换交易收入。交换交易是指按照等价交换原则所从事的交易，即当某一主体取得资产、获得服务或者解除债务时，需要向交易对方支付等值或大致等值的现金，或者提供等值或者大致等值的货物、服务等的交易。例如按照等价交换原则销售商品、提供劳务等均属于交换交易。由此形成的收入包括商品销售收入、提供服务收入和投资收益。非交换交易是指除交换交易之外的交易，包括捐赠收入和政府补贴收入等。非营利组织收入按照是否受到限制，可分为限定性收入和非限定性收入。限定性收入是指资产提供者对资产的使用设置了时间或用途限制，否则为非限定性收入。会费收入、提供服务收入和商品销售收入和投资收益等一般为非限定性收入。对非营利组织收入进行性质分析，有助于评价组织的收入质量，从而发现问题。

2. 费用

费用是指非营利组织为开展业务活动所发生的、导致本期净资产减少的经济利益或者服务潜力的流出，不包括为第三方或客户垫付的款项。费用的确认遵循权责发生制和配比原则。对费用可进行结构一般性分析。

非营利组织费用由业务活动成本、管理费用、筹资费用和其他费用构成。业务活动成本是指非营利组织为实现其业务活动目标、开展其项目活动或提供服务所发生的费用；管理费用是指非营利组织为组织和管理其业务活动所发生的各项费用；筹资费用是指非营利组织为筹集业务活动所需资金而发生的费用；其他费用是指非营利组织发生的、无法归属到上述费用中的费用。通过对非营利组织费用进行结构分析，明确费用各项目部分及所占比重，有助于信息使用者了解非营利组织费用的发生情况、主要用途和费用规模。

3. 资产

资产是指由过去的交易或者事项形成并由非营利组织拥有或控制的资源，该资源预期会给非营利组织带来经济利益或者服务潜力。资产是非营利组织的重要经济资源，是非营利组织开展业务活动的物质基础，也是非营利组织会计要素中最核心的要素。资产的一般性分析包括趋势分析和结构分析。

资产的趋势分析是指通过将非营利组织报告期资产负债表的资产项目与前期对比，全面深入分析各资产项目的变动。一般来说，资产总额越大，表明非营利组织业务活动规模越大。

资产的结构分析是指分析非营利组织资产负债表中各资产项目组成及占资产总额的比重。流动资产在组织的日常业务活动中发挥着重要作用，是组织持续营运的前提和保证，流动资产占比反映了非营利组织流动性风险。此外，非营利组织资产还包括受赠资产、长期投资、固定资产、无形资产和受托代理资产等。通过资产结构分析，有助于明确非营利组织资产状况。

4. 负债

负债是指由过去的交易或者事项形成的现实义务，履行该义务预期会导致含有经济利益或者服务潜力的资源流出非营利组织。负债的一般性分析包括趋势分析和结构分析。

负债的趋势分析是指通过将非营利组织报告期资产负债表的负债项目与前期对比，全面深入分析各负债项目的变动。

资产的结构分析是指分析非营利组织资产负债表中各负债项目组成及占负债总额的比

重。负债按照其流动性可分为流动负债、长期负债和受托代理负债。通过负债分析,有助于明确非营利组织负债状况。

5. 净资产

净资产是指资产减去负债后的余额。由于非营利组织开办人不具有投资回报要求权,因而非营利组织本身没有明确的所有者,相应的,非营利组织净资产在法律上归属于社会,任何人不可分割,即使因故停止业务,非营利组织净资产仍应继续用于社会公益事业。

净资产按照其是否受到限制,分为限定性净资产和非限定性净资产。如果资产或者资产所产生的经济利益(例如资产的投资收益和利息等)的使用受到资产提供者或者国家有关法律、行政法规所设置的时间限制或用途限制,则由此形成的资产即为限定性净资产;国家有关法律、行政法规对净资产的使用直接设置限制的,该受限制的净资产也为限定性净资产;除此之外的其他净资产,为非限定性净资产。时间限制是指资产提供者或者国家有关法律、行政法规要求非营利组织在收到资产后的特定时期之内或特定日期之后使用该项资产,或者对资产的使用设置了永久限制。用途限制是指资产提供者或者国家有关法律、行政法规要求非营利组织将收到的资产用于某一特定的用途。

▶ 二、利用比率分析法进行的非营利组织各种能力分析

比率分析法是比较分析法的发展,是指将影响某个指标的两个相关因素联系起来,通过计算比率来分析它们之间关系,进而分析和评价非营利组织财务状况和业务绩效的一种方法。比率分析法是非营利组织财务分析的具体分析方法。

(一)流动性比率

流动性是将资产迅速转变为现金的能力,衡量非营利组织的支付能力。而流动性比率是分析非营利组织短期偿债能力的重要指标,主要包括流动比率和现金比率。

(1)流动比率是流动资产与流动负债之比

$$流动比率 = 流动资产 \div 流动负债$$

一般来说,该比率越高,说明资产的变现能力越强、短期偿债能力越强;反之则弱。一般认为非营利组织的流动比率应在2:1以上(不包括2:1)。

(2)现金比率反映组织的即刻变现能力

$$现金比率 = (现金 + 短期有价证券) \div 流动负债$$

这里所说的现金是指现金及现金等价物。由于现金及短期有价证券是流动资产中变现能力最强的指标,因此,现金比率是评价非营利组织短期偿债能力强弱的最可信的指标。

(二)筹资比率

筹资比率主要反映非营利组织筹集资金的能力,包括捐赠比率和资产负债率。

(1)捐赠比率是捐赠收入总额与收入总额之比

$$捐赠比率 = 捐赠收入总额 \div 收入总额$$

运用捐赠比率可以分析非营利组织收入总额中有多少是来自捐赠,每年的开支在多大程度上依赖捐赠。

（2）资产负债率是负债总额与资产总额之比

$$资产负债率 = 负债总额 \div 资产总额$$

这个指标反映了非营利组织的全部资产中，由债权人提供的资产所占比重的大小，反映了债权人向非营利组织提供信贷资金的风险程度。

（三）营运能力比率

营运能力比率是衡量资产管理效率的财务比率。

（1）应收账款周转率反映应收账款变现速度的快慢和管理效率的高低

$$应收账款周转率（周转次数）= 营业收入 \div 平均应收账款余额$$

其中，

$$平均应收账款余额 = （应收账款余额年初数 + 应收账款余额年末数）/2$$

$$应收账款周转期（周转天数）= 平均应收账款余额 \times 360 \div 营业收入$$

一般情况下，应收账款周转率高，表明收账迅速、账龄较短、资产流动性强、短期偿债能力强，可以减少坏账损失等。

（2）存货周转率反映各环节的管理状况以及偿债能力和获利能力

$$存货周转率（周转次数）= 营业成本 \div 平均存货余额$$

其中，

$$平均存货余额 = （存货余额年初数 + 存货余额年末数）/2$$

$$存货周转期（周转天数）= 平均存货余额 \times 360 \div 营业成本$$

一般情况下，存货周转率越高越好。存货周转率高表明存货变现的速度快；周转额较大，表明资金占用水平低。

（3）流动资产周转率反映流动资产利用情况

$$流动资产周转率（周转次数）= 营业收入 \div 平均流动资产总额$$

其中，

$$平均流动资产总额 = （流动资产总额年初数 + 流动资产总额年末数）/2$$

$$流动资产周转期（周转天数）= 平均流动资产总额 \times 360 \div 营业收入$$

一般情况下，流动资产周转率越高越好。流动资产周转率高，表明相同的流动资产完成的周转额较多，流动资产利用效果较好。

（4）固定资产周转率反映固定资产利用情况

$$固定资产周转率（周转次数）= 营业收入 \div 平均固定资产净值$$

其中，

$$平均固定资产净值 = （固定资产净值年初数 + 固定资产净值年末数）/2$$

$$固定资产周转期（周转天数）= 平均固定资产净值 \times 360 \div 营业收入$$

一般而言，固定资产周转率越高越好。总资产周转率高，表明固定资产的使用效率较高。

（四）现金流量比率

（1）现金流量充足率

现金流量充足率 = 5 年的业务活动现金流量之和 ÷ 5 年的资本性支出与存货增加额之和

该比率反映非营利组织从业活动中产生的现金满足资本性支出和存货投资需要的能力。

(2) 现金再投资比率

现金再投资比率 = 业务活动净现金流量 ÷ (固定资产 + 长期投资 + 其他资产 + 运营资金)

现金再投资比率是指留存于单位的业务活动现金流量与再投资产之比。公式中的分母各组成部分是某个特定时点上的存量，其中运营资金是指流动资产减去流动负债之后的余额。

(3) 到期债务本息偿付比率

到期债务本息偿付比率 = 业务活动现金净流量 ÷ (本期到期债务本金 + 现金利息支出)

该比率反映非营利组织以业务活动创造的现金支付到期债务本金及利息的能力。到期债务本息偿付比率越大，说明组织偿付到期债务的能力就越强。如果该比率超过1，意味着在保证现金支付需要后，还能保留一定的现金余额来满足组织的预防性和投机性需求；如果该比率小于1，说明组织的经营活动产生的现金不足以偿付到期的本息，必须对外筹资、吸引投资或出售资产才能偿还债务。

(4) 强制性现金支付比率

强制性现金支付比率 = 现金流入总额 ÷ (业务活动现金流出量 + 偿还债务本息付现金额)

该比率反映非营利组织是否有足够的现金应付必须发生的偿还债务、支付业务活动费用等项支出。这一比率越大，组织的现金支付能力就越强。

▶ 三、非营利组织会计报表附注分析

非营利组织会计报表附注是对资产负债表、业务活动表以及现金流量表中列示项目的明细描述，以及对未能在这些报表中列示项目的说明。附注相对于报表而言，同样具有重要性。财务报表是会计确认和计量的产物，其格式的固定性以及数字和货币计量单位为主要表述手段的特征，注定其揭示的信息具有一定的局限性。

因此，会计报表附注则成为财务报表不可或缺的重要组成部分。一方面对财务报表未能揭示的重要信息予以披露，以进一步扩大财务报告的信息含量，增强其有用性；另一方面有助于财务报告使用者理解财务报表的内容，对财务报表的编制原则和方法、主要项目及重大事项等进行解释。会计报表附注分析可分为财务报表编制说明分析和财务报表其他非财务信息说明分析。

财务报表编制说明分析是指对重要会计政策及其变更情况说明的分析。同一业务活动可能存在不同的会计原则和会计处理方法，明确非营利组织所采用的会计政策是财务报告使用者理解财务报表的前提。

财务报表其他非财务信息说明分析是对财务报表主要项目及重大事项说明的分析。财务会计报告使用者可以通过对会计报表附注中限定性资产、重大资产减值、资产负债表日后非调整事项和会计计量属性选择等会计报表重要项目及其增减变动情况的说明分析，以及董事会情况、受托代理业务、接受劳务捐赠情况、对外承诺和或有事项情况等其他有助于理解和分析会计报表需要说明的其他事项的说明分析，更加全面地了解组织运营情况。

第四节　非营利组织财务会计报告分析缺陷及改进

一、非营利组织财务会计报告分析的缺陷

1. 财务会计报告分析工作不规范

财务会计报告分析工作管理制度和监督制度不健全、重视程度不高，财务分析指标缺乏统一性，加上数据信息更新不及时，从而影响分析结果的科学性、可靠性。非营利组织根据自身实际情况与事务选择并制定财务会计报告分析流程和方法。

2. 财务会计报告分析角度片面化

非营利组织的财务会计报告分析一般采用固定的格式，如指标数据、占比数据、趋势变化数据等。实践中，财务分析往往将绝对指标与相对指标割裂开来，并过分重视相对指标而忽视绝对指标。实际上，部分绝对指标非常重要。因此，财务会计报告分析虽然具有自身科学性，但缺乏全面性和创新性，不能满足所有非营利组织内部财务会计报告使用者的需求。

3. 财务会计报告分析结果表面化

非营利组织财务会计报告分析结果根据财务会计报告计算财务指标，与往年进行对比并形成结论。但这些数据往往仅反映组织的表面现象，未将指标数据背后实际情况相联系，而数据背后的真实情况很难获悉。

二、非营利组织财务会计报告分析的改进措施

1. 建立健全财务会计报告分析管理制度和监督制度

非营利组织需要从自身发展情况出发制定监管制度，同时也要充分参考相关工作人员意见，保证制度能够真正落实。完善的监管制度能给财务会计报告分析工作提供统一的指标，且对财务分析人员的行为起到约束作用。

为加强对财务会计报告分析监督力度，必须将员工责任、权利、利益相结合，建立责任追究制度，不断提升责任心和积极性。同时实行奖惩机制和激励机制，如对严格执行的工作人员给予一定奖励，对于不严格执行且出现一定失误的工作人员实施一些惩罚措施，可以端正财务分析人员工作态度，促使财务会计报告分析工作正常进行。

2. 灵活运用财务会计报告分析的方法

在进行非营利组织财务会计报告分析时，需要根据不同的主体来选择不同分析方法或结合使用多种方法，包括比较分析法、因素分析法、综合分析与评价法和比率分析法。财务会计报告分析可以使非营利组织了解到组织的财务状况和预算执行情况，为组织决策提供依据。

3. 不断调整和完善财务会计报告内容

非营利组织财务会计报告能直观反映组织基本情况，涉及组织财务管理和相关活动各个方面。重视会计核算方法的调整与选择，结合自身实际，保证财务会计报告数据的准确

性、可靠性等。此外，财务会计报告的编制不仅需要汲取过去的基础和经验，还需要关注未来发展，不断提升会计信息的实时性。

 引申思考

北京韩某爱心慈善基金会被实名举报

2020 年 2 月 13 日，北京市民政局接到相关人士对北京韩某爱心慈善基金会（以下简称"韩某基金会"）的实名举报，反映其存在违法行为。在"韩某基金会"事件前后，社会公众非常关注慈善组织的信息披露问题，此时其披露压力不断上升。

经调查，北京市民政局发布如下通报：

1. "韩某基金会"已逐年将 2012 年至 2018 年年度工作报告在原北京社会组织公共服务平台（现已合并至北京市民政局官网）公布，同时将 2018 年年度工作报告和财务会计报告在全国慈善信息公开平台"慈善中国"公布。2012 年至 2018 年年度工作报告查询路径：北京市民政局官方网站—办事大厅（更多）—便民查询—基金会年度报告公布。

2. "韩某基金会"自成立至 2020 年 2 月 16 日，获得的捐赠总收入为 5.31 亿元。2013 年 4 月在北京鸟巢南广场为四川雅安灾区开展的募捐活动，应我局（北京市民政局）要求而停止，所募资金 51.7 万元全部用于雅安灾区。2013 年至 2018 年，"韩某基金会"在官网二级页面开通了公益项目在线支付渠道，获得捐赠收入 238.7 万元；2017 年至 2018 年，通过官方微信公众号获得捐赠收入 50.3 万元。以上两项捐赠渠道于 2018 年年底关闭，并在 2019 年 8 月 8 日取得公开募捐资格后重新开通。

3. "韩某基金会"2018 年 9 月 1 日前委托中国农业银行、上海浦发银行、招商银行、中国建设银行、建信信托有限责任公司购买理财 43 笔，每笔期限 30 天到 1 年不等；2018 年年末净资产为 3944 万元。以上信息在 2012 年至 2018 年年度工作报告中已进行了公开。2018 年 9 月 1 日至 2020 年 2 月 16 日，"韩某基金会"共发生 25 笔投资，未及时按照规定公布。

4. "韩某基金会"在其年度工作报告、官方网站、官方微博、官方微信公众号等媒体公布了韩某爱心·百人系列等项目，在全国慈善信息公开平台"慈善中国"等媒体上公布了"韩某爱心驰援武汉"等项目。目前，尚未发现其有未公开慈善项目的情况。

经调查，"韩某基金会"自成立以来，总体上运作比较规范，应予以支持和肯定。但也发现部分投资事项公开不及时，在未取得公开募捐资格前有公开募捐行为。我局已要求"韩某基金会"限期改正，依法规范运作。我局将加强对慈善组织的监督管理服务，动员慈善力量依法有序参与防控工作，并及时回应社会对慈善捐赠工作的关切。希望全社会营造良好监督环境，促进慈善事业健康有序发展。

北京市民政局通过利用"韩某基金会"财务会计报告中的财务信息与非财务信息，对其资金流入、使用及流出进行分析，最终形成调查结果。"韩某基金会"财务会计报告的分析和利用对"韩某基金会"及其利益相关者评价组织运行效率、是否存在违法行为提供依据。

（资料来源：北京市民政局. 北京市民政局关于对举报韩某爱心慈善基金会有关问题调查结果通报 [EB/OL]. [2022 - 06 - 01]. https://mbd.baidu.com/newspage/data/

landingsuper? isBdboxFrom = 1&pageType = 1&context = ％7B％22nid％22％3A％22news_
6656710061807990565％22％7D.）

［思考］非营利组织财务会计报告信息披露在哪些方面？以何种方式影响财务会计报告分析？

复习思考题

1. 对非营利组织财务会计报告进行分析有何意义？
2. 简述非营利组织财务会计报告分析的步骤和基本方法。
3. 什么是会计报表的比率分析法？非营利组织主要进行哪些比率分析？
4. 探讨非营利组织财务会计报告分析存在的缺陷及改进措施。

第九章
非营利组织财务绩效评估

 学习目标 ●

　　通过对本章的学习，能够全面理解非营利组织财务绩效评估的内涵与目标；了解非营利组织财务绩效评估体系；全方位掌握非营利组织财务绩效评估原则与方法；认识非营利组织财务绩效评估的现实问题及影响因素。

 **引导案例**

募款靠能力，能力靠生态

　　广州市金丝带特殊儿童家长互助中心（以下简称金丝带）于2006年初创时，所有经费只有3名创始人凑的2 600元，而2013年整年，其募款金额达到了147万元，在民间自发建立的非营利组织中是个相当不错的成绩。回顾发展历程，时任金丝带副理事长的罗志勇认为，其中一个转折点是他们第一次拿出了有吸引力的"癌症儿童愿望成真"项目。他解释说，以前到医院开分享会，也有意义，但是捐赠人看不出来效果，但每帮一个孩子完成心愿，效果和影响力都是很明显的。

　　好项目吸引资金，有了资金再把项目做得更专业，同时完善组织的内部治理。罗志勇说，除了政策动力外，民间自发建立的非营利组织应当更多地思考如何实现这样的良性循环。一定要走向专业化，金丝带现在参与了三个透明度评价体系，而且评分都不错，公开透明不光是做给别人看的，参照这些指标，我们就能知道用什么标准去约束自己，其实对组织完善内部治理的意义更大。

　　（资料来源：宁夏义工志愿服务联合会. 民间慈善组织募捐难过的"坎"："募"要权利、"捐"要动力［EB/OL］.［2022 – 06 – 01］. https：//www. nxyg. org/index. php？ m = content&c = index&a = show&catid =7&id =5218. ）

第一节　非营利组织财务绩效评估内涵与目标

▶▶ 一、非营利组织财务绩效评估的内涵

（一）绩效内涵

　　随着非营利组织数量的日益增多、形式的日益多样化以及社会影响力的日渐增强，政府、捐赠者和社会公众对非营利组织绩效评估提出了更高的要求。非营利组织需要借鉴和运用绩效评估的各种理论和方法，对组织的绩效进行科学、有效的测量和评估，以发现管理中存在的问题，并通过分析和解决这些问题来改善组织绩效、提高组织的管理职能和社会公信力。

"绩效"的含义是成绩和效率。学者们一般从个体和组织的层面给绩效界定内涵,层面不同,绩效所包含的内容、影响因素及其测量方法也不同。目前对于绩效内涵的界定主要存在两种观点:一种观点认为,绩效是在特定时间范围、特定工作职能、特定活动或行为上生产出的结果记录;另一种观点认为,绩效是员工自己控制的与组织目标相关的行为。前者用观察得到的结果状态定义绩效,显得过于狭隘(许多工作结果并非因工作行为而产生)和片面(某些行为能间接产生结果,却未被观测到);后者以关联性行为来衡量绩效,得到了学术界的普遍认同。

随着绩效评估实践的领域从企业等营利性组织扩展到非营利组织,对绩效的探讨视角也从个体扩展到组织,绩效的内涵也得到了不同程度的发展。有些学者将绩效等同于生产率(productivity)、效率(efficiency)和效能(effectiveness);有些学者认为,绩效不仅体现在时效、速度、理想的产出投入比率上,更体现在组织多元目标的实现上。不管怎样,绩效内涵的核心仍然是与组织目标相关联的行为及其结果。总的来说,绩效主要体现在成果和效率两个方面,绩效应当是衡量人类一切实践活动的客观标准,而成果与效率是相辅相成的,缺一不可。

对于非营利组织而言,绩效是指非营利组织作为一个整体,在管理和服务等行为中所取得的业绩、成就和影响等。运用"绩效"概念衡量非营利组织活动的效果,其外延不仅涉及组织的运营效率层面,还涉及运营成本、社会影响力、发展预期等多元目标的实现。

(二)绩效评估内涵

评估是指对管理的对象采用相应的科学方法,以确认的某些标准为尺度进行衡量,将得到的结果与原预定的目标相比较,从而获得最佳结果的过程。根据内容的不同,绩效评估可以分为财务绩效评估、经营绩效评估和社会绩效评估等。其中,财务绩效评估是以价值形式对组织的财务状况及业务情况进行综合性的考察和剖析,并将活动成果和预先设定的标准或存在的状况进行比较,来判断其现状的优劣,并有效预测未来发展趋势的过程。具体地说,财务绩效评估是通过对非营利组织财务报表的有关数据和其他资料进行汇总、计算、对比和说明,进一步揭示财务状况、业务情况的一种分析评估方法。

非营利组织绩效评估是指运用科学的标准、方法和程序,通过对组织的管理效率、服务质量、公共责任、公众满意度等方面的评价和判断,对非营利组织在公共管理过程中的投入、产出、最终结果所体现出来的绩效进行评定和认可的过程。

二、非营利组织财务绩效评估的目标

(一)满足内部需求

(1)提高组织的管理效率 正确评估非营利组织的财务状况,不仅可以使组织管理者及时发现当前管理模式的不足,还有利于及时纠正管理效率低下的问题。

(2)实现项目的高效运转 财务绩效评估可以从财务的视角反映出当前正在运行项目的可行性和有效性,为及时调整项目的运行模式提供依据。

(3)更好地履行受托责任 将财务绩效评估的相关结果向外公布,有利于管理者更好地履行受托责任,促使组织更好地完成其社会使命。

（二）满足外部需求

（1）满足社会公众对组织了解和认同的需要　通过对财务绩效的评估和对评估结果的充分披露，可以增加组织的透明度，提高其公信力，与组织外部建立一种良好的互动机制，增进社会公众对组织的认同感。

（2）满足相关部门的监管要求　监管部门的主要责任是对非营利组织在开展业务过程中的合规性、合法性进行监督。非营利组织开展各项活动是否符合相关法律、法规的要求，往往可以通过财务绩效评估的结果进行一定程度的反映。因此，开展非营利组织财务绩效评估有利于相关部门对其监管的实现。

第二节　非营利组织财务绩效评估体系

非营利组织财务绩效评估是一种有效的管理工具，可以使管理者更好地了解组织的运作过程，掌握组织的财务状况，合理地使用有限的资源。建立非营利组织财务绩效评估体系，有利于提高组织的管理水平，实现资源的优化配置。

▶▶ 一、非营利组织财务绩效评估的主体

（一）政府

政府作为非营利组织的监管方和资源提供方，需要通过对非营利组织进行财务绩效评估来评价和判断其资源的配置效率。一方面，政府作为资金的提供方，需要通过对非营利组织的财务绩效评估，来评价组织的资源配置效率，以确定给予哪些非营利组织持续性的资金支持；另一方面，政府作为非营利组织的监督者，需要通过对非营利组织的财务绩效评估，判断其资源的使用效率以及资源的使用是否符合社会价值最大化的需求以确定资源的配置对象。

（二）专业评估机构

专业化的评估机构是非营利组织财务绩效评估的又一主体。专业评估，通常是指聘请专家组成绩效考评小组，依据特定的评估标准，对评估对象进行评估。它作为独立第三方评估的代表，在评估过程中发挥着重要作用。专业评估机构通常包括两类：一类是非营利组织聘请的外部专家；另一类是始终处于独立第三方的专业性评估机构。例如，我国青少年发展基金会曾委托中国科技促进发展会对"希望工程"的绩效进行评估。

（三）非营利组织

自我评估，即非营利组织自身充当评估主体对自己的工作绩效进行评估。自我评估有特定优势，组织本身由于更了解自我的运作机制，与局外人参与的评估相比更容易简化评估程序，真正把握业绩。自我评估的结果或建议容易在今后项目执行过程中得以实现，因为一方面评估者本人就是项目的执行人，另一方面评估者对评估过程中发现的问题有切身的体会。

二、非营利组织财务绩效评估的客体

非营利组织财务绩效评估的客体是指财务绩效评估所涉及的内容。非营利组织的财务绩效评估从财务视角出发，运用相关指标对组织进行财务评估，评估的主要内容包括组织的非营利性、筹资能力、运营能力和发展能力。

（一）非营利性

非营利组织"不以营利为目的"的含义是指该组织以服务于社会和团体的公益事业为目的，以社会使命为组织的宗旨。同时从分配上来看，非营利活动过程中所得到的收入，不能作为利润分配给资金提供者。进行非营利组织财务绩效评估，首先需要对组织的非营利性进行评估。

（二）筹资能力

非营利组织的筹资能力是指通过自身的努力，从政府及其他渠道获得资金的能力。筹资能力直接决定着非营利组织是否能够可持续发展。筹资能力是非营利组织财务绩效评估的重要内容之一，它能够反映非营利组织在一定的规模基础上，通过提高服务质量和水平，扩大社会影响力来努力争取更多资源的能力。

（三）运营能力

运营能力是指投入与产出的比率。运营能力既体现在组织的事业活动中，又体现在日常管理活动中。非营利组织在运营过程中，主要通过提高运营能力、树立良好的社会形象努力争取各种形式的资助，通过自我宣传和项目申请来获得经费支持。在开展公益性活动的同时，开展与自身业务相符且并不以营利为目的的合法经营活动，努力做到自食其力。运营能力的强弱，充分体现了非营利组织的竞争能力，是财务绩效评估的核心内容之一。

（四）发展能力

发展能力反映了非营利组织的发展潜力，通过对一系列相关指标的分析来评估和判断非营利组织的发展动力是否充足。随着市场经济体制的逐步确立，非营利组织的发展与壮大已成为必然趋势，组织之间的竞争越来越激烈，要想在激烈的竞争中取胜，必须要有长远的发展眼光，并不断增强自身的竞争力。因此，全面地考核和评估非营利组织的发展能力，成为非营利组织财务绩效评估的重要内容之一。

三、非营利组织财务绩效评估的依据与标准

（一）非营利组织财务绩效评估的依据

绩效评估通过将效率实际水平与期望水平进行对比，并与其他激励约束机制相结合，建立了一种促进效率提高、实现目标的引导机制。如果把绩效评估看作一个过程，那么它既是管理过程，也是一个信息加工与传递过程。

在绩效评估系统中，输入的是非营利组织活动的相关数据，输出的则是履行受托责任并有助于组织内外制定支持或管理决策的信息。输入的数据来源于会计信息系统，该系统作为管理系统的重要组成部分，通过与管理系统其他子系统的紧密联系，对组织的经营活

动做出综合性的反映。

不同的组织，其管理的具体内容与方法各不相同，但是会计信息系统作为组织管理的中枢神经系统的作用却是不变的，组织活动的数据总会被纳入会计信息系统中。财务绩效评估系统的输入信息主要来源于财务会计信息系统形成的财务会计报告。财务会计报告是反映非营利组织财务状况、收支运营情况、现金流量等信息的书面报告。

财务会计报告的基本功能体现在以下三个方面：①提供本期如何获得和使用资金的信息；②提供期末可供未来使用的资金信息；③报告组织在将来持续提供服务的能力。为了确保财务绩效评估信息的可靠性，财务会计报告须经过外部独立鉴证机构的审计。为了确保财务绩效评估信息对非营利组织利益相关各方的可获得性，财务会计报告还应对外公开披露。

财务绩效评估的具体实施者既可以是组织外部的社区，也可以是组织内部的管理者，他们进行财务绩效评估的信息来源都是财务会计报告。组织内部管理者具有相对信息优势，在进行财务绩效评估时，会根据需要使用财务会计报告之外的管理会计信息系统的部分数据。

（二）非营利组织财务绩效评估的标准

1. 内部评估标准

（1）预算标准　预算标准是使用较为广泛的评估标准。它具有良好的可比性，可以量化并且易于操作。预算指标在制定过程中应遵循严密性和独立性。预算标准是比较理想的评估标准，对于非营利组织而言，具有较强的适用性。

（2）历史平均水平　以组织的历史平均水平为参照，可以进行组织内部的纵向比较。由于非营利组织之间业务活动的差异性，使得组织之间难以恰当地按照某一特定标准进行比较，组织自身的历史数据对于评估非营利组织的财务绩效更具有说服力。历史数据标准按照基期的不同可分为同比和环比两种，其优点是数据容易获得，获取数据的成本较小。

2. 外部评估标准

（1）行业主管部门或政府颁布的数据标准　由行业主管部门或政府颁布的数据标准，多是针对非营利组织的非营利性要求提出来的。这种标准一般具有强制力，是非营利组织必须共同遵守的强制性规定。例如，我国国务院令第400号公布的《基金会管理条例》第二十九条明确规定：公募基金会每年用于从事章程规定的公益事业支出，不得低于上一年总收入的70%；非公募基金会每年用于从事章程规定的公益事业支出，不得低于上一年基金余额的8%。基金会工作人员工资福利和行政办公支出不得超过当年总支出的10%。这些强制性的规定，为非营利组织进行财务绩效评估提供了一定的标准。

（2）同类型组织的平均水平　按照不同的标准对非营利组织进行分类，再按照不同类型的非营利组织，设置不同类型组织的平均水平，作为财务绩效评估的标准，能够对非营利组织进行很好的定位，以评估组织的财务绩效，确定其发展水平和方向。

四、非营利组织财务绩效评估报告

（一）非营利组织财务绩效评估报告的内容

非营利财务绩效评估报告是指评估人员在完成评估工作后，向委托方提交的，用于说明评估目的、程序、标准、依据、结果以及基本结构分析等情况的文件，它是财务绩效评估系统的成果体现。

非营利组织财务绩效评估报告由项目基本情况、财务绩效评价工作情况、财务绩效评价指标分析情况、综合评价情况及评价结论和下一步工作计划构成。项目基本情况包括项目概况（基本性质、用途和主要内容）和项目绩效目标；财务绩效评价工作情况包括评价目的、评价原则、评价指标体系和评价方法，以及评价工作过程；财务绩效评价指标分析情况包括项目资金情况分析（到位情况分析、使用情况分析和管理情况分析）、项目实施情况分析（组织情况分析和管理情况分析）和项目绩效情况分析（经济性分析、效率性分析、有效性分析和可持续性分析）；综合评价情况及评价结论是指按照财务绩效评价指标表对非营利组织进行评分并形成结论；下一步工作计划是指明确非营利组织未来发展方向。

（二）非营利组织财务绩效评估框架

非营利组织的财务绩效评估是一个综合系统，系统内各因素之间相互影响、相互联系。不同的财务绩效评估目标决定了不同的评估对象、评估指标和评估标准的选择，其评估报告形式也不同。例如，以内部需要为目标的评估，多以非营利组织自身情况为标准进行纵向比较；以外部需要为目标的评估，则多以同性质非营利组织运营情况为标准进行比较。非营利组织财务绩效评估框架见表 9-1。

表 9-1　非营利组织财务绩效评估框架

项目	具体内容
评估目标	内部需要
	外部需要
评估主体	政府
	专业评估机构
	非营利组织本身
评估客体	非营利性
	筹资能力
	运营能力
	发展能力
评估内容	财务实力
	风险评估
	发展潜力评估
评估依据	财务会计报告以及非营利组织五方面利益相关者（政府、员工、志愿者、客户、捐赠者）有关的指标情况
评估标准	内部标准
	外部标准
评估原则	科学性原则
	系统性原则
	时效性原则
	可行性原则

（续）

项目	具体内容		
评估方法	单指标分析法		
	财务绩效综合评估法		
评估指标	政府	$\dfrac{财政拨款和补贴}{总收入}$	
		政府投入资产增长率	
		与政府的年合作项目数	
	员工	工资增长率	
		人均工资	
		人均培训费用增长率	
	志愿者	$\dfrac{志愿者服务费用}{总收入}$	
		$\dfrac{志愿者人数}{非营利组织总人数}$	
		学习和训练费用增长率	
	客户	接受服务的人口增长率	
		$\dfrac{经营收入}{总收入}$	
		总收入年增长率	
		一年内提供服务的项目总数	
		捐赠者增长率	
	捐赠者	$\dfrac{捐赠及赞助收入}{总收入}$	
		捐赠收入增长率	
评估报告	财务绩效评估报告		

第三节 非营利组织财务绩效评估原则与方法

▶▶一、非营利组织财务绩效评估的理论基础

（一）委托代理理论

委托代理理论主要研究的是委托代理关系问题（Principal – Agent Problem）。所谓委托代理关系，是指某人或某些人雇佣他人去履行特定的权利和义务时所形成的关系，前者是委托人，后者是代理人，委托人和代理人的权利和义务均在双方认可的雇佣关系中加以明确。这种委托—代理关系的范围极为广泛，在各类组织及其合作活动中普遍存在。营利性组织的委托—代理关系主要表现在两个层面上。第一层次的委托—代理关系是所有者与经营者之间的产权关系，第二层次的委托—代理关系是经营者与营利性组织内部各部门（包括财务部门）之间的非产权性质的托管关系。非营利组织也不例外，并且在第一个层次上表现出与营利性组织不一样的特征：资源所有者把资源捐赠给组织时，不仅赋予其使用权

和决策权，而且赋予其所有权，虽然不同于营利性组织的资产委托人对所托资产要求相应的回报，但他们仍希望委托的资源能够得到充分的利用，发挥出最大的效益。

实际上，非营利组织与政府、捐赠者、志愿者等形成的是委托—代理关系。政府、捐赠者、志愿者作为非营利组织的投资者和服务者，可以视为委托人，而非营利组织构成了生产者或经营者，可视之为代理人。代理人接收了委托人的资助和授权，就必须对代理人负起责任，这种委托—代理关系的存在就对非营利组织的运行建立了一种约束机制，强化了非营利组织的"公共责任导向（Responsibility Driven）"理念。定期进行绩效测量和评估能够提醒非营利组织时刻肩负起自己的社会责任，只有通过量化的比较分析，才能评估非营利组织是否真正落实了公共责任。

委托—代理关系的存在，使得非营利组织承担了履行其委托代理责任的义务。而财务信息正是连接委托人与代理人的桥梁与纽带。在现实中，财务信息主要是通过财务会计报告反映出来的，财务会计报告揭示了资产的保值增值情况和资金使用情况。非营利组织的管理者通过定期提供财务会计报告，反映其财产责任、事业发展情况和法律责任的履行情况，它是委托人评估和控制代理人业务运营效果的依据之一，同时它也是代理人充分、准确地表述自己工作业绩的手段之一。所以，财务会计报告就成了非营利组织财务绩效评估的资料来源。

（二）权变管理理论

权变管理理论是 20 世纪 70 年代在美国经验主义学说的基础上发展起来的管理理论。它以系统观点为依据，研究一个组织如何根据所处的内外部环境可变因素的性质，在变化的条件下和特殊情境中，采用适当的管理观念和技术，提出最适合具体情境的组织设计和管理活动的管理理论。

所谓权变，即随机应变之意。权变管理理论认为，世界上根本不存在适用于一切情况的"最好方式"。管理的形式和方法必须根据组织的外部环境和内部条件的具体情况而灵活选用，并随着环境和条件的发展变化而随机应变，这样才能取得较好的效果。

权变管理理论认为管理方式和技术要随组织内外环境的变化而变化，二者之间的函数关系是权变关系。通常情况下，环境是自变量，管理方式和技术是因变量。权变理论有两个最大的特点：一是它强调根据不同的具体条件，采取相应的组织结构、领导方式、管理机制；二是把一个组织看作社会系统中的分系统，要求组织各方面的活动都要适应外部环境的变化。

根据权变管理理论，对非营利组织财务绩效的评估及指标体系的建立应使用权变的观点。也就是说，实践中不存在一成不变、普遍适用的"最好"的绩效评估指标体系，各组织应随机应变，根据自己的特点和组织的内外部环境要求设计合理科学的绩效评估体系，并随着环境的变化不断调整。同时也要注意，权变管理理论提出的随机应变并不等于否定在具有相似性的非营利组织之间存在较通用的评估组织财务绩效基本状况的指标体系，同类非营利组织基于相同或类似的特征与条件，也可以建立一个具有较广泛适用性的财务绩效评估指标体系。

（三）绩效管理理论

绩效管理理论源于组织管理领域，是为持续提升组织效益而提出的一种管理理念。在绩效管理理论看来，组织的目标必须建立在组织的愿景、使命和核心价值观之上。因此，组织应当积极鼓励并充分发挥全体成员的作用，通过共同制订有效的绩效计划，并对其执行情况进行有力评估，从而提升整体运营水平，实现长期发展。关于如何实现组织效益，绩效管理理论以人本思想为核心，强调组织成长与个人成长的同步性，致力于以组织成员个人目标的实现达成组织目标。具体来讲，根据组织管理层级结构，绩效管理理论将组织效益的提升归结于个人绩效、部门绩效以及组织绩效三个层级的作用。个人绩效是部门绩效与组织绩效得以实现的基础保证，而组织绩效是组织管理系统的核心目标，是组织战略实施的价值诉求。即组织绩效与部门绩效的实现必须基于个人绩效的达成，而个人绩效的价值体现也必须依托组织绩效与部门绩效的价值设定，三者相互影响。

绩效管理与评估是落实绩效管理的中心阶段，包括绩效辅导、绩效沟通、绩效考核等工作。其中，绩效考核评价是绩效管理发挥作用的关键环节。定期进行有效的绩效评估，可以帮助管理者更好地了解组织或者项目任务的进展情况，及时发现组织管理过程中存在的问题与漏洞，从而更好地把控组织发展方向。绩效考核体系的科学性和合理性对于实现绩效管理目标至关重要，非营利组织在进行绩效评估可以参考绩效管理理论相关观点。

（四）系统理论

所谓系统，是指由若干要素组成的，互相联系又互相制约，为实现一个共同的目标而存在的有机集合体。系统理论认为，世界上的万事万物，都构成了大大小小的系统，大系统由许多子系统组成，而每个子系统则由更小的子系统组成。系统有以下基本特征：

1）目标性。每个系统都有特定的目标，系统中的各要素互相配合，都服从于系统的整体总目标。

2）组织性。组织性即系统的组织结构性，系统可分为总系统和分系统，总系统由分系统组合而成，各分系统又具有一定的独立性。

3）集合性。系统是由若干个可以相互区别的要素组成的，各要素之间有明确的界限。

4）相关性。系统内的要素是相互联系和相互作用的。

5）开放性。系统总是存在于一定的物质环境中，它与外部环境产生物质、能量以及信息的联系。

6）状态性。系统具有静态和动态的特征。静态系统不随时间变化而变化，相对稳定，动态系统随时间的推移而发生变化。任何事物都是静态和动态的统一，对系统的把握就在于对动态和静态的认识。

任何系统都是一个转换机构，即把一定的输入转换为一定的输出，再进一步反馈到输入，如此反复运转。系统评估理论就是把评估对象看成一个系统，评估指标、权重及评估方法均应按系统最优的方法进行运作。以系统论来分析绩效评估问题，可以站在宏观的角度上更加全面地针对不同的评估对象确定考核指标、建立评估标准、选取评估方法，这对提高评估质量很有益处。非营利组织可以借鉴系统理论思想作为建立财务绩效评估体系的方法论基础。

（五）平衡计分卡理论

平衡计分卡（The Balance Scorecard，BSC）是美国学者罗伯特·卡普兰（Robert

Kaplan）和企业管理咨询顾问大卫·诺顿（David Norton）共同的研究成果。平衡计分卡在解决组织管理问题时强调定性与定量相结合，且更侧重于定量的思想。通过围绕组织战略主题、具体设计方案、各个维度、绩效指标与指标值、赋值加权、指标权重、行动计划等一系列子因素为组织整体战略核心目标服务，不只重视财务目标，同时重视非财务目标。

由于非营利组织具有"非营利性、不以追求利润最大化为目标"的特点，组织在进行绩效评估时，赋予非财务性因素的比重会大于财务性因素。这为非营利组织应用并建立平衡计分卡评估模型提供了依据。平衡计分卡将非营利组织的使命与策略转换成一系列完整的绩效指标，分别从财务、顾客、内部业务流程、学习与成长四个维度考察组织绩效。非营利组织平衡计分卡模型如图 9-1 所示。

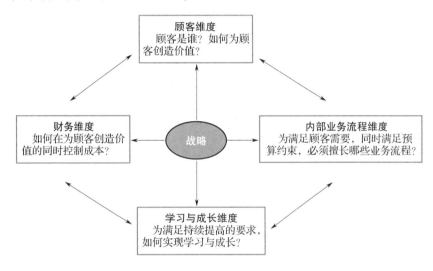

图 9-1　非营利组织平衡计分卡模型

1. 顾客维度

在非营利组织平衡计分卡模型中，顾客维度最为重要。非营利组织的目的不是营利，而是为社会提供服务。营利性组织的顾客只有通过付款才能获得服务或商品，非营利组织的服务由不同群体设计，也由不同群体付费并从中受益。非营利组织客户的定义更具宽泛性，包括学生、社区、社会组织、捐赠者、地方政府、项目合作者，由捐赠者或政府支付费用，受赠者则享受服务或商品。因此，非营利组织应该关注捐赠者、公众、受赠者、志愿服务者等的满意度。

2. 财务维度

非营利组织的大量资源、物质支持等都来自社会捐赠和政府财政支持。捐赠者最为关心的问题是非营利组织能否以最低成本为服务对象提供服务、达到组织使命，而非求得资金上的回报。因此，在平衡计分卡模型中，非营利组织在财务维度指标的权重相对较低，但并非不需财务指标，其发展和运作离不开捐赠者和政府的资金投入。

3. 内部业务流程维度

内部业务流程的选择与设计是非营利组织表现得最为卓越的部分。内部业务流程应以满足组织使命和服务需求为依据，主要表现在社区建设与服务、志愿者参与管理、资源筹集与分配、项目的设计与开发等方面。其内部业务流程评价指标由顾客方面的相关的价值理念所驱动，关乎组织运营效率。科学设计组织业务流程，有助于组织的快速发展和战略目标与使命的实现。

4. 学习与成长维度

随着政治经济全球化和信息化的不断发展，社会公众和服务对象对非营利组织提出了更高要求。如何提高组织员工或志愿者的综合素质，改进创新组织管理模式和工作氛围，成为非营利组织的当务之急。学习与创新能够有效增加员工工作积极性与组织效率，减少不必要的管理成本和资源浪费，是非营利组织实现顾客价值和组织战略使命的根本要素。

二、非营利组织财务绩效评估的基本原则

非营利组织财务绩效评估活动包括评估主体和客体、评估指标体系、评估结果分析等。开展非营利组织财务绩效评估耗时长、成本高，科学合理的评估能使社会各方受益。在评估活动中，评估原则直接影响评估结果的有效性。根据我国实际情况，非营利组织财务绩效评估应遵循以下原则：

（1）科学性原则　非营利组织财务绩效评估应根据组织特性设立恰当合理的评估程序，平衡定性与定量指标，进行多角度综合分析，评估机构要站在中立的立场对组织运营状况做出公正、有效的评估。

（2）系统性原则　非营利组织财务绩效评估不仅要对组织的基本条件、运作能力和社会影响进行分析，还要对它所处的生存环境和整体发展水平进行评估。

（3）时效性原则　非营利组织财务绩效评估要在一定时期内进行，并在一定时期内完成，每期的评估反映特定时间内组织的绩效情况。

（4）可行性原则　非营利组织财务绩效评估在强调评估科学客观的同时，必须重视评估指标制定和评估方式选择的可行性，以便达到评估的预期目的。

总体来看，一个理想的非营利组织财务绩效评估体系应至少达到监督问责、自我学习和推动不同利益群体间沟通的目的。

三、非营利组织财务绩效评估的具体方法

（一）单指标分析法

1. 绝对分析法

绝对分析法是指将实际数与基数进行对比，通过差异找出问题的一种方法。基数的选择，例如计划数（定额数）、上期数、历史最好水平和同业先进水平等，一般取决于财务绩效分析的对象。绝对分析法中实际与计划（定额）进行对比，可以分析非营利组织的计划完成情况；本期与上期、历史最好水平进行对比，可以分析非营利组织发展变化趋势；实际与同业先进水平进行对比，可以分析非营利组织所处位置并找出与先进水平之间的差距。采用绝对分析法要注意对比指标必须是同质的，在经济内容、计算方法、计算期间等方面具有可比性。

2. 相对分析法

相对分析法是指对财务会计报告两项之间的比率进行数量分析的一种方法。相对分析法是财务绩效分析的重要方法。相对分析法包括相关比率分析法和构成比率分析法。相关比率分析法是指计算财务会计报告两个性质不同、却又相关的项目之间的比率，以此来分析非营利组织财务状况和业务情况。构成比率分析法是指对财务会计报告某个组成部分占总体的比重进行数量分析的方法。

3. 趋势分析法

趋势分析法是指通过连续计算若干期间相同指标，揭示和预测发展趋势的一种方法，连续若干期间相同指标可以使用绝对数，也可使用相对数。趋势分析法包括定比分析和环比分析两种方法。定比是指报告期水平与某一固定时期水平之比，表明这种现象在较长时期内总的发展状况。环比则是指报告期水平与前一时期水平之比，表明现象逐期的发展状况。采用趋势分析法时，也要注意比较指标必须是同质的，在经济内容、计算方法、计算期间等方面具有可比性。

财务绩效评估的三种方法各有所长，实际运用中以相对分析法为主，以绝对分析法、趋势分析法为辅。财务绩效分析的目的在于全方位揭示非营利组织的经营理财状况，进而对其评估，因此，组织要运用联系的观点进行系统分析，设计、运用多方位的财务绩效指标体系，从总体上把握组织财务状况和业务情况。另外，组织还要将当期的财务比率与历史比率和标准比率进行对比分析，做出正确的财务绩效评估。

(二) 财务绩效综合评估法

1. 雷达图分析法

雷达图分析法亦称综合财务比率分析图法或蜘蛛网图法。雷达图分析法是将主要财务分析指标进行汇总，绘制成一张直观的财务分析雷达图，从而达到综合反映非营利组织总体财务状况目的一种方法。为了充分发挥雷达图的分析功能和作用，通常将被分析的各项财务比率指标与行业平均水平或组织自身希望达到的水平或历史最高水平进行比较，以便进一步反映非营利组织财务状况的优劣，并找出原因、有针对性地提出改进措施。

雷达图分析法通过图表能够清晰地反映出数据的各种特征，能够比较全面、直观、准确地反映组织的现实运行轨迹与预定发展方向的差距。但它也存在一定的不足，一是各个指标的重要性没有加以区分反映；二是没有对财务状况给出一个综合性的评估结论，无法发挥综合评估对财务状况总体趋势反映的功能。

2. 沃尔比重评分法

沃尔比重评分法是财务综合评估创始人亚历山大·沃尔（Alexander Wall）提出的，在进行财务分析时，人们常遇到一个困难：在计算出各项财务比率后，无法判定其是偏高还是偏低，将测算的比率与非营利组织的历史水平或计划、定额标准相比，也只能看出非营利组织自身的变化，很难评估其在市场竞争中的优劣地位。为了弥补这些缺点，沃尔在《信用预测研究》和《财务报表比率分析》中提出了信用能力指数的概念，他把选定的7项财务比率用线性关系结合起来，并分别给定各自在总评估中占的比重，总和为100分，然后确定标准比率并与实际比率相比较，得出各项指标的得分，最后求出总评分，根据总评分对非营利组织财务状况做出综合评估。

沃尔比重评分法最先提出了财务综合评估的模型。该模型的思路一直影响着之后综合评估的研究。但是沃尔比重评分法存在两个缺陷：一是所选定的 7 项指标缺乏证明力，在理论上讲，并没有方法加以证明为什么要选择这 7 项指标以及每个指标所占比重的合理性；二是从技术上分析，沃尔比重评分法存在一个问题，即当某项指标严重异常时，会对总评分产生不合逻辑的重大影响，这是由于相对比率是比重相乘引起的。例如，财务比率如果提高 1 倍，评分将增加 100%，而财务比率缩小 1 倍，评分只减少 50%。所以，在应用沃尔比重评分法评估非营利组织的综合财务状况时，必须注意由于技术性问题导致的总评分结果异常的问题，否则，可能会得出不正确的结论。

3. 综合评分法

由于原始意义上的沃尔比重评分法存在一定的缺陷，人们对该方法进行了相应的改进，提出了综合评分法，或称为改进的沃尔比重评分法。

综合评分法为各指标设定了分配比重，并且在技术上对沃尔比重评分法进行了改进，通过最高分、最低分的设定避免了某项指标异常对总评分不合逻辑的影响，使得评分趋于合理。但综合评分法亦有它不可忽视的缺陷，即不具有智能调节功能。综合评分法的评估结论是，评分越高的非营利组织，财务状况越好，这里就隐含一个假设，即认定综合评分法中所有指标都是越大越优的，而这种假设是与一些指标的特性相违背的，这一假设影响了该指标的综合评估结果的可信度。

4. 多元统计评估法

作为数理统计重要分支的多元统计评估法是采用多个变量进行统计分析的一种定量分析方法。综合绩效评估是一种多变量（多指标）的定量分析，因此，各种多元统计评估法自然而然地被引入到财务综合评估实践中来，特别是随着电子计算机技术的发展和 SAS、SPSS 等商品化统计分析软件的推广应用，使得多元统计评估法在绩效评估实践中得到了广泛的应用。

从目前我国的综合评估实践来看，多元统计评估法中的主成分法、因子分析法、聚类分析法、判别分析法等都先后被人们应用于各类综合评估活动中。它们的主要作用是对反映事物不同侧面的各个指标进行综合，将其合成为少数几个因子，进而计算出综合得分，便于人们对被研究事物进行全面认识，并找出影响事物发展现状及趋势的决定性因素，达到对事物有更深层次认识的目标。但是多元统计评估法忽视了各指标自身价值的重要性，解释性较差。

5. 模糊综合评估法

模糊综合评估法是一种应用非常广泛且行之有效的模糊数学方法。所谓模糊综合评估法，就是运用模糊数学和模糊统计的方法，通过对影响某事物的各个因素的综合考虑，对该事物的优劣做出科学评估的方法。模糊数学是由美国控制论专家查德（Lotfi Zadeh）于 1965 年提出的，它是针对现实中大量的经济现象具有模糊性而设计的一种评判模型和方法，在综合评估中得到了广泛应用。客观事物的不确定性有两大类：一类是事物对象明确，但出现的规律有不确定性，如晴天、下雨，这是明确的，但出现规律是不确定的；另一类是事物对象本身不明确，如年轻、年老，严重、不严重等这种程度上的差别没有截然的分界线。后一类对象的不确定性是与分类的不确定性有关的。即一个对象是不是属于某一类，可以是也可以不是，所以首先要对集合的概念予以拓展，引入模糊集合的概念，一个元素 X 可以属于集合 A，也可以不属于集合 A，引入隶属度，运用隶属函数这一概念，进行模糊评估。

模糊综合评估法有以下五个基本步骤：

第一，建立因素集 U，$U = (U_1，U_2，U_3，\cdots，U_n)$，因素是对象的一种属性或性能，人们通过这些因素来评估对象，也就是建立指标体系。

第二，建立权系数矩阵 W，$W = (W_1，W_2，\cdots，W_n)$，对每个因素赋予不同的权数。权重的大小受评估目的、评估主体的偏好、价值观等因素的影响。

第三，建立评估集 V，$V = (V_1，V_2，V_3，\cdots，V_m)$，它由事物不同等级的评语所组成。

第四，通过对单因素评估，建立起 U 与 V 之间的模糊关系矩阵 R。

$$R = \begin{bmatrix} R_1 \\ R_2 \\ \vdots \\ R_n \end{bmatrix} = \begin{bmatrix} r_{11} & r_{12} & \cdots & r_{1m} \\ r_{21} & r_{22} & \cdots & r_{2m} \\ \vdots & \vdots & & \vdots \\ r_{n1} & r_{n2} & \cdots & r_{nm} \end{bmatrix}$$

式中　r_{ij} 是指从第 i 个因素开始，对被评估对象作为第 j 种评语的可能性程度（$0 < r_{ij} < 1$，$i = 1，2，\cdots，n$；$j = 1，2，\cdots，m$）；r_{ij} 表示 u_i 关于 v_j 的隶属程度；$(U，V，R)$ 则构成了一个模糊综合评判模型。

确定各因素重要性指标（也称权数）后，记为 $W = \{w_1，w_2，\cdots，w_n\}$。

第五，进行模糊综合评估，$B = WR$，综合考虑所有因素，对事物做出最后评估，其中的数字是这样确定的：将 W 中从左到右每个数字与 r 中第 j 列从上到下相对应位置的数字相比，取较小者，再从这 n 个较小者中取最大者。在模糊综合评估中，评估过程是可以循环的，这一过程的综合评估结果，可以作为后一过程中综合评估的投入数据。

6. 平衡计分卡法

平衡计分卡法是指围绕组织战略目标，将组织使命与策略转换成一系列完整的绩效指标，分别从财务维度、顾客维度、内部业务流程维度、学习和成长维度四个层面评估组织绩效。具体设计步骤如下：

第一，组织背景分析。通过调查研究对象的相关资料，对非营利组织的内外部环境进行初步分析，掌握组织整体概况，能够对非营利组织战略目标的制定提供可靠的保障。分析表明，非营利组织的传统方法是否能够适应当前的组织环境，要通过对现有组织条件进行详细分析来获得，如果不相符，则需要更换。

第二，确定组织使命。基于平衡计分卡的指标体系建立要前提掌握组织的战略，对组织的愿景要有明确的理解，才能确定四个层面的核心思想，从而确定组织使命。非营利组织的愿景是组织的长远目标，根据核心指导思想制定具体行动方案，即将组织战略划分为实际目标，同时与平衡计分卡四个层面相结合，完成各层级之间的转换。

第三，建立因果关系。基于平衡计分卡的非营利组织四个维度之间具有一定的因果关系，从而建立整个组织战略实施的框架。在建立指标体系时，要分析指标间因果关系对组织绩效的影响，同时将绩效目标转换为具体实现方案，为指标建立提供依据。

第四，建立维度和指标。根据所建立的因果关系链，将非营利组织各个维度进行划分，同时建立指标体系框架。将组织的使命分解到各层级的具体指标上，考虑各维度指标之间的相互关系建立指标体系。需要注意在指标体系建立要与相应制度相结合，指标实施过程中要对具体情况进行反馈，对反馈结果进行实时跟踪，同时不断调整组织短期目标，因此指标体系具有一定动态性。

▶ 四、非营利组织财务绩效评估的框架与流程

（一）财务绩效评估指标的设计原则及思路

1. 财务绩效评估指标的设计原则

合理选择指标是财务绩效评估成功的关键因素，指标的选择应建立在明确指标体系框架的基础上。一般而言，指标选择时应考虑以下四项基本原则。

（1）重要性原则　重要性原则有两层含义：第一，全面性与重要性相结合原则。在非营利组织财务绩效评估指标体系的建立过程中应充分考虑全面性，有助于从影响绩效的各个财务方面综合评估组织的绩效。第二，遵循成本效益原则。如果为获取该项指标所需成本大于其带来的价值，一般应采取放弃该项指标，转而启用其他替代指标。

（2）系统性原则　系统分析的基本思想是整体最优化，必须考虑局部评估与整体评估的结合。因此，在财务绩效评估指标体系的设置上，应以构建科学、完整的评估系统为出发点，既考虑各指标对实现评估目标的重要程度，又考虑各指标在评估指标体系中的合理构成，以及指标间的勾稽关系和逻辑关联度，通过指标的合理取舍和指标约束的设置，达到评估指标既能突出重点又能保持相对的均衡统一，实现评估系统的最优化。

（3）相关性原则　相关性原则是指财务绩效评估指标要能满足非营利组织利益相关者的要求。无关的指标不但不能够反映非营利组织的绩效状况，而且会造成资源的浪费。

（4）可操作性原则　为了满足评估的需要，应从非营利组织的实际情况出发，财务绩效评估指标应该概念清晰，表达方式简单易懂，数据来源易于采集，具备实际可操作性。

2. 财务绩效评估指标的设计思路

设计非营利组织财务绩效评估指标体系时，在遵循绩效评价体系指标选择原则的基础上，结合组织的业务活动特点，以"资料获取→指标设置→指标处理权重确定→模型建立→评价结果"为设计主线，充分考虑内部管理者、捐赠者、政府、债权人等财务绩效评估信息使用者的需求。

首先，依据既定目标进行因素分析，构造不同层次符合既定目标的指标体系。

其次，根据各个层次指标对总目标贡献大小的份额确定各个层次指标的权重系数。

最后，进行系统的加权综合，得出综合评价据此进行排序与评估。

（二）财务绩效评估指标的设计步骤

非营利组织财务绩效指标设计流程如图 9-2 所示。

（1）了解组织特点和外部环境　组织使命决定组织绩效的范畴，以组织使命为出发点，在一定程度上保障了组织在社会效益和经济效益之间做出正确的权衡和取舍。同时，由于非营利组织类型的多样性，非营利组织的财务在具有共性的基础上也具有其自身特

图 9-2　非营利组织财务绩效指标设计流程

点。了解组织的特点、资金来源渠道、社会使命等，有利于更好地设计财务绩效评估指标。

（2）确定组织财务绩效的关键影响因素　对非营利组织的财务绩效进行评估，应分析影响绩效的关键因素。通常影响非营利组织财务绩效的关键因素包括资产结构、资产使用效果、资产使用效率、财务风险、收入结构、支出结构、收入完成情况、支出控制情况、收入弥补支出的能力等。不同类型的非营利组织应该根据自身特点，分析其财务绩效的关键影响因素。

（3）设计、补充和修正指标　非营利组织应根据自身特点设计指标，并对某些不适用的指标进行补充和修正。非营利组织的财务绩效评估系统是一个开放的体系，应该在充分收集信息的基础上，不断地更新或者修正补充评估指标，保证其符合组织发展的需要。

（4）整体上分析和评估指标体系　虽然非营利组织的财务绩效评估指标体系是一个开放的体系，但并不意味着各个指标是分散、无逻辑联系的。我们对各指标的评估都应同时考虑它与其他指标之间的关系。各指标得出的结论可能相差较大，也可能相悖，这就要求我们从整体上把握，分析产生差异的原因，排除不正常因素的干扰，使指标体系能够与组织使命和环境相适应。

（三）非营利组织财务绩效评估指标体系的建立

1. 从整体层次构建指标体系

为非营利组织的整体财务绩效评估设置指标，首先要按照事先确定的评估客体，将预先设置的评估指标体系中的各个指标按其属性分为若干组。每一组作为一个层次，同一层次的指标作为准则对下一层次的指标起支配的作用，这种由上而下的支配关系构造了一个递阶层次结构。本书按照需要把层次划分为三层：最高层（目标层），表示解决问题的目标或理想结果；中间层（策略层、准则层），表示采用某种政策或措施实现预定目标所涉及的中间环节，它可以由若干个子层次组成；最底层（指标层），表示为实现目标可供选择的各项评估指标。

非营利组织的财务绩效评估系统应能充分反映非营利组织在运行过程中以"效益（社会效益和经济效益）"为核心的管理要求，体现财务绩效分析与评估的基本思路。对应上述的层次划分的结果，非营利组织财务绩效评估指标体系分层的具体情况如下：目标层为非营利组织的综合财务绩效。准则层进一步细分为非营利性指标、筹资能力指标、运营能力指标、发展能力指标四项。指标层则包含了反映非营利组织财务绩效的各项具体指标。非营利组织财务绩效评估指标体系结构见表9-2。

表9-2　非营利组织财务绩效评估指标体系结构

目标层	准则层	指标层
非营利组织的综合财务绩效	非营利性指标	公益事业支出占总支出的比率
		公益事业支出占上一年收入的比率
	筹资能力指标	总收入
		总收入增长率
		年度非财政补助收入占总收入的比率增长率
		非财政补助收入增长率
		筹资费用率
	运营能力指标	收入支出比率
		公益事业支出增长率
		单位准公共产品成本
		单位准公共产品成本降低率
		经营收入增长率
		经营收入成本费用率
		人均创收额
		行政支出占总支出的比率
	发展能力指标	资产负债率
		总资产增长率
		人均培训费用增长率

（1）非营利性指标

1）公益事业支出占总支出的比率。

公益事业支出占总支出的比率＝年度公益事业支出额/年度支出总额

这一指标数值高，说明非营利组织的支出中用于公益事业的支出多。这个指标是非营利组织非营利性的主要反映，也是非营利组织绩效水平的综合反映。该指标数值越高，说明非营利组织的绩效越高。

2）公益事业支出占上一年收入的比率。

公益事业支出占上年收入的比率＝本年度公益事业支出额/上一年度收入总额。

这一指标说明非营利组织上年度的收入总额中用于本年度的公益事业的比例。该指标数值越高，说明非营利组织的公益事业支出越多、绩效越高。

（2）筹资能力指标

1）总收入。这一指标反映非营利组织年度内通过各种途径所筹集到的无须偿还的资金额度，是非营利组织开展非营利活动的财力保障。年度内获得的总收入越多，说明非营利组织的筹资能力越强。

2）总收入增长率。

总收入增长率＝（本年度收入总额－上一年度收入总额）÷上一年度收入总额

这一指标说明非营利组织总收入较上一年总收入的增长变化程度。这个指标数值越高，说明非营利组织的筹资能力增长程度强、绩效增长程度高。

3）年度非财政补助收入占总收入的比率增长率。

年度非财政补助收入占总收入的比率增长率＝本年度非财政补助收入额÷本年度收入总额－

上一年度非财政补助收入÷上一年度收入总额

非营利组织的收入分为财政补助收入与非财政补助收入，随着财政体制的改革，财政对非营利组织的补助越来越理性，非营利组织应当积极自创收入并争取社会捐赠与企业资助，从而扩大非财政补助收入，扩大筹资渠道。非财政收入在总收入中所占比率越高，说明非营利组织的筹资能力越强、绩效越高。

4）非财政补助收入增长率。

非财政补助收入增长率＝（本年度非财政补助收入额－上年度非财政补助收入额）÷

上一年度非财政补助收入额

这一指标说明非财政补助收入较上一年增减变化的程度。这个指标数值越高，说明非营利组织的筹资能力越强、绩效越高。

5）筹资费用率。

筹资费用率＝筹资费用额÷年度筹资总额

这里的年度筹资总额包括非营利组织的全部收入，也包括通过负债而筹集到的资金。该指标数值低，说明非营利组织能够运用较低的筹资费用，筹集到较多的资金。该指标越低，说明其筹资能力越强、绩效越高。

（3）运营能力指标

1）收入支出比率。

收入支出比率＝年度收入总额÷年度支出总额

这一指标说明年度收入对支出的保证程度。这个指标数值越接近于1，说明非营利组织的运营能力越强、绩效越高。

2）公益事业支出增长率。

公益事业支出增长率＝（本年度公益事业支出额－上一年度公益事业支出额）÷

上一年度公益事业支出额

这一指标说明公益事业支出规模的增长变化程度。这个指标数值越高，说明非营利组织的运营能力增长程度越强、绩效增长程度越高。

3）单位准公共产品成本。

单位准公共产品成本＝提供一定数量的公共产品所耗费的成本÷所提供的准公共产品数目

准公共产品是指非营利组织为社会公益提供的各种服务，是非营利组织生产的产品。准公共产品成本是生产并提供一定种类和数量的准公共产品所消耗的以货币表现的全部实有资源的总和。单位准公共产品成本越低，一定资源所能生产和提供的准公共产品越多，说明非营利组织的运营能力越强、绩效越高。

4）单位准公共产品成本降低率。

单位准公共产品成本降低率 =（上年单位准公共产品成本 – 本年单位准公共产品成本）÷
上年单位准公共产品成本

这一指标说明单位准公共产品成本的降低程度，指标数值越高，说明非营利组织的运营能力增长程度越强、绩效增长程度越高。

5）经营收入增长率。

经营收入增长率 =（本年度经营收入额 – 上年度经营收入额）÷ 上一年度经营收入额

经营收入是指非营利组织在其实现社会使命的业务活动之外开展经营活动取得的收入，经营收入的增加能补充资金以支持公益事业的发展。因此，经营收入增长率越高，说明非营利组织的运营能力越强、绩效越高。

6）经营收入成本费用率。

经营收入成本费用率 = 年度内为获取经营收入而发生的成本费用 ÷ 年度经营收入额

经营收入成本费用率越低，说明非营利组织经营能力越强，也在一定程度上反映出非营利组织的绩效越高。

7）人均创收额。

人均创收额 = 年度收入总额 ÷ 年度内员工平均人数

人均创收额越高，说明非营利组织的运营能力越强、绩效越高。

8）行政支出占总支出的比率。

行政支出占总支出的比率 = 年度行政支出额 ÷ 年度支出总额

这一比率越低，说明非营利组织运营能力越强、绩效越高。但这一比率并非越低越好，任何一个组织开展活动都会有一定的行政开支，非营利组织也应当注重自身的能力建设，比如对员工的培训等。只有非营利组织的行政能力得到提高，资金才能被更有效地利用。

（4）发展能力指标

1）资产负债率。

资产负债率 = 年末负债总额 ÷ 年末资产总额

这一指标反映非营利组织的资产负债情况。资产负债率越低，说明非营利组织发展能力越强、绩效越高。但这个比率并非越低越好，适度负债可以较好地解决资金瓶颈问题，获取更多的发展资源。

2）总资产增长率。

总资产增长率 =（年末资产总额 – 年初资产总额）÷ 年初资产总额

资产的增加意味着提供服务能力的增强。该指标数值越高，说明非营利组织的发展能力越强、绩效越高。

3）人均培训费用增长率

人均培训费用增长率 =（本年度人均培训费用 – 上一年度人均培训费用）÷
上一年度人均培训费用

提高员工的素质有利于提高组织的发展能力。该指标数值越高，说明非营利组织的发展能力增长程度越强，有利于绩效的提高。

2. 项目层次财务绩效评估指标的设置

一般认为，"项目"是在一定时间内为了达到特定目标而调集到一起的资源组合，是为了取得特定的成果而开展的一系列相关活动。因此，也可以说项目是特定目标下的一组任务或活动。通过项目的实施最终达到一定目的，其结果既可能是期望得到的一种产品或服务。项目和常规任务之间的区别在于，项目通常只做一次，并且一般规定了开始和结束的时间，是在一定的资源条件下开展的。对于那些项目内容繁杂、项目数量较大的非营利组织来说，对每一个项目都进行全面详细的财务绩效评估既没有必要，也是不可行的。

目前我国的非营利组织经费普遍紧张，而对组织财务绩效进行评估也产生一定的成本，特别是那些庞大复杂的项目，往往牵涉很多的地区和人群，信息的生成、收集、整理和分析无疑要耗费大量的人力和物力，对财务绩效评估面面俱到，必将影响组织对信息的及时掌握，甚至会成为项目财务的包袱，这样就违背了进行财务绩效评估的初衷。所以，在对组织项目的财务绩效进行评估时，只需对具有较大规模和社会影响力或捐赠者有特殊要求的项目进行评估，除此之外的其他项目可以采取随机抽样的方法，对少数项目进行随机评估，以促使非营利组织开展的所有项目整体上取得更好的效果。

（1）项目评估的内容　项目评估是评估主体根据预定的项目目标，对项目的适应性、效益、效果、社会影响和持续性进行的判定与评估。

1）适应性。项目的适应性包括三个方面：实施的项目是否与非营利组织的使命相一致，实施的项目是否与目标群体的需求或认知价值相一致，实施的项目是否是对目标群体需求的及时回应。

2）效益。项目的效益包括项目的成本效益如何，是否有利于技术知识的扩散，是否促进社区、地方或国家的经济发展。

3）效果。项目的实际结果达到或实现预期目标的程度。包括绝对量和相对比例两方面。

4）社会影响。项目所取得的效益和效果对社会和经济生活产生的长远影响。

5）持续性。项目所取得的效益、效果和社会影响能否持续。

（2）项目财务绩效评估的指标

1）投入指标：即项目所投入的人力、物力、财力指标。例如，扫盲项目中所投入的资金数、工作人员数和投入的设备价值等。

2）产出指标：即通过项目的投入直接导致的成果。例如，扫盲培训项目中举办的扫盲培训班的期数、接受培训的文盲人数与人次、编写的培训教材数等。

3）结果指标：即通过项目产出所达到的效果（直接结果）或影响（间接结果）。例如，扫盲项目中脱盲的人数、脱盲的比例、实际脱盲人数与预计脱盲人数之比、实际脱盲率与预期脱盲率之比就属于直接结果指标；而由于脱盲促使就业和收入的提高、生活质量的提高等就属于间接结果指标。

4）效率指标：即每一单位的投入所导致的产出。例如，扫盲项目中平均每单位成本的扫盲期数和扫盲人数。

5）效能指标：即每一单位投入所导致的结果。例如，扫盲项目中平均每单位成本的脱盲人数和脱盲率。

（3）项目财务绩效评估标准　由于非营利组织的不同，以及同一非营利组织不同时期开展的项目的不同，对项目进行财务绩效评估的标准也不可能完全相同，缺乏横向和纵向的可比性，这就使得组织财务绩效评估的参照物难以统一。因此，要对非营利组织开展的各个项目的财务绩效得出一个合理并可检验的评估结果，最科学和可行的方法是以每一个项目的"预算"或"绩效预算"指标作为评估标准。

第四节　非营利组织财务绩效评估问题及影响因素

▶▶ 一、非营利组织财务绩效评估现状

随着非营利组织蓬勃发展，非营利组织财务绩效评估也不断发展。早在 1980 年，学者便提出非营利组织财务绩效评估指标需反映获得资源和取得预期目标的能力，同时注意长期发展指标与短期指标之间结合，使利益向相关者能及时了解其关注的组织利益是否按时按质完成。2003 年，非营利组织财务绩效评估体系进一步拓展，将业绩指标与非营利组织使命密切结合起来。目前，我国非营利组织财务绩效评估已得到广泛应用，其发展现状表现为以下几点：

（一）对非营利组织财务绩效评估的必要性已基本达成共识

目前，我国非营利组织种类繁多，学术界及实务界普遍认识到，对非营利组织进行财务绩效评估会对组织发展产生重大影响。然而，我国大多数非营利组织管理者财务绩效评估意识淡薄，绩效评估的实践操作能力欠缺。一方面，非营利组织管理者建立财务绩效评估模型及指标体系的能力有待提升；另一方面，非营利组织财务绩效评估多采用问卷调查和访谈式的自我评价模式，极少委托第三方评价机构，评价结果可信度相对较低。

（二）相关绩效评价理论和绩效评价方法仍处于起步阶段

我国非营利组织的发展历史相对较短，企业领域或公共管理领域的绩效评价方法，如平衡计分卡、标杆管理等，虽为其开展绩效评价提供了工具，但并不完全适合，难以完整反映自身绩效的实际情况。此外，由于非营利组织不以营利为目的，以利润等收益为中心的相关的绩效评价指标不适用。

近年来，学者对非营利组织财务绩效评估理念、绩效评估标准存在较大差异，但基本认同以下两点：①不同类型非营利组织财务绩效评估标准应各异；②同一组织不同部门绩效评估标准应由关注过去转向关注未来。

▶▶ 二、非营利组织财务绩效评估问题

目前虽然非营利组织财务绩效评估的理论与方法多种多样，已经形成了比较成熟的应用体系，但是由于非营利组织本身所具有的特点，其财务绩效评估还存在着一些问题和难点。

（一）财务绩效评估体系存在缺陷

非营利组织财务绩效评估的标准难以统一，造成了财务绩效混乱的局面。这主要表现

在两个方面：①由于非营利组织财务绩效评估有诸多目的，难以针对一个目的来制定财务绩效评估的标准；②标准确定的模糊性，导致往往和财务绩效评估的客观实践不符合，背离了非营利组织财务绩效评估的意义。

（二）财务绩效评估方法单一

我国非营利组织的财务绩效评估采用的评估方法和手段与营利组织相比有很大的差异，超出经济学类的方法较少，非营利组织的财务绩效评估在定量方法和模型上的研究和应用较少。目前，非营利组织财务绩效评估的指标体系不够科学，各个指标之间的比重失调，更看重经济指标，忽略了非货币性指标，且现用指标的可操作性也不强。

（三）财务绩效评估信息片面

非营利组织财务绩效评估的设计不全面，评估的结果往往比较狭隘，难以满足财务绩效评估的目的。另外，在评估中也存在片面性，往往只重视评估过程，如非营利组织投入资金的多少、成本的多少，对投入和产出比例的评估欠缺。

（四）财务绩效评估监督乏力且反馈不及时

非营利组织财务绩效评估只是一个手段，其目的是提高非营利组织的运营能力、提高社会的资源配置效率、提高准公共产品的供应能力和效率，这就需要对评估的结果进行及时反馈，以便政府及时调整。

我国非营利组织财务绩效评估存在不足，并没有一个及时、畅通的反馈机制，没有相应的组织构建、管理流程重组、管理层改造等路径来落实评估结果，也没有相应的监督措施来督促组织对其财务绩效评估结果的利用。

▶▶ 三、非营利组织财务绩效评估效果的影响因素

（一）内部治理因素

1. 非营利组织理事会

一个规模比较大的理事会，其跨越边界和从环境中吸纳资源的能力更强，扩大理事会规模能为非营利组织提供更多的信息和资源，增强非营利组织对外部环境的控制能力。从整体来看，在理事会规模比较小的情形下，扩大理事会规模对非营利组织财务绩效的改善效果更加明显。因此，当面临资金约束时，非营利组织可尝试运用理事会规模策略突破约束，控制组织对外部环境的依赖程度，改善组织财务绩效。

理事会的政治联系对非营利组织财务绩效的改善具有积极影响。理事会中现任国家工作人员数、高级职务人员数与非营利组织财务绩效显著正相关，他们拥有的政治网络资源能帮助非营利组织改善财务绩效。然而，尽管比较多的现任国家工作人员、高级职务人员可以带来更多资源并改善组织财务绩效，但同时也会对理事会的独立性产生影响。在现阶段，我国非营利组织需要在独立性和资源依赖性之间进行均衡考虑。

2. 非营利组织的组织创新

非营利组织需要持续创新，通过资源或能力的再投入以及将原有的资源重新进行整合，不断改善自身所处的竞争地位，从而增加非营利组织的竞争优势。创新也是非营利组

织变革的一种手段，不管是去适应环境的变化，还是先发行动去影响环境，创新都可以达成某种竞争优势，以此实现卓越财务绩效。此外，技术创新会驱使非营利组织对其制度方面进行相应的调整，非营利组织在采用技术创新的同时，如果不同时配合管理制度和组织结构上的创新，有可能给组织带来负面影响。

3. 非营利组织的组织学习能力

组织学习能力是指组织为了实现自己的愿景或适应环境的变化，在个体、团队（集体）、组织层和组织间进行的、不断产生和获得新知识和行为，并对其进行解释、整合和制度化的循环上升的社会互动过程。对于非营利组织来说，组织学习能力的强弱会影响组织资金的利用效率以及资源的整合能力，因此组织学习能力越强，非营利组织的财务绩效越高。

（二）外部环境因素

1. 非营利组织与政府的关系

非营利组织与政府的关系越密切，越可能得到政府资金的支持。同时，与政府关系密切的非营利组织也更具有公信力和声誉，能够吸引更多的捐款。非营利组织购买设备、租用办公场所和活动场所、培训员工、构建专业化的人才队伍以及项目的开展都需要资金的支持，政府的资助和外界的捐赠有利于促进非营利组织的运作，优化非营利组织的资源配置效率，提升非营利组织的研究开发能力，增强非营利组织的实力，提高非营利组织的财务绩效。

2. 非营利组织公众参与度和满意度

非营利组织的公众参与度和满意度越高，其社会关注度、声望、知名度越高，公信力越强，有利于非营利组织吸引更多的捐赠，提高非营利组织的筹资效率，推动非营利组织的运作，从而提高非营利组织的财务绩效。同时，随着社会关注度的不断提高以及自身影响力的扩大，社会对非营利组织资金流动的监督力度也越来越大，在公众的监督和舆论压力下，非营利组织会更加注重对资金使用效率的优化和财务绩效的提高。

▶ 四、非营利组织财务绩效评估效果的完善措施

非营利组织通过财务绩效评估能发现自身成绩与优势、问题和不足。为实现我国非营利组织的发展战略目标，针对上述非营利组织财务绩效评估现状以及存在的问题，并结合非营利组织的资金主要来源于政府财政拨款或其他组织和个人的捐赠，以及非营利组织运行的最高目标是追求社会效益最大化的财务特殊性，提出以下财务绩效评估效果的完善措施：

（一）注重以过程为导向的财务绩效评估模式

现阶段非营利组织的财务绩效评估大多以结果或目标为导向，属于典型的短视行为。以结果为导向的财务绩效评估具有时滞性，只能起到亡羊补牢的效果。若以结果为导向的财务绩效评估在非营利组织中愈演愈烈，则会使组织的员工失去归属感、使命感，导致人才流失。非营利组织管理者应充分认清自己的使命和责任，突破传统的思维模式，加强以过程为导向的财务绩效评估，将过程导向和结果导向相结合，全面规范组织的财务绩效评估工作。

（二）建立规范有效的财务绩效评估制度

规范、有效的财务绩效评估制度，是非营利组织合理、科学、可持续发展的前提和保证。目前我国的非营利组织缺乏制度规范，例如评价制度不健全，执行制度不规范等。非营利组织财务绩效评估制度的规范和完善应包括以下内容：①健全财务绩效评估制度，进行有效的财务绩效考核；②制定财务绩效评估执行和监督制度，逐渐形成自我发展、自我管理、自我约束的内部财务绩效评估运行机制。

（三）加强非营利组织自身财务绩效评估能力建设

非营利组织创造高绩效的能力为其增进社会福利以及可持续发展提供了基础。非营利组织财务绩效评估是一个十分复杂的理论与实践课题，非营利组织要不断加强自身财务绩效评估能力建设，在财务绩效评估时要做到定量分析和定性分析相结合，引进定量分析方法，例如主成分分析、数据包络分析等。制定财务绩效评估指标时，应根据组织自身性质，突出自身个性化的绩效因素。

（四）建立健全第三方财务绩效评估机构

非营利组织财务管理绩效评估需要自身内部评价机构，且有必要建立对财务绩效评估实施监督的第三方评价机构。独立于政府与非营利组织，隶属于社会的第三方评价机构，其公信力来自于自身长期积累的形象和信誉，最大限度上避免非营利组织财务绩效评估趋于无效。

（五）完善内部治理机制

非营利组织应结合自身实际建立和完善资产管理办法、财务管理办法和专项经费管理办法等内部控制相关制度。制定支出管理制度，对大项开支实施事前论证、过程监督及事后审计，实现支出管理规范化，确保资金使用效率；加强会计队伍建设，抓好会计核算日常工作，积极开展培训学习，强化会计人员的业务素质。

（六）完善外部监督机制

首先，政府对非营利组织所需承担的社会责任是最有力的监督者，可通过法律、政策及行政手段进行督促。我国政府应完善非营利组织监管的法律法规体系，做到监督有法可依。其次，接受非营利组织服务的受益群体可通过其提供服务的质量和水平衡量非营利组织工作绩效，并对其进行监督。最后，网络与媒体具有信息传播快、范围广、影响大等特点，能够对非营利组织起到强有力的监管作用。

 引申思考

"募"权利微弱，"捐"动力不足

2014 年 6 月 18 日在中山大学举行的一场慈善思想峰会上，广东省千禾社区公益基金会秘书长胡小军的一句话引得台下的学者和公益人们会心一笑。他说，在慈善组织发展的过程中，"政策是第一生产力"。

慈善组织要募集到更多的资源，制度挑战仍是主要障碍之一。在我国大部分地方，慈善组织公募权仍未放开，公开募捐理论上仍然是慈善会、红十字会和公募基金会的工作。2012 年 5 月 1 日，广州市实施的《广州市募捐条例》，在全国率先放开公募权，将募捐主体从上述三类慈善组织扩大到了公益慈善类的社会团体、民办非企业单位和非营利性事业单位。

据广州市民间组织管理局局长王福军介绍，截至 2014 年 5 月底，该局已办理募捐许可 333 项、备案 1453 项。批准许可的募捐项目中，社团 86 项、民办非企业单位 196 项、非营利性事业单位 51 项。而在社会组织看来，光有"募"的权利并不足以扭转筹资难的局面，还需要让爱心人士有更多"捐"的动力，税费制度的完善是关键。

（资料来源：宁夏义工志愿服务联合会. 民间慈善组织募捐难过的"坎"："募"要权利、"捐"要动力［EB/OL］.［2022 - 06 - 01］. https：//www. nxyg. org/index. php？m = content&c = index&a = show&catid = 7&id = 5218．）

［思考］为解决"募"权力微弱，"捐"动力不足这一问题，可采取的方式有哪些？

复习思考题

1. 非营利组织财务管理绩效评估的内涵和目的是什么？
2. 非营利组织财务管理绩效评估的主体和客体有哪些？
3. 简述非营利组织与营利性组织财务管理绩效评估框架的区别。
4. 简述非营利组织财务管理绩效评估的具体方法。
5. 非营利组织财务管理绩效评估的基本指标有哪些？
6. 非营利组织财务管理绩效评估的问题、成因及完善措施有哪些？

第十章

非营利组织外部监督

学习目标

　　通过对本章的学习，能够理解非营利组织外部监督的内涵，并充分掌握非营利组织外部监督的基本内容；了解非营利组织外部监督机制；认识非营利组织外部监督过程中存在的问题、成因及完善措施。

引导案例

监督机制缺失下的"胡曼莉式假面慈善"

　　2001年4月起，电视台播出长达2分钟的公益广告《"中国母亲"胡曼莉》，通过胡的诉说，展现了一位特殊母亲的无私情怀、博大母爱。然而，2001年6月，她便被美国妈妈联谊会以违反捐赠意愿为诉讼理由推上了被告席，随着法庭调查的展开以及新闻媒体的介入，"中国妈妈"胡曼莉的真面目越来越清晰。作为中华绿荫儿童村村长的胡曼莉——这位被誉为"中国母亲"的知名人物是如此善于作秀，她用动人的故事换来许多好心人的资助，而儿童村的账目却是一笔糊涂账，甚至儿童村里的孩子有受虐待的嫌疑。

　　如果缺乏成熟的慈善机制，以个人之力筹办慈善事业，无疑需要热情和表演才华。热情可以提供长久的动力，表演才华则能为慈善事业吸引必需的资金，缺乏两者中的任何一个，胡曼莉都不可能坚持那么长时间。胡曼莉的"热情"并不是来自爱心，而是她发现，慈善事业也可以成为一种"产业"，它不仅同样能够产生利润，同时还可以借传媒之手，为自己贴上灿灿的金箔。这种冲动支撑了她，也支配了她。她克扣孤儿的伙食，账目混乱不清，中饱私囊，把慈善事业变成了收门票的假面舞会，她对待弱智孤儿的态度几近残忍……这些"恶行"都是很难被原谅的，但是人们在谴责胡曼莉的同时，是不是也应该思考一个更深层次的问题？为什么某些献身慈善事业的人能够从中获得那样"丰厚"的回报？答案是简单的，我国的慈善事业正处于一个从政府包办向社会操办转变的过渡期，慈善事业的游戏规则远远没有确立，而由于慈善事业的举步维艰，人们普遍对慈善人士抱着宽容甚至是纵容的态度。

　　正是非营利组织外部监督机制的缺失，导致胡曼莉这样的"假面慈善"有机会茁壮成长，成为一个"神话"。不过，在制度缺席的地方，任何神话都是靠不住的。为了保证非营利组织健康持续的发展，构建完善的非营利组织外部监督机制已迫在眉睫。

　　（资料来源：宋琳．从"胡曼莉事件"看中国非营利组织的监督机制［J］．知识经济，2008（5）：64－65．）

第一节　非营利组织外部监督内涵及类型

▶▶ 一、非营利组织外部监督内涵

所谓外部监督，即除非营利组织自身外，来自政府、公众、第三方机构等其他利益相关者的监督。随着我国市场经济渐趋成熟，以及公众公民权利意识的觉醒，社会各阶层的结社热情正在以各种各样的方式，在各个层面和领域越来越充分地表达出来，使我国非营利组织逐渐步入更加广阔、多层面、多体系、多元化的成长空间。但整体来讲，与国际社会相比，我国非营利组织的发展仍处于初创阶段，监督体系的不完善，使非营利组织缺乏一个可以促进其健康成长的"生态"环境。建立完善的外部监督体系不仅可以规范非营利组织的日常管理，还可以促进其健康发展。

哈佛商学院里贾纳·E. 赫茨琳杰（Regina E. Herzlinger）教授在借鉴美国证券交易委员会管理证券交易的成功经验上，通过有力的论证，指出非营利组织监督问题的重点在于责任制（Accoutability）。她认为，非营利组织缺乏商业领域中那种强制性的责任机制。因此，需要一定的规则对其加以监督，以帮助非营利组织高效益、高效率和负责地完成社会使命。她提出一个"披露–分析–发布–惩罚"的解决非营利组织监督问题的方案，即DADS法：加强非营利组织和政府组织的披露（Disclosure），分析（Analysis）、发布（Dissemination）非营利组织和政府组织的工作业绩，对不遵守以上规定的组织进行惩罚（Sanction）。该方案有效地加强了非营利组织的监督，促进了非营利组织的有效治理。

▶▶ 二、非营利组织外部监督类型

（一）政府监管

政府在非营利组织监督管理方面有着不可推卸的职责。政府监管是指政府依据一定的法律、法规对微观经济主体的活动进行限制和规范的行为。政府监管的实质，是在以市场机制为基础的经济条件下，政府为了矫正和改善市场机制内部不完善问题而对私人及经济主体的活动进行限制的行为。其目的是克服市场失灵，实现社会福利的最大化，即实现公共利益的最大化。

1. 非营利组织登记注册

各国对非营利组织的管理方式分为"预防制"和"追惩制"两种类型，我国对非营利组织实行的是"预防制"。所谓"预防制"，是指国家设置较高的登记门槛，从源头上对民间组织采取许可登记的形式，不合法的民间组织得不到许可，也无法登记，而得不到登记的民间组织即为非法组织。这种管理形式将民间组织的存在和合法性的取得完全控制在国家的管理之下，从而预防非法组织的生成和活动的开展。

2. 非营利组织的日常监管

我国政府对非营利组织的日常监管，主要体现在两方面：

（1）日常管理法规的完善　我国非营利组织日常管理面对的问题非常庞杂，一些行为常常处于无法可依、无章可循的状态。因此，对于非营利组织的主管部门来说，制定相关的行政法规就成为日常管理中的一项重要内容。

（2）年检制度　我国《社会团体登记管理条例》明确规定，登记管理机关对社会团体实施年度检查。年度检查的内容包括：法律法规的执行情况，组织经营和业务开展情况，财务管理和经费收支情况等。

3. 非营利组织的财务监管

我国政府对非营利组织的财务监管体现在《会计法》《审计法》《捐赠法》等相关法规中，主要包含以下三方面的内容：

（1）非营利性的约束　非营利性是非营利组织区别于企业等营利性机构的根本特征，是非营利组织开展活动的基本原则。1989 年发布的《社会团体登记管理条例》第四条规定：社会团体不得从事营利性经营活动；《中华人民共和国公益事业捐赠法》（以下简称《捐赠法》）第四条也指出：不得以捐赠为名从事营利活动。

（2）受赠财产支出比例约束　公益性社会团体应当将受赠财产用于资助符合其宗旨的活动和事业。对于接受的救助灾害的捐赠财产，应当及时用于救助活动。基金会每年用于资助公益事业的资金数额，不得低于国家规定的比例。

（3）财务公开制度　财务公开是指非营利组织的财务账目应受政府相关部门的监管，同时应向捐赠人和社会公众公开，接受社会的监督。

4. 非营利组织的税收监管

政府对非营利组织的税收监管是指通过税收政策及税收手段的法律化，对非营利组织进行审时度势的调节，根据其活动是否符合法律和政策的要求，进行积极的鼓励、促进或消极的限制、禁止，从而规范非营利组织的活动。

（二）捐赠者和公众的监督

捐赠者的效益意识和监督作用是非营利组织运营的客观环境，也是非营利组织监督机制的重要组成部分。捐赠者对非营利组织活动绩效和组织宗旨的实现程度的评价，影响组织对资源的获取程度，构成对其的外部约束。非营利组织的运作涉及公众的利益，公众有权对非营利组织进行监督。

要使捐赠者和公众的监督充分发挥作用，就必须建立非营利组织信息透明制度，在实践中落实非营利组织的规范化运作要求，对非营利组织信息进行制度性、程序性披露，迫使非营利组织不时检讨自己的行为是否符合公益使命。对此，里贾纳·E. 赫茨琳杰提出了DADS 法，即非营利组织经营信息的"披露 – 分析 – 发布 – 惩罚"制度，要求非营利组织定期对外界公布自己的经营信息，并以惩罚作为手段，保障整个体系的效用。虽然实施信息透明制度会给非营利组织的经营增加一定的成本支出，但是从长期来看会提高其公信度和资金利用效率。

（三）同行互律的监督

同行互律的监督，即同一领域的非营利组织结合成联盟团体，联合制定共同遵守的行为和道德标准，并要求团体内的成员组织遵循这些标准。作为成员的非营利组织在加入团体时，就已经自愿将监督权力赋予联盟团体，以此来稽查成员的运营规范、调查针对成员的投诉事件，确保其对联盟标准的遵守。同行互律一般采取以下几种形式：

（1）行业认可制　行业认可制即行业协会承认某非营利组织为其协会成员，从而使该组织在公众中获得某种合法性。这一制度用于评定一个非营利组织是否具备了必要的专业资格与能力，并确认该非营利组织是否达标。其限制在于非营利组织违规时可能受到的行业谴责或受到行业协会开除其成员资格的威胁。

（2）行业赞许制　即行业协会根据行业特点和特定的标准对成员组织进行评估、排序，以便对成就卓越者进行表彰。同时，行业协会可能把评比结果通知商业协会或潜在的捐赠者团体，从而形成对成员组织的外部约束。

（3）行业规制　即行业协会对成员组织指定的可操作工作标准和要求。通常，联合会、全国性行业协会会制定一个应共同遵守的道德标准和行为规范，以维护成员共同的社会形象。例如，美国基金会理事会（Foundation Council of America）和国家基金募集协会（The National Society of Fund – Raising Executives），其作用在于提供一个交流情况、公开信息的平台，以增进组织的透明度，提高组织的服务能力。同时负责制定本行业的互律条款，每个会员组织则必须遵守这些规范，否则将受到联合组织的制裁，甚至取消其会员资格。

（四）第三方评估的监督

第三方是指为弥补政府监督机制的不足而设立的专业性监督团体，或聘请的高信誉审计机构，以独立的第三方角色评估和审视非营利组织的运作和组织规范。第三方评估机构通常是由具有法定权威的中间机构或组织来担任，由他们制定标准，对行业内的成员机构的工作进行评审并出具报告公布于众，然后在此基础上确认或否定成员机构自己所做的评审结果。建立独立的第三方评估制度能淘汰不良的非营利组织，促进健康的非营利组织更好发展。

（美国）全国慈善信息局（National Charities Information Bureau，NCIB）是美国最早成立的民间评估机构之一，其最主要的工作是对慈善组织的非营利性进行评估，帮助捐款人全面掌握慈善组织的信息，使公司、公司基金会、小企业、个人等捐赠者更明智地捐款。美国公益咨询服务所、美国公益研究所等组织是监督非营利组织的第三方机构，能够从不同侧面、角度对非营利组织的健全和发展进行监督并起促进作用。

（五）媒体的监督

媒体监督是指通过报纸、广播、电视等大众传媒方式深度报道事件引起社会舆论压力，发挥监督治理作用。一般认为，大众报刊是新闻媒体的最早形态。随着科学技术的发展变化，广播、电视等传统媒体的出现，以及数字杂志、手机短信、互联网、触摸媒体等新媒体的发展，使得新闻媒体的形态也发生了很大变化，缩短了人们掌握信息的时间和空间，人们不再是信息的被动接受者，而是可以及时反馈发布信息的信息发布者。相比于传统媒体，新媒体的传播速度更快，作用范围更广，同时具有更大的自由度，视角能够伸入更广阔的领域，能够对更多的敏感信息做出报道和披露。

信息对于非营利组织来说也非常重要。相比于其他利益相关者，如捐赠者、受益者、社会公众等，非营利组织管理者利用自身优势通常掌握较多的信息，利益相关者很难发现非营利组织的隐瞒行为，这种信息不对称就为滋生组织管理者按照自身偏好决定组织的经营管理或资助项目的不良行为提供了土壤。利益相关者不能准确地掌握组织内部治理信息，造成了非营利组织治理过程中缺乏有效监督和必要的信息披露，特别是财务信息的披露。

媒体作为信息传递的重要媒介，将非营利组织的有关信息迅速、全面、公开地传递给利益相关者（如捐赠者、受益者等），来解决信息不对称的问题。由于媒体是公众获取信息的主要渠道，普及范围广、影响大，所以能够对非营利组织的管理者形成强有力的约束。面对成千上万、各式各样的非营利组织，单靠政府或专业机构实施管理，必然造成管理成本居高不下、管理效率低等问题。因此，媒体就成了非营利组织外部监督中不可或缺的力量，具有及时、全面、影响大的特点，是一种重要而有效的监督形式。

第二节　非营利组织外部监督机制

非营利组织外部监督机制，是指非营利组织监督系统运行的过程和方式，以及系统内各构成要素相互作用的关系。它是非营利组织管理工作的重要组成部分，并与非营利组织的业务活动密切相关，对于规范组织的业务活动、保证预算的实现和严肃组织的规章制度意义重大。

对非营利组织而言，只依靠对管理者的信任、指望其自觉履行受托责任，不可能实现良好的运行。因为在缺少外部监督的情况下，非营利组织管理者作为理性"经济人"可能会采取机会主义行为，追求个人私利、规避财务责任，从而降低经济资源使用的有效性。所以，非营利组织外部监督应当贯穿组织管理活动的全过程，通过特定的方法来规范管理者的管理行为，以确保其符合组织管理目标的要求。

非营利组织外部监督机制的目标是确保其服务的供应，保护服务对象的利益，保护捐赠者的利益，维护内部员工的利益，保持公平有序的竞争环境，在政府提供资金时确保资金的利用效率，保护与非营利组织竞争中的中小营利性商业组织的利益，保护政府不受非营利组织的过度影响。

一、非营利组织外部监督的压力机制

（一）社会监督的压力机制

非营利组织要接受社会监督。非营利组织社会监督包括的主体广泛，仅靠单个组织对非营利组织进行监督，不但会加大监督成本、影响监督效率，而且监督效果也难以保证。通常可以通过强化第三方审计的监督、捐赠者和社会公众的监督、同行互律的监督以及媒体的监督，来进行非营利组织的社会监督。例如，加强新闻和舆论监督，这是对非营利组织实施社会监督的重要手段。

在非营利组织的发展中，新闻媒体具有非常重要的地位，它们宣传政策法律，倡导公民意识，弘扬慈善精神，传播慈善理念，反映慈善需求，宣扬慈善人物，报道慈善成果，披露财务信息，代表公众利益进行舆论监督。目前，媒体的披露已经成为政府规制部门和司法部门的主要信息来源，也影响着社会公众的态度和行为，对非营利组织形成巨大的压力。

（二）政府监督的压力机制

非营利组织还要接受政府监督。政府对非营利组织的行政监督是行政监督主体依据法定权利和程序对非营利组织及其工作人员的行为实施督导和控制的一种机制。我国的非营利组织实行双重管理体制，须接受登记部门和业务主管部门的监督和管理。另外，财政部门、税务部门和审计部门也是非营利组织的官方监督主体。一系列行政监督主体形成了一个综合监督体系，约束着非营利组织的行为，有效地抑制了其不合规行为的发生。

1. 登记部门的监督

我国的大部分非营利组织是在民政部登记注册的，也有的是在工商部门登记注册的。登记部门采取这样一种监管方式：国家设置较高的登记门槛，登记前需要审查非营利组织是否具备完善的财务会计制度、是否从事非营利事业等，而不符合条件的组织不予登记注册。登记部门的这种管理方式在一定程度上保证了非营利组织的合法性和规范性，降低了非营利组织发生财务问题的风险，从源头上对非营利组织进行了规制，也是政府部门对非营利组织进行财务监督的第一步，这种管理方式也被称为预防制。除此之外，登记部门还负责对非营利组织实施年度检查，检查内容就包括财务管理和经费收支情况。

2. 业务主管部门的监督

我国政府对非营利组织的监督和管理实行的是双重管理机制，除了登记部门，还要接受业务主管部门的监督。非营利组织成立后，必须有一个政府部门作为该组织的业务主管部门。业务主管部门对非营利组织的财务监督主要体现在以下几个方面：

1）指导监督非营利组织依据法律和章程开展公益活动。

2）负责非营利组织年度检查的初审。非营利组织向登记机关送报年度工作报告，接受年度检查前，应当先送业务主管部门且获得其审查同意。审查的内容应当是对年度工作报告的财务会计报告、注册会计师审计报告等项目进行真实合法性的检查，如果发现问题应当责令改正。

3）配合登记管理机关其他执法部门查处非营利组织的违法行为。

3. 其他行政部门的监督

在我国，财务部门、税务部门和审计部门也是非营利组织的官方监督主体，分别对非营利组织行使会计监督、税务监督和审计监督。

（1）财务部门　财务部门主管我国非营利组织行使会计监督工作，是非营利组织会计监督的最高监管机关，其监督内容包括：检查非营利组织是否依法设置会计账簿；监督非营利组织的财务会计报告等资料是否真实、合法；制定非营利组织会计的规章制度；检查非营利组织的会计人员是否具备从业资格。

（2）税务部门　在会计监督的基础上，税务部门主要通过对非营利组织会计资料的审查来发现问题，其监督的重点是非营利组织的财务活动是否符合非营利的性质，是否符合税法优惠政策以及财务会计资料是否真实、合法等，以此来督促非营利组织财务活动符合非营利的宗旨，否则剥夺其税收优惠政策待遇。

（3）审计机关　审计机关则有权检查非营利组织的财务收支资料、对发现的问题进行调查取证、将审计结果向相关政府部门和社会公告。

二、非营利组织外部监督的声誉机制

非营利组织声誉是指组织在社会网络嵌入时，在满足利益相关者（政府、受益人、捐赠者等）期望过程中所获得的对组织品性长期、整体性的价值判断，可帮助组织获取长期竞争优势和实现组织宗旨与使命。

非营利组织具有非营利性的特征，它以声誉为资本，具有信用导向特征。声誉是组织生存和发展的第一生产力，声誉受损会减少捐赠资金来源，影响组织的生存与发展。事实上，声誉建构已逐渐成为非营利组织实现战略性竞争优势的有力武器，对于组织未来生存和发展具有重要的战略性价值。近年来，随着声誉受损事件在世界范围内的反复爆发，以企业声誉为主要研究对象的西方声誉理论也开始关注公益慈善领域的声誉机制。

（1）非营利组织的声誉机制　声誉是市场经济中一种信号机制，良好的声誉可以增加承诺的可信度。同时声誉也是一种无形的资本，能够给其载体带来更多的潜在信任。非营利组织不同于一般的营利性企业，它缺乏营利性组织所具有的物质利益激励机制、业绩评价机制和监督机制，主要基于其利润非分配性和产品特殊性。利润非分配性是非营利组织区别于营利部门的最重要特征。声誉机制通过将监管权力随机赋予不特定的主体，产生对慈善组织的威慑和激励，可以降低监管成本、提高监管效率。

（2）声誉共同体与声誉受损　所谓声誉共同体，是指由于共同事件导致各自声誉受到不同程度影响的群体组合。在同一共同体内，声誉受损成本会在声誉主体间传递，声誉机制的效果取决于声誉共同体成员间的声誉受损成本转移。经济学中对于声誉受损与声誉共同体的视角对非营利组织领域的声誉危机事件、慈善丑闻事件研究极具启发意义。声誉受损在组织内部、组织之间、行业之间乃至国家之间具有扩散和传染效应。个别非营利组织的声誉受损会对其他组织及类似行业进行声誉受损的成本转移，给其他"无辜"成员带来"连坐效应"，使得其他"无辜"成员绩效显著下降。这种同行声誉共同体有利于提升行业的道德水准和业务水平，对于重建声誉市场的公平规则也具有促进作用。

三、非营利组织外部监督的法律机制

（一）非营利组织外部监督的法律环境

近年来，我国颁布了一些与非营利组织相关的法律法规，为非营利组织的外部监督提供了保障和支持。纵观我国非营利组织所处的法律环境，大致可以分为法律、行政法规、部门规章和地方性法规四个部分。

1. 法律

与非营利组织相关的法律有：1999 年颁布的《中华人民共和国公益事业捐赠法》和1999 年颁布的《中华人民共和国合同法》，这两部法律对非营利组织财产来源的捐赠问题进行了规定；1999 年修订的《中华人民共和国个人所得税法》规定个人向教育事业和其他公共事业捐赠的可以从个人所得税中扣除；2001 年颁布的《中华人民共和国信托法》对公益信托进行了规定。2020 年，十三届全国人大三次会议表决通过了《中华人民共和国民法典》，《中华人民共和国合同法》同时废止。

2. 行政法规

对非营利组织的一般性规定主要是国务院颁布的四个条例：《社会团体登记管理条例》《基金会管理条例》《事业单位登记管理暂行条例实施细则》《民办非企业单位登记管理暂行条例》。这四个条例是目前对非营利组织进行外部监督的主要行政法规。

3. 部门规章

除了法律和行政法规之外，国务院各职能部门制定的关于非营利组织的部门规章，成为非营利组织法律环境的重要组成部分。为了做到依法行政，民政部和有关部门也出台了一系列的配套性政策规章，比如民政部颁布的《社会福利机构管理暂行办法》《救灾捐赠管理暂行办法》《基金会信息公布办法》，财政部颁布的《事业单位财务规定》《民间非营利组织会计制度》，财政部、国家税务总局、海关总署联合颁布的《扶贫、慈善性捐赠物资免征进口税收暂行办法》等。

4. 地方性法规

为了能更切实地规范非营利组织，各地方政府结合本地实际情况，制定并颁布了若干与非营利组织有关的地方性法规，成为非营利组织法规环境不可或缺的部分。如《广东省社会救济条例》《深圳经济特区捐赠公益事业管理条例》《上海市红十字会条例》《上海市华侨捐赠条例》等。

（二）法律对非营利组织的外部监督内容

我国关于非营利组织的法律法规体现了政府对民办非企业单位、基金会、事业单位等各种非营利组织的外部监督职能，主要体现在三个方面：

1. 非营利性的约束

非营利性原则是非营利组织活动应遵守的基本原则之一。许多国家的法律都对此进行了立法规范，我国对此也做了规定。1989 年颁布的《社会团体登记管理条例》第四条规定："社会团体不得从事以营利为目的的经营性活动。"1998 年修订的《社会团体登记管理条例》不但保持了该原则，还规定社会团体收入来源和支出用途必须合法，组织的资金盈余不得在会员中分配。另外，政府允许非营利组织从事盈利活动，但为了保持整个组织的非营利性，对此类活动也有特殊规定。例如《事业单位登记管理条例》规定事业单位依法举办的营利性经营组织，必须实行独立核算，依照国家有关公司、企业等经营组织的法律、法规登记管理。

2. 受赠财产支出约束

我国《捐赠法》规定非营利组织应当将受赠财产用于资助符合其宗旨的活动和事业。对于接受的救助灾害的捐赠财产，应当及时用于救助活动。《基金会管理条例》第二十九条就对非营利组织的资金支出进行了一系列的规定，不但包括资金支出的比例，还包括资金支出的方向等。而《社会团体登记管理条例》也有规定：社会团体接受捐赠、资助，必须符合组织的宗旨和业务范围，必须根据与捐赠人约定的期限、方式和用途合法使用。

3. 财务公开制度

财务公开是指非营利组织的财务账目应当接受有关部门的监管，同时向社会公众和捐赠人公开，接受社会监督。《社会团体登记管理条例》规定社会团体应当向业务主管单位报告接受、使用捐赠、资助的有关情况，并应当将有关情况以适当的方式向社会公布。《基金会信息公布办法》则有如下规定：信息公布人应当在每年 3 月 31 日前，向登记管理机关报送上一年度的工作报告。登记管理机关审查过后 30 日内，信息公布义务人按照统一的格式要求，在登记管理机关指定的媒体上公布年度工作报告的全文和摘要。以上法律法规对保证非营利组织的非营利性、资金使用的合理性、透明性发挥了重要的作用。同时也规定了监督部门的职责，以及对非营利组织的惩罚措施，这也为政府部门对非营利组织进行财务监督提供了依据。

第三节　非营利组织外部监督问题及完善措施

一、非营利组织外部监督的现实问题

（一）法律缺失致使外部监督无法可依

在我国现行的关于非营利组织的法规体系中，主要包括两个行政法规、两个行政性规章和一个特别法。即 1998 年公布的《社会团体登记管理条例》和《民办非企业单位登记管理暂行条例》、1988 年和 1989 年先后公布的《基金会管理办法》和《外国商会管理暂行规定》，以及 1999 年 8 月颁布的《中华人民共和国公益事业捐赠法》。

这些法规的主要特征是对各种不同类型的非营利组织做了分门别类的管理规定，通过双重管理体制和相应的登记注册规定，严格控制非营利组织的成立，并加强对其日常活动的管理。同时，考虑到非营利组织开展活动的公益性，在税收等方面实行有利于非营利组织发展的捐赠减免税政策。通过对这些法规的粗略分析表明，对非营利组织的外部监督在我国依托的是仍然不完善、有缺陷的法规框架，原因如下：

1）以上法规大多属于行政法规或者部门规章而非国家法律，权威性不足。

2）这些法规多属于程序法而非实体法，对公民结社行为的实体内容并无系统规范。关于社团成立和准予登记的标准和条件，实质上仅有"合法性"要求：社会团体必须遵守宪法和法律、法规，维护国家的统一和民族的团结，不得损害国家的、社会的、集体的利益和其他公民的合法的自由和权利。

3）有关法规缺乏针对性和特定性。虽然官方文件承认社会团体的多样性，但对不同性质的社团依然采取了"一法统揽"的做法：除上述"合法性"规定之外，对非营利组织没有提出具体的要求，对非营利组织的人事财会等方面尚缺乏系统性的规定，尚没有形成一个适用于非营利组织特性的组织建设规范。这种缺失导致监督实施时无法可依。

4）关于非营利组织的外部监督，上述法规仅确定了多样化的监督主体，但在监督的内容、监督的程序和监督需要的信息渠道等方面，依然存在"一法统揽"的状况，同样缺乏针对性和可操作性。

特别值得一提的是，现行法规规定：在同一行政区域内不得重复成立相同或相似的社会团体，这种限制竞争的做法实际上排除了竞争可能带来的压力和约束。这也就是说，"法律缺失"不仅表现为立法上的"作为不足"导致对非营利组织实施外部监督时"无法可依"，而且表现为"作为失当"导致限制竞争在客观上削弱了非营利组织实现公共责任

的外部约束。

（二）组织缺位导致多元监督主体与激励不足

组织是在一定制度约束下，为实现一定目标创立的个人团体或者活动主体。与一般的想象不同，非营利组织的"组织缺位"并不是监督主体的缺乏，而是表现为官方监督主体的多样化和激励不足。民政部门、业务主管部门、审计部门和人民银行等都对公益机构这类非营利组织负有监督的职责，但关于四个部门之间的职责分工、各监督主体实施监督的程序和手段等，现有法规缺乏可操作性的界定。从理论上说，监督主体的多样化可能会陷入"集体行动的困境"。

实践上看，由于"组织缺位"导致的"三个和尚没水吃"的局面，可以说是我国非营利组织监督中的困境。有关官员承认：由于履行多重职能、人力资源不足、"民间组织"种类繁多且数量巨大，民政部"民间组织管理局"无力应付制度所赋予的监督任务。有迹象表明，监督主体往往把监督视为一种权力而非职责和义务。义务感的缺乏导致监督的消极性、被动性和动力不足，而权力感的过盛又产生了干预的随意性和非理性。

（三）观念缺失使监督意识薄弱与道德滑坡

制度包括正式规范和非正式规范两大类。法律缺失是正式规范制度的缺失，观念缺失则是非正式规范制度的不完善。从监督和责任机制角度来看，观念缺失首先表现为监督意识的薄弱甚至表现出无奈和"理性的冷漠"、道德滑坡和腐败具有很强的腐蚀性，无疑会影响到非营利组织及其工作人员。

▶ 二、非营利组织外部监督的完善措施

20 世纪 80 年代之后，我国民间社会团体开始大量涌现，逐步出现了民办非企业单位，非营利组织获得了长足的发展，然而，由于受到历史传统、政治和法律环境不完善等诸多因素的影响，非营利组织监督机制的建设，尤其是非营利组织的外部监督机制在实质上处于缺位的状态，成为制约我国非营利组织良性发展的"核心困境"。在此背景下，应该如何规范非营利组织的活动，如何实现非营利组织由传统道德驱动的自律向以制度为保障的内外部监督机制的转换，就成了当前我国非营利组织研究中面临的一项中心课题。

非营利组织要获得健康的发展，要保证其公共责任的良好实现，都要求构建一套行之有效的监督体制，这既需要其内部的自我约束，更离不开外部的监督。从世界各国的经验看，对非营利组织的监督管理模式基于不同的传统和社会制度结构，会具有不同的特色，这些对我国非营利组织的制度建设具有启迪意义。

（一）完善法律体系

完善法律体系需要创造非营利组织外部监督机制的法律环境，可通过以下方法实现：

1）政府应该以立法的形式确立非营利组织的社会地位，界定其与政府、市场的明确关系，肯定非营利组织在公共管理中发挥的积极作用。

2）尽快地解决"一法统揽"的问题，为不同的组织分别制定不同的法规。即结合我国国情，并参照国外的经验，尽快制定与慈善、公益相关的法律法规。

3）在程序规范的基础上加强实体规范。从法律上明确各类非营利组织的设立条件和

标准，并且要有可操作性，保证在管理和监督上有法可依。

4）明确界定政府的管辖范围，规定非营利组织的权利义务和法律责任，使政府部门以法律为准绳依法管理。

5）解决现有法律中的一些"作为失当"的问题。

6）应在适当的时候把行政法规或部门规章，上升为国家法律，提高其权威性。

（二）模式构建：政府主导下的多元共治

作为一种对非营利组织监管模式的探索，政府主导下的多元共治意指在我国当前的环境下，对非营利组织的监督治理应以政府为主导，通过政府本身对非营利组织的规制和政府对各种社会监督资源的整合、协调，最终形成政府、社会的监督与非营利组织自我治理相结合、多个监督主体共同协调运作的格局，在这一进程中，社会监督和非营利组织的自我约束将逐渐成为非营利组织监督的主要力量。主要体现在以下几个方面：

1）政府在我国非营利组织未来监督机制的构建中扮演着主导者和协调人的角色。这主要考虑了我国的社会背景，既要推进政府自身对非营利组织管理体制的改革，又要借助政府的力量整合、调动相关资源。

2）政府在未来非营利组织监督机制中的主导性作用包含了双重的考虑，一方面是指非营利组织的新型监督机制的构建，必须依赖于政府政策推动各种相关监督资源的整合，包括社会监督的强化和制度化、非营利组织自律与社会交代机制的建设，都需要借助于政府的推动。另一方面，在我国政治经济改革逐步推进的大环境下，政府在长时间里仍将是对非营利组织进行监管的主要角色，政府的政策在非营利组织的监督体系中仍然占有极其重要的位置。

3）多元共治要求非营利组织的多元监督主体，包括政府、社会力量、非营利组织自身及其各种自治性机构，在非营利组织的监督中都能产生实质性的影响。

但是，必须指出的是，非营利组织多元治理局面的形成与我国政府的实际运作密不可分。当前来看，无论是非营利组织的社会监督，还是其自律的行为，都处于一种缺乏稳定性、非制度化的情形中，要真正实现对非营利组织的多元监督，必须依靠政府的相关法规政策来形成多元监督的制度化渠道，并借助政府的力量确保多元监督的长期有效运行，直至新型的监督体制成为一种社会默认的价值。

（三）政府规制：体制改革及其政策选择

从我国当前的现实出发，构建更为有效的非营利组织外部监督机制，需要政府与社会的共同治理，尤其离不开政府规制，既要改善非营利组织的政府规制环境，也要改革非营利组织的具体管理体制，实现政社分开。

我国非营利组织的政府规制环境主要包括非营利组织的外部法律环境和行政管理环境。

（1）外部法律环境 从外部的法律环境来看，必须进一步提高有关非营利组织的法律法规的立法层次和体系，改变我国现行法规中带有的控制、限制的基调和烦琐的手续规定及其制度性框架。

（2）行政管理环境 从非营利组织的外部行政管理环境来看，我国对非营利组织实行严格限制的双重管理体制。由于我国的特殊国情，对非营利组织的成立采取严格限制的政策有其特定的原因和条件。但是，随着非营利组织在社会中的作用日益突出，政府应逐步转变对非营利组织的认识，适当改革双重管理体制，在进行监管的同时应积极扶植非营利组织的发展，简化非营利组织登记注册的手续，从而将多数的非营利组织纳入国家法律的制度体系并对其行为进行有效的规范管理，这是改善我国非营利机构外部行政环境的一个基础性环节。

结合非营利组织的特殊性质，发挥税收政策的杠杆作用，实现对非营利组织的有效监管。免税资格的审批成为政府对非营利组织的重要干预手段，对违规的非营利组织取消优惠的处罚具有一定的震慑作用。我国政府可以对非营利组织的税收优惠进行相应的法律规定，并方便公众监督。

制定相应法规使任何拒绝提供信息的非营利组织必须承担相应的后果。此外，还应严格控制非营利组织投资活动的范围，对于一些高风险的投资领域，政府应制定相应政策绝对禁止。

非营利组织的具体管理体制也面临改革的诉求，我国现行非营利组织的行政管理体制赋予了我国非营利组织的业务主管单位和登记管理机关极为广泛的权力，这导致了当前我国主管机关对非营利机构进行干预的随意性大，越权现象突出。基于此，我国非营利组织行政管理体制的改革，就必须在制度和体制关系上对非营利组织的登记管理机关和各个业务主管单位的监管职能进行规范，减少随意干预和越权干预，同时又必须加强政府相关机构对非营利组织的监督检查以制约非营利组织中的贪污腐化。作为一个改革的方向，这牵涉大量规章制度的迁改，将是一个长期渐进的过程。

（四）多元治理：政府以外的监管

我国非营利组织监督体制的构建，最终是要形成一个多元治理的格局，在这一格局中，政府发挥着重要的作用，同时，来自社会场域的监督主体和非营利组织的自律也要拥有相应的位置，并随着这一监督格局的日益完善最终成为主要的监督力量。这一格局的形成，离不开各监督主体的自我建设和努力，更需要政府的制度安排和强力扶持，通过行政力量建设有利于各种社会主体和非营利组织自身参与监督的机制和渠道，构建多方位的问责机制。

我国非营利组织社会监督体系的问题主要表现在监督渠道不畅、监督主体的监督意识有待增强、自律机制不够完善等几个方面。

（1）监督渠道不畅　要进一步发挥新闻媒介对非营利组织的舆论监督功能，运用报刊、广播、电视等舆论工具，通过采访、调查、民意测验、发表评论等方式反映人民的意见和要求，监督非营利组织的各项活动，具有及时、全面、影响大的特点，是一种重要而有效的监督形式。由于媒体是公众获取信息的主要渠道，普及范围广、影响大，具有导向作用和威慑作用，所以能够对非营利组织的管理者形成强有力的约束。

（2）社会领域各监督主体和社会公众的监督意识有待增强　建立独立的第三方评估机构，实行社会问责机制。应该说，政府是唯一具有法律权威强制要求非营利组织进行问责交代的组织，但是这种单一的监督模式效果并不明显，所以还必须建立面向社会公众的问责机制。非营利组织应该每年在媒体或网络上公布其组织的资金流向和使用效果的详细年度报告，并在公布年度报告的一定时期内，设立专门的质询处和质询电话，回答社会公众对相关问题的质询。为了避免社会问责流于形式，可以建立独立的第三方评估机构来帮助公众对非营利组织提供的信息进行评价和监督。第三方评估这种方式更具专业性、技术性，我国目前没有一个独立的第三方评估机构专门对非营利组织进行监督，所以，今后应建立专业化的民间评估和监督机构，负责收集、整理、发布非营利组织的运作信息，建立评估的标准和评估指标，包括治理结构、资金使用与运作、筹资行为、组织所得是否用于成员分红等方面，并对非营利组织进行评估，向社会公布评估的结果。特别要对那些提供的信息存有疑点和曾经有过不良记录的非营利组织进行重点检查。

（3）非营利组织的自律机制不够完善　我国非营利组织监管实践显示，政府监管屡屡失效的原因除了监管任务繁重而不堪重负以外，另一个重要的原因就是制定的非营利组织的活动规范和行为规则缺乏应有的针对性。同政府监管相比，自律组织监管的价值优势主要体现在监管更有效率、更具有灵活性和预防性，因为自律组织汇集了一大批专业人士，他们懂得应当制定什么样的规范才能更好地指导和约束非营利组织。当前我国大部分非营利组织的自律是一种基于道德和责任感的自我约束，这种约束缺乏连续性和稳定性，作用十分有限。对此，一方面要提高非营利组织运营的专业化水平，加强非营利组织内部的规章制度建设和执行的力度，逐步构建多层次的非营利组织职业道德规范，并在此基础上有秩序地形成非营利组织的伦理守则，这是一项需要非营利组织与政府协同推进的工作；另一方面要建设非营利组织的社会交代机制，这既是我国非营利组织自律机制建设的重要目标，也是加强对非营利组织的外部监督的有效途径。

（五）建构竞争机制：引导信息透明化，促进社会监督的作用发挥

非营利组织虽然不以营利为目的，但仍然需要竞争。竞争是促进社会资源高效和合理配置、保证非营利组织实现公共责任的重要保障机制之一。没有竞争就容易形成垄断，客观上限制或削弱了竞争环境，形成外部约束。

政府可以尝试允许在同一地区、同一业务领域内成立两个或多个非营利组织，让它们展开竞争，把选择非营利组织的权力交给社会，由社会来评价非营利组织的业绩，由业绩决定其命运，在竞争中实现优胜劣汰、适者生存，培育有竞争力的非营利组织。同时，引导非营利组织遵守公开性和透明性原则，要求非营利组织在媒体或网上公布其资金流向和使用效果的年度报告，以加强非营利组织的信息公开程度，便于公众和舆论监督，并制定相应法规使任何拒绝提供信息的非营利组织承担相应的后果，以促进非营利组织间的良性竞争，便于非营利组织更好发展。

引申思考

"同一天生日"网络募捐发起方被处罚：做慈善别让爱心凉了

2017 年 12 月由深圳市爱佑未来慈善基金会（下称爱佑未来基金会）联合"分贝筹"平台发起推出的"同一天生日"众筹项目，因被质疑造假、信息有误等，引发广泛关注。

"同一天生日"是一项公益募捐活动，基于微信平台发布并传播，而用户的参与，也通过微信公众号进行。活动页面宣传"一元助 TA 改变命运"，用户输入自己的生日，可寻找和自己生日相同的贫困学生，为其捐赠一元钱。

该众筹活动的形式，引发了不少爱心人士参与。但随后，也逐渐有人质疑该活动涉嫌违反法律法规、公益伦理。第一，不少网友贴出的照片显示，许多贫困学生的资料互相矛盾，有的生日日期不存在，有的生日有好几个。同一个受助的贫困学生，却在不同的生日

界面中出现，而且名字也不同，甚至信息还显示有贫困学生出生在 2009 年 2 月 29 日。第二，"同一天生日"项目所选平台为"分贝筹"微信服务号，账号主体是北京零分贝科技有限公司，很明显并不属于民政部指定的 12 家互联网公开募捐信息发布平台。第三，在"同一天生日"活动页面，公布了大量受助儿童照片，尽管活动页面显示"使用的所有孩子的肖像和信息均已获得孩子监护人的书面授权"，但不少网友质疑这是"用儿童的照片进行乞讨式筹款""以物化儿童的方式来消费贫穷"。值得注意的是，2017 年 8 月 1 日起实施的民政部推荐性行业标准《慈善组织互联网公开募捐信息平台基本管理规范》要求，对于所发布的受益人信息，平台应确认慈善组织已取得受益人授权或同意；对于儿童等群体应注意隐私保护，进行适当技术处理。但"同一天生日"发起方的做法显然并不完全符合这一要求。慈善行业内人士同样对此表示担忧，营销逻辑在公益运营中深度植入，固然迎合了公众的消费偏好，能够轻易获得商业标准上的成功，但更有可能引发对公益伦理的颠覆。

对于该事件，深圳市民政局于 2017 年年底展开专门调查，并责令基金会立即停止"同一天生日"网络募捐活动。2018 年 6 月，发布调查结果：爱佑未来基金会未在民政部指定的互联网募捐信息平台发布募捐信息，没有对发布的募捐信息进行审核，发布的信息不准确不完整。违反了《中华人民共和国慈善法》第二十三条第三款和第七十一条的规定。依据《中华人民共和国慈善法》第九十九条第一款第五项的规定，2018 年 6 月 15 日，深圳市民政局做出行政处罚决定（深民罚字〔2018〕第 029 号），对爱佑未来慈善基金会予以警告，并责令限期改正。公开资料显示，爱佑未来基金会成立于 2015 年 12 月 22 日，登记管理机关为深圳市民政局，2016 年 12 月 9 日被认定为慈善组织，2017 年 1 月 6 日获得慈善组织公开募捐资格。

根据调查结果"同一天生日"非法募捐虽未涉及网络骗捐，但该事件却在一定程度上打击了公众对慈善组织的信心，并不利于慈善事业的发展。进入新时代后，"人人公益、随手公益、互联网公益"已成为引领社会向上行善的新潮流。面对社会广泛参与的爱心行动，政府、行业协会，以及各外部监督机构应当积极履行职责：一方面，对已登记的慈善机构进行定期检查，促进募捐等慈善活动的程序化、专业化，增强社会对慈善事业的信心。另一方面，也应着重关注慈善机构是否维护受赠者隐私、是否遵循公益伦理，以防止慈善活动过度商业化。

（资料来源：中国青年报. "同一天生日"网络募捐错在哪儿 [EB/OL] [2022 - 06 - 01]. https：//baijiahao. baidu. com/s？id = 1605552798841932502&wfr = spider&for = pc. ）

［思考］阅读该案例，你认为存在哪些外部监督缺陷才导致了"同一天生日"违法募捐事件的发展？应当采取何种措施来减轻目前外部监督缺失所带来的负面影响？

复习思考题

1. 非营利组织外部监督的含义是什么？
2. 为什么要对非营利组织进行外部监督？
3. 非营利组织外部监督的类型有哪些？各自有什么特点？
4. 简述非营利组织外部监督的作用机制。
5. 非营利组织外部监督存在的主要问题及其成因是什么？如何解决？

第十一章

非营利组织内部控制

 学习目标

通过对本章的学习，能够理解非营利组织内部控制的相关概念、目标及组成要素；全方位掌握非营利组织内部控制的评价标准和评价程序；认识非营利组织内部控制的现实问题并明确相应的完善措施。

 **引导案例**

天使妈妈基金内部控制缺陷

1. 案例背景

天使妈妈基金会的全名为中国红十字基金会天使妈妈基金，是设立在中国红十字会下的一个二级基金，该组织的宗旨是以孩子的需求为中心，在孩子遇到各种困难时，如得重大先天性疾病或者车祸等意外时，保障孩子基本的生命、健康、生存和发展的权利。天使妈妈团队在 2005 年 9 月开始进行团队组建，贫困家庭重病患儿的医疗救助目的模式基本确立；2007 年 12 月，天使妈妈专项基金正式在中国红十字基金会签约注册；2010 年 1 月，天使妈妈基金会与中国红十字基金会正式解除合作，与中华少年儿童慈善救助基金会签约，成为该基金会的第一支专项基金；2013 年 12 月，北京天使妈妈慈善基金会正式拿到登记证书。从天使妈妈基金会的发展历程可以看出，该基金发展时间较长，属于投靠在其他基金会下的二级基金，获得正式登记书的时间也较晚，中间可能出现了较长一段时间的无组织性的管理，这样的管理可能造成管理层经营决策的失误、组织内部的资源分配不合理、资金的浪费。

女明星袁某就曾在 2014 年公开质疑天使妈妈基金会的操作行为，她的第一个质疑是，自己于 7 月 1 日汇款给天使妈妈基金会，希望救治一名叫孙××的病童，她在 7 月 13 日向基金会了解救助进度时发现，基金会所给的链接已经显示到了 7 月 29 日的状态，该基金会是如何预测未来半个月的恢复情况，该基金会是否为了应付捐赠者的追问，提前制定好了模板，不愿意给捐赠者真实的资料；她的第二个质疑是她捐给一个叫阿布的孩子的捐款数目出现了问题，显示收到的金额比她实际捐赠的要少；她的第三个质疑是在阿布出院后，该基金会还在为这名患儿募捐，这时募捐得来的善款，基金会准备如何处理。面对一系列的质疑，该基金会并没有给出让袁某感到满意的解释，从而在网络上掀起了争执。这种现象发生的原因主要是受托责任的缺失，作为非营利组织内部的管理层接受捐赠者的委托，对被捐赠人完成代理义务，这本是一个正常的行为。但是由于管理层拥有较多的私有信息，往往发生道德风险，事实上就阻碍了受托责任的完成。道德风险行为发生的根源可能来源于自有投资的保护性、利润的最低要求及留存收益以增强自己竞争力的需要。

2．内部风险分析

（1）缺乏自我风险评估系统　天使妈妈基金会的资金主要来源于社会各界的捐赠，在脱离中国红十字基金会之后，该基金会并没有设立一个统一的公共账户进行款项的筹集，而是通过两个私人的银行账号、个人支付宝账号和现场收款等方式，收到来自公众的善款8 296 209.85元。这些账号都是以天使妈妈基金管委会主任邓志新的名字开设的，出现了私人账户与其个人账户之间互相转款的现象，除了支付项目的房租费用和相关管理费用外，还进行了一系列的投资活动，具体的投资收益明细却没有明确的记录。

（2）理事会缺乏危机管理能力　在任何一个国家的非营利组织中，都会有理事会的存在，理事会是一个组织中最高的权力机构，具有绝对的决策权，对该基金会负有道德上和法律上的责任。天使妈妈基金会的主要成员有七名，除去名誉会长，理事会中有理事会成员五名和一名法律方面的监事，查阅这些高层管理者的资料，调查发现理事长和一名副理事长在天使妈妈基金会工作之前，主要是在证监会和企业里工作。同时，另外两名成员来自传媒行业，他们在来到天使妈妈基金会之前，没有在非营利组织中做过专职工作，除去上述四位，只有一位副理事长长期在非营利组织中工作，具有较为丰富的经验。然而，非营利组织与营利性组织在管理性质、方法和资金运营等方面存在较大差异，理事会成员绝大多数没有非营利组织管理经验，出现无法应对危机的现象也十分普遍。

3．完善该基金会内部控制机制的建议

（1）建立内部控制风险评估机制　宽松的内部控制会为没有职业道德的管理人员提供了利用组织中的各种公共资源进行"道德风险"行为的机会。为了控制缺乏职业道德素养、无法有效执行危机管理的理事会领导的行为，应定期进行内部控制风险评估，利用风险评估机制指导非营利组织履行适当的职责。

（2）创新管理层选择机制　选择理事会成员是一个较为困难的过程。作为组织运营的一部分，权力的平衡必须从最高层开始实施。在选拔过程中，非营利组织必须吸引、遴选那些真正能给组织提供有效治理的成员。例如一些在非营利组织内部有着较多工作经验的成员，他们有着浓厚的兴趣为社会做出持续的贡献。

（3）设置危机管理机制　要想提高组织的声誉，增加社会对该组织的信任，获取到更多的资源，非营利组织应该制定一套应对所有可能发生的危机的机制。解决危机的最好方法就是提前为不可预知事件的发生做好充分的准备，当有不可预知的事件发生时，才能做出正确的反应。

（资料来源：季宇．非营利组织内部控制改进研究：以天使妈妈基金为例［J］．湖北行政学院学报，2016（1）：54－58．）

第一节　非营利组织内部控制内涵及目标

▶▶ 一、非营利组织内部控制内涵

在探讨非营利组织内部控制的内涵之前，需要简要定义制度的一般概念。关于制度，存在着许多不同角度的定义。在《辞海》中，制度的定义是要求成员共同遵守的、按一定程序办事的规程或行动准则。柯武刚和史漫飞在撰写的《制度经济学》一书中，将制度解释为人类相互交往的规则。它们抑制着可能出现的、机会主义的和乖僻的个人行为，使人们的行为更可预见并由此促进劳动分工和财富创造。他们同时指出，制度为一个共同体所拥有，并总是依靠某种惩罚得以贯彻。此外，也有学者将制度视作个人策略行为的机会结构。综合各位学者的研究，从制度存在的最基本目的及其一般表现形态这个角度而言，可以对其做如下定义：制度，是指存在于社会生活的各个方面，基于约束和协调各种关系、保障社会化活动顺利进行，从而对人类包括其组织的行为进行规范且被所规范对象普遍接受，具有必要的执行保障机制的规则体系。

对制度的一般定义可以应用到各类制度上，比如据其推演出非营利组织内部控制制度的定义：是由约束和规范非营利组织内部控制活动和关系的规则及组织结构共同构成的系统。非营利组织内部控制制度是内部控制制度的重要组成部分，在非营利组织内部控制过程中起规范关系和统领行为的作用。

借鉴《行政事业组织内部控制规范（试行）》中的定义，我国非营利组织内部控制是指，非营利组织为了实现控制目标，通过制定制度、实施措施和执行程序，对经济活动的风险进行防范和管控的过程。我们可以从以下三方面进行理解：

1）内部控制是一个过程，由非营利组织理事会负责，全体人员共同实施，主要通过制定一系列制度、程序和实施相关措施三种方式实现。

2）非营利组织的内部控制范围限定于经济活动，具体分为组织和业务两个层面，组织层面的内部控制是业务层面内部控制的基础，业务层面的内部控制主要包括对预算、收支、政府采购、资产管理、合同管理等业务的控制，涵盖了组织主要的经济活动内容。

3）非营利组织内部控制目标包括经济活动的合法合规、资产安全和有效使用、财务信息真实完整、有效防范舞弊和预防腐败以及提高公共服务的效率和效果等多个方面。

▶ 二、非营利组织内部控制目标

COSO 报告对内部控制理论做出了巨大的贡献，该报告提出的内控框架在国际范围内受到广泛的认同。内部控制是控制主体意识的体现，即控制主体通过各种措施将自己的目标、要求、期望传达给被控制者，以规范和指导其行为。内部控制目标是内部控制存在及存在形式的根本，也是建立内部控制框架以及考核、评价内部控制的指导性参照物。企业内部控制目标与非营利组织内部控制目标有融合也有差异，这种差异的原因在于企业与非营利组织的资金来源、组织目标及运行方式不同。非营利组织内部控制的具体目标应包括以下五个方面：

（1）合理保证非营利组织目标的充分实现 目标受宏观环境与微观环境的共同影响，主导非营利组织一定时期内的运行方向。非营利组织的目标是在其经济能力允许的情况下向社会公众提供产品或服务。完善的非营利组织内部控制制度需要在组织实现目标的过程中，在经受各种考验的同时保证其目标能够充分实现。

（2）合理保证非营利组织信息的真实性、可靠性和完整性 会计核算能对非营利组织所有经济业务进行反映和监督，真实而准确地记录所有的经济业务，信息系统的管理对于非营利组织而言十分重要。非营利组织信息系统主要由两大部分构成：第一部分是资金运行信息系统，其主要功能是提供管理活动中资金运行情况的预决算报告等一系列财务会计报告；第二部分是管理信息系统，其主要功能是收集经验活动中与各方面有关的信息并生成各个层次的管理活动报告和责任报告等。非营利组织内部控制目标之一就是要保证这两个系统所生成的各种信息的真实性、可靠性和完整性。

（3）合理保证非营利组织资源运行的经济性、安全性及完整性　非营利组织的资金来源主要包括捐赠、政府补助和投资收益等公共资金，故其使用的公共效益会被特别关注，所以资源的经济性、安全性及完整性对于非营利组织来说非常重要。在内部控制制度的设计过程中，一定要考虑运行成本最小化与支出效益最大化的融合，减少资源的不合理消费并改变其低效率的运作模式；而账簿、凭证和记录资源是非营利组织履行责任并提高办公透明度的关键，内部控制同样应该注意保护其安全。

（4）合理保证非营利组织的产品和服务的质量　非营利组织提供的产品和服务一般都是公共产品，且具有垄断性，许多消费者在获取这部分产品或服务时，不需要或只需要象征性地支付一部分费用，消费者无法用货币来表达他们对非营利组织提供产品或服务的满意程度。通过内部控制的有效监控，保证非营利组织能够提供与其使命相符合的产品和服务，提高产品和服务的质量。

（5）合理保证非营利组织的公信力　公信力可以为非营利组织赢得组织声誉，是其获取政府支持和社会资源的必要前提，良好的公信力是非营利组织调动和使用更多资源的基础。非营利组织内部控制中的信息循环将不间断地反馈和修正财务绩效评价体系，使其趋于完善，提升非营利组织的公信力。

▶▶ 三、非营利组织内部控制的特点

非营利组织内部控制的独特性是由其自身业务活动及流程的特殊性造成的。非营利组织所开展的业务活动是不以营利为目的的、为社会公众无偿提供的志愿公益性行为活动，对于此类活动的内部控制因具体活动差异而有所侧重和不同。募集资金的高效使用、项目列支的合理安排、审批权限的精准定位、基金在各项目间的科学分配、支出流程的再造优化、内部控制方案的提早制定等，这些内容均应纳入其控制活动中。非营利组织的性质和业务活动特点决定了非营利组织内部控制与企业的不同，存在以下三个特点：

（1）内部控制范围的广泛性　随着非营利组织经济活动从以往单纯的项目收支向财务预算、物资采购、资产管理等众多范畴拓展，其内部控制的范围也相应扩大，除了涉及财务控制管理的方面还包括组织内部机构设置、内部控制机构组建、不相容岗位分离、对外信息披露等配套保障机制和措施。

（2）内部控制内容的复杂性　非营利组织内部控制内容的复杂性主要体现在以下三个方面：①非营利组织多种经济主体、多种性质、多种治理结构并存。出资方既有个人又有企业和政府组织，既有项目收入大于支出的又有项目支出大于收入的。②经费来源的多渠道与支出的多用途。收入来源主要有政府补贴拨款、社会募捐、会费收入、投资获益等，支出用途包括人员开支、社会保障、日常行政运行、采购支出等。③核算体系及内容日趋庞大繁杂，涉及预算、收支、筹资、投资、采购等诸方面，会计处理业务量成不断增加趋势。

（3）内部控制目标的多元化　非营利组织内部控制目标的多元化体现在以下两个方面：一方面，强化内部控制是为了确保非营利组织自身的资产安全，财会信息的可靠与真实，各类采购招标、募资投资活动的合法合规性；另一方面，也是为了通过优化内部控制提高组织对外募集资金和定向资助投放的运行效率和效果。因此，非营利组织内部控制目

标呈现出多元化的趋势。

四、非营利组织内部控制固有局限

1. 制度疏漏和人为错误

制度都是由人制定和执行的，人在制定执行这套制度的时候，会受眼界、水平和能力的限制。非营利组织内部控制制度在制定时很难做到百分之百的周密、全面，由于设计缺陷等原因导致内部控制系统中人员分离、制约不到位，重大事项决策无标准，最终难以实现控制目标。

同时，制度执行过程也可能出现一些偏差。即使十分完善的制度在执行时还是会遇到一些问题，因执行者的粗心大意、精力分散、判断失误、碍于领导权威以及对指令的误解，不按设计意图运行，执行者没有获得必要授权或缺乏胜任能力而形成的运行缺陷等，都有可能导致非营利组织内部控制失效。

2. 串通舞弊

非营利组织内部控制要求组织在治理结构、机构设置及权责分配、业务流程等方面应相互制约、相互监督，建立不相容职务分离控制、授权审批控制、会计系统控制、财产保护控制、预算控制和绩效考评控制等控制措施，组织中本部门内部和部门间都有很明确的分工，但如果它们串通起来，打着遵循制度的幌子做违反规矩的勾当，这比没有制度更可怕，将给组织带来不可估量的损失和危害。

3. 管理者凌驾

如果组织领导不正确对待手中的权力，滥用职权凌驾于制度之上，采用越权审批、以权谋私、假公济私等肆意践踏制度的行为，形成监督管理的"真空"，很有可能会对组织产生严重的影响。滥用职权一旦在组织中形成氛围，就会损坏制度的严肃性和权威性。

4. 受成本效益原则的制约

非营利组织设计、运营和维护内部控制需要投入一定的人力、物力和财力，通过这种成本的支出可以减少更多成本和风险的发生，但是随着经济的发展，组织内控体系也越来越复杂、越来越健全，内部控制的成本必将越来越高。于是组织出于对成本效益的考虑，认为内部控制并不需要做到面面俱到、尽善尽美，往往导致制度设计不合理、岗位职责分离不到位等问题。

第二节 非营利组织内部控制要素

内部控制要素是非营利组织建立和实施内部控制的具体内容。与 COSO 框架五要素类似，非营利组织内部控制由内部控制环境、风险评估、控制活动、信息与沟通和内部监督五个要素组成。这五个要素之间并不是相互割裂、毫无关系的，而是相互支撑、具有紧密联系的逻辑统一体。一般来说，非营利组织与企业在要素的内涵和外延上都有很大区别，这是由于两者不同组织形态和特点决定的。非营利组织内部控制要素含义的特殊性主要体现在组织结构、风险类型和监督形式等方面。

▶▶ 一、非营利组织的内部控制环境

非营利组织的内部控制环境是指对非营利组织的特定政策、程序及其效率产生影响的各种因素的总和。它是非营利组织内部控制其他要素运作的基础，是各种控制活动必需的运行环境，是内部控制工作顺利进行的强大动力。非营利组织内部控制环境的好坏直接影响内部控制是否可以有效执行。本书主要从组织文化、治理结构与人事政策出发，说明非营利组织内部控制环境要素的建设。

(一) 组织文化

组织文化是指组织作为一个特殊的个体，在长期的社会服务过程中，集体创造的、逐渐形成的并为全体成员所认同的群体意识及社会公众对组织的整体认知。它涵盖了一个组织独具的行为规范、组织价值体系、结构模式、优良传统、全体成员对组织的责任感、依赖感、关爱程度和荣誉感等。它是组织长期以来形成的一种稳定的文化传统，能为组织将其内部各种力量统一于共同的指导思想和经营哲学之下，汇聚到一个共同的目标和方向上提供精神动力。非营利组织自身的特点，决定了非营利组织的组织文化是与众不同的。非营利组织会接触大量的资金，甚至比一般的企业还多，非营利组织成员要在能够抵抗金钱的诱惑的同时履行其公益责任，这的确是一个比较困难的处境，组织文化处理这种情况将具有强大的能动性。

良好的组织文化有利于组织成员综合素质的提高，有利于防范道德风险，有利于组织成员在组织宗旨的引领下更好地实现其使命，有利于组织成员内部控制意识的提高。当所有组织成员充分意识到只有建立健全内部控制制度才能为组织健康运行和发展提供保障时，组织全体成员才能以实际行动促使内部控制得以有效运行。组织文化建设主要包括以下几项：

1) 必须重视组织内部控制环境中组织文化建设，真正发挥组织文化在内部控制环境中的统领作用，并切实加强组织文化的宣传和贯彻执行，以确保组织文化能够融入组织日常管理的方方面面。

2) 内部控制环境的实施需要组织全体成员的全程参与，现在很多组织的文化都强调以人为本的仁爱理念，这种以人为本的内部控制新理念需要充分发挥人的能动作用，依靠成员自身的专业素质、价值观念和道德意识充分的投入内部控制及其环境建设中来，组织文化强调千方百计地调动组织成员工作的主动性、积极性和创造性，从而实现内部控制环境的最佳效果。

3) 组织文化建设的最佳归宿就是将组织的文化变成每个成员自己的文化，增强成员在组织中的主人翁意识，增强他们的社会责任感。

(二) 治理结构

良好的治理结构是降低非营利组织在承担社会责任方面可能存在的风险，确保组织社会责任的基本制度设计，是非营利组织公信力和组织健康成长的源泉。非营利组织的治理结构主要包括决策机构、执行机构及监督机构。

这种治理结构可以形成决策、执行与监督相互制衡的格局，以达到明确权责分配、均

衡各方利益的目的，最终促使非营利组织的决策能力、执行能力和监督能力不断提高，非营利组织的可持续发展能力明显增强，组织体系运转顺畅。因此应把完善内部治理作为非营利组织建设的首要目标和任务，落实章程所规定的组织结构、运作机制以及民主决策原则，完善会员大会，提高理事会民主决策的地位，加强监事会的监督职能，使非营利组织能够做到组织独立、运作协调、监督有效。

以壹基金为例，壹基金的组织结构架构如图 11-1 所示，根据《深圳壹基金公益基金会章程》，理事会是壹基金最高决策机构。在章程中详细地列出了相关规定，如理事的选取与罢免、权利与义务等。明确监事会的义务有列席理事会和执行委员会会议，有权向理事会或执行委员会提出质询和建议，并应当向登记管理机关以及税务、会计主管部门反映情况等。权利义务的明朗化有助于规范壹基金的治理结构。

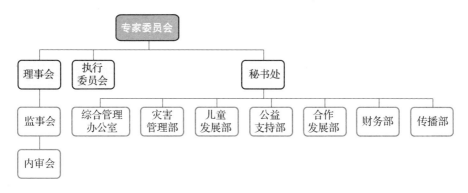

图 11-1　壹基金组织结构架构

（三）人事政策

高素质的人员对非营利组织来说至关重要。高素质并不仅仅意味着业务水平高，更意味着思想道德水平高、管理水平高、具有正确的价值观与社会责任感。非营利组织的人力资源管理制度应该以人为本，且有助于提高组织员工的综合素质和敬业精神。

以壹基金人事政策建设为例，壹基金是我国第一家民间公募基金会，虽然成立至今时日尚短，但是在一系列灾害救助中有亮眼表现，吸引了众多关注。人在内部控制中的作用是至关重要的，壹基金需要进一步完善人事制度去推动自身的发展，可以通过以下几点完善人事制度：

1）重视社会公德、职业道德是对组织员工最基本的要求，组织需要正确地运用社会公德、职业道德这一标准，对新进人员进行综合的评价。对于新加入的成员，组织需要建立起基本的行为制度规范对日常的业务活动加以规范。在壹基金组织中，约束员工行为的制度有《深圳壹基金公益基金会章程》《壹基金人力资源管理制度》等。

2）将组织中的制度规范分解成可以实际操作的指标或者将业务指标量化，使得组织中各项规章制度可以切实可行，便于操作，同时可以作为组织员工工作绩效考核评价的依据。

3）在市场经济环境中，壹基金组织需要引入竞争激励制度，竞争不仅满足员工自我激励的目的，更能展现出会员的工作才能，充分发挥其积极性和奉献精神。对于壹基金组织中的管理层，减少人员由上级直接委派或者调任的现象，增加采用竞争上岗的机制，可以从企业中引入管理人才,改善组织的经营管理,提高组织的运营效率。在壹基金基层人员中,竞争也是多方面的,比如在组织内实行业绩评比、壹基金组织的宣传竞赛、项目设计等,通过竞争激励制度,使得壹基金更有活力。

▶▶ 二、非营利组织的风险评估

非营利组织应该在组织运行的整个过程中,持续地进行风险识别和评估。在开展具体业务前,组织应该在拟达到的运作目标、信息目标和合规性的基础上,识别并评估组织面对的内部与外部风险因素,确定风险值,作为业务部门决策的依据。业务进行过程中及业务完成后,还应连续性地评估和跟踪监测风险状况,随时掌握组织所面临的风险状况。可以从以下六方面来加强非营利组织风险控制:

(一) 建立风险评估部门

风险管理是一项涉及面广、专业性强的工作,只能由具有专业技能的人员和机构来完成,所以非营利组织应当建立风险评估部门来执行相关工作。该部门应主要由财务、管理、信息情报、安全、环保、卫生、社会等方面的专家和专业技术人员组成,定期组织与协调相关部门及人员开展风险评估管理工作。此外,该部门的职能还包括结合对组织特点的考虑,运用风险评估管理手段和方法设计、制定完整的风险管理工作程序;根据风险评估管理的要求,按照有利于实现管理与内部目标的方式,制定风险评估标准,为风险评估管理活动提供规范与依据。

(二) 制定风险管理制度

非营利组织的风险管理制度应该适用于组织的内部环境,并为组织的全体成员认可并接受;要考核相关执行人员的能力与素质,保证风险管理制度高效执行;风险管理制度的规范,有助于使风险评估管理成为组织内部管理中的一项重要和经常性的工作,它是风险管理工作得以正常持续开展的基础。

(三) 建立数据收集网络

组织应该在组织内部主要部门、关键控制环节与组织外部均建立数据收集点,并运用多种方法收集、整理组织运作过程中,各主要活动面临的不确定性因素与潜在的风险因素,形成分类、量化、系统的数据源,为组织进行风险评价提供数据资料。

(四) 建立风险评估平台

风险评价平台将定性分析与定量分析相结合,对数据收集网络中得到的数据源进行识别、评估,并将识别与评估的结果及时、准确地反馈给相关管理环节,实现有效信息的快速流通,在保证信息对称的基础上为应对与处理风险提供决策依据。

(五) 制定应对策略方案

在对风险因素收集、识别、分析、评估的基础上,风险管理系统根据风险评估的具体情况,可以充分发挥服务、咨询的功能,为组织决策层提供恰当的风险应对策略方案,以便组织强化薄弱环节,提高管理效率,堵塞漏洞,规避风险。

（六）监督与评价

监督与评价的内容主要包括两个方面：一是从整体上分析、监督与评价整个组织风险管理活动的经济性、效率性与效果；二是从执行层面分析、监督与评价风险应对策略的设计与执行方面的有效性，即风险应对策略设计的措施是否可以有效应对风险，有效的风险应对策略是否得到了执行，已经执行的风险应对策略是否得到了一贯执行以及风险应对策略执行的效果如何。

三、非营利组织的控制活动

控制活动是确保非营利组织风险得以应对和控制的一系列制度和程序。控制活动应充分借鉴《行政事业组织内部控制规范（试行）》，从组织实际情况出发，从整体上对制度规范和控制方法进行设计，以此来规避或降低风险，保证各项活动的正常开展，从而实现内部控制目标。控制活动贯穿于整个非营利组织，包括组织层级中的机构和岗位设置，也包括业务层级中的各个管理流程。针对不同的组织机构、岗位和组织活动流程，所需的控制活动也是不同的。为了完成某项控制目标，控制活动可以单独使用，也可以混合使用。

控制方法主要包括不相容职务分离控制、内部授权审批控制、归口管理、预算控制、财产保护控制、会计控制、单据控制、信息内部公开和信息系统控制等。组织应当建立"以预算管理为主线，以资金管控为核心"的内部控制体系，通过预算这一基本控制方法将组织所有业务衔接起来，合理设置内部控制关键岗位，明确各岗位职能范围、业务权限、审批程序和相应责任，以确保财产安全，利用记账、核对、岗位职责落实和职责分离、档案管理、工作交接程序等会计控制方法，通过对组织外部来源的报销凭证和组织内部表单的控制规范收支管理，确保组织会计信息真实完整，将经济活动及其内部控制流程嵌入信息系统中，消除人为操纵因素。

四、非营利组织的信息与沟通

公信力是非营利组织的生命。非营利组织的可持续发展是以社会的信任与支持为基础的，而要得到社会的信任与支持，争取最多的可用资源，就一定要提高组织的透明度，较高的组织透明度是非营利组织不断提高社会公信力的重要保障。非营利组织财务信息及其他相关信息公开与披露的广度和深度决定了透明度的高低。

非营利组织信息披露是指非营利组织在机构设立、治理、管理、筹款、项目开展和对外交易的所有环节中，依照国家现有法律法规和民政部等相关政府主管部门的有关规定，以特定的形式、格式和内容及渠道向社会公众、捐赠人、媒体、行业组织等利益相关方发布或提交的与非营利组织业务相关的信息的行为。

除了相关法律法规要求的信息公开之外，非营利组织还应该负有主动披露的义务。非营利组织的管理者应该意识到，规范的信息披露机制对提升非营利组织的公信力、内部治理能力、运营效率、人才发展和项目执行等方面具有推动作用，因此，组织更应该以积极的意识和坦诚的心态面对信息披露问题，只要披露的信息符合非营利组织的公益宗旨，并且符合相关法律法规的要求，且不涉及个人隐私，都应该毫无隐瞒地披露。而且，如果非营利组织能够合理地说明披露的信息，正确地引导公众，能够进一步增强机构的公信力和透明度。现阶段我国非营利组织在信息披露的过程中存在披露内容不完整、披露对象范围小、披露方式单一、披露时机滞后以及信息置信度不高等问题。提升非营利组织信息披露的透明度，不仅要依靠组织内部动力驱动，更需要外部监管机制的督促。

（1）建立完善的信息披露制度　目前，我国出台的《民间非营利组织会计制度》《慈善组织信息公开办法》等对制度的规范多停留在理论层面。因此，应该有针对性地对不同类型组织采用不同类型强制措施，如基金会加强资金管控制度，社会团体加强内部审计制度，政府性组织加强外部监管制度等。以有效制度规范非营利组织的信息披露内容和质量，并借鉴西方信息披露的制度经验，更快地提高我国非营利组织的社会公信力。

（2）优化信息披露内容　社会对于非营利组织的会计信息披露主要体现在使用效率和项目效果两方面，因此在完成财务报表的基础上，非营利组织应将更加详尽的信息通过报表附注进行披露。以英国为例，在报表附注中，组织需要披露成本分配明细以及重大项目的分类信息。对于不同类型的非营利组织，要求披露的会计信息也不同，政府应严格规范大规模组织的会计信息披露，推动小规模组织的进步与发展。

（3）扩展信息披露渠道　高度发达的网络为提升非营利组织信息透明度创造了良好的条件，非营利组织应该充分利用互联网技术进行信息披露。在保持传统的以书面报告为载体的披露方式下，建立起以网络技术为支撑的非营利组织财务及其他信息公开披露渠道，比如微博、微信（包括公众号和小程序）、手机客户端、网络社区，还可以与其他新媒体合作公开组织财务信息。

此外，对于注册会计师事务所出具的非营利组织审计报告，政府可通过特定渠道进行统一披露。这样不仅保证了非营利组织会计信息的真实性与可获得性，还有利于将不同机构的运营绩效进行对比，促使非营利组织提升管理效率。

▶▶ 五、非营利组织的内部监督

结合我国非营利组织的属性和特点，内部监督应包括项目评审监督、预算执行监督、内部审计监督、内部控制自我评价等制度和程序，形成由组织领导负责，内部审计部门、纪检监察部门和财务部门鼎力协作，各部门密切联系的自我监督机制。

内部控制监督与自我评价工作应由组织内部的监督部门来完成。内部监督部门需要独立于具体的业务部门，从而可以更全面、客观地对内部控制进行评价；内部监督部门在决策部门授权的基础上，凭借对组织的了解，可以更好地组织、管理和协调内部控制的各个要素，并适时对内部控制相关环节进行检查。如果通过检查，内部监督部门发现内部控制存在缺陷，应及时与相关部门进行沟通，并将评价结果与整改意见及时上报，以确保有关部门及时纠正内部控制缺陷。

内部监督的重要性在于其实现对内部控制的控制，从而保证了内部控制的实施效果，因此内部监督需要设立相对独立的机构和岗位，全面、及时地对组织内部控制设计和运行中存在的问题和薄弱环节进行监督。

第三节　非营利组织内部控制评价

一、非营利组织内部控制评价的内涵与作用

（一）非营利组织内部控制评价的内涵

专门的机构或人员对组织的内部控制系统通过了解、测试和评价，在此基础上提出建议或意见，完善该组织的内部控制系统，最后以报告的形式呈现出来，这就是非营利组织内部控制评价。建立、运行和评价是非营利组织内部控制的三个重要组成部分，非营利组织只有在三者有机协调的基础上，才可能达成既定的目标。

（二）非营利组织内部控制评价的作用

内部控制评价在了解和完善内部控制的过程中起到了举足轻重的承接作用。这种作用通过以下两种方式表现出来：①将非营利组织内部控制目标细化，指导实际的操作，这种方式的评价对象就是其执行过程；②作为非营利组织整个内部控制执行的依据，在此基础上非营利组织的关键控制指标得以形成。所以说，内部控制本身的实施要求建立科学严格的内部控制评价体系，非营利组织目标的高效执行同样也要求建立严谨的内部控制评价体系。

内部控制评价体系的效果会因各非营利组织的组织经营规模、经营方式、内部结构等的不同而不同。这种差异在同一个组织内部也有所表现，比如说，环境的变迁会造成同一组织内部控制评价效果的差异。内部控制评价体系的有效展开是一个相互协作的过程，它需要一个组织的各部门而不只是财务会计部门的共同努力，需要所有员工参与。

对内部控制评价体系执行效果的评估，以定期检查或不定期检查的形式呈现，这些检查多由相对独立于财务会计的部门和相关业务管理部门的人员完成。对内部控制评价体系执行效果的评估是检测这一体系有效实施的重要依据。对内部控制评价体系执行效果的评估有利于内部控制体系的不断修正与完善，也可以在总结经验和教训的基础上，健全内部控制体系，使内部控制体系得以高效执行。总而言之，内部控制评价的作用主要表现在以下几点：

1）提高非营利组织的内部管理水平。非营利组织可以通过内部控制评价及时发现本组织或部门工作中存在的问题，针对这些问题提出对策、改善工作，从而提高管理水平。

2）通过内部控制评价，审计人员可以轻松地发现内部控制的优势与弱势，以此为依据不断完善内部控制制度，与此同时，也扩大了审计职能、完善了内部审计的程序。

3）内部控制评价也对内部控制各项政策、措施的贯彻、实施起着重要的作用。比如它可以提高会计工作的地位，促使会计更好地发挥作用，将其会计管理理念、方法在组织经营、管理的各处得以展现。

二、非营利组织内部控制的评价标准及内容

（一）非营利组织内部控制的评价标准

非营利组织内部控制评价标准的展现可以通过非营利组织管理与控制目标，也可以通

过内部控制要素。但是，无论评价标准以怎样的形式展现，它都分为两部分：一般标准和具体标准。

1. 一般标准

应用于内部控制评价各个方面的标准即内部控制的一般标准。内部控制的一般标准是整个制度得以运行需要遵守的标准，也是需要达到的目标。内部控制评价业务的目标是对被评价组织的内部控制提出意见，这些意见主要表现为对内部控制的完整性、合理性、有效性的评价。内部控制评价业务的展开需要有明确的目标做指导，结合相关的法律法规，并在已有的研究的基础上进行。内部控制的完整性、合理性及有效性是内部控制评价的一般标准。

2. 具体标准

内部控制评价的具体标准是指应用于内部控制评价具体方面的标准。内部控制具体标准是一般标准的体现，一般标准是具体标准的基础。只有从操作性较强的具体标准入手，对具体内部控制的设计与运行有了认识之后，才能通过总结、升华，从整体上对企业内部控制的有效性做出判断。具体标准可分为要素标准和作业标准两个层级。

（1）要素标准　确定某一内部控制系统的有效性，需要在评估五个内部控制组成要素是否存在以及是否运行良好的基础上做出判断。内部控制的有效运行为某个或某些相关的内部控制目标的实现提供了合理保证。因此，这些控制组成要素就成为有效内部控制的评价标准。事实上，如果对组织业务层面的控制都按照内容控制五要素来进行评价，虽说是国际潮流，但确实太繁杂，比较现实的选择是重点评价关键控制点的控制是否有效，以揭示重要或重大缺陷。借鉴我国的《企业内部控制基本规范》，非营利组织内部控制要素评价标准可分为内部环境、风险评估、控制活动、信息与沟通、内部监督五个方面来制定。每一个要素又分为更多的项目，针对每个项目又需分别订立不同的标准。

（2）作业标准　内部控制评价作业标准主要是对控制活动要素的细化，控制活动是确保管理者的指令得以实现的政策和程序，旨在帮助组织针对风险采取必要的行动。控制活动是针对控制点设定的，组织一般根据其业务活动的特点来设计控制活动，所以作业标准比内部控制要素评价标准更繁杂。当前比较流行的做法是对内部控制项目首先按照内部控制的五要素进行分解，然后再将每一个要素分解为具体的评分内容，采用具体的内控评价方法对其进行评价，明确其风险等级、评价方法以及权重。

（二）非营利组织内部控制的评价内容

非营利组织内部控制的评价内容要依据内部控制的要素进行设置。这是因为内部控制评价是对该制度的设计、执行情况进行的监督、检查和评定。在实际操作时，要掌握重点，因为内部控制的内容丰富，涉及面广，不可能对所有内容都进行评价。总体而言，要注意以下几点：

1）组织结构与职责分工是否健全、完善。

2）各项内部控制制度及相关措施是否完善、合规，与组织内部组织管理是否吻合。

3）业务处理工作是否合规，工作执行情况是否有效。

4）内部控制各岗位的权力划分是否符合不相容岗位互相分离的原则，其履行权利是否有得到有效监督。

5）岗位责任制度和奖惩制度是否合理。

6）关键控制点是否有必要的控制措施，措施执行是否有效。

7）内部控制制度在执行中受管理者影响的程度如何。

三、非营利组织内部控制的评价程序

（一）成立内部控制评价机构

成立相应的评价机构之后，非营利组织内部控制评价才能展开。评价机构的成立与否，决定着评价工作的成败。所以，在每个组织内部，都会设有内部控制评价机构。内部评价机构的成立，应以组织的规模大小、机构的设立、经营的性质、制度状况等为依据。内部控制评价机构的主要任务是从管理者的利益出发，处理各种问题，并接受来自整个组织的监督。内部控制评价机构的评价活动的初衷是确保整个组织工作运行的顺利，而不是拘泥于具体的规范和标准。

内部控制评价工作正是组织内部审计机构的重要职能之一。内部审计机构的设立，要符合现代非营利组织制度的要求，同时要照顾到监督与评价内部控制系统的要求。具体而言，应以下标准来衡量内部审计机构是否符合要求：①能否独立行使权力，包括对内部控制系统的建立、运行过程及结果的监督的权力；②是否具有相应的权威性来监督与控制内部评价系统，是否具有对监督与控制过程中发现的问题的处理权；③能否与组织其他机构协调一致，能否做到相互制约、共同合作、共同进步；④能否满足组织对内部审计监督与评价内部控制系统的要求；⑤能否得到组织领导的支持，是否有有效的措施确保能对内部控制系统进行有效的评价。

（二）了解内部控制设计及其完整性

该阶段的内容包含以下两个方面：一是指根据业务工作要求，非营利组织应该检查内部控制重要部分是否已经设置；二是一直控制业务活动的进程。了解内部控制设计的方式包括以下三点：①咨询相关的组织工作人员；②查看内部控制生成的文件和记录；③了解组织的经营管理情况。

（三）评价内部控制设计的合理性

在内部控制的各要素都被掌握的情况下，评价内部控制设计的合理性关键取决于其能否发现组织的不足之处并尽量避免意外发生，其中包含两层意思：内部控制设计和实施时的适用性和经济性。内部控制设计合理性判定应该注重实现内部控制整体目标，而不是只对特定内部控制做出要求。在对特定内部控制设计合理性做评价的过程中，需要考虑特定内部控制的性质和表达方式，以及经营活动及其管理系统的复杂性。

（四）测试和评价内部控制执行的有效性

在对内部控制执行的有效性进行测试的过程中，需要考虑的因素包括：该内部控制是否被执行、执行的人员选择、执行的方式和执行的时间。内部控制执行时间不受限制，可以连续进行也可以选择特定时间进行，因此若想要准确地对控制测试的性质、时间和范围进行确定，则对内部控制的性质、执行时间和频率等因素的考虑不可或缺。内部控制执行有效性的测试方式包括以下五个方面：①咨询相关的组织工作人员；②查看内部控制生成的文件和记录；③了解被审核组织的经营管理情况；④再次执行有关内部控制；⑤做好内部控制评价报告的编制。

评价人员做好相应的评价工作以后，必须与本机构其他工作人员一起完成内部控制评价报告的编制工作。在内部控制评价报告的编制过程中必须考虑以下几个方面的因素：①评价程序是否与国家法律相一致；②内部控制制度是否依据国家法律法规来制定；③内部控制评价报告进行阶段能否满足机构日常工作的需求；④在未来一段时间内，如何完成报告内容的修改和完善。

除此以外，内部控制评价还由三部分构成：①制度优劣情况；②制度执行情况；③是否促进制度得到进一步完善。针对存在重大不足的内部控制，评价人应马上通过书写相关报告的方式告知被审查组织与领导。内部控制评价报告的编写当清晰、简洁、一目了然，且要拥有比较规范的格式，这样可以快速有效地提供内部控制评价结果，有利于相关人员进行查看和理解。

▶ 四、非营利组织内部控制评价方法

一般情况下，内部控制评价方法与其评价程序存在相互联系，不同方法可以在不同阶段被采用。简而言之，在调查阶段时应采用记述法、调查表法及流程图法；在测试、评价和报告阶段时，则应该采用证据检查法、穿行试验法、实地观察法等方法。

（一）调查阶段的方法

（1）记述法　记述法也被称为书面说明法。记述法的具体含义是在对相关组织人员进行咨询或者查看有关资料时，评价人员采用文字描述的方法记录自己掌握的内部控制设计情况。评价人员在实际工作中习惯使用工作稿进行记录。记述法具有相对简单、容易实现等特点，但也存在诸多缺点，例如没有层次与形象感，资料整理和对比分析过程复杂麻烦，以及存在对内部控制设计重要环节考虑不周的情况。因此，记述法适用的范围包括一般控制、记录控制、实物控制等方面。

（2）调查表法　调查表法（内部控制问卷法）是指评价人员基于内部控制的调查表，向相关组织业务管理人员、相关当事人等咨询内部控制的完整性。在对组织内部控制有足够认识和理解的基础上，评价人员应该提前设计一些具有针对性和模式化特点的调查问卷。然后，利用相关组织工作人员对调查问卷问题做出的回答，对必须具备的控制措施和重要控制环节设置情况进行检查。最后再根据以上完成情况对组织内部控制体系的完整性做出评价。通过调查表法，评价人员不仅能得到清楚准确的调查结果，而且可以对组织内部控制情况做出合理的分析与评价。然而，由于调查表的内容有限，不能完全概括所有相关信息，因此调查表法的适用范围局限于对内部控制体系中的具体控制点和措施进行咨询和了解的场合。

（3）流程图法　流程图法是指评价人员基于流程图的方式，对组织内部控制情况的进行描述的方法。流程图法同时适用于内部控制设计与评价。一般情况下，评价人员绘制评价流程图作为评价现状流程图的参考模式，它可以体现组织理想的内部控制要求。同时，

现状流程图的设计工作由评价人员或内部管理人员负责，用于对组织目前的内部控制状况进行说明。此外，组织内部管理人员通常采用流程图的形式对业务处理程序进行表达，这种流程图被称为现状沉积图，它可以便于相关部门准确地管理和处理其业务活动，评价人员不需要再次绘制并且可以直接使用。若评价人员在被评价组织中没有找到现成的流程图时，则需要根据其业务流程的实际情况设计相关流程图。

流程图法的优点：能够清楚地描述被评价组织的内部控制体系情况，有效强调其重要控制点，以及有利于对内部控制系统中的不足进行辨别和判断。因此，流程图法是现今对内部控制系统进行描述的主要方法。

然而，流程图法也有缺陷，例如绘制复杂且难度大，不利于初学者采用，且不能直接反映控制流程之外的控制措施（如实物控制）。因此，在实际应用中，通常采用流程图法与调查表法相结合的方式，全面、准确地对组织内部控制情况进行描述。

（二）测试、评价和报告阶段的方法

（1）证据检查法　证据检查法是指在符合性测试和评价中，评价人员根据随机选取的相关书面证据和其他有关证据，对控制措施线索进行检查，从而判断内部控制被执行效果的方法。

（2）穿行试验法　穿行试验法是指在符合性测试和评价中，评价人员根据对某项控制系统的若干业务的随机选取结果和被评价单位规定的业务处理步骤，完整执行测试流程，检查这些经济业务办理时采用的控制措施的达标程度，然后将其与先前的处理结果做比较，以此来评价各项控制措施的执行效果。该过程也被称重复检查法。

（3）实地观察法　在符合性测试和评价中，评价人员在工作现场实地观测和查看相关工作人员的真实工作状况，并且检查其严格执行规定控制措施的实际遵循情况，此过程中采用的方法被称为实地观察法。该方法的适用场合包括：①不留线索控制的检测，如实物控制、职务分离等；②执行控制合格程度的检测，如材料验收、门卫检查等。在采用实地观察法的过程中，为了取得较好的效果，评价人员应该极力避免被评价事项的相关人员提前知晓此事。

第四节　非营利组织内部控制问题及完善措施

至今，我国仍没有出台与非营利组织相匹配的内部控制规范。自2008年以来，我国先后出台了企业、中小企业、行政事业组织内部控制规范。然而，作为我国内部控制规范体系建设的另一重要方面——非营利组织内部控制规范建设却依旧进展缓慢，非营利组织性质的社会工作服务机构还没有相应的内控规范。目前有条件开展非营利组织内控制度建设的机构，也只是参照企业或行政事业组织的内控制度执行，还存在着诸多问题，急需整改与完善。

一、非营利组织内部控制问题

（一）控制目标不明确

非营利组织内部控制领域发展程度较低的情况下，如何通过内部控制的完善，解决非

营利组织中以权谋私、会计失真、资金浪费的不良现象尤为重要。内部控制目标为内部控制的发展提供了指导方向。内部控制目标与内部控制职能起连锁作用，内部控制目标的导向性与明确性将会影响到控制职能能否充分发挥其调动作用。

虽然我国非营利组织内控体系不断完善创新，让不法分子没有可乘之机，然而由于控制目标的概念模糊，方向缺乏明确性和针对性，导致改革后的控制机制主观方向不明确，非营利组织内部运营过程中仍旧存在不合规行为。此外，由于内部控制目标指向性不足，导致内部控制机制在推广和执行过程中阻力较大，执行效率不高。而明确的内部控制目标能辅助非营利组织解读风险，使风险解决办法更科学、有效。具有指向性的控制目标能划出预控风险的范围，并提出相应的解决措施。

显然，我国现行的非营利组织内部控制目标不够明确，非营利组织不完善的资金风险评估体系为机构资金流失埋下了隐患。因此，如何提高非营利机构内部控制目标的指向性和针对性，充分认知内部控制风险的薄弱环节所在，缓解执行控制程序过程中的压力，成为解决问题的思考方向之一。

（二）内部控制环境缺乏稳定性

内部控制环境不佳是我国国内非营利组织机构内部控制的突出矛盾之一，造成组织内控环境不佳的原因有以下两个：

（1）内部控制的意识不足　这也与非营利机构的特点有直接关系。营利机构更注重利益收入，在市场需求量有效的情况下，市场竞争也相对激烈。而非营利组织的特性使得其不必承担破产风险和亏损等重担，因此这也就从根本上反映了非营利组织缺乏危机意识，这也是内部控制体系滞后的原因。当财务风险出现时，非营利组织依附政府的力量解决资金周转问题应对风险危机。有政府做后盾造成了非营利组织缺乏对项目的合理预算，因此风险意识和控制意识相对薄弱，不利于形成稳定的内部控制环境。内部控制意识是形成良好内部控制环境的基础和前提，但资金收支非独立性使得非营利组织管理者大意，缺乏对内部控制制度的深入研究，控制意识较为淡薄。

（2）财务控制形同虚设　内部财务控制是指组织利用控制论的基本原理和方法对财务活动进行科学的规范、约束、评价等一系列程序和理念的总称，目的是为了保证其财务数据的真实性和企业的可持续发展。非营利组织的内部财务控制是建设良好内部控制环境的重要因素，然而由于非营利组织的特性，政府对其财务控制要求并不像对企业那样严格，导致其财务控制方面有漏洞。就当下的现实情况而言，部分非营利组织甚至没有独立的会计机构，其会计人员工作能力和综合素质不足，加大了组织的财务风险，不利于良好内部控制环境。非营利组织内部控制环境不佳的最突出表现为徇私舞弊，部分专项资金通过账目作假和人为运作挪作他用。加强内部财务控制意识为构建良好内部控制环境提供了新思路。

（三）内部控制监督工作不到位

我国的非营利组织公立性较强，加之由政府作为其支持者和保护者，无形中削弱了内部控制制度的执行力度。当下国内非营利组织内部控制的突出问题之一在于内部控制制度有名无实，不能对违规行为起到约束作用。比如，流程复杂需要多重审核的授权批准、集体决策控制等措施由于没有按照规则进行、监管力度不到位，导致人为可控性强。为了扭转这一局面，可提升内部控制机制的监督力度和执行力度，分级授权，避免将非营利组织置于一个高风险环境中。

（四）控制信息缺乏沟通

信息沟通对于内部控制的整体过程起到了预见和沟通的作用。信息的生成、传递与沟通机制是内部控制系统发挥作用的前提和基础，信息对于整个内部控制系统的运作起到了不可小觑的作用。当前尤为突出的是信息并不完全公开和透明，其真实性也有待考证，限制了内部控制的运作和职能发挥空间。

信息的及时传递和沟通能使组织内部控制系统更好地发挥作用，而当前我国的非营利组织信息传递堵塞问题严重，内部控制的建设步伐受到了阻碍。因此如何促进信息传输系统的完善和发展，充分调动内部控制系统的职能作用，在短时间内满足内部控制过程的信息交流需求，成为解决信息沟通滞后问题的重中之重。

二、非营利组织内部控制的完善措施

（一）明确内部控制目标

内部控制目标是内部控制组织运作与发展的前提，起到指向性的作用。明确内部控制目标，能及时锁定工作人员的工作方向，以防偏离预定轨道。要以内部控制目标为基础，通过对非营利组织的发展情况进行分析，根据分析结果找出存在的纰漏，建立相应的风险评估体系。同时也可以通过内部控制流程与风险评估两者之间进行整合的方法，以此形成具有针对性和指向性的非营利组织内部控制的目标管理制度。

（二）营造良好的内部控制环境

良好的内部控制环境为非营利组织内部控制的正常运作提供了相对稳定的发展环境。组织可以通过以下几种方式营造良好的内部控制环境：

（1）强化内部控制意识　内部控制环境的形成与非营利组织内部管理者的认识有着直接的关系。非营利组织内部最高管理人作为内部控制建设的主要责任人，要有注重内部控制发展的意识，上行下效，从根本上提高对营造控制环境重要性的认识。

（2）改革绩效考核制度　非营利组织可以设立相对独立的经济责任审计制度，这样既保障了内部控制系统的正常运作，又能起到标榜作用，督促组织成员接受控制系统的监督。良好的内部控制环境有助于员工形成自觉遵守和贯彻执行内部控制要求的意识。我国的非营利组织内部控制发展颇见成效，然而现有的绩效考评措施却没有跟上发展的脚步，薪资结构和分配不够公平合理，为形成良好的控制环境埋下了巨大的隐患，因此需要对现有的绩效考核制度进行改革。

（三）加强内部控制制度的执行力度

我国的非营利组织虽然不断改革现有的内部控制体系，但执行力度和处罚力度不足。

（1）开展关键控制活动　非营利组织应划分出关键的内部控制点，针对这些可能存在的薄弱环节进行着重监控，以点带面地实现整体内部控制制度的控制效果。

（2）强化对授权审批程序的监管　加强对授权批准程序过程的监管，明确授权的批准范围和权限。虽然授权批准流程相对复杂烦琐，却能有效地制约可能存在的人为操作，杜绝以权谋私的不法行为。

（3）完善内部组织结构　非营利组织内部控制执行力度的提升需要分散内部权力。组织内部权力集中将会阻碍和约束内部控制执行，因此可以分离非营利组织内部的职务分工与岗位，使特殊的岗位和职务相互牵制。

（4）完善内部审计制度　非营利组织可以通过强化内部审计制度来提升内部控制系统的监管执行力度，发挥内部控制制度的真正作用。

（四）加强信息透明度管理

信息形成、传递、交流的过程对于非营利组织内部控制机制发挥作用有重要意义。组织内部决策和服务改进等诸多问题都依赖组织信息分析和总结。这一切的前提都建立在信息的真实性和透明度得到保障的基础上。因此，丰富非营利组织内部较为单一的信息交流渠道，使其实现多元化，在一定程度上为畅通无阻的信息交流提供了可能。

 引申思考

国家自然基金委会计挪用公款案

国家自然科学基金委员会成立于1986年2月，主要职责是运用国家财政投入的自然科学基金，资助自然科学基础研究和部分应用研究。

国家自然基金委挪用公款案的案发源于2003年年初。基金委财务局经费管理处刚来的大学生上班伊始便到定点银行取对账单。以往这一工作由会计卞中负责。一笔金额为2 090万元的支出引起了李刚的注意，在其印象里他没有听说此项开支。这个初入社会的大学生找到卞中刨根问底。或许是从未被别人突然问起这样的问题，卞中慌乱中如实相告，他把这笔钱借给了一位朋友。当天卞中便约李刚私下吃饭，席间拿出8万元现金希望他不要声张。这一举动更是吓坏了这个刚刚参加工作的年轻人。李刚最终选择了向领导举报。2003年2月12日，卞中罪行最终以这样的形式被发现。

在北京海淀区检察院的追查下，卞中贪污和挪用基金的罪行一桩桩浮出水面。至2003年9月最终结案，在过去的8年里，卞中共挪用基金拨款高达2亿元。

卞中1992年7月到基金委工作，在基金委工作的十年间，为人低调。1995年6月，卞中在和邻居陶进聊天时提到自己的组织"特有钱，有大量闲置资金可以拆借"。陶进马上说，他朋友翁永曦的公司在湖北蒲圻县搞一个电厂项目正缺钱，不知能否从基金委借点儿。陶进承诺，如果搞到钱，公司可出高息。

与时任经费管理处副处长的吴峰商量后，双方达成一致。但他们向对方提出三个条件：一、钱不能直接给组织，需找一家银行存入再由银行借出；二、借期6个月，月利率13.5‰，利息归个人并以现金支付；三、事成后请两人到美国旅游一次。

吴峰事后说，因为国家政策允许基金委可以将部分闲置资金用以储蓄，所以他认为自己当时的行为从面上看并无破绽。同年8月，吴峰和卞中采取不记账和偷盖公章的手段，将公款1 000万元挪出，以委托存款的方式存入中国农村发展信托投资公司基金事业部。后又在该部以委托贷款的方式将1 000万元贷给翁永曦的广州公司。

在这次交易中卞中和吴峰共获得利息294.5万元，这笔钱被堂而皇之地放在吴峰办公室的铁皮柜里。当时两人胆子较小，一直未敢动用。后来，吴峰害怕办公室被清查，让卞中把这笔钱转移至卞中家中。

实际上，几乎与卞中、吴峰作案的同时，另一桩要案也在基金委悄无声息地发生着。时任基金委综合计划局计划财务处处长的秦登才在1994年7月和1995年2月两次将400万元基金以委托存款方式贷给私人公司，最终导致无法收回。富有讽刺意味的是，同样是时隔数年后此案才被发现。2002年64岁的秦登才被以玩忽职守罪起诉时，已经退休4年。

卞中挪用最大一笔款项是6 000万元。2002年12月，卞中通过伪造银行进账单、编造银行对账单直接将6 000万元巨款挪用至北京汇人建筑装饰工程有限公司，用于该公司的工程验资及日常开支使用。而据海淀区检察院反贪局有关人士透露，这6 000万元是基金委特批给中科院几位院士用以专项研究的专项资金。

卞中的作案手段采用最多的便是退汇重拨和伪造进账单。从1995年作案至案发，他所有共计26笔贪污和挪用犯罪绝大多数以此法炮制。例如，1999年1月，某大学因科研项目撤销向基金委退回一笔25万元的项目拨款。2001年4月，卞中编造以退汇重拨名义，伪造了给云南地理所拨款的银行信汇凭证平账，实际将这笔退款汇至某私人公司。

最多的时候卞中曾一次凭空伪造出25家受资助组织。2002年4月，基金委批准拨出项目经费1 135万元，卞中分两批执行，其中一笔518.8万元私自转至某公司。同时，卞中伪造了给25家科研院校拨款的进账单将518万元平账，这些机构包括全国诸多知名院校。

令人惊讶的是，从1995年至2003年的8年间，如此频繁的大批资金的不明流转并没有引起基金委主管部门的注意。卞中担任会计期间，财务局等主管部门都未很好地查过财务账。仅有的几次，卞中以正在调整账目为由得以逃避。

当下面受资助组织打电话催款时，卞中要么说手续还没到财务，要么通过倒账先打一部分钱过去救急。负责管章的吴峰出差时多次把公章留给了卞中，在经费管理处那间三个人的办公室里，没有上级查账，没有旁人监督，卞中如入无人之境，一个人默默地导演着资金"进进出出"的大戏。

（资料来源：刘莹莹. 非营利组织内部控制：国家自然基金委挪用资金案例分析. [EB/OL]. [2022-06-01]. http：//www. doc88. com/p-6169854533139. html. ）

[思考]　阅读该案例，你认为该组织的内部控制制度存在哪些方面的漏洞？可以采取哪些针对性措施来完善其内部控制存在的问题？

复习思考题

1. 什么是非营利组织内部控制？内部控制的目标是什么？
2. 简述非营利组织内部控制的特点，以及其与企业内部控制的区别。
3. 非营利组织内部控制的组成要素有哪些？简述几项常见的内部控制活动。
4. 什么是非营利组织内部控制评价？其评价标准是什么？
5. 简述非营利组织内部控制的评价程序和评价方法。
6. 结合实际案例，探讨我国非营利组织内部控制的现存缺陷及改进措施。

第十二章

非营利组织审计

学习目标

通过对本章的学习，全面理解非营利组织审计的相关概念、特点和必要性，明确非营利组织审计的问题和难点；全方位掌握国内外非营利组织审计制度的区别和特点，以及其对于我国非营利组织审计机制构建的经验和启示。

引导案例

壹基金审计案例

壹基金是李连杰于2007年4月发起的创新型公益组织，2011年1月11日在深圳注册为我国第一家民间公募基金会，专注于灾害救助、儿童关怀、公益人才培养三大公益领域。

2013年，雅安地震发生之后，壹基金打出"雅安，紧急救灾，刻不容缓"口号，募集捐款达3.9亿元。

2014年，有网友发出质疑李连杰贪污雅安地震捐款3亿元：截至2014年4月20日8点02分，全国219家基金会参与雅安地震募捐，接收社会捐款16.96亿元，目前已支出款物6.45亿元，占总收入的38%。壹基金收了近4亿元的捐款，目前拨付4 000多万元，仅占9%，遭到大众质疑。

壹基金对此表示，花钱应当求稳不求快。灾后重建项目，看重的是质量和社会价值，而不是花钱的速度。壹基金同时指出，其报表里的支出，指的是实际发生的项目支出，是对开展的项目情况进行具体验收之后的款项支付，而不是仅指资金离开账户。

壹基金较为完善的信息披露是其取信于人的重要条件。除了正常非营利组织都会有的年度审计报告，官网上还会定时对其公益资金的保管情况、资产保值情况，以及慈善项目的季度报告做出披露，同时项目招标情况公开透明化，接受全社会的共同监督。

同时，壹基金积极推进财务透明进程，在官网披露捐赠方式和名单，并发布由四大会计师事务所之一的德勤华永会计师事务所出具的审计报告，提高其信息披露的可信度。审计报告内说明其收入及成本的详细情况，相比较传统的财务报表模式更能取信于人。

我国目前仍然没有针对非营利组织审计的专门法律，大部分慈善机构适用的法律为2016年发布的《中华人民共和国慈善法》。但这部法律仅可以作为一个大纲总则，面对具体的情况，仍然需要各个非营利组织具体分析、具体判定。

壹基金的审计情况同样由自身决定，其每年坚持由德勤华永会计师事务所审计，出具年度审计报告和项目的专项审计报告，基于事务所本身的专业素质，报告可信度较高。显然，即便是壹基金这样审计情况较为被认可的机构，也有不少可以改进的地方。例如，壹基金对每个项目都会发布季度报告，里面包含了季度的财务情况。而这部分内容为其自身发布，未曾经过审计确认，公众无法判断其准确性和真实性。壹基金可以通过内部审计部门对此进行审计，或者邀请第三方审计机构对其财务信息进行审计，提高其季度报告的质量。

其次，壹基金应当发布项目预算情况，通过内部审计对其项目预算的设置和执行情况进行跟踪，定期发布公告公示社会。社会很多时候难以了解其内部项目的执行计划以及执行情况，因此对其资金的使用情况会充满疑虑，只有足够的公开，才能获得社会的信任。

最后，壹基金应当加强对内部控制机制的披露和监督。我们可以看到，由于审计信息的提供较为详细，很多时候类似壹基金的这类民间公益组织远比红十字会之类的老牌慈善组织更能够得到社会公众的认可。而此类机构其本身由创始人创立，受创始人等影响极深。因此，对这类组织的审计监管要求应当更高，在基本信息披露之外应当着重对其内部控制进行监督，避免其高层在离任之际肆无忌惮贪污资金，确保社会的公益资金都能物尽其用。

针对壹基金这类新兴的慈善机构，由于发展模式的不同，募集资金多以社会闲散资金为主，政府出资较少，承担的任务也多以其自行选择为主，没有政府方面强制的要求。因此，对这类组织，审计监督应以内部控制和资金使用情况为主。由于发展过于迅速，内部制度的建设相对落后，内部人员的素质有待提高，容易出现内部人员私吞款项的情况，故而应当着重对其内部制度的执行情况进行审计。除此之外，对其项目资金的使用情况同样是审计的重点。由于缺乏项目预算，每一笔项目的开支都应当经过审计的确认，并定期对外公布。

壹基金等非营利组织在社会生活中扮演着重要的角色，然而我国现有的监管约束机制不能适应非营利组织的当前发展需要，不规范的业务活动时有发生，非营利组织资金被挪用、盗用事件屡见报端。实施非营利组织审计有助于增强非营利组织财务报表的真实性和完整性，为资金的使用提供可靠的基础，是提高非营利组织社会公信力的重要手段。

（资料来源：杨喆艳. 非营利组织审计问题研究 [J]. 全国流通经济，2019（22）：185－186.）

第一节　非营利组织审计概述

▶ 一、非营利组织审计的内涵与特点

（一）内涵

非营利组织与政府、企业共筑现代三元社会结构，为社会提供公共产品和服务配送。然而，非营利组织违纪违规、责任缺失和败德行为事件的发生，导致非营利组织产生了信任危机，使其处于一种"贫血"的尴尬局面。具有"免疫系统"功能的审计工作，将为公众揭开非营利组织运作之谜，让公众看到一份高质量、高透明度的财务会计报告。

非营利组织审计是指专职审计机构或者经批准建立的内部审计机构及专业审计工作人员，对非营利组织财务会计报告的真实性、公允性，运用公共资源的经济性、效益性、效果性，以及提供公共服务的质量进行审计，通过审计得出的结论发现非营利组织在治理与

管理中出现的问题，并提出建议，以此推进非营利组织提高其治理水平和管理水平。非营利组织审计按照审计主体可以分为政府审计、社会审计和内部审计三种，其中，注册会计师能对非营利组织实施的审计工作包括年度财务报表审计、离任换届审计和专项审计。

（二）非营利组织审计的职能

非营利组织审计通过对其是否真实公允地反映了在当年会计年度的业务活动成果与财务状况、是否遵守国家法律法规并履行与捐赠人的约定来实现自身的宗旨等方面进行客观评价，可以促进非营利组织完善自身的管理制度，保证其合规有效运行，同时增强非营利组织的公信力，保护公众的公益热情。非营利组织审计存在以下三个职能：

（1）经济监督　经济监督是审计的基本职能。审计的经济监督职能是由审计的性质所决定的。它主要是通过审计，检查和督促非营利组织业务活动在规定的范围内沿着正常的轨道健康运行；检查非营利组织管理者忠实履行经济责任的情况，借以揭露违法违纪，判断管理缺陷，进而追究经济责任。在审计实务中，审计机关和审计人员从依法检查到依法评价，从依法做出审计处理处罚决定到督促决定的执行，无不体现着审计的经济监督职能。

（2）经济鉴证　经济鉴证是指审计人对非营利组织的财务会计报告及其他经济资料进行检查和验证，确定其财务状况和经营成果的真实性、公允性、合法性，并出具证明性审计报告，以取信于社会公众。比如，注册会计师接受委托并通过出具的审计报告体现审计的经济鉴证职能。又如，国家审计机关经授权提交审计结果报告也体现了审计的经济鉴证职能。

（3）经济评价　经济评价是指审计人对非营利组织的经济资料及经济活动进行审查，并依据相应的标准对所查明的事实做出分析和判断，从而改善经营管理，寻求提高效率和效益的途径。审计人对非营利组织的决策、计划、方案是否切实可行、是否科学先进、是否贯彻执行，内部控制系统是否健全、有效，各项经济资料是否真实、可靠，以及各项资源的利用是否合理、有效等诸多方面进行的评价，都可以作为提出改善经营管理建议的依据。在现代审计事务中，效益审计最能体现审计的经济评价职能。

（三）特点

我国非营利组织的监督和审计并非由单一机构承担，而是多部门共通在各自职责范围内负责对某个非营利组织的某一方面进行监督监管。民政部门在准入环节依法进行登记管理和监督；业务主管部门对非营利组织进行业务指导和日常管理；审计机构对非营利组织的财务收支进行监督。本书主要讨论注册会计师对非营利组织的审计，即接受委托的会计师事务所进行的社会审计。与针对以营利性为特征的企业进行的审计工作相比，非营利组织审计在审计目标、审计报告使用者、审计内容、审计经费来源和审计主体等方面有特定的要求。

1. 审计目标兼顾财务会计报告使用者需求

注册会计师对非营利组织财务会计报告整体是否不存在由于舞弊或错误导致的重大错报获取合理保证，对财务会计报告是否在所有重大方面按照《民间非营利组织会计制度》的规定编制发表审计意见，出具审计报告，满足财务会计报告使用者的要求。非营利组织财务会计报告使用者除了需要通过审计报告的鉴证结果了解非营利组织在上一个会计年度的资产状况和财务状况等常规信息之外，还需要了解该组织资金筹集和使用的规模与效率，获知非营利组织完成自身使命的能力。

2. 审计报告使用者不确定性

非营利组织财务会计报告使用者主要包括自家会员、捐赠者、监管部门和社会公众，比需要依赖企业财务会计报告进行投资活动决策的企业财务会计报告使用者的范围更加广阔，也更具有不确定性，因此审计过程和审计报告必须体现对审计报告使用者的考虑。审计报告应当区别于面向一般投资者的企业审计报告，考虑普通大众的阅读习惯和理解能力，使用更为简洁的表述方式，加入直观的可视化图表和数据说明，并与类似规模的非营利组织进行对比，便于社会公众理解和做出捐赠决策。

3. 审计内容独特性

与一般的企业财务会计报告的构成不同，非营利组织财务会计报告主要包括资产负债表、业务活动表、现金流量表和会计报表附注，没有利润表和所有者权益变动表。财务指标的变动分析涉及的财务指标要素和分析目的也与企业不同：企业主要关注资产负债率等能反映企业生产经营效率和企业未来盈利能力的指标，非营利组织更关注筹集资金的能力和使用资金的效率。

4. 审计经费来源多样化

非营利组织的审计经费主要由组织自身承担；我国民政部门有时以奖励或救济的方式承担审计费用，有时出于监管需要委托事务所审计并承担费用；一些规模大、声誉较好、质量较高的事务所也会在不影响审计质量的前提下降低非营利组织的审计收费标准。企业的审计经费主要根据业务约定和企业的具体情况由企业自行承担。

5. 审计主体的资质要求较高

我国财政部和民政部对审计非营利组织的会计师事务所有明确的要求。能够接受非营利组织审计业务委托的事务所必须在执业质量、治理结构、管理水平、品牌声誉等方面处于行业领先水平，并且具备非营利组织审计经验，有一定业务规模和人才保障，确保其能够胜任对非营利组织的审计工作。2011 年，我国财政部和民政部对会计师事务所选聘方式和范围做出如下规定：对在民政部登记的基金会实施审计的会计师事务所，应当进入中国注册会计师协会公布的上一年度全国会计师事务所综合评价前 100 名；或具备 3 年以上（含 3 年）从事基金会或其他非营利组织审计工作经验，且注册会计师人数在 15 人以上，上一年度审计业务收入在 600 万元以上。对在省级及以下民政部门登记的基金会实施审计的会计师事务所，应当进入全国会计师事务所综合评价前 100 名；或具备 3 年以上（含 3 年）从事基金会或其他非营利组织审计工作经验，且注册会计师人数在 10 人以上，上一年度审计业务收入在 300 万元以上。基金会及其登记管理机关可以从上述范围内自行选聘会计师事务所；其中，使用财政资金聘请会计师事务所的，应当按照政府采购制度有关规定选聘会计师事务所。

二、非营利组织审计的必要性

非营利组织的资产主要以多元化的形式募集于民间，其来源包括自创性收入和非自创性收入，以非自创性收入为主。非自创性收入主要来源于社会捐赠、会员会费等，而自创性收入主要来源于服务配送、劳务、投资收益等。于是，非营利组织便有自己的利益相关者，我们可以从非营利组织自身以及这些利益相关者的角度分析并得出对非营利组织进行审计的必要性。

1. 非营利组织本身

从非营利组织自身的角度来看，作为具有非营利性质的组织，公信力是其极为重要的生命线。如果缺乏社会公众的信任与支持，那么非营利组织就很难正常运行。审计对于增强非营利组织会计信息可靠性、提高善款流向透明度至关重要。非营利组织引入第三方审计，可使社会、公众和舆论及时监督组织的运行情况，促进了组织活动的"阳光、公开、透明"，大大降低了"伪慈善"活动滋生腐败现象的发生概率。

2. 资源提供者

从资源提供者的角度来看，在价值观不断多元化的现代，人们越来越倾向于投身公益事业来实现自我价值和社会价值，他们在无私捐赠的同时，也期望能够得到有效的信息反馈，了解组织运行是否公开透明。因为存在获取信息的不全面性和不对称性，捐赠者希望通过借助审计来掌握信息，确保捐赠的资源与财产能够发挥其应有的社会效用。

3. 受益者

从受益者的角度来看，接受捐赠的受益者或公益范围内所有可能的受益者，均具有剩余索取权，然而由于受益权的虚拟性，他们很难切实地享受到索取权。正是为了保护自身的权益，无论在实际生活中是否收到捐赠款物，他们都会提出对非营利组织进行审计的要求。

▶▶ 三、非营利组织审计风险

（一）重大错报风险

注册会计师从财务会计报告整体层次和各类交易、账户余额和披露认定层次等两个层面来评估非营利组织的重大错报风险。

财务会计报告层次的重大错报风险通常与非营利组织的控制环境有关，同时也受到宏观经济环境和非营利组织在当前阶段发展水平的影响。

各类交易、账户余额和披露认定层次的重大错报风险可以细分为固有风险和控制风险。非营利组织审计的固有风险是指考虑内部控制之前某一认定发生错报的可能，例如非营利组织的大量零散捐款和实物捐赠就比较容易产生错报；控制风险是指某一认定存在重大错报但未被内部控制及时防止或发现纠正的可能，非营利组织内部控制的固有局限性使控制风险始终存在。

（二）检查风险

注册会计师为将非营利组织的审计风险降低至可接受的低水平，在实施审计程序后没有发现存在的重大错报的风险即检查风险。

检查风险主要取决于注册会计师在充分了解非营利组织后设计审计程序的合理性以及实施审计程序的有效性。如果注册会计师能够合理安排审计计划、恰当分配审计资源、合理运用职业怀疑并严格进行监督和审计复核工作，则审计的检查风险可以合理降低。但由于时间限制等客观因素，以及非营利组织的大量捐赠收入与支出发生等现实情况，注册会计师不能对所有的交易、账户余额和披露进行审计，因此检查风险在实际工作中不能降低为零。

第二节 非营利组织审计机制

一、国外非营利组织审计

目前我国对于非营利组织的审计还没有形成统一标准。国外的非营利组织审计相对国内来说更为完善，因此本书对美国和英国等西方国家的非营利组织审计进行借鉴，探讨如何在非营利组织的监管中发挥审计监督的作用。

（一）美国非营利组织审计

1. 政府审计

在美国行政管理和预算局发布的 A – 133 号通告（OMB Circular A – 133）中，规范了州政府以及非营利组织的审计。OMB A – 133 审计也被称为单一审计制度。该制度规定凡是在一年内收到超过 75 万美元的政府补助，并将政府补助用于开展自身业务活动的非营利组织都需要被审计，审计的类型可以分成财务审计和合规审计。美国的非营利组织同时也接受来自美国国家税务局（Internal Revenue Service，IRS）的审计。IRS 审计主要是通过关注税务问题来实现对非营利组织的有效监督。

2. 审计委员会制度

审计委员会在非营利组织的内部审计中发挥重要的监督职能，其主要职责包括对组织的财务数据、内部控制制度等实施监督；积极和非营利组织的财务会计报告负责人、内部审计人员以及社会审计人员进行沟通与了解；在必要时向理事会提供相关咨询、提出合理建议。美国的非营利组织自愿通过设立审计委员会、建立审计委员会章程来发挥内部审计的监督作用。

3. 第三方评估机构

美国的独立第三方评估机构能有效推动非营利组织主动接受社会审计的监督。这些第三方评估机构具备科学合理并受到社会公众广泛认可的评估体系，并把评估结果向社会公布，同时采用其他经费来保持组织的独立运营，不会向被评估机构收取费用，保持了其独立性。独立的第三方评估机构的典型代表有 BBB 明智捐款联盟（BBB Wise Giving Alliance），在 BBB 明智捐款联盟发布的慈善组织20条评价标准中，标准11指出：如果组织的年度总收入超过 100 万美元，那么该组织的财务报表需要得到来自外部审计师的审计。

（二）英国慈善组织审计

英国并没有专门针对非营利组织的立法，但是具有系统完备的慈善组织审计制度。英国与慈善组织审计监督有关的法律包括《慈善法》《公司法》《慈善组织会计与报告：推荐实务公告》（SORP）。其中，《慈善法》突出了慈善组织的法定审计制度；《公司法》对慈善组织有强制审计要求；《慈善组织会计与报告：推荐实务公告》（SORP）规范各类慈善组织的财务会计报告披露和审计监督。

英国《慈善法》确定了分级审计和检查制度，规定对大型慈善组织必须实行法定审计，针对其他的慈善组织则可以执行检查或者审计的相关工作，由法定审计师和独立检查员进行。2019年1月开始执行的最新版FRS 102 SORP实施指南规定英格兰和威尔士总收入超过50万英镑，或者是总资产超过326万英镑以及总收入超过25万英镑的慈善组织应当接受审计。《SORP实施指南》规定对于小型慈善组织的审计可以遵照简单的原则，或者可以免去审计工作，有利于缓解小型慈善组织的经济压力。《SORP实施指南》对慈善组织在《公司法》与《慈善法》之间如何做出选择进行审计做出了详细的说明，避免重复审计。英国还通过设立慈善委员会对慈善组织进行监管。慈善委员会这一机构独立于政府，最终向议会负责，政府部门仅有知情权。慈善委员会进行的审计监督主要包括常规审计监督和指定审计监督。

（三）启示与借鉴

1. 建立分级审计制度

目前我国非营利组织审计由民政部进行每年的审计抽查。民政部对社会组织选聘的会计师事务所进行了规定，但只是针对基金会和其他民间社会组织进行简单分类，对于基金会的审计制度有一定的分级区分，但针对其他社会组织的审计没有明显的分类分级的区分。可以选择借鉴英国的分级审计和报告制度以及美国的单一审计制度，依据资产规模、募捐规模等将非营利组织划分成若干等级进行审计，同时也要额外考虑该组织是否接受政府补助。

1）对于较高等级或者接受了巨额政府补助的非营利组织，应当由政府审计机关对其进行审计，并将审计结果向社会公众披露。

2）对于中等程度的非营利组织，民政部可以放宽目前会计师事务所的选择范围，促使非营利组织可以选择具有更高信誉与质量的会计师事务所对其进行审计。

3）对于一些小微型的民间非营利组织，可以免去审计，采用检查形式，从而节约审计成本并减轻其负担。

2. 发挥内部审计的作用

美国虽然没有关于非营利组织应当建立审计委员会的规范，然而很多非营利组织都自愿通过设立审计委员会、建立审计委员会章程来发挥内部审计的监督作用。我国可以促进有条件的非营利组织自愿设立审计委员会，并强调审计委员会的独立性和专业性，同时国家民政部、审计署和各级审计机构、各级地方政府可以制定指导非营利组织内部审计制度建设的工作意见、暂行办法等，进一步完善非营利组织内部审计的制度框架。上级民政部门也可以联合审计部门采用年检的方式对非营利组织的内部审计工作进行监督和评价，从而提升非营利组织内部审计的质量。

3. 完善第三方披露机制

美国的第三方评估网站通过整合信息，对非营利组织进行分类和评分，同时也可以督促非营利组织提供审计报告并与评分挂钩，为公众提供更多的披露信息，方便公众对非营利组织进行选择。我国也有对非营利组织进行评估的第三方评估机构，例如基金会中心网，它根据中基透明指数（FTI）对我国非营利组织所披露的信息进行评价，福布斯中文网每年都对慈善组织进行评估等。但是我国的第三方评估机构社会影响力有限，因此需要更多独立第三方评估机构的参与，针对不同规模、不同性质的非营利组织从多角度进行评价。同时也需要继续扩大宣传，提升第三方评估机构的社会影响力并将评估机构评分与审计报告相关联，提升社会审计的质量。

二、非营利组织审计机制构建

无影灯代表了许多要素在不同的角度结合起来发挥作用，并且各要素相可联系形成一种整体性的机制，使某一个问题得到很好的体现，并将缺点减少到最低限度，甚至消失。而无影灯效应的原理，就是从各个角度入手，深入、系统地认识物的全貌。人们观察事物的立足点、立场不同，就会得到不同的结论。因此，要认清事物的本质，就必须从各个角度去观察，既要客观，又要全面，从各个方面取长补短，以得到更加完整的结论。这种效应对于我国非营利组织审计机制的构建也具有一定的借鉴意义，具体则包含着以下四个要素：

（一）引入政府—民间—内部审计

审计作为一种经济管理手段，在一定程度上发挥着重要的监督作用，尤其对非营利组织资金的收支运作方面有着最为专业的监督能力，其本身又分为政府审计、民间审计与内部审计三大主体，非营利组织的审计应同时引入三大主体，且在数量上达到一定规模。

1. 政府审计

对于政府审计，我国《宪法》第九十一条对国家审计机关的审计权做出了规定：国务院设立审计机关，对国务院各部门和地方各级政府的财政收支，对国家的财政金融机构的企业事业组织的财务收支进行审计监督。具体而言，审计机关要监督财政预算执行情况，监督中央银行、事业组织的财务收支，监督社会保障基金、社会捐赠资金等的财务收支，监督国有金融机构、国有企业的绩效，监督国际组织和外国援助、贷款项目的财务收支，监督审计中介机构，并对我国内部审计予以指导和监督。

2. 民间审计

民间审计也称注册会计师审计或社会审计，是指注册会计师依法接受委托、独立执业、有偿为社会提供专业服务的活动。与政府审计和内部审计相比，民间审计更具有独立性，而且，拥有更为丰富的审计人力资源与较强的专业能力，因此，它可以对政府审计起到辅助作用，同时也可以弥补内部审计独立性较差的缺点，从而优化内部审计资源。

3. 内部审计

内部审计是一种独立、客观的保证和咨询活动，其目的在于为组织增加价值并提高组织的运作效率。它采取系统化和规范化的方法对风险管理、控制和治理程序进行评估和改善，从而帮助组织实现它的目标。非营利组织的出资者是社会公众和政府，而不是作为最高管理者的理事会成员。

理事会对高层管理者的控制可能出现两种情况：一是由于评价标准的不明确导致放松

控制；二是由于评价标准的不明确理事会获得更多的干预权。究竟出现哪一种情况，要视双方在这一模糊领域中寻租的成本和博弈的结果而定。而且，由于受到利益分配的限制，理事会参与非营利组织的管理是一种自愿性的行为，更多的只是受到道德的约束。因此，不管是为了解决非营利组织的内部腐败问题还是提高管理效率，都需要建立完善的内部监督体系，这就需要重视内部审计的作用发挥。

（二）发挥政府审计的权威性，实现民间审计的自愿委托，逐步健全内部审计

1. 完善政府审计权力

在法律法规层面，对审计在非营利组织的作用发挥给予相应的权力。2021 年修正施行的《中华人民共和国审计法》第二十三条指出，审计机关对政府投资和以政府投资为主的建设项目的预算执行情况和决算，对其他关系国家利益和公共利益的重大公共工程项目的资金管理使用和建设运营情况，进行审计监督。作为公共权力的组成部分，政府审计具有权威性、强制性、专属性和广泛性等特征，可以凭借其政治权力对非营利组织进行专业监督，从而有利于加强审计的监督监管效力，这些都是社会审计、民间审计无法比拟的。同时，政府审计也可以对民间审计情况进行监督、检查，对内部审计予以指导和监督，因此，在非营利组织审计监督机制构建中，正是非营利组织履行公共受托责任的本质以及政府审计自身的特征，决定了政府审计的主导性地位，对非营利组织实施公共管理。

2. 保证民间审计和内部审计

在政府审计权力不断完善的同时，给予民间审计和内部审计相应的权力保证。

（1）全国性民间组织的审计机构应在民政部招标确定的事务所范围内选择　也就是说，非营利组织民间审计的委托方式是由政府部门招标指定方式委托的，这就导致了民间审计独立性的缺失，而且由于自愿性的特征，只有部分组织主动聘请事务所进行审计，并没有足够的动力驱动他们自身对民间审计产生相应的需求。

因此，要发挥民间审计的作用，首先应该改变政府招标的委托方式，过渡到由非营利组织自身产生影响的需求委托事务所进行社会审计，而这需要注意两点：一方面，通过建立相应的社会公信力考评机制等刺激非营利组织对社会审计产生需求；另一方面，在非营利组织建立健全的内部治理结构基础上，由审计委员会选择独立、称职的事务所。

（2）内部审计也应有相应的法规加以权力的保证　通过成立监事会实行对理事会的监督，然后在监事会下设审计委员会，并在审计委员会下设内部审计部门实施对非营利组织的日常监督，这在一定程度上实现了内部审计的相对独立。事实上，很多大型非营利组织已经开始建立日益健全的组织治理框架，尤其是上海慈善基金会，在它的治理结构中，监事会行使监督权，下设审计室进行日常审计，这为内部审计在非营利组织审计治理中发挥主体作用奠定了基础。另外，对于暂时还没有能力建立内部审计部门的小规模非营利组织来说，可以借鉴政府审计机关的力量进行内部审计，即由民政部门内部审计进行审计。

（三）形成以政府审计为主导、内部审计为基础、民间审计为辅助的多层次、多角度审计体系

政府审计、民间审计以及内部审计是根据不同阶段的政治、经济任务需要逐步建立起来的，每个审计主体都能自成一体，但是，要形成审计监督机制，则必须发挥整体的功效，使三大主体在各自发挥作用的基础上相互联系。

政府审计是国家基本政治制度之一，是国家基本政权组织形式的重要组成部分，应该从国家治理的需求中揭示其本质；民间审计是一种中介服务，应该从平等社会主体之间的委托关系中揭示其本质；内部审计是组织内部的一种自律控制，应该从组织内部控制的需求中揭示其本质。

政府审计在整个机制中发挥着主导作用，但是我国政府审计机关只针对非营利组织中涉及政府拨款的资金进行审计，而对更多来源于社会捐赠的资金没有实施相应监督。事实上，对于公共资金的管理产生了相应的公共受托责任，而这也正是政府审计产生的根本原因。鉴于此，政府审计的对象在本质上应该是公共资源，而在非营利组织中，不管资金来源于哪类渠道，最终都是属于社会的公共资源，因此，非营利组织中来源于社会捐赠的资金也应该是政府审计机关监督的范畴，由审计机关执行强制审计。

内部审计犹如保健医生，注重对机体的保健，调节在先，预防为主。内部审计作为非营利组织的"第一道关口"，通过日常审计直接监督和控制组织的每一项经济活动，成为整个审计机制的"免疫基础"，起到"防患于未然"的作用。当然，在本质上，内部审计还只是一种自我监督，真正发挥审计监督的功效还需要依靠政府审计以及民间审计的外在力量。

民间审计在整个机制中发挥着辅助作用，对属于注册会计师法定审计事项，应由被审计单位自行选择会计师事务所进行审计，以其独立性和专业型弥补内部审计的不足以及有效缓解政府审计部门的压力。

总之，三大审计主体相互交流，共享信息，而且在这样多层次的监督网络中，各审计主体形成了不同的监督角度。第一，政府审计由于其强制性与权威性的特征形成了巨大的监督功效，构成了垂直监督体系，并发挥着主导型的监督作用；第二，内部审计与民间审计的自愿性特征决定了这两大审计监督主体与非营利组织构成了平行监督体系，在这个监督体系中，各监督主体权威性相对较低，但是又发挥"免疫基础"以及辅助作用。每个监督者分布在合适的位置，从不同角度构成了平行监督体系与垂直监督体系，相互交叉，最终构成了立体式的监督网络，实行有效的监督和反馈。

（四）加强信息披露，建立审计监督平台

无论监督者数量多么充足，角度多么广布，效能多么强大，都必须有一个平台能提供各设计主体共同合作的舞台和机制，这是所有前三个要件共同发挥作用的关键，没有这个共同作用的监督平台，这些要素都无法发挥作用。对监督主体来说，这个能让他们同时共同发力的监督平台实际上是一种监督渠道和共享机制。那么，在非营利组织审计机制中，信息作为审计监督的基础，也正是各审计主体发挥作用的平台与渠道。

一个非营利组织的行为至少应包括以下几个环节：项目开发，资金物资的筹集、管理和使用，志愿者的参与，组织（活动）的内部管理，而在几乎每个环节中，都会产生不对称信息。这里的不对称信息是指相对于捐赠者和政府，非营利组织作为信息优势方（代理人）掌握着比较全面完整的信息。那么，要真正发挥审计的监督作用，必须提高非营利组织的信息透明度，建立了相应的信息披露制度。

信息披露制度，也称公示制度或信息公开制度，是组织出于某种目的向外界揭示自身信息的一种制度安排，以满足相关决策者的需要。它是审计实施监督的基础与平台，披露

的内容可以分为事务信息披露和财务信息披露。

（1）事务信息披露 事务信息披露的内容包括：非营利组织内部理事会讨论决定的事项及其实施情况，理事会的构成情况，非营利组织内部的组织结构、岗位设置及相关的职责，救助对象的确定标准及其具体信息，救助款物的发放情况，资助项目情况如选址、立项、施工进度、捐建成果、项目效果等），捐赠款物的来源、款物实际支出与转移情况等其他社会公众关注的事项。

（2）财务信息披露 财务信息披露的内容包括：非营利组织总收入与支出情况，资助项目的支出金额及其具体运用情况，资助活动中所发生的费用情况，基金会的相关投资情况，专项资金的筹集及其运用情况，特定赈灾款物的接收明细、款物来源、款物实际支出与转移明细等其他社会公众关注的重大财务事项。

▶▶ 三、我国非营利组织审计机制

（一）非营利组织审计的委托主体

审计履行公共受托责任，是社会公众对非营利组织实施监督的平台。由于捐赠人与受赠人通过非营利组织这一载体进行连接，使得社会捐赠目标的实现具有非直接性，由此必然产生捐赠主体与受赠组织之间的委托代理关系。事实上，不管是捐献者还是非营利组织或者受益人，三者都不享有完整的所有权，也就导致了非营利组织监督主体的缺位。这就需要一个平台来为不确定的社会公众以及政府等各利益相关者实行对非营利组织运作的约束，而审计正是基于这样的委托发挥作用的。

首先，是非营利组织的内部监督体系，由于社会公众无法直接对组织实施监督，可以运用公司治理理论，通过成立监事会进行监督，包括对理事会的监督，而且监事会的组成人员可以选用符合一定条件的社会捐赠者，然后在监事会下设审计委员会，并在监事委员会下设内部审计部门实施对非营利组织的日常监督。其次，应由非营利组织的审计委员会委托民间审计对非营利组织实施审计，从而在很大程度上保证内部审计的相对独立地位，同时从非营利组织自身要求出发实行民间审计，有效地发挥监督作用。最后，政府作为监督者可以委托政府审计机关实现对非营利组织的外部监管。由此构成包括内部审计、民间审计和政府审计的审计体系，审计委托主体如图 12-1 所示。

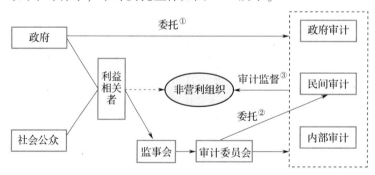

图 12-1 审计委托主体

注：①政府依据《审计法》委托政府审计机构履行监督职责。
　　②非营利组织审计委员依据《注册会计师法》委托民间审计对组织实行审计。
　　③政府审计、民间审计与内部审计在各自范围内实施审计。

需要指出的是，虽然有很多大型非营利组织已经开始建立日益健全的组织治理框架，但是对于一些规模较小的非营利组织来说，暂时还没有能力建立内部审计部门，这时可由民政部门内部审计进行审计，作为一种过渡性选择。由于审计署驻民政部审计局下设有内部审计指导处，可对全国民政系统内部审计工作进行指导监督，所以这种过渡性选择实质上就是借鉴政府审计机关的力量进行内部审计。

（二）非营利组织审计运作模式的构建

在整个审计体系中，三大审计主体各自优势，相互联系，取长补短。

作为非营利组织内部的常设机构，内部审计更可以在非营利组织的日常运营中发挥作用，例如通过对年度财务会计报告的编制进行审计，并将审计结果向监事会报告等。而且，由于组织的其他专业委员很可能由于不熟悉非营利组织运用的会计方法而忽视了财务会计报告中的重要信息，因此也需要内部审计部门发挥专长解读这份原本内容复杂、所用会计方法又很陌生的财务会计报告，从而使得监事会和理事会能更好地对执行者实施监督治理。

同时，作为一种管理控制的手段，完善的内部审计机制将极大地推动内部控制的建立健全，提供非营利组织的自身能力建设。正是通过这些日常的持续审计，内部审计担任着"免疫基础"的角色，可以预防舞弊并提高效率。另外，内部审计更熟悉非营利组织的内部环境，对于资金的运作方式等更为了解，可以全面、完整地掌握第一手监督信息，这种信息资源优势可以为民间审计和政府审计实施监督提供更为便利的渠道与平台，为外部监督服务。

作为非营利组织的主要管理部门，政府主管单位主要关注公益社团的各个项目，通过行政审批的方式实现对非营利组织的监督管理。这种做法目前出现了效率低下、降低积极性、制约发展等问题。因此，作为公共资金的监督控制手段，政府审计的方式可以运用跟踪审计和专项审计的理念。委托政府审计机关进行专项审计。审计机关应注意调查的深入性，做好专项审计质量控制，积极向社会公众披露。在特定的慈善项目中，审计机关需要监督其项目资金的收支情况、实施情况及其效果等，并通过专业的审计分析将相关的信息告知社会公众。另外，在这个过程中，审计应改变事后监督的传统方式，改为事前控制、事中控制，全过程介入，对善款的筹集、拨付以及具体使用情况进行跟踪监督，并定期公开审计结果，迅速查处违法违规问题。在发挥政府审计的主导作用时，也需要考虑政府审计有限的人力资源，尤其是在实施跟踪审计时，可以聘请民间审计加以协助，在明确责、权、利的基础之上，积极发挥民间审计的辅助作用。

此外，审计委员会应该主动聘请民间审计组织，对内部审计实施结果进行补充审计，并在审计方式、时间、范围等方面拓展审计展开的领域，例如改变常规的财务年度审计，尤其在重大公共危机发生时，邀请会计师事务所介入，并将相关的信息提供给政府审计机关，配合其实施专项审计、跟踪审计等。发挥风险导向审计的作用，对某些风险区域展开专业调查、审核，并落实绩效审计理念。

三大审计主体对非营利组织实施审计的运行方式各有侧重点，并相互联系，相互补充，非营利组织审计监督运行模式如图12-2所示。

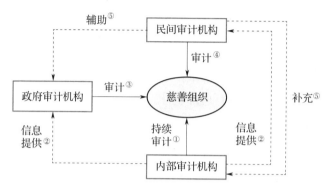

图 12-2　非营利组织审计监督运行模式

注：①内部审计作为基础，实行日常持续审计，加强内部控制。

②非营利组织内部审计部门根据掌握的第一手监督信息与民间审计机构、政府审计机构协调沟通，实现资源共享，避免重复审计，节约审计监督成本。

③政府审计机关在项目备案后实行跟踪审计和专项审计，注重合法合规性审查。

④非营利组织审计委员会根据自身需求委托民间审计机构实行审计，注重财务报表审计。

⑤由于政府审计资源的限制，民间审计对其进行辅助，同时对内部审计进行补充。

（三）非营利组织审计及审计结果的对外运用

非营利组织的审计工作作为一项比较复杂的系统工程，要实现为社会公众、政府等利益相关者审计服务这一总体目标，不只是审计机关的事情，需要监察、民政等相关部门与各审计主体各尽其责、协调配合。审计机制包括对非营利组织成立资格的审定、免税资格的审查、合规合法性的审查等。另外，也要对非营利组织的运作进行监控，要求其进行年度检查和业务活动管理。这些都要求职责的履行主体具备专业的审计能力，尤其是在财务方面的审查能力，这一现实条件也就需要审计做好相应的协助工作。而这项协助工作的实质就是加强对审计成果的运用。

（1）审计结果的对外披露　《"十四五"国家审计工作发展规划》中指出，要加强审计结果运用，建立健全各级审计机关之间审计结果和信息共享机制，加大审计结果公开和审计整改情况公告力度。非营利组织的信息并不涉及国家安全机密或者商业秘密，完全可以实现审计结果供给。进行审计结果的对外披露不仅能实现非营利组织信息公开透明，增强其社会公信力，还有助于健全完善非营利组织重大问题线索移送和重要问题转送机制，促进非营利组织发展中出现的问题的解决。

（2）风险防控关口前移，向战略审计迈进　审计报告就像一份体检报告，通过对被审计组织的体检报告，为组织开方、治病，实现精准施策，促进了整个组织的高质量发展。这方面正体现了审计结果运用的深化。随着审计的范围和深度的不断拓展和提升，审计披露的问题和风险越来越全面、深入，审计活动在组织管理中发挥的作用也越来越突出，有效的审计结果运用可以辅助组织治理，把审计结果当成一种改善管理的工具使用，站在组织治理的高度审视审计披露的问题，促进管理水平的提高。

（3）创新审计技术和方法，提高审计报告质量　"打铁还须自身硬"，只有勇于自我革新，不断提高审计工作的本领，才能真正实现审计工作创新。在大数据技术的帮助下，审计工作出现了新的局面，利用新的技术手段，审计人员用新的审计方法取代传统审计工作模式，不仅提高了工作的效率，也提升了数据精度。通过择优引进、强化培训等各种方式建设一支作风过硬、结构合理的高素质审计队伍，有力印证了高质量的审计报告是审计结果运用的基础，决定了审计结果可能被运用的广度和深度。

第三节　非营利组织审计问题及完善措施

▶ 一、非营利组织审计的现状

我国发展至今，随着社会的生活质量的提高，大家开始关心公益事业，推动了非营利组织的发展。我国于 2016 年通过《中华人民共和国慈善法》，对公益机构的会计活动有了更严格的规定。2017 年又修订了《中华人民共和国红十字法》，严格规范红十字会的审计工作，要求该机构的审计工作按时进行，并及时向社会披露。法律的出台规范了非营利组织审计相关工作的开展，同时也再次强调信息披露是审计工作中关键且必须进行的步骤。

目前，我国依然缺乏系统且完整的法律规定来对非营利组织审计工作做出明确且严格的要求。审计工作者仍然使用一般的条例来开展工作，由于非营利组织的特殊性，一般审计条例在针对它们的实际审计工作中往往面临很多困难，不能进行精准科学的审计工作，降低了审计活动的价值和之后信息披露的质量。现在国内很多创新的非营利组织开始进行一些实验工作，按照社会的期望来开展信息披露工作，以更好地达到人们的信息需求，不断完善自身审计的缺陷。同时，由于非营利组织的审计工作有其独特之处，和普通营利性组织存在较大区别，大多数精英会计师事务所并不愿意进行非营利组织的审计工作，基本上是由相关部门进行招投标来选定审计机构。

此外，为了提高基金会运作过程的透明度，促进基金会等非营利组织的健康发展，2011 年，财政部和民政部联合出台《关于加强和完善基金会注册会计师审计制度的通知》，对注册会计师审计的相关制度安排提出了更为明确、具体的要求，例如，经过注册会计师审计的基金会年度财务会计报告要在登记管理机关指定的统一信息公开平台上公布，以及离任和换届审计报告以及专项审计报告都要按照登记管理机关的要求向社会公开。

民政部对非营利组织的审计采取抽查的方式，选定的非营利组织对于我国现有的 90 万个社会组织、38 万个社会团体、52.2 万个民办非企业单位来说，检查范围过小，在类别上也不具备足够的代表性。被选定参与审计的会计师事务所大多规模较小，在非营利组织审计方面的审计经验不足；在执行审计业务的过程中流于表面形式，未能发现非营利组织在内部控制和风险管理方面的漏洞，虽然大多出具了无保留审计意见审计报告以及标准审计意见审计报告，但有些非营利组织在审计报告公布后被媒体曝出侵占资产和隐瞒收入的丑闻。非营利组织的社会审计结果在现阶段并不被社会公众完全信赖。

▶ 二、非营利组织审计的现实问题

当前我国非营利组织的审计仍处于起步阶段，法律法规的制度建设还不完善，非营利组织的内部审计不够规范，政府审计力量不足。注册会计师在审计非营利组织工作中执行实质性审计程序时，往往遵循一般企业的审计思路和方法，对财务收支活动的合法性、合

理性以及会计处理的准确性进行大量的核对检查工作，对非营利组织法律法规制度的了解和熟悉程度也不足以满足实际工作的要求。

（一）内部审计的缺失

内部审计可以在一定程度上发现非营利组织本身的不足，提出建议和对策，并可以与外部审计相互沟通，提供相应的信息，节约审计成本。但是，我国非营利组织的内部审计现状不尽人意，一些规模较大的非营利组织虽然有能力设置内部审计部门，但由于没有给予应有的重视而缺乏相应的需求动机，而另一些规模小、资金数量少的非营利组织更是没有能力与需求去设置内审部门。因此，总体来说，内部审计在我国非营利组织中的作用还远远没有完全发挥。

（二）审计报告信息披露不完善

我国非营利组织的发展还处于起步阶段，我国政府部门对非营利组织的管理落后于非营利组织的实际发展要求。目前我国是由民政部门对非营利组织进行统一的登记和管理，并与对应的业务主管部门共同承担监督责任。国外比较成熟的非营利组织会计准则和法规制度并不适合我国现阶段的国情，不能照搬照抄，同时由于我国非营利组织发展还处于初级阶段，对国外制度和经验的借鉴程度也十分有限。财政部门、税务总局与民政部门制定的关于非营利组织管理的规定正在不断改进和完善，但仍不能满足当前的制度缺口。从当下非营利组织适用的会计准则来说，本身就存在不能体现非营利组织公益性质的缺陷，以此为依据进行的审计工作也只能从财务收支的合法合规入手，在审计报告中也只能就资产情况和财务状况的审计结果进行简要报告。

目前我国对审计报告的形式和内容在《民办非企业单位财务审计报告模板（征求意见稿）》中做出示范，但此模板对非营利组织的分类没有进行详细明确的分类，针对不同行业、不同形式的非营利组织的组织结构和业务活动等特点也没有进行细致划分。当前正在广泛使用的审计报告模板对公益性质的非营利组织（如基金会、志愿者协会等）披露信息的要求并不能够完全满足。

（三）现有审计资源不能满足繁重的审计工作要求

我国非营利组织数量众多，仅基金会一种形式的非营利组织就有 6 000 余家，净资产总额超过 1 193 亿元人民币。非营利组织的受捐物资来源复杂、种类多样的特点为审计工作提出了高要求。非营利组织的资金来源除政府财政划拨和社会大额捐助外，还有一部分是来自社会零散小额捐款；接受的捐赠除现金和银行账户转账等货币形式外，还有实物形式的物资捐赠。非营利组织的业务活动分散性强、服务对象广泛，加之当前非营利组织的日常活动大量依靠志愿者来进行，缺乏考核制度的约束与激励，自律效果有限，在具体审计工作中需要大量的审计投入。现阶段罕有专门承接非营利组织审计工作的会计师事务所和从事非营利组织审计的专类注册会计师，一般的注册会计师在开始接触非营利组织审计时，表现出知识、技能和经验不足，对我国非营利组织的性质和宗旨、相关法律法规、适用的会计准则以及相关税收政策的熟悉程度不够，也不清楚社会公众对非营利组织的信息披露要求和关注点。这给注册会计师和参与项目的审计人员造成了困难，阻碍了审计工作的顺利进行，导致审计工作质量不够理想。

（四）社会审计流于形式且审计结果效用有限

我国相关部门出台多项文件对注册会计师审计非营利组织尤其是对基金会形式的非营利组织的情况进行规范与要求，在制度建设上已经有了显著的进步，但对于整个行业的实际情况来说仍有不足。注册会计师审计虽然已经按照适用的会计准则为非营利组织的财务报表提供了程序上合理的鉴证业务，实际上注册会计师签署的审计报告的形式意义多于实际作用。注册会计师在非营利组织审计工作中发现的问题少，得出非标准意见审计报告的情况更少。看似我国大多数非营利组织的财务收支情况与资产使用状况都符合法律法规和相关部门的制度规范，但近年来公众频频对非营利组织的财务状况和资金使用情况提出质疑，这反映了注册会计师审计能够起到的鉴证作用非常有限，说明了事实上第三方机构审计在监督方面的作用未受到足够重视，注册会计师在审计过程中发现的问题未得到被审计单位的重视，也没有得到及时的处理与改进。民间审计仅作为一种为了公开信息不可避免的手续而不得不执行，这种"审而不计"的审计环节无法推动民间审计发展。

三、非营利组织审计的完善措施

为完善我国非营利组织审计的制度建设，提高我国非营利组织审计实务工作水平，本书结合案例，分析我国现阶段非营利组织审计存在的问题，并从国际非营利组织审计中借鉴经验，提出以下三点建议，以完善我国非营利组织审计工作：

（一）丰富审计方法，提升审计人员职业素养

从当前非营利组织审计工作和结果中可以发现，我国非营利组织的审计技术、从业人员素质和传统的审计思路不能满足互联网时代下非营利组织的业务特性与未来发展趋势。

1. 引入区块链技术，丰富审计手段

非营利组织的公益收入除来自政府的财政资金划拨和单位与个人的大额捐赠之外，还有很多来自零散的小额捐赠，比如来自微博、微信和支付宝等互联网端口和第三方支付平台，这些捐赠数量多但金额小，在风险导向审计思路下容易被忽略，但依靠人工逐一核实，审计工作量又过于庞大。同样，非营利组织的救助对象数量较多，分散于全国各地，审计人员对非营利组织提供救助的情况进行一一核实也限于审计资源有限而不能实现。为解决这一问题，可以积极引入区块链技术联合第三方支付平台和其他机构进行大数据审计。

区块链技术可以实时记录参与各方在每一个节点留下的交易痕迹，并且将所有痕迹全部记录且无法单方面篡改，其公开透明和不可篡改的特性可以用于追踪善款进入基金会账户后的具体流向，捐款的拨付时间与救助对象收到救助款的时间都能够被直观地记录。审计人员借助区块链技术进行审计，可以提高发现问题的效率，对捐赠收入和救助支出的真实性和完整性进行检查。区块链技术通过对接相关机构数据库和追踪被救助人的救助资金使用情况来了解救助款的使用效率，发现其中可能存在的骗取、挪用、侵占救助金等情况，为审计人员的工作提供便利。

例如，中国红十字基金会已经在2015年与我国某第三方支付平台达成战略合作，使用区块链技术追踪和记录来自该支付平台的捐款流向情况。随着区块链技术的成熟和在非

营利组织管理领域的广泛应用，注册会计师应当认识和掌握区块链技术在进行具体审计工作时的使用方法，从而提高审计工作的效率。

2. 提升专业胜任能力，保持应有的关注

多数非营利组织出于审计费用的考虑，比较倾向选择地方性小型会计师事务所承担年度财务会计报告的审计业务，即使全国性公募基金会这样的大型非营利组织也是如此。这也体现了非营利组织对审计工作的重视程度不高的问题。对于会计师事务所来说，非营利组织的业务规模和审计费用在市场上的吸引力不够强，目前我国也没有专业从事非营利组织审计的会计师事务所和专类审计从业人员，在审计技术方面也依旧沿用审计普通营利性企业的审计思路，没有根据非营利组织的特性做出改进。

因此，审计人员应当对非营利组织的特性和业务活动方式进行了解，熟悉非营利组织适用的法律法规以及审计指引指出的非营利组织易发生错报的重点领域，掌握非营利组织审计的工作思路与技能方法，对容易出现管理漏洞、发生侵占挪用滥用行为的环节进行重点审计，严格按照法律法规以及行业规范当中的要求执行审计工作。注册会计师在进行审计工作时，应当勤勉尽责，保持职业怀疑态度，获取充分适当的审计证据并进行评价，从而得出合理、客观的审计结论。

（二）从公益特性和使用者需求出发，丰富审计报告内容

当前注册会计师对非营利组织的财务报表审计依然以财务报表是否真实公允反映本单位在上一个财务年度的经营成果和财务状况为审计重点，也就是说注册会计师给非营利组织利益相关者呈现的是其是否存在舞弊、是否有管理漏洞、是否合法诚信经营等情况的合理保证，这可以从我国民政部发布的《民政部办公厅关于开展 2022 年社会团体、民办非企业单位抽签审计的通知》的内容中看出。但就像投资者同样关注企业的持续经营能力和未来盈利能力一样，实际社会公众对非营利组织能否实现其宗旨中的公益目的更为关注。

1. 体现公益特性，完善审计目标

非营利组织的管理人员在会计制度的约束下，实现财务报表反映经营的合法合规并不是难事，但合法合规的财务报表并不意味着非营利组织筹集到的善款得到了充分的使用，它不能体现来自政府和社会公众的资金能在最大限度上用于实现公益目的。当前的非营利组织审计需要注册会计师在审计时转变审计目标，注重考察公益资金的使用效率。注册会计师习惯了企业审计的风险导向模式，常常把审计重点领域放在财务报表账户余额的真实完整上。但非营利组织财务报表使用者所关心的问题更多是非营利组织对捐赠资金的使用效率和资金使用中是否存在挪用和侵占等问题。因此注册会计师在执行审计工作、出具审计报告的过程中，需要充分考虑非营利组织的业务活动支出是否符合非营利组织的宗旨，是否实现其设立的公益目的。

对非营利组织审计目的的转变，主要还是需要注册会计师行业协会能够意识到当前非营利组织审计报告不能满足非营利组织财务报表使用者的实际需求，审计行业规范的制订者需要对审计准则进行修改和完善。我国非营利组织审计可以借鉴美国非营利组织审计报告中的职能费用表，在审计报告中细化各项费用的具体额度的信息披露，对业务活动表进行更为详细的解释说明。

2. 细化审计报告内容

非营利组织审计报告应当包括：管理层对财务报表的责任、注册会计师责任、审计结论、汇总比较信息的报告、资产负债表、业务活动表、现金流量表、职能费用表和会计报表附注等常规内容。

资产负债表中的净资产不仅划分为限定性与非限定性，限定性资产还应当有暂时性限定与永久性限定的区分。在会计报表附注中应当对限定性资产的限定条款、约定的使用计划、实际使用方向和比例的具体情况进行适当披露。

财务数据的分析方面，我国非营利组织审计报告可以借鉴国际非营利组织审计报告的内容，披露各个项目支出比例、行政支出比例、筹款支出比例、筹款成本与金额之比、收入增长率项目支出增长率和流动资金比例，通过比率的变动情况对比，帮助财务报表使用者了解当前非营利组织的业务活动情况和发展情况。

（三）构建审计免疫系统与公告制度，充分利用审计结果

非营利组织的审计结果需要得到充分利用，不仅需要非营利组织自身对审计工作及其结果提起重视，更需要外部机制促进非营利组织及时、有效地改正审计发现的问题。审计免疫系统和公告制度的构建与完善，既能落实审计结果发挥其作用，也能令注册会计师在审计工作中规范执业，提升审计工作质量。

1. 构建三位一体的审计免疫系统，全面监督整改落实

非营利组织既涉及政府财政资金又涉及向社会公众公开募集的善款，根据相关部门的管理规定和自身制度建设的要求，非营利组织需要政府审计、社会审计和内部审计三者的有机结合，发挥政府的监督监管作用、信息公开的社会监督作用和自身监督机制的效用。三方审计主体在非营利组织的审计体系中相互协作、相互补充、相互促进，从而形成能够对非营利组织的经营管理活动起到实效、督促其规范运营健康发展的监督合力。

（1）社会审计发现问题、定期审计回查　由于非营利组织数量庞大、涉及领域广泛，会计师事务所在数量和具体业务上具有灵活性，能够适应非营利组织审计的现实需要。采用注册会计师为主力的审计模式，能覆盖更大数量的非营利组织，使非营利组织处在更有效的社会监督之下。注册会计师进行的社会审计由于其独立性、客观性和专业性，能够从外部视角发现非营利组织存在的问题，得出客观真实的审计意见并提出针对性的改进建议，作为外部监督力量促进非营利组织改进工作，提高管理水平。

（2）政府审计监督与复核　政府审计对非营利组织审计的工作重心应当是审计政府财政专项资金的使用情况。政府审计机构因其权威性，可以较方便地获取中央财政和地方财政对非营利组织的拨款情况，在审计证据的来源和可靠性等方面具有优势。政府审计机构在审计财政专项资金时也具有更加丰富的经验。因此，政府审计机构应当承担非营利组织接受财政资金拨款支持的专项资金审计任务。

对于非营利组织的审计工作，政府审计机构主要承担监督与复核的工作，对注册会计师实施社会审计的程序、结果和质量进行复核，以政府审计机构的专业性和权威性增强社会审计结果的可信度。政府审计机构还要加强与负责非营利组织审计的注册会计师的沟通和联系，对于在政府审计中发现的问题和隐患，政府审计机构应当与第三方社会审计机构

及时沟通和交流，针对非营利组织审计中发现的风险及时发布公告。

（3）内部审计及时反馈　非营利组织内部审计发挥内部监督作用，可以作为审计免疫系统的第一道自我防线，从内部审计中及时发现问题并更正。内部审计虽然客观性不如民间审计，权威性不如政府审计，但内部审计的优点是及时和快速，内部审计发现的问题可以在组织内部得到及时的反馈和处理。对于民间审计已经发现的问题，内部审计应对非营利组织审计结果的落实情况进行长期跟踪和定期报告，向非营利组织的管理层和监事会反映。

2. 完善公告制度，促进社会公众参与

社会公众作为捐赠主体，根据非营利组织的财务报表、会计师事务所的审计报告、第三方评估机构的评估报告、政府审计机构出具的审计公告以及大众媒体的新闻报道做出捐款的决策，使非营利组织外部治理能够真正发挥监督和促进作用。

（1）注册会计师发布审前公告　使用网络支付进行小额捐款是当前很受社会公众欢迎的捐款方式，也是容易发生收入瞒报和错报的审计领域。由于交易数量大但交易金额小，而且网络捐款具有匿名特性，在核实时存在一定难度。审计人员在审计基金会类型的非营利组织时，常常面临审计资料来源有限（来自被审计单位和银行等）和资料的质量、数量不能满足要求等情况。由于非营利组织服务对象范围广阔且分散，审计人员仅凭财务资料和内部控制情况难以全面发现风险和问题，而审前公告可以从社会公众的举报中发现可能存在的问题，为审计人员确定审计工作的重点领域提供线索。

（2）构建多元审计信息公开平台　非营利组织不会主动公开自己的财务信息，注册会计师出具的审计报告信息不够全面，其审计过程与审计内容也不被公众了解，公众只能通过会计师事务所提供的有限信息了解非营利组织的情况。这既不利于全社会对非营利组织进行监督，也不利于注册会计师的工作接受大众监督。因此需要构建一个审计信息的整合与公开平台，综合政府审计机构的专项资金报告与对民间审计报告复核情况、注册会计师的民间审计情况、内部审计发现的问题和整改情况以及第三方机构的评估报告，综合按照非营利组织的类别进行分类列示，便于公众查找和了解。

 引申思考

非营利组织的信息披露是向社会公众和捐赠人公布有关组织运转、资金流向等信息，使组织的管理过程公开化、透明化，让社会公众、捐赠人和政府主管部门在充分了解信息的基础上实行合理监督。非营利组织的本质特征是公益性，其披露的信息不以利润为主要衡量标尺，而是看其社会公益使命的履行和完成情况。根据普华永道关于"不透明指数"的调查报告，一个国家的透明度越高，其资本成本越低，二者存在直接相关关系。非营利组织也如此，其信息披露越充分、可靠、及时，非营利组织担负的不确定性因素就越少，利益相关者的风险越小，非营利组织筹集善款、获取公信资源也就越容易。

非营利组织信息不透明、审计监督不到位的现状留下了滋生腐败的土壤和温床，丑闻事件的曝光会让原本应该闪耀着道德光环的捐赠活动蒙上了一层失信于民、令捐赠者心寒和失望的阴霾，非营利组织的公信力也因此饱受质疑，信息披露公开透明、审计监督有效得力便成为其挽救公信力的关键。2011年年底，"河南水窖"审计报告公布于众，成为国内首份民间公益活动审计报告。透过该审计报告，捐赠资金的募捐、管理和使用等情况一目了然，甚至具体到了每笔捐款的"来龙"和"去脉"。这次审计活动及审计结果的公布使此次慈善援建水窖的公益活动犹如玻璃一样透明，为破解当前我国非营利组织信息披露水平低下及审计监督不到位的难题提供了良好的思路和示范。

（资料来源：辛悦. 慈善组织信息披露与审计监督［J］. 绿色财会，2012（3）：23-26.）

［思考］通过阅读以上案例分析，你认为可以采取哪些措施来提升审计监督对非营利组织信息披露透明度的促进作用？

复习思考题

1. 什么是非营利组织审计？非营利组织审计有哪几个职能？
2. 简述非营利组织审计的特点。非营利组织审计与企业审计有什么区别？
3. 为什么要对非营利组织进行审计？
4. 我国非营利组织审计机制由哪几个要素构成？国外审计制度对我国有什么借鉴和启示？
5. 简述我国非营利组织审计目前存在的问题及其解决措施。

第十三章

非营利组织财务管理信息系统

 学习目标

通过对本章的学习，了解非营利组织财务管理信息化的现实问题；熟悉非营利组织财务管理信息系统的建立；掌握非营利组织财务管理信息化结果的运用；明确非营利组织财务管理信息系统的保障。

 **引导案例**

黔西南布依族苗族自治州民政局强化工作措施推动
慈善捐赠实现网络化与信息化

为深入贯彻落实《慈善法》，按照慈善事业发展"便民、惠民、利民"的宗旨，黔西南布依族苗族自治州民政局把优化慈善捐款支付服务纳入深化全州慈善公益事业发展建设内容，联合中国人民银行黔西南布依族苗族自治州中心支行（简称州人民银行）及州红十字会，强化工作措施，明确工作责任，推动实现移动支付在慈善公益事业的广泛应用、互联互通，降低公众参与慈善的门槛，推进慈善捐赠便利化、便捷化，促进全州慈善捐赠网络化、信息化。

一是强化协作，明确职责。各级民政部门加强指导取得公开募捐资格的非营利组织严格按照《慈善法》开展慈善募捐活动，审核确定符合条件的慈善组织名单，提供银行账户信息，及时与开户银行对接，更新慈善捐赠项目；州人民银行及各县（市）人民银行按属地管理原则，统筹协调具体工作，及时研究解决工作推进中的困难和问题，将优化慈善捐款支付服务落到实处；州红十字会指导协调各级红十字会与开户银行做好对接，及时通报相关捐款项目；各银行负责为在本行开立银行账户的慈善组织提供账户服务、收单服务、建立移动支付捐款渠道（包括云闪付、微信、支付宝和各银行手机 App 等主流移动支付方式），确保各种支付方式互联互通；贵州银联黔西南业务部负责整合各银行机构支付渠道，开设"云闪付"App 捐款专区，负责专区日常管理和提供相应的技术保障。

二是立足实效，全面覆盖。以"公益、便民"为原则，加大工作力度、强化工作措施，确保各级慈善组织实现接受线上捐款全覆盖。银联、各银行按照公益类收单业务管理要求，减免支付手续费，让利于民。

三是深化合作，加强管理。充分发挥移动慈善捐赠支付优势，拓展善款跟踪、票证打印等功能，确保把实事做好，把好事做实。同时，严格按照《慈善法》相关规定和部门职能职责，加强责任管理，确保履职到位，有效防范各类风险。

四是协调联动，积极宣传。充分利用新闻媒体、微信公众号、网站、手机短信、手机银行、营业网点、电子显示等多种方式开展宣传，营造良好宣传氛围，扩大慈善公益宣传覆盖面，有力助推全州公益慈善事业持续健康发展。

（资料来源：黔西南州民政局. 黔西南州民政局强化工作措施推动慈善捐赠实现网络化、信息化［EB/OL］.［2022 - 06 - 01］. http：//www. qxn. gov. cn/zwgk/zfjg/zmzj _5135069/bmxxgkml_5135072/zwxx_5135076/202109/t20210923_70516475. html.）

第一节　非营利组织财务管理信息系统建立

一、非营利组织财务管理信息系统的类型

随着信息技术的不断发展，财务管理信息系统也一直处于动态发展之中。目前已经有了多种财务管理信息系统，这些系统根据不同的要求、特点、目的具备不同的功能，有的系统还可以进行多种模式的设置。对非营利组织而言，目前几款主流财务管理信息系统可以通过设置进行财务管理工作，为非营利组织的财务管理信息化提供便利。

（一）管理信息系统

管理信息系统（Management Information System，MIS）是20世纪中后期才逐渐形成的。1985年，管理信息系统的创始人高登·戴维斯（Gordon B. Davis）给管理信息系统下了一个较为完整的定义：管理信息系统是一个利用计算机硬件和软件手工作业、分析、计划、控制和决策模型及数据库的用户——机器系统。它能提供信息，支持组织的运行、管理和决策功能。

随着信息技术的发展，管理信息系统也在不断地发展变化，对管理信息系统的理解也不断深化。管理信息系统，是指以信息基础设施为基本运行环境，由人、信息处理设备和运行规程组成的，通过信息的采集、传输、存储、加工处理，并以组织战略竞优、提高效率为目标，支持组织高层决策、中层控制和基层运作的集成化人机系统。这一定义中，明确了管理信息系统构成的三个要素，即人、信息基础设施和运行规程。

在任何一个系统中，"人"始终是第一要素，它不仅是管理信息系统的使用者，也是管理信息系统的规划、控制和运行管理者，越是面向高层的系统，人的参与程度就越大。信息基础设施提供了管理信息系统运行的物理环境，同时信息基础设施的建设必须服从于管理信息系统的目标。运行规程体现了管理信息系统的运行规则，运行规则是应用规则、控制措施、知识智能的集合体，它是提供数据、控制指令、执行动作按照科学合理的原则运行的基本保证。

（二）财务管理信息系统

1. 财务管理信息系统的定义

从管理信息系统的角度分析，传统的信息系统可以划分为四个层次，即TPS（事务处理系统）、MIS（管理信息系统）、DSS（决策支持系统）和AI/ES（人工智能/专家系统）。

TPS完成组织活动基本事件的信息记录和存储，MIS完成信息的整理、合并和简单的分析，DSS负责面向组织决策层提供辅助决策的相关信息，AI/ES根据所掌握的信息及时做出反馈并进行管理和控制。完整的财务管理信息化实际上实现了DSS和AI/ES在财务管

理方面的有机集成。不仅要求根据 MIS 提供的数据生成辅助决策的信息，还要求通过系统控制实现对财务的管理和控制过程的集成。

关于财务管理信息系统的定义，目前尚未形成统一的认识。从系统论的角度出发，财务管理信息系统的定义应该包括：财务管理信息系统的目标、构成要素和功能。

1）目标服从于组织财务管理的目标，即组织价值最大化。但财务管理信息系统对组织价值最大化目标的支持是通过决策支持来体现的，因此，可以将财务管理信息系统的目标定位于支持实现组织价值最大化的决策活动。与传统的信息系统不同的是，财务管理信息系统的终极目标不是单纯地提供信息，而是支持决策活动和控制过程。

2）构成要素包括信息技术、数据、模型、方法、决策者和决策环境。

3）功能可以概括为财务决策和财务控制两个方面，这也是现代财务管理活动最基本的职能，其他的职能都可以理解为上述两个职能的派生。

因此，可以将财务管理信息系统定义为：基于信息技术和管理控制环境，以支持组织使命的财务决策活动为目标，由决策者主导，获取决策所需数据，应用数学方法构建决策模型，完成财务决策过程，将决策转化为财务控制，并对业务活动加以控制的管理信息系统。

长期以来，财务管理信息系统并没有得到明确的认识，提出的"理财电算化"概念的实质就是利用工具软件建立财务管理分析模型。"理财电算化"概念容易被误解，让人以为财务管理的信息化过程仅仅代表计算机在财务管理中的应用。财务管理信息系统概念的提出有助于澄清上述较为偏颇的概念，从而按照系统论的思想构建财务管理信息系统。而且，随着信息化水平的逐渐提高，建立系统化的财务管理信息系统的条件已经成熟。

2. 财务管理信息系统的特点

从财务管理信息系统的定义可以看出，该系统的特点主要表现在以下几个方面：

（1）动态性　财务管理活动取决于财务管理环境，而财务管理环境是不断发展变化的。非营利组织目标的不同决定着其财务决策策略和控制策略与营利性组织相比存在较大的差异，比如外部环境的变化可能会影响非营利组织的整体战略规划，进而影响其财务管理决策策略和控制策略。因此，财务管理信息系统缺乏标准化的流程，各个非营利组织之间参照性较弱，也就决定了财务管理信息系统是一个动态的系统，必须随着非营利组织的发展与财务管理环境的变化不断发展和完善。

（2）开放性和灵活性　为了适应多变的决策环境和组织各部门不同的财务管理模式，财务管理信息系统必须具有高度的开放性和灵活性。具体表现在：①财务管理信息系统应支持异构网络、支持不同的数据库管理系统；②允许用户自定义决策过程和控制流程，实现组织各部门财务管理的流程重组和构建；③具有较强的可扩展性和可维护性，支持动态财务管理过程。

（三）常见的财务管理信息系统类型

财务管理信息系统分为传统财务管理信息系统和现代财务管理信息系统。传统财务管理信息系统主要是以会计业务为基础，在此基础上扩充其他的一些财务操作，如总账管理、生产财务报表等。现代财务管理信息系统在传统的财务管理信息系统基础之上，扩充了一些其他财务操作，大部分是关于理财方面的，如个人所得税计算器、财政预算等。

目前市场上出现的财务管理信息系统主要还是针对企业，但是随着信息技术的发展，只要通过设置，当前主流系统也可以适用于非营利组织的财务信息管理。下面介绍几种主要的财务管理系统：

1. 管家婆

管家婆财务管理软件是一套基于国际先进的组织管理模式，运用新的软件技术开发、研制完成的全新旗舰级组织管理软件。该软件包括账务系统、财务报表、出纳管理、现金流量、现金银行、固定资产、人事工资等系统。各系统可分可合，充分满足各类组织的财务核算、控制、分析、预测和管理的需要，完全突破了传统财务软件的局限性和固定性，特别强调了组织管理数据的资源共享和管理层次的分析整合。

2. 用友

用友在多年财务软件开发经验的基础上，以财务管理为组织的目标核心，以业务管理为组织的行为核心，突破了平行思考的串行的价值链结构，提出了基于立体价值链结构的产品体系部署原理，适应了我国组织在不同发展阶段对于管理需求的不同特点。用友财务管理信息系统包括了单一组织模式、具有分支机构的单一组织模式、产业型和投资型的组织集团及连锁经营模式等。

3. 金蝶 K/3

金蝶 K/3 和用友一样，都是由财务软件开发成功转型到 ERP 软件。金蝶 K/3 以组织绩效管理为核心，与组织的管理实践相结合，通过全方位管理、灵活的业务适应性、强大的业务扩展性、个性化与国际化管理和快速实施应用等特性，能够有效帮助组织构建全面的组织绩效管理，帮助成长性组织提升其战略组织管理能力。

4. Odoo

Odoo 是一个开源框架，针对 ERP 的需求发展而来，适合制定出符合用户各种需求的 ERP 系统和电子商务系统。Odoo 的开源模型使数千名开发人员和业务专家凭借强大的技术基础，在短短几年内构建数百个应用程序。Odoo 的框架是独一无二的，它可扩展用户需要的应用程序。Odoo 的可用性改进能够自动应用于我们所有完全集成的应用程序。例如，同一界面管理所有账户，包括使用系统来完成日常事务并同步银行对账单，以节省财务人员的时间。

二、非营利组织财务管理信息系统的建设

（一）财务管理信息系统的建设原则

财务管理信息系统的规划和设计需要与非营利组织的战略目标、业务流程以及财务需要实现的职能紧密相关，支撑财务循环及财务职能在信息系统中的实现。具体而言，财务管理信息系统的建设需要考虑以下几点：

1）与非营利组织战略与目标紧密结合，支撑组织的使命和目标的实现。

2）支持组织决策端到业务端流程，实现信息与流程的集成。

3）及时准确地提供与决策、支持相关的信息。

与此同时，财务管理信息系统规划和设计还需要具有前瞻性和灵活性，并充分考虑非

营利组织的未来发展和变化。一般来说，财务信息系统框架的设计需要符合以下原则：

（1）集成性　良好的集成性是财务管理信息系统建设整体性、全局性的原则之一。信息系统的集成性包括两方面的要求。

1）信息系统内部模块间的集成，包括采购管理、质量管理、服务管理等非营利组织基础业务模块的全面集成。模块间有完全的整合性，原始数据一个节点录入其他地方全程共享，并具有详细且严谨的数据追踪功能。

2）财务管理信息系统与外部其他系统之间的集成。与具有先进的数据交换工具的其他系统进行集成，可以及时实现数据的交换与自动生成。

（2）先进性　信息技术日新月异，技术对信息系统使用的效果有着非常重要的影响，这要求非营利组织财务管理信息系统必须建立在合理的技术体系上，具有技术上的先进性，主要表现在系统结构具有开放性；硬件平台具有适应性和广泛性，融合当前最先进的信息技术，并符合信息技术的发展趋势；技术开发工具具有先进性和可掌握性等。

（3）可拓展性和移植性　财务管理信息系统建设，应考虑未来业务发展的需要，能以快速灵活的配置方式将其管理范围快速扩充，以支持业务功能的扩展与重构。非营利组织对信息系统的功能需求，也是随着内外部环境的变化而不断拓展，如从传统的采购订单到电子商务等，这要求财务管理信息系统必须有较好的可拓展性，同时必须有良好的移植性，在进行系统扩容与新业务拓展时提供快速、方便和准确的实现方式。

（4）适用性与灵活性　非营利组织的组织流程和管理不是一成不变的，随着组织规模、外部环境、运营理念等内外部因素的变化而不断变化，支撑非营利组织发展的信息系统，需要具有适应性和灵活性。信息系统必须适应非营利组织结构的变化，如其新增业务、新设分支机构等；信息系统需要适应组织业务流程的调整，如财务核算由分散管理转向共享服务中心集中处理等。

（5）安全性　非营利组织的财务管理信息系统涉及大量运营数据及财务资金资产安全，需要把安全性作为系统建设的重要原则来遵循。在非营利组织的财务信息管理系统建设中，要利用多种先进的安全控制技术，结合组织自身的内部控制体系，与相关管理制度建设，充分保证设备、网络、系统、应用和数据的安全。信息系统的初始设置需要严格限定各级使用者的访问权限和操作权限，并具备良好的抵抗外部各种冲击的能力和灾难恢复能力，以保证系统的正常运行并确保信息的安全、保密、完整。

除了以上五条原则外，财务管理信息系统在非营利组织中如何建设，需要参照诺兰六阶段模型。对非营利组织来说，财务管理信息系统在确定开发策略后或者在制订规划时，先需要明确该组织当前处于哪一阶段，进而根据该阶段特征来指导财务管理信息系统建设。因为并不是所有的非营利组织一开始就需要建设一套大而全且高度集成的信息系统，只有在业务量大、重复性高、业务复杂、劳动强度高的工作模式下，信息系统发挥的价值才最大。因此，非营利组织需要选择适用于自身发展阶段的信息系统。

（二）非营利组织财务管理信息系统的建设目标

（1）支持多层次战略决策　对数据模型按区域、层次、项目进行分层设计，数据很容易被切割分布和访问。例如，有的非营利组织在多个地区设有分支机构或者是设立不同的项目，总部机构可以通过分析预测全体数据指标，将战略目标分解给各个分支机构或各个项目所在地；各个分支机构或项目组也可以迅速获得自己范围内的相关数据，并通过分析预测制定自己的战略目标，以及将目标继续分解给下级单位。

（2）数据集中管理　数据集中管理的方式是使用网络直报、自动接收等多项先进的技术，从指标的定义上严格把控，层层分级控制，在统一的数据库、统一的应用平台下操作。数据集中管理强制所有数据必须被清洗整合，可以保证数据的一致性和可比性，还可以提高非营利组织内部各个部门及分支机构的数据查询效率。从管理角度看，数据集中管理减少了系统被部署的数量，可有效降低系统管理和维护工作量，避免了日常工作中数据传递效率低下、准确率不高等问题。

（3）满足不同角色的信息处理需要　非营利组织的财务管理信息系统应该支持足够多的维度和足够小的粒度，以便满足不同角色的信息处理需要。例如，时间维度上细分为年、季、月、周、日和项目周期；空间维度上细分为组织总部、分支机构、项目组、各职能部门。通过这样细微的划分，不同需求的利益相关者可以利用系统功能制作任意形式的分析表，而且只需点击分析表的名称即可得到按规定表格格式输出的、满足特定需要的信息，并完成一些常规分析等。

（4）具有前瞻性的技术平台和技术架构　借鉴企业财务管理信息系统的建设与应用，非营利组织的财务管理信息系统对于基层用户而言，所有操作页面的浏览器都采用 B/S 模式，方便操作的同时使客户端零安装、零维护；对于高级管理人员而言，采用 C/S 模式的系统维护工具，能够提供更多更强的系统功能。

（三）非营利组织财务管理信息系统的整体架构

财务管理信息系统在非营利组织中扮演着两种重要的角色：一是支持财务业务流程和财务运营过程，提高财务业务运作效率；二是支持管理者做出更好的决策。而财务业务可划分为财务交易处理、管理控制、决策支持三个层次，相应的，非营利组织的财务管理信息系统也可以分为核算层、管理层和决策层三个层次，覆盖从业务系统数据采集，到财务作业处理、管理控制以及经营决策信息的发布展现，全面支持财务循环及财务职能的实现。

（1）业务层信息系统　该层信息系统覆盖非营利组织业务和管理的全过程，支持非营利组织的业务过程。业务层信息系统主要为业务人员使用，但业务系统设计时，在业务需求基础上应充分考虑非营利组织性质上的特殊需求，将财务所需数据和信息的采集节点都放到业务前端，将业务人员进行业务处理的过程中产生的数据和信息传递到财务管理信息系统。

（2）核算层信息系统　该层信息系统支持财务会计交易处理、财务会计报告、资金管理的职能，主要处理源自非营利组织日常业务系统与用于财务交易处理的数据，可以提供多种供组织内、外部使用的财务会计报告和财务信息。核算层信息系统可以分为财务运营系统、会计核算系统、资金管理系统等，其中会计核算系统提供非营利组织管理层、捐赠人、政府等所用的财务会计报告信息；资金管理系统满足资金业务处理和报告；而财务运营系统则为财务作业级信息系统，是提升财务运作效率的财务事务处理系统。

（3）管理层信息系统　该层信息系统包括非营利组织从战略到项目计划、预算管理、过程成本管理以及组织风险控制管理的相关信息系统功能和模块，与非营利组织项目的运营过程及管理要求息息相关。数据来源于核算层信息系统，经过进一步加工处理，为非营利组织预算管理及项目整体管理提供财务信息。管理层信息系统包括预算管理系统、成本管理系统、绩效管理系统、内部控制系统和风险管理系统等。

（4）决策层信息系统　该层信息系统属于支持管理决策的财务管理信息系统，提供交互式管理决策支持。

从核算层、管理层、决策层系统的关系看，核算层信息系统关注的是非营利组织的财务交易处理以及财务报表等，并不直接为管理人员提供信息产品，核算层的数据将流转至管理层和决策层；管理层信息系统关注组织项目的经营管理及过程控制；决策层信息系统强调的是对管理者决策的支持，通常利用商务智能的技术，对数据进行集成与展示，向管理层提供经营决策所需信息。

第二节　非营利组织财务管理信息化数据应用

▶▶ 一、非营利组织财务管理信息数据的共享

财务共享理论起源于 20 世纪 80 年代，福特等大型集团公司出于提高财务管理效率、降低成本的目的而采用。财务共享是指将现有资金、人员、资源以财务处理等财务职能，运用信息技术将分散的业务集中在一起，进行高度标准化工作和集中化管理。

非营利组织财务管理信息数据共享，首先，应保证资金管理标准化。各非营利组织按照统一标准进行核算，协调各方工作。其次，实现资金管理公开化。捐赠者可自行查询捐赠资金流向，监督部分可动态监督组织行为，缓解非营利组织与信息使用者之间的信息不对称，增强社会公众参与热情。最后，运行财务共享服务平台为非营利组织提供服务实现信息化，提升组织资金管理能力。

▶▶ 二、非营利组织财务管理信息数据应用于基础管理

非营利组织财务管理信息数据应用于基础管理是指利用计算机或网络平台，完成财务分析、财务决策及预算，提供组织决策相关的财务决策支持信息。一般来讲，主要包括以下几点内容：

（一）投资决策

投资是非营利组织为增加财富或谋求其他利益，将某种有价值的资产（资金、人力、知识产权等）让渡给其他单位使用并获得另一资产的经济行为。由于组织拥有的资源具有稀缺性，提高投资效率是组织投资决策首先应解决的问题。财务管理信息化环境下，非营利组织投资决策通过计算机系统，采用更为先进的手段和方法，对投资项目安全性、收益性以及流动性进行评价，分析其财务可行性，为组织投资决策提供支持，最大限度地保证了投资决策的科学性。

（二）筹资决策

筹资是指非营利组织为满足其持续经营和业务活动需要而筹措资金的经济行为。非营利组织筹资决策表现为筹资额的确定、筹资方式的选择以及筹资绩效的考核等。通过财务

信息数据分析，确定合理的筹资数目、适当的筹资风险、最小的筹资风险以及最优的筹资路径，保证组织筹资决策效率与效果。

（三）营运决策

营运决策是指非营利组织业务活动中日常资金和项目资金管理。手工处理环境下，组织内各部门缺乏必要的信息联系和沟通。而财务管理信息化环境下，能有效支持组织内部财务信息共享，及时发现资金支出不合理、运营效率低及使用程序不规范等问题，并及时完善相应管理制度。

三、非营利组织财务管理信息数据应用于监督与控制

非营利组织财务管理信息数据应用于监督与控制是指利用计算机及网络平台，面向业务活动过程，实现财务决策、财务控制与业务活动相协同的信息化过程。主要包括以下内容：

（一）财务分析与风险预警

非营利组织通过财务管理信息数据共享，结合财务信息、业务活动信息等多元化信息，进行综合财务分析。根据各项财务指标，及时发现组织面临的风险，并有效规避。财务管理信息化环境下，风险预警将成为重要内容。

（二）现金控制与管理

现金流动性强，但收益性低，现金管理的核心问题是确定最佳现金库存量。财务管理信息化环境下，组织可对业务活动进行有效的规划安排，从而较为精确地确定未来一定期间内现金流量。利用财务信息化方式编制现金预算、控制现金流成为必然选择。

（三）预算控制与管理

预算是计划工作的成果，既是决策的具体化，又是控制业务活动的依据。在财务管理活动中，预算管理已然成为联系财务决策与财务控制的纽带。合理的预算能反映决策结果，科学编制预算成为财务管理的重要内容之一。信息化环境下，通过计算机系统，对预算编制、执行及评价进行控制与监督，可以及时纠正预算偏差，保证非营利组织决策目标的实现。

（四）组织财务绩效评价

传统的财务度量方法不足以对组织绩效进行合理评价。在财务管理信息系统中，平衡计分卡等工具的引入，将组织目标、指标、目标值及行动方案现实有机连接，从而保证了非营利组织决策的有效执行。

第三节　非营利组织财务管理信息系统保障

在财务管理信息系统的建设过程中非营利组织可能面临各种各样的问题和挑战，因而必须构建完善的保障体系，为建设工作的有序开展保驾护航。完整的保障体系主要包括制度保障、组织保障和经费保障。

▶▶ 一、非营利组织财务管理信息系统的制度保障

科学、合理的制度建设是财务管理信息系统建设工作有序开展的基础，同时也是系统有序运行的保障。规范化的制度既能提高系统建设的工作效率和工作质量，又能降低系统运行的整体风险，相反缺少制度保障的财务管理信息系统很容易成为"一盘散沙"。因此，促进制度化建设势在必行。

（一）完善外部制度

外部制度在非营利组织财务管理信息系统的建设和应用中发挥"统领全局"的作用。健全的外部制度通过宏观规划制定既有利于财务管理信息系统建设，又能引导系统的发展的政策，推动财务管理信息系统的应用。完善外部制度，主要通过以下两个途径：①完善法律制度的建立，制定与非营利组织财务管理信息系统相关的明确规定，规范引导系统的建立和运行。②健全监督机制，政府、社会公众与非营利组织开展广泛对话，能够减少和消除腐败滋生因素，为非营利组织财务管理信息系统的建立提供有利环境。

（二）完善内部制度

内部制度是决定非营利组织财务管理信息系统建设成功与否的关键。健全的内部制度能帮助非营利组织财务管理信息系统及时发现漏洞并纠正错误。只有建立良好的内部制度，才能保证非营利组织财务管理信息系统的有效运行。完善内部制度可从以下两点着手：①非营利组织根据其自身发展需要完善相应的组织结构、规章制度，并采取有效措施确保制度的贯彻执行。②建立组织成员管理机制，加强成员的监督与激励，在保证员工工作规范化的同时提升工作能动性。

（三）完善会计操作流程

会计操作流程是提升非营利组织财务管理信息系统有效性的关键。会计信息是非营利组织财务管理信息系统的主要数据来源，合理的会计工作流程提升了会计信息的及时性和准确性，从而保证了财务管理信息系统的有效性。完善会计操作流程主要从以下两点入手：①针对现有操作流程存在较繁杂、环节多的问题，非营利组织可以消除操作流程中的不增值环节，简化工作流程。同时，尽可能地减少人工环节，运用先进的财务软件进行数据的处理和核算，不仅能提高整体财务会计工作的效率，也能避免因人工操作所带来的误差。②针对现有操作流程与财务管理信息系统之间联系不够紧密的问题，非营利组织应重新考虑操作流程设定的逻辑性及其与财务管理信息系统的协调性。非营利组织管理层应提高会计操作流程与财务管理信息系统的关联性，保证财务管理系统使用会计信息的便利性，使得系统人员可以及时通过对财务数据进行分析，帮助非营利组织解决问题。

▶▶ 二、非营利组织财务管理信息系统的组织保障

组织建设是否合理对财务管理信息系统的建立和运用起着至关重要的作用。财务管理信息系统的建立和运行需要考虑系统建设各小组组织架构的相关问题。组织的合理设置，能保证整个组织分工明确、职责清晰，避免职责不清出现相互推诿的问题，减少成员之间的矛盾与摩擦，提高工作效率。组织建设的内容主要包括：

（一）部门及其职能设计

非营利组织要根据其战略任务设计参与系统建设以及运行各小组的职能。如果部门及其职能设计不合理，那就需要进行调整，对其弱化或将其取消。财务管理信息系统的建设和运行至少需要以下几个小组的支持与配合。

（1）技术支持小组　负责财务管理信息系统的技术建立、管理及维护工作，保障网络的正常运行。

（2）硬件支持小组　负责财务管理信息机房的建设、运行与维护；负责提供互联网设备设施与网传输线路；配合技术支持小组为非营利组织财务管理信息系统的正常运行提供硬件支持。

（3）数据采集部门　负责重要信息的日常备份、数据中心的建设、数据的对接等工作，为非营利组织各小组采集和录入数据提供咨询和指导服务。

（4）信息安全支持小组　负责信息系统安全相关工作；负责统一身份认证系统的建设、信息系统安全测评、信息系统安全漏洞的处理等相关系统安全管理工作；负责日常的网络安全漏洞的扫描和处理。

（5）后勤支持小组　负责外来施工人员的联络、管理工作，协助技术支持小组、硬件支持小组、数据采集小组以及信息安全支持小组的工作。

（二）组织框架设计

框架设计是组织设计的主要部分，运用较多。其内容简单来说就是纵向的分层次、横向的分部门。架构设计要根据组织的内部外部环境、资源，组织的历史情况和以往的工作状况确定，常见的组织架构有直线型、直线职能型、事业部型、矩阵型。

（1）直线型　直线型组织结构（Linear Structure）是工业发展初期的一种简单的组织结构形式。适用于小型组织或现场作业。其特点是组织中的一切管理工作均由领导者直接指挥和管理，不设专门的职能机构。在这种组织中，上下级的权责关系是直线型，上级在其职权范围内具有直接指挥权和决策权，下属必须服从。这种结构形式具有权责明确、命令统一、决策迅速、反应灵敏和管理机构简单的优点；其缺点是权限高度集中，易于造成家长式管理作风，组织发展受到管理者个人能力的限制，组织成员只注意上下沟通，而忽视横向联系。这种组织结构的适用范围有限，它只适应于小规模组织，或者是组织规模较大但活动内容比较简单的组织。

（2）直线职能型　职能型组织结构亦称 U 形组织。它是按职能来组织部门分工，即从高层到基层，把承担相同职能的管理业务及其人员组合在一起，设置相应的部门和职务。职能制实行的条件是组织必须有较高的综合平衡能力，各职能部门按组织综合平衡的结果为同一个目标进行专业管理。否则，就不宜采用职能制。

（3）事业部　事业部组织结构，又称 M 形组织结构。这种结构的基本特征是战略决策和经营决策分离。即根据业务按服务、客户、地区等设立半自主性的经营事业部，组织的战略决策和经营决策由不同的部门和人员负责。这种组织结构能使高层领导从繁重的日常经营业务中解脱出来，将精力集中于组织的长期经营决策，并监督、协调各事业部的活动和评价各部门的绩效。

（4）矩阵型　矩阵组织结构又称规划—目标结构，是指把按职能划分的部门和按服务划分的部门结合起来组成一个矩阵，使同一名成员既同原职能部门保持组织与业务上的联系，又能参加项目小组工作的结构。

三、非营利组织财务管理信息系统的经费保障

非营利组织财务管理信息系统的实施，需要充足的资金作为经费保障。"战事当前，粮草先行"，经费保障的建设是保证非营利组织财务管理信息系统顺利建设和运行的前提与基础。经费保障的建设，主要需要从两个方面入手，即开源和节流。开源是指增加经费投入的充足性，节流是指提升经费使用的合理性。

（一）增加经费投入的充足性

非营利组织的资金主要来源于公众的慈善捐赠和政府补助，并且政府和社会公众大多指定资金用于社会福利。例如，公众希望向红十字的捐款用于资助需要帮助的人。因此，如果财务管理信息系统的建立和运营过多地占用组织善款或者政府补助，会受到公众以及政府的反对，同时也会影响到非营利组织原有服务活动的开展。

（1）向公众和政府募集资金　除了"瓜分"非营利组织的收入以外，非营利组织也可以重新向政府或者公众募集资金，并表明用途，即所筹得的资金只用于财务管理信息系统的建设和应用。在此过程中，非营利组织可以充分发挥自己的主观能动性，向政府和公众表明建立非营利组织财务管理信息系统的坚定决心，阐述系统建设的重大意义，通过增强政府和公众的信任提升集资能力，为财务管理信息系统建设提供更坚实的经费保障。

（2）投资创收　非营利组织也可以合理运用投资手段主动创收，这样既不会受到资金用途的限制，也能保证非营利组织原有业务的顺利开展。投资具有风险性，非营利组织在运用投资手段创造收入的过程中应合理权衡风险与收益，坚持安全低风险、有投资回报、保证基金增值三个原则。考虑到非营利组织本身投资经验的不足，组织可以委托外界专业的投资团队。

（二）提升经费使用的合理性

在经费供需矛盾日益突出的形势下，要把有限的经费利用好，加强监督，提升效益。具体措施如下：

（1）推进预算编制　编制财务预算可以明确信息系统建设过程中的各种费用支出水平，提升信息系统建设管理水平，同时也有益于后期考核工作的展开。在编制经费预算时要遵守一定的编制原则，保证预算编制的科学合理性。首先要坚持量入为出，根据收入和财力的可能安排预算。其次要坚持应用性原则，在编制过程中不能不计成本华而不实。最后要坚持重点性原则，按照"先重点后一般"的编制顺序。

（2）实施动态监控　项目监督小组应当对经费的使用实时跟踪监督，定期或者不定期地对项目经费的使用情况进行抽查。检查过程中如发现有弄虚作假、违规套取项资金的情况，依法收回项目经费，并按照规定追究有关人员的责任。

（3）强化审计评估　审计评估是经费管理的重要组成部分。为了合理化经费的使用，

非营利小组可以开展经费审查工作，通过审查加强经费使用的效率和效果。审计评估工作可以通过"三步法"展开。①专项审计，审计小组应当对当年的经费使用情况进行审计，并提出审计建议，促进经费使用的合理化。②绩效评价，对经费使用好的小组也要不吝嘉奖，进一步增强小组成员经费使用合理化意识。③全面评估，除了对经费的使用情况进行审核之外，非营利组织还应该邀请信息系统方面的专家，对信息系统建设情况进行全面评估，并提出改进建议。

第四节　非营利组织财务管理信息化的问题与完善措施

一、非营利组织财务管理信息化的问题

现代化信息技术不断发展，给各行业的发展带来了颠覆性的变革，非营利组织的管理方式和管理理念也在逐渐发生变化。随着我国经济不断发展，各种非营利组织也在不断改革，组织活动相对以往更加复杂，这对财务管理造成了一定的难度与挑战。近年来，我国各种非营利组织均积极建设组织内部信息化，将信息化技术应用于各个部门，形成了完备的信息化系统。但信息化在普及的过程中还存在一定的问题，如信息技术水平低、信息系统功能单一以及信息系统兼容性等。

（一）信息化建设水平低

部分非营利组织不注重财务管理信息化，没有认识到信息化对发展的重要性。非营利组织管理者没有大局观念和统筹意识，认为信息化建设管理可有可无。非营利组织财务部门也对信息化建设缺乏了解和认识，没有真正将信息化运用于预算管理、项目管理及财务监管中，导致组织的信息化建设水平低。部分非营利组织的财务管理软件不先进，仅用于核算与做账，缺乏组织资金管理、成本管理和预算管理等相应系统。此外，大部分非营利组织财务管理人员缺乏对软件的认识与了解，没有相应的软件开发和应用技术，导致软件引进后应用效率低、规模小，无法有效支持组织的发展。

（二）管理系统相对单一

在引进信息化管理系统时投入资金较少，导致系统功能开发单一。非营利组织表面上引进了信息系统且应用于财务管理，实际上只是将信息系统当作会计系统，用于计算和统计。只是在财务报表以及财务数据汇总中简单应用了信息化功能，而忽视了信息管理。各组织财务管理信息系统共享度低，不能与其他部门对接，使工作人员要获得财务信息时操作流程烦琐，未达到信息共享的程度。信息化数据无法实现共享的主要原因是信息化标准不统一，组织总分机构之间存在差异，内部会计信息无法得到有效传递。组织与组织、组织与银行以及政府部门的标准不一致，使得信息化数据无法共享，造成组织信息化建设落后。

（三）信息化系统不完善

非营利组织在财务管理中，信息化建设尚未完善，未搭建完善的信息管理平台，只是根据各部门工作需要进行信息化管理，而且各系统之间没有有效对接，导致系统独立运

行，"孤岛现象"严重，浪费了非营利组织信息化建设资源，降低了信息化系统的利用效率。

▶ 二、非营利组织财务管理信息化的完善措施

信息化建设能够使非营利组织资金得到统一管理，增强组织管理能力，符合非营利组织改革发展需求，因此要建立健全信息化系统，不断规范现代组织制度。同时，要增强财务部门财务监管能力，明确资金流向，帮助非营利组织增强管理能力和运行效率。

（一）建立完善的信息化系统

在进行信息化系统建设时，首先要做好规划，强化系统设计，确保财务管理信息化符合我国非营利组织的发展需求。对此，财务管理人员要提高对信息化的认识，管理者也要重视财务管理信息化的发展，要引进先进的信息管理系统，然后立足全局制是合理的信息化建设方案，解决建设中资源分配不均的问题，合理利用人力资源。财务管理信息化要与非营利组织业务相融合，真正做到将预算管理作为源头，不断优化财务管理信息系统。此外，信息化建设过程中要明确关键控制点，消除信息系统中的运行风险。

（二）拓展信息化功能

非营利组织在财务管理中要对信息系统进行不断升级，使单一的信息化功能逐渐向多功能资源共享等方面发展。不断完善信息化功能，提高非营利组织财务管理的水平。

（1）实现数据共享　财务管理信息化建设要真正实现数据资源的共享，使上下级资源和各部门资源得以共享，上级部门可以通过平台了解单位财务信息，从而更好地指导和监督财务部门工作；非营利组织内部可借助内网进行财务信息传递，从而提高工作效率。

（2）完善财务管理系统对接　非营利组织财务管理系统不仅要与内部系统对接，还要与外部系统相连接，确保财务信息被有效传递。实现内网与外网相连接，能够有效开展支付工作，提高工作效率，开展财务监管数据统计、预算控制，提高财务管理能力。

（3）公开财务管理工作流程　只有将财务管理工作流程公开，才能更好地达到监督效果。非营利组织要将财务信息管理相关工作流程公开，完善信息系统功能，确保信息系统满足组织财务发展和需求，真正实现网上财务审批、电子签章认证、快速查询等功能，使财务工作流程得到可视化监管。

（三）完善财务管理信息系统

随着非营利组织的发展，也应从以下几个子系统完善其财务管理信息系统：

（1）预算系统　预算系统是帮助非营利组织完成全面预算的平台，通过计算机信息网络完成预算编制控制以及考核等，记录组织经费支出以及日常开销，生成预算报告，同时为组织的后期发展做好调整，保证组织资金流动正常。

（2）核算系统　核算系统是进行财务核算的重要平台，通过信息化核算功能能够有效统计非营利组织的收入与支出，并进行对账单票据的管理，通过网络有效实现网上报销。信息管理系统中的收入与支出是相对独立的核算单元，通过联动达到信息全面录入与整合。

（3）采购系统　利用这套系统可有效地对采购进行预算，并对需求进行调整。借助信

息化系统可以提高非营利组织对资金的监管水平，真正做到信息化管理，并对采买制度和采买方案进行及时调整，保证采购水平，提高财务管理工作能力。

（4）资产管理系统 有效的资产管理系统能够解决财务工作中的问题，例如，通过信息化对固定资产、无形资产等资产的形成、清查、处置流程进行管理，提高非营利组织管理能力，真正做到资源配置合理化。

（5）报表管理系统 利用报表管理系统将数据录入报表中制成相应的报表，通过表格的形式更好地获取财务相关信息，自动生成财务报表并汇总，进而对指标进行分析，有效提高财务管理工作效率，并且能够及时发现非营利组织出现的错误并做出纠正，做到预算、核算与决算三者合一。

（6）动态监控系统 动态监控系统可以实现数据的动态监控，及时发现财物中存在的漏洞，并制定相应的管理制度，通过预警的方式提醒管理人员数据问题，真正做到财务动态监管。

（7）财务服务管理系统 财务服务是保证非营利组织成员对财务有知情权，通过财务管理流程明细，让各成员了解财务流向，非营利组织的成员可利用财务服务管理系统进行有效查询。

（四）重视人才发展

在组织财务管理中，除了要完善信息化系统外，还要注重人才的培养和储备。通过对财务管理人员的定期培训与考核，提高财务管理人员自身的能力。可通过横向轮岗制度对人员进行培训与实践锻炼，使之具备相关能力。通过提高员工自身能力，让员工拥有正确的决策和执行力，在驱动个人成长发展的同时保证组织不断发展。

 引申思考

慈善组织信息化建设与运用

5月19日至21日，2021"公益宝"·慈善组织信息化建设与运用研讨会在河南郑州举行。公益宝平台创始人龙全录先生指出"数据"是慈善组织的数字资产。慈善组织拥有大量的社会资源，只有建立了自己的私域流量池，拥有自己的用户网络，让慈善组织和用户建立紧密联系，在慈善组织开展活动时，才能通过用户画像分析精准触达用户、形成裂变，从而形成用户持续关注、持续参与的模式。未来，慈善信息化将通过信息慈善和数字慈善，逐步实现项目联合、资源链接、信息共享、跨界融合、协同发展的慈善生态模式，精准解决"最后一公里"社会问题。所以，在慈善组织信息化建设的开始，就要从慈善组织战略发展的角度，思考建设标准，做好顶层设计。

龙全录先生表示，"公益宝"作为民政部指定的互联网公开募捐信息平台和技术提供方，将持续为慈善组织的创新发展提供技术和运营支持，形成生态共建，成为慈善组织的长期伴跑者，为用户的公益价值提供服务，为公益价值创造更好的价值。

湖北省慈善总会秘书长康锋先生表示，湖北省慈善总会依靠民政部指定的互联网公开募捐信息平台，携手"公益宝"共同探索实践，研发了30余套慈善业务系统，基本做到了慈善信息平台管理自主、应用自如、数据自控，初步将信息化融入总会日常运转和管理各个环节。一个设计比较系统、功能比较齐备、具有湖北特色的慈善信息系统正在形成，为未来建成基于大数据的智能化、数据化的慈善信息平台奠定了一定基础。目前，正立足于实现面向全省各会员单位开展信息化系统建设和应用，在更大范围内实现平台共享、数据互通、安全有序、便捷高效。下一步将进一步加强顶层设计，不断优化架构布局，着力提升信息系统的风险应对能力、数据分析和应用能力以及解决实际问题的能力，努力把湖北省慈善总会建成真正意义上的现代化信息型慈善组织。

（资料来源：王希文，蔡友恒. 慈善会系统应通过信息技术深度参与慈善事业改革［EB/OL］. ［2022－06－01］. https：//www. csgyb. com. cn/news/yaowen/20210526/29417. html. ）

［思考］非营利组织财务管理信息系统建立可能遇到的困难有哪些？如何解决？

复习思考题

1. 非营利组织管理信息系统的建设原则有哪些？
2. 非营利组织财务管理信息数据的共享机制有哪些？
3. 非营利组织财务管理信息系统需要哪些方面的保障？
4. 非营利组织财务管理信息系统存在哪些问题？完善措施有哪些？

参考文献

[1] 王名, 贾西津. 中国 NGO 的发展分析 [J]. 管理世界, 2002 (8): 30-43; 154-155.

[2] 俞可平. 中国公民社会: 概念、分类与制度环境 [J]. 中国社会科学, 2006 (1): 109-122; 207-208.

[3] 庄序莹. 公共管理学 [M]. 上海: 复旦大学出版社, 2012.

[4] 俞可平. 中国公民社会研究的若干问题 [J]. 中共中央党校学报, 2007 (6): 14-22.

[5] 王名. 非营利组织的社会功能及其分类 [J]. 学术月刊, 2006 (9): 8-11.

[6] 杨秋林, 张国华, 王小林. 英法等国非营利农业组织财务管理的主要做法及启示 [J]. 会计研究, 2001 (11): 61-63.

[7] 马立群. 我国非营利组织财务管理问题研究 [J]. 探索, 2012 (5): 105-108.

[8] 口清史. 非営利団体と協同組合 [M]. 東京: 日本経済評論社, 1994.

[9] 方爱国. 关于商业银行成本管理模型的研究 [J]. 金融研究, 2006 (7): 86-95.

[10] 王锐. 慈善捐赠的财税激励政策缺陷探究: 兼论民间慈善组织面临的"四大困局" [J]. 审计与经济研究, 2009, 24 (3): 97-101.

[11] 卢太平. 非营利组织财务机制研究 [D/OL]. 南京: 南京理工大学, 2005 [2022-6-20]. http://www-cnki-net-s.vpn.dufe.edu.cn:8118/.

[12] 成其谦. 投资项目评价 [M]. 3 版. 北京: 中国人民大学出版社, 2010.

[13] 李志广. 引进项目的技术经济分析 [M]. 北京: 中国林业出版社, 1995.

[14] 沈沛龙, 任若恩. 现代信用风险管理模型和方法的比较研究 [J]. 经济科学, 2002 (3): 32-41.

[15] 张翔, 宋寒冰, 吴博文. 收入、预期寿命和社会养老保险收入再分配效应 [J]. 统计研究, 2019, 36 (3): 78-87.

[16] 田丽. 非营利组织资金运营管理研究 [D/OL]. 大连: 东北财经大学, 2012 [2022-6-20]. http://www-cnki-net-s.vpn.dufe.edu.cn:8118/.

[17] 沈维涛, 黄兴李. 我国证券投资基金业绩的实证研究与评价 [J]. 经济研究, 2001 (9): 22-30.

[18] 唐阳玲. 非营利组织财务风险管理刍议 [J]. 财务与金融, 2008 (3): 57-59.

[19] 郭鹏, 朱煜明. 项目风险管理的一个理论框架: 以高技术项目为例 [J]. 经济管理, 2005 (3): 84-88.

[20] 财政部会计司制度一处. 民间非营利组织会计若干处理规定及其意义 [J]. 会计研究, 2004 (11): 8-12; 97.

[21] 财政部. 《民间非营利组织会计制度》若干问题的解释 [EB/OL]. (2020-6-15) [2022-6-20]. http://kjs.mof.gov.cn/zhengcefabu/202006/t20200618_3534984.htm.

[22] 迟玉国. 民间非营利组织会计研究 [D/OL]. 长春: 东北师范大学, 2006 [2022-6-20]. http://www-cnki-net-s.vpn.dufe.edu.cn:8118/.

[23] 钱玲, 杜兰英, 侯俊东. 微公益特征因素解析及对个人公益参与行为的影响 [J]. 管理科学, 2019, 32 (3): 120-134.

[24] 陈少华, 李静. 非营利组织会计信息供求解读 [J]. 财经问题研究, 2006 (3): 75-80.

[25] 禹旭才, 李政云. 美国非政府组织产生社会影响的保障机制及其启示: 以非营利教育组织为例 [J]. 马克思主义与现实, 2009 (4): 71-74.

[26] 蔡永红, 林崇德. 绩效评估研究的现状及其反思 [J]. 北京师范大学学报 (人文社会科学版), 2001 (4): 119 – 126.

[27] 卢真. 我国预算绩效评价的问题分析: 以上海市为例 [J]. 经济研究参考, 2016 (31): 86 – 92.

[28] 刘春湘, 谢锋. 论非营利组织诚信缺失治理 [J]. 求索, 2005 (5): 111 – 112.

[29] 李媛媛. 国家治理现代化与非营利文化组织的兴起 [J]. 浙江社会科学, 2014 (11): 64 – 68; 116; 157.

[30] 王建军. 当前我国社会组织培育和发展中的问题与对策 [J]. 四川大学学报 (哲学社会科学版), 2012 (3): 5 – 11.

[31] 崔丽丽, 叶加宝, 苏连勇. 全国性体育社团现状分析 [J]. 天津体育学院学报, 2002 (4): 1 – 5.

[32] 赫茨琳杰. 哈佛商业评论精粹译丛: 非营利组织管理 [M]. 北京: 中国人民大学出版社, 2000.

[33] 韩丽欣, 郑国. 中西方慈善文化传统资源的比较研究 [J]. 南昌大学学报 (人文社会科学版), 2014, 45 (1): 104 – 109.

[34] 侯春飞. 我国非营利组织监督的困境及其现实选择 [J]. 中国行政管理, 2004 (10): 94 – 95.

[35] 柯武刚, 史漫飞. 制度经济学: 社会秩序与公共政策 [M]. 韩朝华, 译. 北京: 商务印书馆, 2000.

[36] 顾艳辉, 朱海涛. 非营利组织的内部控制研究 [J]. 财务与金融, 2011 (6): 72 – 77.

[37] 林海, 彭劲松, 严中华. 从 NPO 到社会企业: 非营利组织转型策略研究 [J]. 科技管理研究, 2010, 30 (18): 215 – 218.

[38] 张立民, 李晗. 非营利组织信息披露与审计: 基于汶川地震中 16 家全国性基金会的案例研究 [J]. 审计与经济研究, 2011, 26 (3): 3 – 10.

[39] 张雁翎, 陈慧明. 非营利组织财务信息披露的筹资效应分析 [J]. 财经研究, 2007 (11): 104 – 113.

[40] 陈倩. 融入 KM 的企业神经系统的实现 [J]. 情报科学, 2005 (10): 92 – 96.